ERADICATIO

OF

POVERTY

# 贫困文化博弈

人类文明审视的贫困
现象与贫困文化碰撞

刘燕生　著　　<<<

九州出版社
JIUZHOUPRESS

**图书在版编目（CIP）数据**

贫困文化博弈：人类文明审视的贫困现象与贫困文
化碰撞/刘燕生著. -- 北京：九州出版社，2021.8

ISBN 978-7-5225-0173-4

Ⅰ．①贫… Ⅱ．①刘… Ⅲ．①贫困问题－研究－世界
Ⅳ．①F113.9

中国版本图书馆CIP数据核字（2021）第126330号

**贫困文化博弈**

| | |
|---|---|
| 作　　者 | 刘燕生　著 |
| 责任编辑 | 周弘博 |
| 出版发行 | 九州出版社 |
| 地　　址 | 北京市西城区阜外大街甲35号（100037） |
| 发行电话 | （010）68992190/3/5/6 |
| 网　　址 | www.jiuzhoupress.com |
| 印　　刷 | 天津雅泽印刷有限公司 |
| 开　　本 | 710毫米×1000毫米　16开 |
| 印　　张 | 21 |
| 字　　数 | 351千字 |
| 版　　次 | 2022年1月第1版 |
| 印　　次 | 2022年1月第1次印刷 |
| 书　　号 | ISBN 978-7-5225-0173-4 |
| 定　　价 | 79.80元 |

　　摆脱贫困是人类社会最基本的实践活动，逃离贫穷也是人类最基本的本能与天性。人们看待贫困现象，出手帮助贫困弱者，社会有组织地解决贫困问题，都有一个丰富的"文化"内涵，我们可以将其总括为"贫困文化"的问题。从文化的角度审视和系统地分析贫困现象，既有趣，更是一个具有现实意义的话题。

　　从防范规模性的社会性贫困的角度看，人类文明审视的贫困现象与防范、化解贫困问题，是人类历史最重大的社会实践内容之一。在人类文明审视贫困现象，与防范、化解贫困问题（重点从社会组织、世俗政府层面的角度）的过程中，有一个事实上的"文化"问题，即被称为"贫困文化"的问题。可以说，在人类文明的历史长河中，社会的方方面面，其审视贫困现象，防范、化解贫困问题的过程中所产生的"贫困文化"还会不可避免地发生碰撞与纠结，这也是一种客观的事实。本书的初衷即是运用大量的史实，展示人类文明审视的贫困现象与贫困文化的碰撞。

## 一、《贫困文化博弈——人类文明审视的贫困现象与贫困文化碰撞》一书的主题

　　本书是中国首部较为系统地讨论"贫困文化问题"的拓荒性专著。

　　贫困现象与贫困文化涉及整个社会的每一个人。《贫困文化博弈——人类文

明审视的贫困现象与贫困文化碰撞》(以下简称《贫困》)一书,从文化的角度审视贫困现象、评价解决贫困问题的对策、举措,以其观点倾向、看法主张等所形成的"贫困文化"内容为主线,对其进行系统的梳理与分析,展示人类波澜壮阔的历史长河中,人类文明所审视的贫困现象与贫困文化的碰撞。全书力所能及地以广泛的社会视角,对防范和化解社会性贫困问题的过程中,包括贫困者本人在内的社会方方面面的态度、反响、观点和主张等进行展示。

总体而言,在宏观上,现代国家对社会性贫困的防范和对贫困者保护手段的选择上经历了长时间的摸索和认识。在看待贫困现象上,从中世纪之前的"贫穷"具有"美丽的光环",到之后的"贫困与懒惰相连",再到贫困是"社会的责任",在判断"是否是贫困者"的方法上,其筛选方法反复实践。例如英国的"贫民习艺所""感化院"等是最具代表性的产物,还有后期的"贫困线标准"等。对穷人和遇到生活困难的人员是否需要出手相救?千百年来也是反复地在"帮"与"不帮",以及如何"帮"上实践。这展现了丰富的伦理道德的文化纠结、平衡;展现了对道德风险与负激励后果的担忧;展现了丰富的心理纠结与文化碰撞。其中最为让英国人记忆犹新的恐怕是那个查德威克在1832年修订济贫法时提炼出的"劣等处置原则"了。

笔者写作《贫困》这本书是以"有关贫困现象、贫困文化的话题"为主线,围绕与之相关联的文化内容展开的。比如,如何看待贫困问题,如何评价贫困现象,以及相关观点、看法、主张等,笔者将其统称为"贫困文化"。通过《贫困》一书,笔者将对大量的贫困文化的相关问题进行回顾和系统的梳理。展示人类社会贫困文化丰富的内容;展示政治、经济、社会学家,有识之士,以及近现代主要社会活动家、世俗政府领袖们等,在看待贫困现象、解决社会性贫困问题过程中不同的思想倾向、思路方法及其代表性的观点主张;力所能及地从广泛的视角展示社会对反贫困、解决社会性贫困问题过程中社会和贫困者本人的客观反响等。

审视历史,应该说人类社会具有史诗般的反贫困的历史实践,不同时期、不同思想家、智者所主张的反贫困手段、反贫困目标,以及所主张的帮助贫困弱者走出困境的策略、举措是有所区别的,由此所显现的贫困文化博弈与碰撞及其规律性将是本书的基本看点。

## 二、"贫困文化"概念

总括已有的文献和研究成果，应该说所谓的"文化"一词，其定义纷繁复杂，不下百种，但就"贫困文化"这一概念而言，其定义却并不多见，且不统一。近60年前，美国人类学家奥斯卡·刘易斯（Oscar Lewis）曾经从社会文化的角度观察贫困现象，通过对贫困家庭和社区的实际研究，于1959年在《五个家庭：墨西哥贫穷文化个案研究》一书中首次提出和使用了"贫困文化"的概念。这一"贫困文化"概念认为，在社会中，穷人因为贫困而在生活条件、居住环境等方面具有独特性，并形成独特的生活方式。穷人独特的居住方式促进了穷人间的集体互动，从而使得与其他人在社会生活中相对隔离，这样就产生出一种脱离社会主流文化的贫困亚文化。处于贫困亚文化之中的人有独特的文化观念和生活方式，这种亚文化通过"圈内"交往而得到加强，并且被制度化，进而维持着贫困的生活。在这种环境中长成的下一代会自然地获得此种贫困文化，并发生世代的传递。贫困文化塑造着在贫困中长大的人的基本特点和人格，使得他们即使遇到摆脱贫困的机会也难以利用它走出贫困。

刘易斯认为，"贫困文化"涵盖了穷人的社会参与、经济生活、家庭关系、社区环境和个人心态等方面，可谓物质与非物质生活，个人心态与群体互动关系兼具。实质上，他是把贫困看作一种具体的生活方式。由此可见，刘易斯所提出和使用的"贫困文化"概念是一个具体的、狭义的概念。

应该说明的是，在大的框架上，笔者在《贫困》一书中所指的"贫困文化"首先是一个广义的概念。文中所称"贫困文化"是在宏观意义与范畴上使用，即总体上对社会性贫困问题、贫困现象，对贫困者的态度、看法、价值观取向等的表述。"贫困文化"指的是社会多方面对解决贫困问题的不同举措、不同主张、不同思想倾向、不同态度，以及评价、反响的一种概括性的表达。此"贫困文化"讨论的内容也会涉及贫困者当事人在不同的解决思路、对策下的不同文化反响等。由此，笔者有关"贫困文化"的内涵中展示的人类文明进程中的贫困现象，和解决社会性贫困所主张的不同观点与文化碰撞，将是阅读和理解本书主题思想和"贫困文化"内涵的一把钥匙。

应该说至今为止，人类社会的发展实践都反复证明了——贫困现象是人类社会重大的和极端复杂的社会现象。反贫困是人类进入文明阶段以来，所有世俗政府的第一要务；与此同时，在当前力所能及地推进公共贫困保护、维护社会弱势群体也是社会文明与进步的必要条件，是全社会都应给予关注的重要问题。

审视历史可见，有关贫困现象、反贫困的话题，已经有千百年的历史。人类文明不断地思索、审视、评价其贫困现象、贫困问题的话题，以及与之相关联所积累的"贫困文化"，内容丰富而厚重。所以，此"贫困文化"是一个涉及面极广、内涵极为厚重的广义概念，笔者正是基于这样一种理念之下使用"贫困文化"概念的。

## 三、了解和关注"贫困文化"问题具有现实意义

《贫困》一书力所能及地从广泛的视角展示了社会对反贫困、解决社会性贫困问题过程中，包括贫困者本人在内的社会方方面面的客观反映、反响、观点主张等，是一部兼具知识性、现实教育性和史料性的实用性书籍。在国外，贫困文化问题已有了一定的研究，但在中国才刚刚在有限的范围内，被迟一步的关注。写作该书的主要目的是希望提升全社会对贫困文化问题的应有关注，提升处理社会性贫困保护的诸多问题的理解层次，同时力所能及地使该书兼具知识性、趣味性、史料性。对于中国而言，了解和关注"贫困文化"问题，从深一层次的文化规律方面，引导全社会关注"贫困文化"的博弈与碰撞问题也具有实用性，如国家主席习近平在扶贫新论断中所指出的：扶贫先扶志、扶贫必扶智和精准扶贫的扶贫方略。（见中国网 2016-01-03 18：40：19）既要扶贫，更要扶志，这个"扶志"的关键一语，切中要害，正是从文化的角度点破了解决社会保障与反贫困要十分关注和认识贫困文化的问题。贫困文化问题是所有社会成员，特别是政府制度的设计者、制度运行的管理者，在推进社会进步、全面推进小康社会的伟大实践中，从贫困文化的角度减少制度性的负激励，增加更多的正能量的一个重要的方面。

本书以丰富的资料和事实证实，实践中客观形成的贫困文化，无论是其积极的倾向、主张，还是消极的倾向、主张等，都曾经并继续由此引发和形成相关的、丰厚的文化内涵和激烈的思想碰撞、文化博弈这也是一种无奈的事实，

并且，不同的贫困文化导向下，不同主张、不同对策实践中，贫困保障、社会福利的效果是有很大区别的。

　　总结和分析这些曾经的和正在发生的历史与现实的经验，就是希望它能给我们现代生活带来更积极的和更有意义的启示。在人类历史的长河中，贫困文化的博弈与纠结同样是长久的和反复的，这也是本书不惜用大量的笔墨叙述和展示历史，以期验证"人类文明审视的贫困现象和贫困文化碰撞"这一主题观点的原因所在。

## 四、《贫困》一书的内容构成简介

　　《贫困》一书分为七篇。第一篇，导论，综合性地介绍了几个要点：第一，人类之初和整个中世纪的贫困文化问题；第二，中世纪后期的贫困与贫困文化问题；第三，消除贫困是人类社会长久努力的重大目标；第四，有关贫困、贫困文化的相关认知；第五，历史性地看待贫困、贫困文化的一般性问题；第六，20世纪80年代后，反贫困与其贫困文化的再审视；第七，更重要的是让穷人回到工作岗位、反贫困与收入保障中的普遍担忧与关注，核心是负激励问题等。第二篇，世俗政府反贫困的历史实践与其贫困文化。以英国都铎王朝和伊丽莎白王朝时期首次遇到的大规模的社会性贫困问题的初步反应，重点介绍及开创性地解决社会性贫困的实践中所反映出的纠结与无奈，特别是期间反贫困的实践与突出的偏激性的"惩贫"文化。第三篇，19世纪前后人类文明审视的贫困现象与贫困文化碰撞（上），第四篇，19世纪前后人类文明审视的贫困现象与贫困文化碰撞（下）。这两篇展示了19世纪前后其政治、经济、社会学家，有识之士，以及近现代主要社会活动家、世俗政府领袖们等，在看待贫困现象、解决社会性贫困问题过程中的思想倾向、思路方法及其代表性的观点主张，分析其不同的贫困文化的博弈与碰撞。第五篇，美国的贫困文化。分析了美国文化与贫困文化具有的独特性，介绍了其值得思考的方面。美国的贫困文化观念认为：美国社会给每个勤劳的人以机会是应该的，但对穷人给予必要的帮助，不等于奖励"失败"。美国的宗教建国理念使帮助穷人（兄弟）成为一种普遍的文化，但对道德风险与负激励的警惕又使社会在救助穷人时，常常表现出心理的纠结和观念的冲突，这也是美国社会对政府帮助穷人所充当的角色归根到底持有保守态度的根本原因，尤其是对那些有可能损伤穷人个人努力的责任感和自尊心的帮助，持有极其怀疑态度的根本原因。美国的贫困文化从另一个侧面给世人一种警示与有意义的借鉴。第六篇，中国社会保障的覆盖的推进与贫困文化问题。在中国共产党的领导下，与世界诸国相比，特别是与发达国家相比，中国的社会保障制度是成功的，在有限的经济能力下，贫困保护覆盖范围迅速扩大；同时，也应该看到制度管理漏洞及其所引发的道德风险，这些决定了提高对贫困文化本质性的认识，尽快增强防范道德风险和制度性的负激励的任务是艰巨的。第七篇，贫困文化博弈问题——需要更多的关注。其重点问题包括：贫困文化问题的内容，利益关系涉及社会的上上下下，贫困文化问题的内涵，不断有新的议题、新的认识与纠结。由此决定了在我国，贫困文化不仅是一个尚待深入研究的重大问题，也是一个需要不断探索、不断认识的长久话题。1. 贫困文化的现实意义重大，需要更多的关注；2. 贫穷者的思维方式，比贫穷状态本身更可怕；3. 对贫困文化的心理反应复杂、角度多样，评判不一，甚至大相径庭；4. 贫困文化仍然是一个没有结果的话题；5. 从"公共贫困保护目标的确定"，看其展现的贫困文化问题；6. 对穷人实施外界援助的作用始终存在意见分歧和争议；7. "无条件基本收入"（UBI）实验的文化分析，这是一个正在引起关注和研究的新领域。

希望本专著能够在此专题的认识和研究上起到抛砖引玉的作用。值此机会，也对在此领域进行先期开拓性研究的学者致以敬意，他们在此领域所进行的开拓性研究成果为本题目的研究创造了条件，提供了宝贵的参考与借鉴；对给予本书写作提供帮助的 Joyce 女士和相关的朋友致谢！

2021 年 10 月 5 日于北京

# 自 序

# 第一篇 导 论

# 第五篇　美国的贫困文化

第一篇

导论

众所周知，在现代社会制度下，建立和实施公共贫困保护制度，其直接目的在于解决劳动者和社会成员的基本贫困问题。人类文明发展至今，可以说贫困现象涉及面异常广泛，贫困文化既古老，又现实。所谓古老，指的是贫困现象伴随了整个人类文明的历史；所谓现实，是指当今社会，上至世俗政府的政治家、领袖、社会管理者，下至社会成员、普通老百姓的日常生活和司空见惯的心理活动，都难以回避贫困现象的话题和与之相关联的贫困文化的各种思考。由此，笔者认为有必要从文化的角度对久远的贫困问题，以及所涉及的相关贫困文化进行系统梳理与审视，希望从中获得更深一些的规律性的启示。这是笔者讨论此问题的重要目的和初衷。本文将在广义范围内对相关的贫困问题、贫困文化进行力所能及的梳理和讨论。

从广泛的人类社会文明历史角度看，贫困、穷人，以及如何解决贫困问题、如何帮助穷人走出困境是一个非常古老而又长久的话题。如何看待贫困现象与贫困人群的社会性问题，世世代代被社会广泛、反复地讨论和争论，反复地在对策上权衡、选择、比较，其观点也是反复地纠结与博弈。而贫困现象又是检验不同时期、不同社会阶层主流价值观取向的最敏感、最核心的问题。时至今日，人们的价值观取向仍然决定着他们是如何界定和看待贫困问题，如何处置、对待和保护穷人，以及会倾向何种对策来预防贫困现象的发生。

## 一、人类之初和整个中世纪的贫困文化问题

贫困问题是人类社会难以回避的一个重大的挑战。摆脱贫困是人类社会一个长远的奋斗目标，是人类社会最基本的艰巨任务。逃离苦难也是人类的本能和本性。人类社会最基本的社会实践活动便是挣脱贫困、实现温饱乃至过上富足生活。归根到底，人类的历史就是一部与贫困做斗争的伟大历史，这场斗争至今仍在继续进行之中。伴随着人类社会的进步与发展，对贫困的认知已经从单纯强调对食物、物质生活保障的维系，到对医疗保健、教育的获得、社会生活的参与度、休闲的丰富度等多方面不断需求和满足要求的认知。

### （一）贫困文化是人类社会最古老的社会文化内容之一

贫困文化是人类社会最古老的社会文化内容之一。自从有了人类文明，也就有了贫困问题、贫困文化，只不过在不同的时期，不同历史条件下，贫困问题、贫困文化的内涵各不相同。考察历史发现，在现代公共贫困保护制度建立以前，特别是漫长的中世纪及其以前，对贫困、弱势群体的帮助主要是靠慈善之心，靠有钱人的施舍。

据相关的文化记载，救助穷人的思想可以追溯到《圣经》中的利他主义的道德说教。早期的贫困救助基本上是由慈善行为和教会施舍来承担的。宗教组织最早规模性地介入社会贫困问题。无论是最早的犹太教，还是以公元纪年为开端的基督教，都曾将帮助穷人作为教徒的一大基本责任。以基督教为例，基督教救助穷人的思想可以从《圣经》的多处教义中得见。例如，是否要帮助穷

第一篇　导论

人?《箴言》3 第 27–28 页说：你手若有行善的力量，不可推辞，就当向那应得的人施行。你那里若有现成的，不可对邻舍说"去吧！明天再来，我必给你"。自奥古斯丁时期开始（306–337 年），人们之间讲求的理念是"博爱和慈善"（Caritas），其意思是爱人如己，对上帝以外的所有有需要帮助的人都要给予无私的爱。

在中世纪里，以教会的形式帮助穷人是最基本的贫困救助形式。在最早的治病救穷方面，从寺院有治病经验僧侣的治病活动开始，到最早的医院出现，都是教会最基本的活动内容。在贫困文化的倾向方面，虽然耶稣基督对穷人比较偏爱，福音书里也有关于贫富对比的论断，但整体说来，初期的基督教既不反对拥有财富，也没有仇视甚至贬低财富的思想倾向，个人命运与贫富也没有必然的联系。耶稣基督批判的是那些缺乏爱心，且不愿帮助别人的人，尤其是为富不仁的人。

考察人类贫困的历史发现，人类文明审视下的贫困现象充满着不同的贫困观，不同的看法、主张。无论是宗教的济贫行为，还是英国都铎王朝于 1495 年开始的世俗政府济贫立法的实践、1601 年英国伊丽莎白济贫法的颁布，及至 1834 年的新济贫法，都有大量的、内容丰富且不同色彩的贫困文化。研究各个不同时期的不同贫困文化内涵，具有历史的和现实的意义。

在生产力不发达的人类之初和整个中世纪，由于各种因素的影响，贫困总是与普通人相伴而生，它不仅影响着很多人的实际生活，而且也考验着全社会的价值观理念和人们的思想道德观。在传统社会里，贫穷被认为是自己的过失，地位低也被认为是个人的懒惰与能力缺乏的结果。谁拥有财富就证明谁有能力，谁处于贫困状态，只说明他懒惰无能。

从文化和贫困文化的角度看，如若将"穷"字的词义高度概括，则可以有两个含义——"褒义"和"贬义"。中世纪以前的"穷"字则更多的是"褒义"的，可以说，人类之初和整个中世纪，并没有以"穷"为耻，甚至于贫困者都曾经具有"美丽的光环"。在那个远古时代，社会结构简单，社会成员主要是有土地的封建主和无土地的农奴；即使在中古时代，中世纪生产力低下，社会阶层的区分除了社会上层，基本上是"有钱的富人"和"没有钱的穷人"之分。在人类之初和整个中世纪，贫穷和富有是相对的，穷人遇到危难，只能靠富人的帮助与慈善怜悯。人类之初和整个中世纪，各种宗教组织在开展其有目的活动过程中，将慈善和救助贫困作为一种基本的文化理念和活动形式，救助贫困是各种宗教组织的基本活动内容之一。人类之初和整个中世纪曾经是一个闪耀着"慈善"的光辉，"贫困不耻"和"不加区分救贫"的贫困文化时代。总体而言，整个中世纪期间，基督教文化以道德化的视角看待穷人，并且依《圣经》所说，穷人有福，穷人可以穿过针眼而进入"天国"（富人则不能），穷人因此被视为可以得到上帝的保佑。由此，古代教父鼓励人们多多行善，将救助穷人与得到恩典联系在一起的"神恩济贫观"思想广为流行。"神恩济贫观"成为驱动教会济贫事业发展的核心价值观。

### （二）人类贫困文化的历史阶段跨越

从文化的角度审视，回溯人类漫长的历史实践过程，应该说贫困文化经历了几大历史阶段的跨越。

第一个阶段是人类历史所显示的，以古希腊、古罗马时代的苏格拉底式的，以区分需求和欲望所形成的"以穷为恶"的贫困文化观，即贫穷必然与罪恶相联系，罪恶也导致贫穷。第二个阶段是进入中世纪，在基督教教义为主的文化下，产生"以穷为荣"的贫困文化观。整个中世纪，贫困者都曾经具有"美丽的光环"，并且穷人会受到上帝的关爱，出手救助贫困者是教徒的责任。第三个阶段是人类社会经历了文艺复兴、启蒙运动和宗教改革后，兴起了祛道德化的贫困文化观，"以穷为恶"的贫困文化观再次占据主导地位，贫困与懒惰，甚至与罪恶相联系。"以穷为恶"的贫困文化观进一步形成"惩贫"文化思想，并延续数百年。祛道德化的贫困文化观鼓励勤劳创造，抑制懒惰散漫，肯定了财富积累，从而为资本主义经济的兴起提供了发展的动力和发展的理由。第四个阶段是20世纪初，以韦伯夫妇发表的《少数派报告》为代表的贫困文化的突破。《少数派报告》思想强调了造成贫困的社会性因素和穷人的尊严问题，开拓了解决社会性贫困的新视野、新思路、新方案。继而由其工作助手贝弗里奇完成的《贝弗里奇报告》和之后的《福利国家方案》展示了全新的防范社会性贫困的方案与全新的解决社会性贫困的新思路。第五个阶段是20世纪后期，随着社会保障的道德风险和负激励现象对社会保障制度的全面冲击和严峻挑战，警惕和寻求新出路的努力前仆后继。阿玛蒂亚·森能力贫困理论的提出则标志着西方贫困观的根本性转变，能力贫困观以其实现了对贫困本质认知的回归为公众所接受，全球范围内的反贫困也在能力贫困观引致的"革命性"转变后，转入多维贫困观的视角。

### （三）贫困仍然是当前全球普遍和棘手的重大挑战之一

应当说，迄今为止，贫困问题和反贫困仍然是目前全球最现实、最重大的任务之一，许多权威机构不断地发布的许多数据在不断地证实这一观点。例如，海外网一则数据显示，（张霓：《贫富差距大！英报告：46 亿人财产难敌全球最富的两千多人》，2020 年 1 月 20 日）英国扶贫慈善组织乐施会（Oxfam）发布的一份 2019 年报告中指出，全球最富有的 2153 人掌控的财产要超过 46 亿最贫穷者财产的总和。综合路透社和 CNBC 网站报道，这份报告发布于正值年度世界经济论坛在瑞士达沃斯举办之际。在这份研究中乐施会指出，在过去 10 年中全球亿万富翁人数增加了一倍，而他们要比全球 60% 的人口更富有。报告作者形容称："如果每个人都坐在 100 美元钞票堆成的、他们所拥有的财富上，那么大多数人都坐在地板上。一个富裕国家的中产阶级将坐在椅子的高度，而世界上两个最富有的人则将坐在太空中。"该组织的另一惊人统计数据还表明，世界上 22 位最富有的男性，要比非洲所有女性拥有的财富都多。极端的财富表明经济体系正在崩溃，各国政府必须采取措施，从根本上缩小富人与社会其他阶层之间的差距，并优先考虑所有公民的福祉，而不是不可持续的增长和利润。

又例如，印度籍学者阿比吉特·班纳吉（Abhijit V.Banerjee）和法国籍学者埃斯特·迪弗洛（Esther Duflo）在其所著《贫穷的本质：我们为什么摆脱不了贫穷》中所说："我们所关注的焦点是世界上最贫穷的人，就全球穷人最多的 50 个国家来说，其平均贫穷线为每人每天 16 印度卢比，各国政府将生活费低于这一水平的人定位为贫穷状态。根据写作本书时的汇率标准，16 卢比相当于 36 美分，但由于大多数发展中国家的物价水平较低，如果穷人以美国的物价水平来购物，他们就需要花更多的钱——99 美分。因此，要想知道穷人是怎样生活的，你就要想象如何在迈阿密或莫德斯托每天只靠 99 美分生活。要用这点钱购买你一天所需（除了住房），这并不容易。比如，在印度，99 美分只能买 15 根小香蕉，或是 3 磅劣质大米。你能靠这点吃的活下去吗？不过，2005 年，全球有 8.65 亿人口（占世界总人口的 13%）都是这样生活的。"〔〔印〕阿比吉特·班纳吉（Abhijit V.Banerjee）、〔法〕埃斯特·迪弗洛（Esther Duflo）：《贫穷的本质：我们为什么摆脱不了贫穷》，景芳译，中信出版社，2018年〕

## 二、中世纪后期的贫困与贫困文化问题

### （一）工业社会逐步取代农耕文明，贫困文化发生重大变化

在人类历史上，中世纪后期的社会历史进程中发生了一系列的对后世影响深刻的历史事件，诸如文艺复兴、宗教改革、启蒙运动等。尤其是影响深远的人文主义、基督教人文主义思想的产生与发展，促进了理性、仁爱价值观的兴起。注重人的尊严、注重人的思想自由等人文主义以及基督教人文主义文化观，对世俗社会产生了重大影响，为后来清教主义的产生提供了充满活力的思想源泉和有力的文化支撑。以马丁·路德发布的《九十五条论纲》为开端，其所开启的宗教改革运动又促使济贫实践与贫困文化都开始了一个前所未有的新阶段。中世纪后期，有了文艺复兴、启蒙运动、宗教改革，有了资产阶级革命，经圈地运动，开启并完成了改变人类历史文明的人类工业革命。

#### 1. 在看待"贫穷"现象方面，基督教人文主义促使贫困文化发生改变

在对待自愿的贫穷以及因闲散、懒惰导致的贫穷方面，基督教新教和基督教人文主义都持以无情的批判态度。在救助"贫穷"方面，基督教人文主义认为，慎重的施舍十分重要，因为基督教人文主义认为，在乞讨者之中，有些人更懂得乞讨技巧，这种人实际上就是强取勒索救济物的人，而这些救济物本应该分配给最需要救助的真正的穷人。在基督教人文主义者的眼中，"用错地方的善行，实际上是干坏事"。（〔美〕玛戈·托德：《基督教人文主义与清教徒社会秩序》，刘榜离、崔红兵、郭新保译，中国社会科学出版社，2011年，第218页）因为不加区别的施舍也是罪恶，因为它供养了闲散、懒惰、生活散漫而又无德的"健康乞丐和流浪汉，那些人本可以工作却沉迷于乞讨，是易于犯罪的人，是社会害虫，养着这类无道德游手好闲的人当然不是教会的责任"。（〔美〕玛戈·托德：《基督教人文主义与清教徒社会秩序》，刘榜离、崔红兵、

郭新保译，中国社会科学出版社，2011年，第218页）宗教改革后"贫困者"的神圣光环消失，贫困者甚至于开始与懒惰、缺乏斗志、"失败者"等贬义的思想文化相联系，并开始了以"惩贫"为特征的贫困文化时代。

15世纪末16世纪初，是中世纪末期社会剧变的时期，处于社会巨变阶段的英格兰社会经历了从传统的敞田制时期，到圈地运动等资本主义国家原始资本积累历史时期。这一进程引发了大量的社会矛盾，社会性的贫困加剧，直接导致普遍性的、经常性的和持续性的社会性问题爆发。

**2. 传统贫困文化观念发生重大的改变**

基督教人文主义者的代表伊拉斯谟对懒惰持坚决的批评态度。伊拉斯谟认为，勤劳是有价值的东西，懒惰与贫困直接相关。如美国作家玛戈·托德所述："基督教人文主义者虽然没有完全背离这一中世纪观点，但却与此观点有很大分歧。他们继续对懒惰口诛笔伐，视懒惰为罪恶的诱因。但对于伊拉斯谟和他的同仁来说，世俗职业中的劳动，其神圣程度绝不亚于牧师的职业；宗教职业不能作为行乞的借口，清规戒律既要贵族和传教士来遵守，也要传统上的劳动民众来遵守。而且，提出这些新的要求，目的是要确保公共福利。"（〔美〕玛戈·托德：《基督教人文主义与清教徒社会秩序》，刘榜离、崔红兵、郭新保译，中国社会科学出版社，2011年，第167页）在对待"勤劳"的看法上，如玛戈·托德所总结的："勤劳被认为是一种有价值的东西，不论是在防止个人罪恶的层面上，还是在广大的社会利益层面上，都是如此。从经济和道德意义上说，清规戒律对于社会改革都是必要的，个人和群体都需要遵守。结果是，基督教人文主义者出于对国家改革的文艺复兴式的关心，发起了一场反对懒惰闲散的文学运动。"……伊拉斯谟说："懒惰无恶不教。由它教导出来的人中包括赌徒、寻欢作乐者、暴饮暴食者、酒鬼、喜欢吵闹者和嫖客。""在他们看来，闲散懒惰显然不只是一种个人的过失：它是对全体国民的冒犯——按照伊拉斯谟的看法，它是国家中大多数邪恶的根源。伊拉斯谟将闲散懒惰比作一种传染病，它使整个社会染上了贫穷、剥削和不公。大领主们一方面靠穷人的劳动来供养，另一方面竟然将他们的时间都浪费在跳舞、赌博、狂欢纵乐上，这是多么让人无法忍受的不公啊！"莫尔指责道："游手好闲的贵族，其生活，就像靠他人劳动的雄蜂一样，不仅没有对国家的福利事业做出积极的贡献，而且事实上将他们的佃户推向了贫穷、流浪和犯罪，他们应对此负责。"（〔美〕玛戈·托德：

《基督教人文主义与清教徒社会秩序》，刘榜离、崔红兵、郭新保译，中国社会科学出版社，2011年，第167页）

### （二）理性、世俗化的贫困文化观

#### 1. 理性而又世俗化的救助

对于救济贫困，基督教人文主义注重采取创新的方法解决贫困根源：主张向穷人强制推行戒律，促其勤奋，使其相信教育的改正力量。文艺复兴时期的基督教人文主义者严厉谴责乞讨中所隐含的混乱现象，认为乞讨中有大量无耻的、无序的现象，认为个人在教堂门口的台阶上投放施舍物品，或者在婚宴上给所有的人发放物品，这种做法所关注的更多是施舍者所积累的功德，而不是为解决接受者的实际需要。他们认为，不加控制、没有条理的施舍，只会助长基督教人文主义者所认为的有害的行为方式——乞讨。

基督教人文主义者对"施舍"形式持坚决的否定态度。基督教人文主义者还认为，不加区别的救济也是罪恶，因为这样不加区别的救济等于"供养了闲散懒惰、生活散漫而又无德的'健康乞丐'和流浪汉，那些本来可以工作却沉迷于乞讨的人，是易于犯罪的人，是社会的害虫"。（〔美〕玛戈·托德：《基督教人文主义与清教徒社会秩序》，刘榜离、崔红兵、郭新保译，中国社会科学出版社，2011年，第218页）基督教人文主义者认为，个人向乞丐发放施舍物，应该被认为是糟糕的管理。按照《圣经》的伦理，财富是上帝托付给捐助者的，财富的恰当使用必须面向公共福利；而将无力、无助者的生活和健康所必需的资金转用到众多身强体壮的勇猛乞丐、流浪汉和游手好闲的男女身上，这是不对的。因为他们这些人若是愿意，完全有可能通过劳动来养活自己，而不是乞求施舍。（〔美〕玛戈·托德：《基督教人文主义与清教徒社会秩序》，刘榜离、崔红兵、郭新保译，中国社会科学出版社，2011年，第218页）

#### 2. 实施现时有效的救助

基督教人文主义者对有区别的慈善表示出的关注，深深地根植于他们对真正贫困者的同情之心，而不是出于一种压制乞丐、惩罚流浪行为的孤立冲动。但是，如果保证不了穷人应得的收入不会遭到不值得救济者的侵蚀，那么慈善施舍就不能有效地保证穷人得到维持生命物品的权利。基督教人文主义者还推论道，既然"救济物应该发给虚弱无力的人，发给那些因疾病或者高龄而变得衰弱的人，发给那些无力谋生的人……那些肢体健全、身强体壮而领取救济的人应被视为窃贼和强盗"，应该将他们从王国里驱逐出去。按照教规的判断，"多余"的财富就是不需要用来维持生活和地位的财富，应该归于穷人。宗教法规学者甚至主张，为了维持生计而偷窃的赤贫之人没有犯偷窃罪，因为他只是取走了正当属于他自己的东西，真正的慷慨应坚决地拒绝肆无忌惮的乞丐的恳求。

### 3. 基督教人文主义者伊拉斯谟的思想

伊拉斯谟突出的济贫思想是：其一，主张力尽所能地防范懒散损害公共福利。为了不让贵族的懒散损害公共福利，伊拉斯谟告诫信奉基督教的君王，"要将其侍臣中游手好闲者的比例减少到最低限度。要么强迫他们忙碌起来，要么将他们逐出国门"。（〔美〕玛戈·托德：《基督教人文主义与清教徒社会秩序》，刘榜离、崔红兵、郭新保译，中国社会科学出版社，2011年，第168页）伊拉斯谟认为："兜售圣徒遗物的牧师、放高利贷者、掮客、拉皮条者以及迎合低级趣味的大宗地产的总管，也应予以遏制。"这些人均被伊拉斯漠视为游手好闲之徒，因为他们的行为都是非生产性的；他们都在掠夺社会秩序，以维持他们自身的懒惰和铺张奢华。（〔美〕玛戈·托德：《基督教人文主义与清教徒社会秩序》，刘榜离、崔红兵、郭新保译，中国社会科学出版社，2011年，第168页）其二，伊拉斯谟认为："勤劳和生产力是对社会各个阶层提出的要求，因为在人文主义者眼里两者本身都是好的。由于这个缘故，伊拉斯谟谴责教会的宗教性节日泛滥增多，并以此向新教的改革者发出了警告。这些强制推行的闲散日子是对上帝的冒犯，只能导致工薪阶层的贫困。"其三，将勤劳认定为完美社会中的必备行为和特征。"尽管中世纪的理论家从伊甸园和天堂里消除了辛苦的劳作，但莫尔却在《乌托邦》中赞美了劳动的美德：每一个乌托邦人都学了一门手艺，并应在他的行业内天天劳动，游手好闲者要被逐出邦国，闲暇时间要用来学习知识。在乌托邦内，体力劳动没有被轻视，而且一如伊拉斯谟规划中的那样，任何社会群体都不得闲散懒惰。"（〔美〕玛戈·托德：《基督教人文主义与清教徒社会秩序》，刘榜离、崔红兵、郭新保译，中国社会科学出版社，2011年，第169页）

### 4. 贫困文化的重要改变

宗教改革后期贫困文化发生重大的变化。1. 兴起实地调查之风。英国议会在解决贫困问题方面实施了调查研究的方法。比如，让两名上议院议员，在一名文书的陪同下，逐家逐户地走访所有这些场所（医院、收容所、救济院），并进行调查；调查内容包括：记录下那里人员的出生地、数量和姓名，记录下每个人到那里去的原因，并将调查的一切详细情况呈报给执政官和上院。将那些在家中忍受贫困的人列在一个单子上，包括他们的子女，还要写上他们的需求和迄今的生活手段。这项工作在每个教区里由两名上议院议员来做。2. 注重在管理中引入更积极的贫困文化。基督教人文主义者意识到，一整套正直而有效的行政体制会激发那些担心无德的乞丐会浪费其施舍的人的施舍。出于这个原因，主张官员要去调查馈赠给教会的物品的使用方向，并要求穷人的监察人员定期出示收支的公开账目。与中世纪的直接施舍相比，这种体制虽然不是针对个人，但对于穷人来说还是有更多的积极作用的。3. "惩贫"思想为主的贫困文化，转向合理区分、分别对待。从"惩贫"思想为主的贫困文化，转向合理区分、分别对待的转折起始于1572年。1572年是英国贫困文化的重要转折年代，这一年议会通过的济贫法从之前的以"惩贫"为主线的贫困文化，转向合理区分贫困人员，根据不同情况分别对待：（1）对不能生活自理的老弱残人员予以照顾；（2）对身强力壮想工作但又找不到工作的人员，由政府机构为其创造工作机会；对于身强力壮但是好逸恶劳的人员的出路选择是：要么自食其力，要么受到处罚进监狱，总之由政府和个人共同承担贫困责任；（3）对未成年的穷人（儿童）则强调送去学徒改造个人、培养谋生手段。这些理性济贫的思想在很大程度上源自基督教人文主义贫困文化的理念。

### 5. 中世纪晚期教会济贫的重大缺陷

中世纪晚期古代教父们所倡导的"神恩济贫观"发生了质变，教会的济贫方式已经仪式化，它所关注的是施舍人灵魂的救赎，而不是贫困问题本身。教会已不在乎救助对象是谁，更不在乎救济物品是否达到了济贫的效果。不分对象的济贫方式造成的不良后果是"鼓励懒惰"。没有人天生勤劳，这似乎是不言自明的。要是没有生存的压力，没有道德和制度的约束，人人都会怠于劳作，而贪于安逸。中世纪"神恩济贫观"的施舍在救助的同时也起到了这种作用。它不仅为不劳动者提供了浮食，而且为他们安享他人劳动成果提供了道德依据。四处乞讨的托钵僧更是以身示范，开风气之先，于是中世纪的欧洲出现了一个流动奔食的职业乞丐阶层，当时人称他们为"流浪者"。（向荣：《论16、17世纪英国理性的济贫观》，《武汉大学学报》，1999 年第 3 期，第 70 页）从某种意义上讲，教会在济贫的同时又制造了新的贫穷。激增的流浪者和贫困者将中世纪晚期教会传统济贫模式推上了崩溃的边缘，穷人在数量上的增长和在性质上的变化，要求人们从根本上改变中古时期传统的救济模式。

### （三）《乌托邦》显现的贫困文化思想

1515 年至 1516 年，英国人托马斯·莫尔用拉丁文写成了空想社会主义的第一部作品《乌托邦》（*Utopias*），全名《关于最完美的国家制度和乌托邦新岛的既有利益又有趣的金书》。乌托邦原词来自两个希腊语词根，"ou" 是 "没有"的意思（一说是 "好" 的意思），"topos" 是 "地方" 的意思，组合起来就是"乌有之乡"。莫尔所写的乌托邦是理想主义者所憧憬的一个完全理性的共和国。考察历史可知，托马斯·莫尔的《乌托邦》实际上是莫尔概括了 16 世纪初英国人对北美新大陆的理想蓝图的想象与描绘。据美国作家埃里克·方纳所著一书《给我自由！一部美国历史》所说："早在 1516 年，托马斯·莫尔出版了《乌托邦》一书。这是一部以地处西半球的想象的岛屿为背景的小说。自那时起，英国人便一直勾画着他们对美洲的印象，即这是一个开拓者可以逃离欧洲经济不平等的地方。"（见〔美〕埃里克·方纳：《给我自由！一部美国历史》上卷，王希译，商务印书馆，2013 年，第 76 页）书中描绘了一个他所憧憬的美好社会，那里一切生产资料归全民所有，生活用品按需分配，人人从事生产劳动，而且有充足的时间从事科学研究和娱乐，那里没有酒店、妓院，也没有堕落和罪恶，当然，也没有贫困问题。乌托邦用于比喻无法实现的理想或空想的美好社会。在《乌托邦》中，莫尔首次用 "羊吃人" 来揭露罪恶的 "圈地运动"（这一提法被马克思多次引用），并提出了公有制，讨论了以人为本、和谐共处、婚姻自由、安乐死、尊重女权、宗教多元等与现代人生活休戚相关的问题。他创造了 "乌托邦" 一词，开创了空想社会主义学说，其思想也成为现代社会主义思潮的来源之一。他的许多思想为后人开创了优秀的思路。在《乌托邦》一书中，莫尔对社会问题进行了揭露和批判，莫尔要求实现真正的公共利益。他认为当时的英国人私欲横流，人们自私自利，因而提出了取消私有财产和货币经济的主张。莫尔坚决地反对英国正在兴起的圈地运动，认为这是一种不道德的行为。莫尔还十分关心宗教改革，但不主张脱离罗马教会。所以在英国宗教改革时期，他为此受到处罚。莫尔也是一个主张通过教育改造社会的提倡者，他认为只有教育才能真正克服社会的腐败，建立英国的精神文明。

1535 年英国政府枢密大臣克伦威尔曾委托基督教人文主义者威廉·马歇尔起草一项济贫法，马歇尔在提交的法案中提出三个原则，即为那些有劳动能力的人特别是流民提供工作，行乞是不应允许的，而无依无靠的人将由社会承担责任，对贫民提供的救济应由受到治安法官监督的教区来承担。

### （四）劳动与贫困的关系发生紧密联系是历史性的进步

1. 审视历史可知，文艺复兴、启蒙运动和宗教改革，令社会看待贫困现象的审视观发生重大改变，应该说是贫困文化的一次历史性进步。在整个中世纪，可以说贫困者都曾具有美丽的光环，有钱人有向穷人进行施舍的道义性的义务，穷人特别是托钵僧阶层可以伸手得来济贫的帮助而无可非议。

2. 文艺复兴、启蒙运动和宗教改革后，日渐发生文化观念上的变化，特别是审视贫困现象的道德化贫困文化观的兴起，促使劳动和贫困的关系发生紧密的联系，劳动和贫困变成一种对立关系。劳动和贫困的关系日渐成为衡量一个贫困者客观状态的尺度。历史实践证明，在资本主义经济兴起之后，劳动和贫困的对立关系日益被强调，济贫、助困的反贫困的实践中，无一不将劳动作为获得社会帮助的前提条件和标准。

## 三、当代的反贫困发展目标与贫困文化

应该看到，贫困现象又是一个动态的、历史的概念。贫困这一概念随经济发展、社会进步和人类文明水平的提高而不断变化，随福利与公共贫困保护重大政策的建立而发展，随着对人权内容相关的生存权的认知、责任的承担而不断地改变。不同历史时期、不同国家、不同地区给予贫困的定义也会有所不同。

回顾社会历史，资本主义发展的同时第一次给人类社会带来了大规模失控的社会性贫困问题。特别是 19 世纪六七十年代英国规模化的工业革命后，开始大规模使用机器，家庭手工业没落、解体，大量无业流民、群众骚动不断发生，穷人甚至抢劫商店、夺取面包等食物。工业革命期间，贫困问题大量爆发还与

英国人口的快速增长有所关联。最早产生于英国的济贫法，其产生、发展与变革都和英国具体的经济、社会、文化变化密切相关。无论如何，英国的济贫实践都是人类社会世俗政府首次遇到，首次摸索、实践的重大课题。仔细研读历史，英格兰民族所探索的救济方式、管理方法，对贫困的认识与一系列反贫困的相关举措都经历了漫长的实践与探索；反贫困的实践中也发生了大量的贫困文化的碰撞、博弈与无奈。与此同时，也不得不承认早期的欧洲，特别是英国早期探索解决社会性贫困问题的长期实践和由此产生的丰富的贫困文化，曾经为世界诸多国家提供了最初的和有意义的启示，人类历史色彩丰富的贫困文化内容值得回味。

在 20 世纪上叶，以英国为代表的发达国家曾经建立起的一整套待遇优厚的社会保障体系，特别是英国为国民所提供的"从摇篮到坟墓"的福利保障，曾经成为世界许多国家福利与公共贫困保护思路与模式仿效的典范。而英国早期一系列的反贫困立法则是这一切制度、方案最初的基础和出发地。英国近 400 年的漫长反贫困历史实践，和长时期的贫困文化博弈与纠结，引领世界众多国家社会政策与贫困文化思潮的变更，也迫使许多国家世俗政府不断地反思和认识一些最基础性的问题：1. 应该如何看待贫困？这里始终有一个贫困现象的审视角度、思考立场、出发点、政策目标等的问题。2. 应该如何应对贫困？从救贫到防贫、济贫的发展与变革之中，有哪些反贫困的经验与教训？3. 在现代社会中，具体地消除贫困的手段、社会效果评估方法、公共贫困保护、社会保障制度模式、资金的解决方式、思路等；从慈善捐款到法律责任的募集，再到征税等，每一重大变化之中都曾涉及具体的贫困文化的博弈。4. 贫困文化曾经对每一时期的舆论导向、政府决策产生过巨大影响。还有运作中的一些问题，诸如管理、管理体制的设置，中央政府和地方政府的职责划分与设立完备的风险防控体系的运作等，社会保障体制中政府、企业与个人的责任分担问题等。

本文要讨论的基本主线是贫困的一般性问题，包括贫困的成因理论，贫困文化的范畴；如何看待贫困现象、人类社会主要历史阶段审视贫困现象的丰富思想；解决社会性贫困问题过程中所产生的贫困文化碰撞的处置等。希望从这些讨论中发现和寻求有价值的启示。

## （一）消除贫困也是现代国际社会的重大发展目标

人类社会的重要任务、经久不衰的奋斗目标和重要议题之一，与不断地解决不同时期、不同阶段下的社会性贫困问题有直接关系。在人类历史的长河中，众多国家的政府领袖、社会精英、学者都在孜孜不倦地思考着劳动问题、社会成员创造财富的积极性问题、防止贫困问题。可以说，对于人类社会而言，贫困现象和解决社会性贫困的意义重大而非凡。从全球反贫困的动向看，特别是二战以后，世界众多国家和相关的国际组织都在孜孜不倦地努力工作，争取实现反贫困的社会发展目标。在反贫困问题上，发达国家随着 20 世纪五六十年代的快速发展，进入了后现代化的丰裕社会，"福利国家"制度的确立和发展，在消除这些国家的城市、乡村和社区贫困现象方面取得了卓有成效的进步，贫富悬殊现象一度有所缓解。但是 20 世纪七八十年代以后，由于经济低速发展和高福利所带来的困境，部分国家或地区贫富差距再度扩大。

### 1. 从联合国工作机构看

1981 年 9 月，联合国在巴黎召开的最不发达国家问题会议，会议通过的《20 世纪 80 年代支援最不发达国家的新的实质性行动纲领》强调，要促进这些最不发达国家的体制改革，为穷人提供国际认可的最低生活标准。1992 年联合国第 47 届大会通过召开社会发展世界首脑大会的决议，要求这次会议以消除贫困、减少失业、增加社会融合为目的。1995 年 3 月，在丹麦首都哥本哈根召开的联合国社会发展世界首脑会议上，与会 118 个国家领导人和 65 个国家代表通过了《会议宣言》和《行动纲领》，在《宣言》中指出："世界人民已经以不同的方式表示，迫切需要解决影响各国的严重社会问题，特别是贫困、失业和社会排斥。"并称："我们的任务就是要揭示这些问题的内在和结构上的原因并消除其痛苦后果。"会议要求各国制定消灭贫困的综合战略，确定 1996 年为"消除贫穷国际年"。2018 年 10 月 15 日消息，联合国秘书长古特雷斯在 2018 年国际消除贫困日到来前发表声明，呼吁确保科技发展为消灭贫困增添强劲动力，到 2030 年要实现消除贫困的既定目标。

### 2. 从世界银行和国际货币基金组织的工作看

自 20 世纪 90 年代以来，世界银行也在研究全球防止贫困问题，尤其是在发展中国家的贫困问题上也做了许多工作。1990 年发表的《1990 年世界发展报告——贫困问题》，世界银行行长巴伯·B·科纳布尔在该报告的前言中说："要迅速改善穷人的生活质量，并能在政治上保持不断提高，最有效的途径是实行两个方面减轻贫困的战略。第一方面是提供机会，第二方面是广泛地向穷人提供利用这些机会的能力。"1992年世界银行在提交的《1992年世界发展报告》中，以发展与环境为主题，在论述着重要解决的关键问题时写道："应优先解决的是那些直接影响到人口中绝大部分人福利的问题。"这些问题涉及"缺少卫生设施和清洁的饮用水、城市的空气污染、室内空气污染，以及严重的土壤侵蚀"。1993年世界银行发表了以投资健康为主题的《1993年世界发展报告》，报告指出，在医疗卫生体系中存在着配置不当、不平等、低效率、费用急剧上涨四个问题，认为穷人难以获得基本的医疗卫生服务，即使获得也是低质量的保健。1995年世界银行发表以一体化世界中的劳动者为主题的世界发展报告，报告的第13章论述了解决收入无保障问题。报告说：失业、伤残和年迈在工业国和发展中国家中都是贫困产生和加深的重要原因，而解决这类问题对于转轨中的国家尤为重要。同年世界银行发表《减少贫困和饥饿的战略》专题报告，报告说：今天世界上每天有7.5亿名男女和儿童挨饿，尤其是在贫穷国家。报告还说：我们希望一开始就能拿出1亿美元，设法将钱送到目前仍得不到救济的最最贫穷的人手里。2000年9月联合国千年首脑会议一致通过的"千年发展目标"承诺，到2015年之前将世界极端贫困人口和饥饿人口减半。《与贫困作斗争：机遇、赋权和安全保障——〈2000/2001年世界发展报告〉评价》中指出，全球60亿人口中有12亿处于每天生活费不足1美元的国际贫困线之下，这部分人主要在南亚，占到了这部分贫困人口的44%。若以每天生活费不足2美元的国际贫困线衡量，则这部分贫困人口总数上升到了28亿人。（程漱兰、陈焱：《与贫困作斗争：机遇、赋权和安全保障——〈2000/2001年世界发展报告〉评介》，《管理世界双月刊》，2006年6期，第210页）

根据世界银行发布的数据，自1981年以来，发展中国家贫困人口数量已经出现大规模下滑。1981年，发展中国家约有70%的人口生活在每日收入不足2美元的状态中。到2011年，该比例已经萎缩至36%。《纽约时报》评论说，这很大程度上得益于中国，即中国的"巨大经济进步"。目前发展中国家的极端贫困人口占14%，而在1990年这一比例为47%。中国是下降幅度最大的，极端贫困人口比例从1990年的61%下降到2014年的4%的水平。在2013年联合年会召开前夕，世界银行与国际货币基金组织呼吁世界各国加强终结极度贫困的紧迫感，同时宣布制订了一个"2020 年将全球贫困率降低到 9%"的中期目标，如果这一目标得以实现，将标志着贫困率首次降低到个位数。世界银行制订这一目标的依据是该机构对全球贫困率朝着 2030 年终结极度贫困发展趋势所作的经济分析。世行制订的中期目标——2020 年贫困率降至 9%，意味着届时估计还会有 6.9 亿人处于极贫状况。如果这一目标得以实现，2020 年贫困人口就会比 10 年前减少 5.1 亿人，相当于非洲大陆人口的一半或者超过印尼人口的一倍。2013 年 4 月份，世界银行集团理事会批准了该机构的两大目标：一是到 2030 年终结极度贫困，二是促进所有发展中国家底层 40% 的人口共享繁荣。(《经济日报》，中国经济网，2014-07-16) 联合国发布的《千禧年发展目标 2014 年报告》指出，在全球极度贫穷人口中，有三分之一来自印度。印度高居榜首，中国则排名第二。2015 年 10 月 16 日，习近平在出席北京举行的 2015 减贫与发展高层论坛时说，中国将在未来五年使贫困线以下的 7000 多万人口全部脱贫。上述反贫困战略在一些国家和地区的反贫困中得到了实际的运用，也取得了一定的成效，但在不同国家、不同历史阶段进展很不平衡，从根本上消除贫困还需要做很多的努力，反贫困将是长期和艰巨的任务。

## （二）贫困文化内涵厚重而丰富

在人类社会长期解决贫困问题的实践中，折射出大量的思想观念和文化，而且不同时期解决贫困问题的举措与实践，深受这些贫困文化和观念的影响。人类文明反映的贫困文化以及观念的形成和演变大体上可以分为几个阶段。一是早期的救助穷人的观念和文化，表现于一般性宗教活动之中，特别是天主教、基督教内容厚重的慈善文化。在帮助穷人的实践中，天主教、基督教的修道院、慈善院的慈善施舍是早期人类社会解决社会性贫困问题的主要实现形式。这一时期的贫困文化特征是不加区分贫困原因，见"穷"即"施"，普遍性地对穷人给予施舍。见"穷"即"施"的普遍性施舍，后来演变和产生了以乞讨为生的托钵僧阶层。二是文艺复兴、启蒙运动和人文主义思潮兴起时期，有丰富的贫困文化思想，特别是基督教人文主义思潮对贫困文化所产生了巨大影响，在此基础上的宗教改革运动之中，路德、加尔文等，赞成并秉承了基督教人文主义思想的观点，主张并实施既要关注穷人，又提倡每一个人都应该对自己的命运负责的思想，主张"懒惰应该受到谴责和惩处""劳动是神圣的"等贫困文化观念。这些贫困文化和观念对后来英国都铎王朝的济贫法立法实践产生了重大的影响，直接后果是一反中世纪贫困文化的观念，产生了对流浪人员必须进行惩处的"惩贫"贫困文化。三是英国都铎王朝时期开始的济贫立法实践以及"惩贫"思想的产生。之后的"惩贫"贫困文化的立法思想反反复复地自都铎时期开始，纠结、徘徊长达400年之久。四是20世纪之初，由费边社会主义者——韦伯夫妇提出的《少数派报告》，该报告彻底否定"惩贫"思想的深远影响，促进社会开始重视并关注"有劳动能力的穷人"群体。五是1935年美国社会保障法颁布之后，在解决贫困的实践中，贫困文化思想的博弈与纠结进入一个新时期，各种贫困文化思想、观点的讨论、争论，以及这些讨论、争论对世俗政府社会政策产生重要影响。其中，美国特殊的历史、文化与国情使美国形成独具特色的新教文化和突出的美国贫困文化。六是1942年贝弗里奇受命完成《贝弗里奇报告》，1948年，依据贝弗里奇报告思路，英国首相艾德礼宣布英国第一个建成了福利国家。福利国家创造了国家政府承担公共贫困保护责任的制度模式，这引发了一系列贫困文化新问题的探索。

## 四、有关贫困、贫困文化的相关认知

"贫困"是一个综合性、动态性的概念。贫困问题会涉及经济、政治、社会学以及伦理学等多学科领域的相关内容，并且其内涵会随着时间、空间、发展环境等的变化而变化。

纵观历史，关于社会贫困的根源，可以说有许许多多的解释和观点。例如，法国的思想家卢梭于1755年4月在荷兰阿姆斯特丹出版的哲学著作《论人类不平等的起源和基础》，他探讨了社会不平等的原因及克服的方法，认为生产的发展和私有制的产生，使人类脱离了"自然状态"，但也产生了贫富不均的社会现象。由此卢梭揣测到了矛盾斗争会发生对立面转化，发展是一个螺旋式上升的过程；认识到私有制是社会不平等的根源，又认为每个人有少量私有财产是社会平等的基础等等。

又如，新保守自由主义者的代表人物诺奇克（R.Nozick,1938— ）著名的

"差别原则"，承认不平等是一种不幸，但又是无法改变的。平等分配的结果可能是不平等的，但不平等不等于不公平、不正义。诺奇克的"差别原则"说明：就人的贫富现实而言，通俗地说，每个人从一出生，其基因中就带着差别。有人聪明，有人愚钝；有人勤奋，有人懒惰；这些对其后来自身发展，是富有，还是贫困有重要的影响。天生的一副英俊、漂亮的脸蛋，可能比天生的一副丑陋嘴脸发展要顺利得多。

从贫困、贫困文化的更专题化的视角看，其研究结论有如下认知：

## （一）贫困成因的两大思考思路

对贫困成因的解释，有两个主要命题：一是从贫困者本身思考；二是从社会环境等因素思考。首先，从贫困者本身思考来看，认为贫困者应该对自己的贫困负责，即所以产生贫困，被认为是当事人自己的过失，贫困者地位的低下也被认为是个人的懒惰与能力缺乏使然。持这一观点的人总是把贫困看作个人不适应社会，或病理学的原因所造成的结果，贫困者被看作是由于技能、道德的缺乏或身体方面的缺陷，缺少动机，或者能力低于一般水平而无法在社会上取得成功的人。一些学者试图在贫困者的生活方式，以及与之相伴随的假定他们持有的态度和观点中寻找答案。传统观念中，一种被许多人认同的观点是：把贫困看成"优胜劣汰，适者生存"下的必然产物，并认为它是社会发展无法回避的现象之一。这一观点的提出可以从人口论理论的作者马尔萨斯（T·R·Malthus）于1798年在《人口论》中所表达的观点中得到验证。马尔萨斯认为，穷人"没有权利得到一点食物……在自然界的宴席上，没有他们的席位，自然命令他们离开"。其次，认为社会的贫困是结构力量制造和再制造的结果。持这一观点的人特别强调造成个体难以克服的贫困条件的更广泛的社会过程，认为贫困只不过是贫困者受环境束缚造成的一种后果。近些年，不少学者进一步提出和强调这个观点，如印籍学者阿比吉特·班纳吉（Abhijit V.Banerjee）和埃斯特·迪弗洛（Esther Duflo）所著《贫穷的本质：我们为什么摆脱不了贫穷》、赞比亚籍学者丹比萨·莫约著《援助的死亡》等，都强调社会内部的结构性因素，比如阶层、性别、族群、职业地位、教育水平等因素塑造了资源的分配方式，而这种分配方式通常是不平等的，继而由不平等的条件引发贫困现象的产生。这些关于贫困原因的理论也直接或间接地反映了看待贫困与贫困者的相关的贫困文化观念，从贫困原因的分析也可以看出，贫困文化的内涵是丰富多样的。贫困原因的理论也直接反映了丰富多彩的贫困文化内容。这些研究成果为我们分析贫困文化问题提供了丰富的考量空间和重要的佐证资料。

### （二）20世纪八九十年代前的贫困成因解释

**1. 贫困的恶性循环理论**。即从经济角度分析贫困的成因。持这一观点的学者认为，一些发展中国家长期陷入贫困是由于一连串的、较低的投入—产出行为造成。发展中国家人均收入低、储蓄少，从而造成社会再生产投资不足。投资不足使生产规模难以扩大、生产效率难以提高，因而居民收入水平低下。贫困导致投资不足，投资不足导致低产出，低产出导致低收入，如此循环。

**2. 人力资本投资理论**。由美国学者舒尔茨提出。舒尔茨认为人力也是一种资本，人力资本通过投资形成。他把个人和社会为获得收益而在劳动力教育培训等方面所做的各种投入统称为人力资本投资。根据这一理论，个人之间、群体之间的收入差距很大程度上是由于在人力资本投资上的差异造成的，贫困主要根源在于人力资本投资不足，解决问题的关键在于提高贫困者人力资本投入水平。

**3. 社会不平等理论**。这一理论把贫困归咎于社会原因，即权力和资源占有上的不平等。贫困者陷入贫困主要是因为他们在社会的经济、政治和社会生活中很少占有资源。在经济上缺乏竞争力，在政治上没有权力，在利益分配上没有有效表达自己利益诉求的机会，贫困者因而陷入贫困之中。

**4. 贫困亚文化理论**。由美国学者刘易斯通过对贫困家庭和社区实地研究提出。他认为"贫困文化"的作用很大。贫困者通常居住在贫民区，这种独特的居住方式促进了贫困者之间的集体互动，并与其他社会群体相对隔离开来，日久天长便形成了一种脱离社会主流文化的贫困亚文化，并世代传递下去。贫困者的孩子在生活中长期接受它的熏陶，很难改变自己的生活方式，即使遇到摆脱贫困的机会也很难利用这种机会走出贫困。

### （三）20世纪90年代后的贫困成因解释

20世纪90年代以来的研究观点认为，形成贫困一般有两大类原因：文化的或行为的原因；结构的或经济的原因等。从思想体系看，文化的或行为的原因的理论归属保守派的观点；结构的或经济原因的理论归属温和派和自由主义的思想体系。这些观点可以从几位美国学者的论点中进行比较分析。

### 1. 认为贫困是由穷人自身原因造成

从美国学者梅隆·迈格奈的观点看，他认为，贫困真正的原因是由穷人的行为、价值观和文化造成的。在 1993 年梅隆·迈格奈的《梦想与噩梦》（*The Dream and the Nightmare*）一书中，梅隆·迈格奈对美国贫困作了保守的解释，他认为，贫困的根本原因是穷人的文化水准和行为能力。迈格奈认为，人们之所以沦为穷人不是因为缺乏社会的、政治的和经济上的机会，而是因为他们缺乏抓住身边多种机会的内在动力。他认为，"穷人之所以穷，主要是因为他们灵魂空虚，没有养成受教育的良好习惯，不具备推理判断的能力，缺乏牺牲精神以及为获得成功所付出的努力"。（〔美〕哈瑞尔·罗杰斯：《美国的贫困与反贫困》，刘杰译，中国社会科学院出版社，2012 年，第 56 页）在迈格奈看来，穷人是那些不努力工作而沦为经济问题牺牲品的体面人。更确切些，穷人是那些逃学、从事非法勾当、吸毒、酗酒、滥用福利并经常犯罪的人。迈格奈认为，"任何文明的主要功能都是塑造灵魂，传播价值观。这种价值观是培养成熟的、有良好教养的、诚实的、勤奋的、关心他人的、有责任心的人。穷人代表的是社会的失败，代表那些没有继承主流文化价值观的群体"。（〔美〕哈瑞尔·罗杰斯：《美国的贫困与反贫困》，刘杰译，中国社会科学院出版社，2012 年，第 56 页）

从当代穷人的价值观看，迈格奈认为，当代穷人的价值观反映了 20 世纪 60 年代革新了的文化。这种文化告诉人们，因为个人的失败而谴责社会制度并不违法，希望政府提供救助而不是个人通过教育、努力工作和奉献来获得成功。迈格奈的结论是："个人的价值观和行为方式决定了他或她在经济上或其他方面的机会。经济机会有很多，但是如果一个人缺乏利用机会的内在动力，他或她就只能失败。给那些失败的人提供福利就会使事情变得更糟。福利强化了人们可不对自己行为负责的观念，他们不必通过努力工作解决问题，福利是他们应得的。"（〔美〕哈瑞尔·罗杰斯：《美国的贫困与反贫困》，刘杰译，中国社会科学院出版社，2012 年，第 56 页）许多保守派学者则认为迈格奈的基本论点是正确的，他们认为福利制度的设计违背常理，它在穷人中起到恶意传播的作用。

### 2. 认为福利造就穷人，主张取消福利

从保守派学者查尔斯·默里的观点看，他在颇具影响的书《失去支撑》（*Losing Ground*）中说：产生穷人的真正原因是福利。①他认为福利剥夺穷人的创造性，鼓励男人要么不和孩子的母亲结婚，要么遗弃妻儿，从而使其家庭破散。②福利还鼓励妇女非婚生育，于是她们便可以依靠福利或享受福利救助。③福利不能激励人们去工作，它所提供的现金和非现金形式的救助金额超过了人们工作获取的收入。默里的观点招来猛烈的抨击，部分原因是他提出了一种激进的解决方式：默里认为减少贫困的最好方法就是干脆取消福利，这一观点使那些同情穷人的人难以接受。默里的批评者也承认：福利的确产生一些不利于家庭的影响。享受福利和上升的离婚率之间有重大联系。尽管享受福利经常不利于再婚，但它对离婚和非婚生育产生不小的影响。当然，不同派别的观点有很大差别。温和派和自由派的评论家认为：迈格奈以及那些赞同他对穷人形象描述的观点只不过是狭隘过时的陈词滥调。他们辩论说，上述对穷人的看法只是问题的一个方面，因为它忽视了贫困人口的复杂性，也忽视了前面谈到的贫困周期问题和福利利用的实际情况。他们认为，在美国 3500 万贫困人口中，迈格奈的理论只适合几百万穷人，即所谓的下等人群。从詹姆斯·L·佩恩的观点来看，他是基本赞同保守派持有的观点的，他认为福利对穷人有害无益。佩恩认为，福利因为并不要求穷人做出相应的回报而导致贫困的发生并使其得以延续，这就损害了穷人的健全人格。佩恩主张实行"施恩求报"式的福利，对穷人的资助要建立在要求其回报的基础上。他说穷人需要的是被要求有所付出，而不是单纯的索取，期待有回报的给予，要求穷人自己努力进行自救。他认为，"最好的福利救助项目就是那些要求穷人要做出最大努力的福利"。（〔美〕哈瑞尔·罗杰斯：《美国的贫困与反贫困》，刘杰译，中国社会科学院出版社，2012年，第59页）佩恩进一步阐述了保守派的贫困理论。他认为，政府永远不会通过或实施有效的福利改革，原因是政府总是对穷人怀有施舍的心态，不管穷人怎样变成穷人，都应该得到帮助。佩恩认为，"要做到有效地帮助穷人，需要有选择地或区别对待穷人，而政府并不适合扮演这个角色。由于福利工作量大，数不清的法律法规，对于一视同仁对待穷人持有的偏见，政府福利项目最终变成了施舍"。（〔美〕哈瑞尔·罗杰斯：《美国的贫困与反贫困》，刘杰译，中国社会科学院出版社，2012年，第59页）总之，"文化的或行为的"理论，把贫困

的责任归于穷人的性格缺陷和福利方案本身存在缺陷。美国保守派的这一观点在 1996 年克林顿的福利改革立法时发挥了重要作用，也引出实质性的改革行动和改革成果。改革成果之一是美国《抚育未成年儿童家庭援助（AFDC）项目》的重大修订和《个人责任与就业机会协调法》的发布。《个人责任与就业机会协调法》立法的核心思想就是赋予了各州权力，各州可依据福利申请人个人的处境和州地方经济状况，有选择性地而不是一视同仁地对待福利申请人和福利接受者。

### 3. 如何看待"有劳动能力的穷人"

这些观点可以从一些学者的著作中得到验证：从学者米德的观点看，米德认为福利制度越来越怂恿穷人依赖福利，认为它对享受福利者规定的义务太少，也不要求健康的穷人去找工作，因此，福利制度不仅侵蚀了穷人的自信心，也损伤了公众对穷人的同情心。米德的一个论点是："被动的贫困，即懒惰的贫困人口，反映了因福利滋生的福利政策本身的失败而并非缺乏真正的经济机会。"（〔美〕哈瑞尔·罗杰斯：《美国的贫困与反贫困》，刘杰译，中国社会科学院出版社，2012 年，第 58 页）米德并不认为所有的福利都是错误的或有害的，但他认为，福利，尤其是长期福利，对于那些有劳动能力的穷人来说是解决问题的错误办法。其实，对"有劳动能力的贫困者"的救助问题，早在英格兰都铎王朝时期就开始了长期的探索与纠结。这一问题延续了世世代代，在不同历史阶段，不同世俗社会都有充分的表现。

### 4. "结构的或经济的原因"的说法

从另一个角度看，温和派和自由派学者也有一些思想，其观点认为，贫穷问题的原因出自几点：有限及不平等的经济机会，不充分的和不公平的教育体制，政治权力匮乏、政府政策的偏见和种族及性别的歧视。认为社会结构、经济变化原因造就贫困现象。美国学者威廉·J·威尔逊在其著作《处境不利者》一书中列举了"结构的或经济的原因"造成贫困的案例。他在考察民权法对居住在市中心贫民区少数民族经济机会变化产生的影响时注意到，20 世纪早期和中期，黑人从南部迁移到中西部和北部主要工业城市寻找经济机会。但由于存在住房歧视，几乎所有黑人，不论其教育程度如何，或具有何种工作技能，都生活在城市中心的贫民区。到了 20 世纪 70 年代，民权法的通过和国家经济发生的重大变化对贫民区的黑人产生了重大影响。他解释了导致这些变化的四个假定前提：一是城市中心就业市场变化对低收入、低技能的黑人，尤其是黑人男性很不利。缓慢的经济增长减少了制造业提供的就业机会，而城市中越来越多的工作却是许多贫穷的黑人力所不能及的，黑人能从事的工作更多地迁移到了郊区。二是居住在市中心的男人由于失业使他们中的许多人变得无所事事，游手好闲，甚至从事包括贩毒在内的犯罪活动。许多失业与犯罪男人的存在，使贫民区的妇女很难找到满意的、有资格做丈夫的男人，从而极大地降低了婚姻率，同时却增加了非婚生育和享有福利人数的比例。三是1960年通过的民权法使这些问题变得更糟。民权法和肯定性法案提供的平等的就业机会和公平住房机会，提高了绝大多数受过良好教育的和有技能的市中心居民的收入，使他们有可能迁移到郊区。四是选择性的市外迁移在许多方面极大地损害了贫民区社区。那些迁移出去的人都是社区的模范公民和民权运动的领袖以及社区的领袖。他们在反对犯罪、非法性交和游手好闲的同时，提倡教育、教学质量和高学术标准的重要性。反过来，那些仍留在贫民区的人，往往没有受过良好的教育，无一技之长，缺乏进取心。这种情形产生了威尔逊所谓的"传染效应"，即缺乏远大志向、道德丧失、教育的蜕化以及社区健康生活的整体下降，从而导致贫困和其他社会问题的不断加重。（〔美〕哈瑞尔·罗杰斯：《美国的贫困与反贫困》，刘杰译，中国社会科学院出版社，2012年，第58页）威尔逊的理论有两点遭到人们的反对：第一，有些学者谴责威尔逊这个黑人学者，因为他没有强调种族歧视是导致贫民区黑人贫穷的一个原因。实际上，他相信种族主义在黑人生活和黑人贫穷方面起到的作用日趋减弱。其他学者则认为，种族主义是男性黑人日趋边缘化的主要原因。第二，其他学者指责威尔逊没有肯定福利政策对贫民区贫困问题解决做出任何真正的贡献。米德、佩恩和默里这些学者相信，福利起到了极其关键的作用，米德批评威尔逊的理论，他指出，低技能移民历来就业率高，尽管他们有语言障碍，但情况的确如此。米德相信，移民保持高就业水平一方面是因为他们不是在享受福利的家庭中长大；另一方面，黑人经常是在福利家庭中或在福利家庭环境中长大，因此他们更愿意寻求福利救助，而不接受他们认为不愉快、丢人或者没有回报的工作，也不愿意接受更好的工作所需要的教育和工作技能培训。

### 5. 认为福利促成贫困的延续

米基·考斯在《平等的终结》（*The End of Equality*）一书中提出了不同观

点。米基·考斯认为，福利并非是贫穷产生的原因，但福利的确使贫穷得以延续。以黑人就业为例，考斯提出了一个问题：为什么市中心黑人在迁移到郊区后通常会失去低工资工作？威尔逊的回答是，对于许多贫民区的居民而言，一旦把增加的交通费和住房费用计算在内，搬迁就不划算了。考斯认为他的这个答案值得怀疑。他指出，大量黑人离开南部，长途跋涉寻找就业机会，但当他们搬迁到郊区后却常常不去工作。所以他提出这样一个问题：为什么20世纪60年代前黑人长途跋涉寻求更好的就业机会，但此后却在离市中心只有25英里之遥的地方反而不能找到工作？米基·考斯认为问题的症结在于福利。他说，黑人之所以从南部迁徙到这里，是因为他们别无选择，因为没有福利可享受。然而，当城市里的工作迁移到郊区后，黑人市民经常是有选择的，不过他们没有选择去工作而是选择享受福利，因为他们有享受福利的资格并因此变得懒惰。考斯认为许多黑人就是这么做的。

**6. 认为种族博弈造成贫困**

有一位著名的黑人学者科尔维尔·韦斯特提出了黑人的贫困文化或结构的理论。该理论的基本内容涵盖在韦斯特的《种族是关键》一书中，该理论认为尽管确实存在经济因素，但黑人人口问题比威尔逊想象的要复杂得多。韦斯特把黑人的贫困及其社会根源归因于四点：第一，发生在美国城市中心的经济衰退和对低技能工作补偿的变化。他对给黑人造成伤害的经济问题的分析与威尔逊的观点一致。第二，种族主义的历史和种族歧视的继续存在，对黑人造成情感上的极大伤害。第三，强调物质主义和物质获取的美国主流文化，而不重视其他更重要的价值观，尤其是知性的、道德的和精神的熏陶。韦斯特认为，物质主义价值观在美国如此具有统治地位，以至于发展成为美国文化的核心。因此，必须承认这个不尽如人意的文化如同美国的经济政治体制一样，是一种结构形式。他认为，主流文化如此浅薄，反映了主流市场的道德观，它错误地引导低水准的价值观，因此阻碍了崇尚高尚价值观和文化品位的成功人士的健全发展。第四，缺乏有素质的黑人领袖。韦斯特批评说，大多数黑人领袖不能超越狭隘的种族偏见，成为黑人道德上和精神上的领袖，成为真正具有远见卓识、具有英雄气概的领袖。

**7. 认为多种因素造成贫困**

印度学者阿马蒂亚·森在其著作《贫困与饥荒》一书中分析认为，造成贫困的原因不是简单意义上的收入不足，而是个人或群体遭受权利或能力的剥夺而导致发生贫困。权利或能力的剥夺可能是个人或家庭，也可能是社会或制度等多种因素。在《贫困与饥荒》一书中，阿马蒂亚·森把贫困定义为一种"权利方法"，它所重视的是每个人包括食物在内的商品组合的权利，并把饥饿看作是未被赋予权利的结果。他指出一个人之所以挨饿，或者是因为他没有支配足够食物的能力，或者是他拒绝使用这种能力，贫困就是产生于一个人无论因为什么理由丧失了这些权利中的一项或几项而挨饿。这一理论对于学术界贫困内涵的界定具有极为重大的战略意义，它突破了传统理念中将贫困等同于低收入的狭隘认知，将贫困的内涵拓展到能力的贫困和权利的贫困。

### 8. 摆脱贫困问题需要思考新思路

印籍学者阿比吉特·班纳吉（Abhijit V.Banerjee）和法国籍学者埃斯特·迪弗洛（Esther Duflo）所著《贫穷的本质：我们为什么摆脱不了贫穷》认为："自打贫穷一出现，我们就产生了某种以约定俗成的方式来贬低穷人的冲动。穷人频繁地出现在社会理论及文学作品中，他们被描述得有时懒惰，有时上进；有时高尚，有时鬼祟；有时愤怒，有时顺从；有时无助，有时自强……"（见《贫穷的本质：我们为什么摆脱不了贫穷》前言）总之，穷人之所以贫穷，是复杂的环境、多种外界因素的结果。赞比亚籍学者丹比萨·莫约著《援助的死亡》说明的则是援助的后果可能是与援助的初衷相悖的。

关于贫困的具体原因，2019 年诺贝尔经济学奖项得主印度的阿比吉特·班纳吉和法国的埃斯特·迪弗洛认为：第一，通常是缺少信息来源，相信那些错误的事情。他们不清楚给儿童接种疫苗的好处，不明白基础教育的重要性……。第二，穷人肩负着生活的多种责任，但信息、知识的限制，反而容易做出错误的决策。第三，一些服务于穷人的市场正在消失……针对穷人的医疗保险市场尚未健全……。第四，贫穷国的一些不完善的政策对穷人造成的困难……。〔〔印〕阿比吉特·班纳吉（Abhijit V.Banerjee）、〔法〕埃斯特·迪弗洛（Esther Duflo）：《贫穷的本质：我们为什么摆脱不了贫穷》，景芳译，中信出版社，2018 年，第 294-298 页〕

由此，阿比吉特·班纳吉、埃斯特·迪弗洛主张，倾听穷人的心声，理解他们的逻辑与生活方式，依次制定相应的反贫困的举措。

## （四）关于贫困和福利的几个观点

### 1. 认为贫困是一系列复杂问题的集合体

贫困既有文化和行为的原因，也有结构和经济的原因，原因会因穷人的不同类型而异。文化与结构是相互关联的，机会影响文化，文化影响行为，行为影响机会，机会又影响文化，循环往复，没有止境。即使影响贫困的原因相同，贫困问题也会因穷人的反应不同而不同。例如，有些单身母亲可能会抓住工作培训、临时的医疗保障和儿童托管的机会就业，而其他穷人可能不愿意为自己负责任。因此，贫困的不同原因和反应导致的问题变得更复杂。

### 2. 认为经济状况、政府对策很重要

必须保持经济的健康发展和增长，来为低收入人群和穷人提供有质量的就业机会。政府对策，诸如"收入所得税抵免"政策就可以抵消经济发展造成的收入不足。

### 3. 认为利用经济机会十分重要

许多没有受过良好教育和技能培训的家庭不会利用经济机会。有许多穷人，尤其是家长，如果没有儿童托管和医疗保障的帮助就不能去工作。有些人需要额外的帮助和鼓励，甚至是管制，从而过渡到就业。这些人不仅需要教育和技能培训，而且还需要提高人际交往的技能、自信、希望、自尊，才能和他人很好相处，从福利救助中获益，并且自给自足。有些人需要不只一次的帮助，当他们失败后，他们需要第二次和第三次的鼓励，帮助他们重新振作。有些人在就业前需要有人帮助他们戒酒、戒毒并解决家庭暴力问题。

### 4. 认为应该防范由性别、种族、民族产生的歧视

政府的救助项目和就业市场必须没有偏见。如果政府赞助更多项目，帮助人们在有工作时候储蓄金钱，那贫困，尤其是老年人的贫困是可以减少的。从上述贫困、福利的一般理论的不同思想观点的博弈与纠结可见，这些贫困文化的基本性问题存在着长久性的不同观点与争论，不同看法会导致不同的处置方法。

### 5. 认为下层民众的贫困是文明发展的必要条件

这还是一个很古老的说法。1806年英国一位负责调查贫困事务的官员科尔库姆说："贫困是社会发展必需的、不可或缺的一大要素。没有它，社会就无法在文明状态中生存。贫困是个人运气不佳所致——它是财富的源泉，因为没有

贫困就没有人愿意去劳动，这对于那些富有者来说，也就没有金银财宝，没有精致物品，没有舒适生活，什么益处都没有——这是因为，若没有相当一部分人处于贫困状态，那些游手好闲者就不可能为争取美好生活而努力工作……因此，罪恶之源不在于贫困，而在于懒惰。"（吴理财：《反贫困：对人类自身的一场战争》，《社会》，2001 年第 3 期）

在维多利亚时代的英国，以至今天，仍然有人信奉：谁拥有财富就证明谁有能力，谁处于贫困状态，只说明他懒惰无能。甚至有人还说：就是应该让社会下层尝尝贫穷的滋味，否则他们永远不会变得勤快起来。

## 五、历史性地看待贫困、贫困文化的一般性问题

人类社会面对的贫困挑战和坚持不懈的反贫困努力是人类社会实践的主基调，与之相伴随的大量的贫困文化，其内容丰富、复杂多样、观点各异，有些观点相左或相互矛盾。

### （一）从田园诗般温存的前工业时代到工业化时代，社会性贫困问题爆发

在人类社会之初，社会人群被简单地划分为"穷人"和"富人"。解决贫困问题主要是靠"富人"的施舍与馈赠，对穷人给予帮助。在社会组织方面，最初介入社会性贫困问题的机构是宗教组织。在漫长的中世纪，是宗教组织承担了救助穷人的职能，宗教文化中有大量关于贫困文化的思想、观念与观点。在前工业时代，传统的农业自给自足的自然经济时期，人们常说"养儿防老"，基于血缘关系的家庭保障形式是最原始、最古老的保障形式之一。到了中世纪，行会组织成为城市中非常重要的公共贫困保护形式。"行会"的基本意思是"共同生活体"，它在缓和与调节同业者的利益中起到了重要作用。在欧洲各国普遍存在工匠行会、商人行会、村落行会、宗教行会和社交行会等。行会在涉及成员贫困、疾病、衰老、伤害、盲哑、死亡，以及丧失家畜和财产状况等很多方面都起到了类似于今天保险行业的作用。后来德国初期人身保险合作社的扶助金库、英国的友爱（谊）社等，都与早期的行会有关。

基于社会生活中的个人主义观念，在英国形成了自助与互助的传统。既然

贫困、失业等问题主要是由个人因素造成的，那么解决这些问题也应该主要依靠个人的努力，依靠自助。因此，工人建立起一系列的互助组织，收入较低者组织工会，收入较高者参加友谊会。英国友谊会的种类很多，其中主要的组织形式是友谊会、丧葬会、共济会、募捐会等。友谊会的会员定期缴纳规定的会费，遇到失业、疾病或贫困时可以从友谊会得到一定数量的救济，会员如果死亡，其家属也可以得到一部分津贴。然而，工业化来临时，家庭的保障形式首先被打破，数以千万计的农业生产者变成了一无所有的城市贫民，在社会上成为无产阶级，大多数人必须靠工薪收入维持生计，绝大多数家庭的一些成员各自走出家外谋生，许多子女离开了父母的家。同时，城市中的住房问题、就业问题使得子女对父辈的照料受到了住房、交通，特别是休闲时间的限制。此外，资本主义工厂制的诞生和大工业生产方式的发展，摧枯拉朽般地摧毁了城市中的各种传统的行会、传统的解决问题的方式和方法。历史发展的事实显示，从14世纪起，欧洲的行会开始解体，人们在城市中的关系简化为纯粹的雇用与被雇用关系。温存的传统的共同生活体被打破，当劳动者因年老体弱、生病、生育、工伤事故失业时，就彻底失去了传统的收入保障。于是，前工业时期田园诗般环境下的各种保障单元——碎裂，社会性的贫困问题大量爆发，如何解决社会性贫困问题成为诸多的思想家、社会学家，特别是世俗政府领袖们不得不必须面对的重大课题之一。

### （二）英格兰民族探索解决社会性贫困的首创性和贫困文化的反复纠结

1. 以现代眼光和思维基点来看，英格兰民族在跨越从传统农耕社会向工业化的资本主义社会转型的实践中，同样必须面对传统习俗性的贫困保护制度（分散的、私人慈善）模式，向社会化的规模化的公共贫困保护模式（一定立法下规范的社会组织介入）转型过程。其中，如何实现大规模社会性问题的平稳转型过渡、如何进入新秩序等方面，英国在没有任何前人经验可以借鉴的情况下，只能自己在磕磕绊绊的实践中摸索。为此，英格兰民族长期的济贫立法探索实验是无奈的，是必须付出时间的、历史的、反复性的代价的。总体而言，英国世俗政府还是成功的。英国避免了转型时期的社会动乱，成功走出转型困境。从1495年的都铎王朝开始，到20世纪初的几百年的探索与代价，都是这个历史过程中的内容。

2. 从历史发展的轨迹看，资本主义诞生后的很长一段时间内，贫困人员的保障一直是遭人诟病的重大问题之一。大批的失地农民由于失去了生活保障，随时可能骚动，成为上层社会和政府不得不面临的重大问题。在英国，对于剥夺农民土地而产生的大量流浪贫民的社会性问题，政府的最初反应是采用各种手段，强行限制贫民流动。史料记载，1530 年的法令规定，除年老和缺乏劳动能力者给予乞讨食物的特许证以外，凡身体强健的人，若流浪乞讨，一律逮捕，系在马车后部，执行严厉鞭打的刑罚，然后由流浪者立下志愿劳动的保证誓言，遣送回原籍。1536 年，亨利八世时期又重申了前令并规定，凡第二次违令被捕者，除鞭打之外，把耳朵割去一半；若三度犯法者，则判处死刑。对那些被确定为丧失劳动能力的贫民，政府则发给他们一个用马口铁做成的佩章标志，表示允许他们在一定的区域内行乞，但还没有官方救济的保护形式。尽管制定了各种严厉的法令，但随着英国资本主义工业化的进程，贫民仍在继续增加。贫困问题已经具有社会性并失去控制。自此，英国世俗政府不得不一步一步地走向政策性、制度性地解决贫困救助的探索历程。审视英格兰历史发现，迫于社会的动乱，1495 年英格兰的都铎王朝首次开启了应该说是人类历史上的第一个济贫立法实践，直至 1601 年伊丽莎白王朝的执政者将都铎王朝 100 多年的济贫立法实践进行总结，以较为完整的《伊丽莎白济贫法》颁布并在其后的 400 年中多次补充、修订。1796 年，英国曼彻斯特医生珀西瓦尔博士以刚成立的负责研究该城市健康状况问题委员会和曼彻斯特市卫生局的名义，提出了一份应该是世界工业化以来首份详细的、专业的职业性危害专业报告。报告说：（1）大纱厂中的儿童等人特别有遭受传染性热病的危险；（2）大工厂严密禁闭，热气和臭气使人难以完成工作；（3）普遍夜工和延长工作日，导致工人，尤其是童工的体质下降。工业发展还会带来一个突出的严重后果：工伤事故、职业病的发生。1845 年恩格斯在《英国工人阶级状况》一书中也写道，由于在工厂过度劳动、缺乏有效的保护措施，大量工人的身体受到摧残。"在这些条件的影响下，男工们都很快累垮了，大多数人一到 40 岁就不能工作，只有小部分能坚持到 45 岁。能坚持到 50 岁的就非常少了。""因为工作时间过长而引起的畸形在妇女中比男子更为严重……女工们患着一切工厂工人共有的一般衰弱症，她们在怀孕后，一直到分娩前的一瞬间还要在工厂里工作。"（〔德〕恩格斯：《英国工人阶级状况》，《马克思恩格斯全集》第 2 卷，人民出版社，1957 年，第 445

页）雇主为了利润常雇用救济院中的院童做工，4 至 6 岁的儿童便开始做工，工作时间漫无限制，每天能长达 16 至 18 小时。此外这些童工还营养不良，睡眠、空气与阳光不足，缺少休息及休假。

### （三）英格兰早期探索济贫立法与其贫困文化特征

在选取英格兰早期济贫立法及贫困文化进行分析时，需要说明的是自 1495 年开始的英格兰都铎王朝时期的济贫立法实践，是在丰富的中世纪贫困文化观念的基础之上进行的，这一时期也是人文主义、基督教人文主义思想正在蓬勃兴起，与世俗政府济贫立法思想、实践相互交融、博弈、纠结的过程。

**第一时段：**1495—1532 年。这一时期英格兰社会首次面临大规模的失业、贫困等社会性问题，由于没有经验，英国社会和政府的第一反应是恐慌和无可奈何，采取的是被动而冷酷的以惩治为主的镇压管制法律、法令，并自此为起点，开启了漫长的"惩贫文化"的历史时期。在 1495—1532 年的近 40 年的时间里，英国政府对失业现象的认识尚未到位，因此英国社会和政府的第一反应是无奈、惩罚和冷酷的驱赶。对失业的身强力壮的流浪人员也只能停留在简单的思想惩罚和手段惩罚上。1495 年英国都铎王朝发布的第一个《反对流浪者和乞丐法》的法律规定：对身强力壮的流浪者进行严惩，并将其送回原住地；行乞者需佩戴行乞的标志徽章，同时不能离开他（她）所居住的地区。1495 年法令规定：健康的流浪者、穷人若第一次被捕要监禁 3 天 3 夜，只给水和面包，之后令其返回出生地；之后再次因同样的原因被捕，就要监禁 6 天 6 夜。1531 年通过发布的《惩治乞丐法》规定：流民被捕后首先给予鞭打，然后送回原居住地，有乞丐徽章的可以在本教区乞讨。这是英国第一次试图对无劳动能力的人员和身强力壮的穷人进行区别。1532 年，亨利八世规定，教区的什一税和教会杂税上交给国王，这样中世纪由教会维持的慈善院等济贫机构不但不再能够吸纳穷困者，反而使许多身在其中的人由于严格管理，生活更差而产生更多的乞丐。

**第二时段：**1536—1547 年。在惩罚之余，英国政府认识和发现了客观存在的、无法回避的社会弱者阶层，开始在社会性立法之中给予单独的关注，迈出了政府承担责任、解决社会性贫困问题的第一步。但当时由于经验、经济、社会条件的限制，举措原始而低级，而且仍然是以惩罚性的举措为基本出发点。1536 年，英国颁布的《亨利济贫法》规定：英国地方官员有义务分发教会收集的捐献物资，用来救济贫民、残疾人员、老年人。这标志着世俗政府第一次开始承担解决社会贫困的具体事务。1536 年在新增加的社会闲散人员的压力下，英国又颁布《惩治身强力壮流浪汉和乞丐法》，这一法令停止了对穷人的开放式救济，能劳动的穷人要送去劳动，丧失劳动能力的人员则由自愿施舍者提供帮助，教区的执事每周要为他们募集生活费。这一法令使无劳动能力的人员可以获得特殊性的救助，但所需资金是靠教区执事来每周为他们进行募集，因此，无劳动能力的人员的状况较多地会受到本教区居民心态、贫富状况的影响。丧失劳动能力人员的救助责任放置社区，无形中在实践中形成了区别"值得救助"和"不值得救助"的分类方法。1536 年的《惩治身强力壮流浪汉和乞丐法》在惩治身强力壮流浪者和乞丐方面更为严厉，流浪者第一次被官员抓住要施以鞭刑，而且要打出血为止，然后送回居住地、出生地，不准依靠乞讨为生；第二次再被抓住，要把右耳的上半部分戳掉一块软骨；若第三次再被抓捕到将被监禁。有犯罪的或处以死刑。1547 年亨利八世颁布了《惩治流浪汉与对穷人和无劳动能力者救济法》，该法又称《作奴法》，其主要措施是严厉惩罚身强力壮的人行乞。身强力壮的人行乞若被抓住，要罚作两年的奴隶。逃跑者不分男女，将终身为奴，并要在他（她）的胸前烙上"V"字（流浪者——Vagrant 的第一个字母）。1536 年和 1539 年英国议会分别通过《解散小修道院法案》（An Act fordissolution of the Lesser Monasteries）与《解散修道院法案》（An Act for dissolution of Abbeys），这两项法案明确规定：修道院及其所属地产和财产都要交给国王和他的继承人。这种改变使英国社会贫困问题进一步加重，导致接下来的都铎王朝世俗政府一系列的济贫法律产生。该法使小修道院内的主持和修士进一步被抛向社会或返回原籍家乡，从而加剧了社会性的贫困问题。1538 年，亨利八世又封闭了 500 多所天主教的修道院，1545—1549 年亨利八世又以《小教堂法》为由，将 500 所左右的感化院、无法确定数目的施舍坊和宗教行会关闭。

发放乞食证是英国各地方政府采取的重要救济措施之一。据有关资料记载，1543 年林肯市首先开始对那些获准乞食的人发放乞食标志，1546 年进一步规定任何人不得对没有佩戴乞食标志者进行施舍。伊普斯维奇、格鲁斯特、剑桥、诺里奇和约克都相继采用过乞丐许可制度。

**第三时段**：制度性救助开始具体化并以社会性调查为依据。一是首次形成了济贫税的思想，济贫的资金开始走向规范化。1552 年颁布的《穷人救济和防范法》首次提出济贫税，使济贫资金可以以济贫税的方式筹集。二是管理开始具体化。对1547年的《惩治流浪汉与对穷人和无劳动能力者救济法》法令做了调整，要求各地政府和家庭每周提供两名施舍收集人，并对穷人的姓名和捐助者的姓名予以登记，该做法使对穷困者的管理更为具体。三是实行区别对待。1565年，建立感化院和救济院，对有劳动能力者提供劳动救济，对无劳动能力者提供生活救济。1565年，诺里奇市收容流浪者的慈善院为官方所购买，并由官员进行管理，实际上成为感化院，诺里奇市市长亲自担任感化院院长，4名议员担任特派员，并任命了感化院执行官和检查员。进入感化院中的有劳动能力者必须劳动，否则不能给予食物。夏天工作时间为早上5点到晚上8点，冬天工作时间从早上7点到晚上6点，中午吃饭时间为半小时，祈祷时间为15分钟，妇女和孩子的工作时间稍短。（丁建定：《中世纪晚期英国的济贫法制度》，《南都学坛》，2010年第5期）诺里奇市还建立了圣吉尔斯救济院，主要为贫民提供救济，进入救济院的贫民也必须劳动，只不过劳动时间较之感化院稍短，夏天从早上6点到晚上7点，冬天从早上8点到下午4点，妇女和儿童的吃饭时间从上午11点到下午1点。1569年，伊普斯维奇市建立两座救济院，为贫困老人和儿童提供救济。1578年，剑桥市也建立第一个救济院。1570年诺里奇市政府首次创设"穷人调查制度"，使救助依据科学细化。创设"穷人调查制度"，目的是准确地了解贫民的生活状况，以便使救济工作准确化，首先是找出应该救济的人员，再就救济的水平等进行规定。例如圣史蒂芬小区贫民的调查包括了贫民的姓名、年龄、职业、家庭状况等。这一制度化的做法不久得到了广泛的推广。

第四时段：探索有针对性的管理。一是开始强制征收济贫税。1572年英政府颁布法令，开始强制征收济贫税，规定不论城市、城镇、乡村，每个公民都要缴纳为了济贫而专门设立的济贫税。英政府颁布法令，要求设立教区贫民委员会，每个教区需要对其成员负责。确定了贫民的属地管理原则。二是对因个人懒惰而造成的贫困需要进行惩罚。1572年，政府开始试图将流浪者加以区分，分三种情况，区别对待：（1）对无劳动能力的老弱残人员，政府官员要努力救助；（2）对有劳动能力但找不到工作的，要尽力安排就业；（3）对有工作能力但好逸恶劳的，加重惩罚之。三是首次关注防范负激励问题。1576年英政府首次关注防范负激励问题——在颁布的《安置穷人工作，消除懒汉法》中首次提出建立贫民习艺所事项。该法令的主导思想是促使穷人工作，对不愿意工作的穷人，则要被送往贫民习艺所（Workhouse）。该法令首次提出了要区分"愿意工作但找不到就业岗位的穷人"和真正的懒汉，达到区分懒汉和改造懒汉的目的，这应该是有史以来首次单独关注和提出治理懒汉的方法。

**第五时段：**进一步确立政府承担失业、社会贫困群体救助的责任，实行区别对待。1593 年，英政府颁布法令，废除一切以惩罚为主的法令，以救济为主，惩罚为辅。1597—1598 年，济贫的相关法令进一步完善，1597 年颁布的《惩治恶棍、流浪汉和身强力壮乞丐法》重新界定了流浪者，并把"拒绝低于法定工资工作"的穷人列入流浪汉之列，对于不可救药的恶棍则送至海外，判定为流浪者的人将被鞭打并被送回原籍。17 世纪起，英国开始出现工人举办的互助社团，如"友谊社"和"工会俱乐部"等。劳动者的互助组织——行会是劳动者之间用互助性方法解决一定范围内劳动者社会性贫困的最早形式。

从以上几个历史阶段的英格兰解决贫困问题过程中产生的贫困文化实际案例可见，贫困文化与反贫困的实践紧密相连，内容丰富、反复不断，是政府无法回避、需要不断探寻的重要问题。

### （四）讨论贫困文化涉及的基本内容

#### 1. 贫困文化的产生

社会性贫困、经济无保障人群的保护问题有浓重的文化现象，在漫长的历史发展中，人类对待贫困问题的认识长期处于纠结与反复调整中。尽管世界已经进入新世纪经济高度发达的历史时期，但贫困仍然是这个世界严重的，需要各世俗政府付出精力、代价最高的重大社会性问题之一。据保守统计，全球仍然有至少 20% 的人口生活在贫困之中。若回顾历史实践，各个国家的社会组织、政府，以至普通的人们都无法回避这样几个最基本的、又是最普遍的贫困文化问题：如何看待贫困，如何对待贫困，解决贫困的最佳手段与策略，必须关注解决贫困过程中的激励与负激励问题等。其实，这些问题已有长期认识，只是不同时期认识的内容有所不同。解决社会性贫困问题又涉及许多经济学理论、学说、争论、社会效果分析等。

对于贫困文化，不同的民族，不同的历史阶段，不同的经济、政治、社会学家始终有着不同的思想与观点，反映出不同的文化差异，这种文化差异又在一定程度上反过来影响着社会各个阶段解决贫困问题的实际对策与实践方向。

现代公共贫困保护、社会保障出现后，如何看待相关社会政策以及发达国家的福利国家制度等，仍然存在着不同的理论学派、不同的思想差异，仍然存在着争议与纠结，而这些都与一定的贫困文化直接相关。帮助和解决贫困者的生存困难，不仅涉及人性的同情心、善恶情操，同样涉及一个民族、国家的社会文化。在不同文化、不同社会背景下，必然会产生不同的机制、策略与引导方向。

### 2. 贫困文化的视角

文化对于现代社会属于"根子"问题，从这个角度说，以文化视角审视和研究贫困问题，研究公共贫困保护、社会保障还是一个新领域。自古以来，在看待和解决贫困这个问题上，可以说同样展现出丰富多彩的文化心理。即便进入了现代社会以后，经济学家、政治家、社会学家也常常是观点不同，争议不断，以致不同时期总会形成不同的经济学派，不同的执政理念、思想倾向，不同的施政纲领，不同的解决贫困的思路等。这些最终会使社会产生不同的反贫困的思路与举措。

20世纪70年代以后，从里根、撒切尔到克林顿、布莱尔，他们在调整社会保障的道路上进行了必要的探索性的改革，从社会保障的角度审视和斟酌救助贫困、实施社会保障的调整、防范福利依赖和负激励效应等，都是政府社会政策制定者十分关注的重大问题，也是优化社会保障制度运行无法回避的重要内容。本书力求从文化的角度考察人类社会不同民族、不同阶段、不同社会组织，以至政府在不同阶段在贫困对策设计方面的文化性倾向、争议与纠结内容，力所能及地考察人类社会在防范福利依赖和发挥激励机制方面的实践与思考，寻求有价值的借鉴与启示。

### 3. 贫困文化的内涵

从一定角度看，贫困文化涉及的内涵是丰富多彩的，贫困文化可以有狭义、广义之分。狭义的贫困文化指贫困阶层所具有的一种独特的生活方式，主要指长期生活在贫困之中的群体的行为方式、习惯、风俗、心理定势、生活态度和价值观等非物质形式，以及社会对这些问题的态度、看法。最早将贫困视作一种文化现象并从穷人自身角度进行专门研究的是美国人类学家刘易斯（Oscar Lewis）。1959年他在其所著的《五个家庭：墨西哥贫穷文化案例研究》（*Five Families: Mexican Case Studiesin the Culture of Poverty*）一书中首次提出"贫困文化"概念。他的这一贫困文化概念涵盖了穷人的社会参与、经济生活、家庭关系、社区环境和个人心态等方面的描述。他认为穷人之所以贫困和其所拥有的文化——贫困文化——有关。这种贫困文化的表现是，人们有一种强烈的宿命感、无助感和自卑感；他们目光短浅，没有远见卓识；他们视野狭窄，不能在广泛的社会文化背景中去认识他们的困难。

其实，从整个人类历史看待和思考，贫困文化有更广阔的内涵，即有广义的贫困文化问题。广义的贫困文化应该包括整个社会对贫困这个社会问题的基本看法；不同历史时期、不同人群对贫困现象的不同认识；对解决贫困问题的角度、动机、手段及其优化选择的不同意见、主张等广泛内容。对于公共贫困保护、现代社会保障的评价也是如此。例如，《贝弗里奇报告》的主要精髓是国家干预主义，是国家必须承担起公共贫困保护责任的思想，在当时和以后的很长时间里，《贝弗里奇报告》都不是没有争议的。这种争议不仅是由于报告本身的不无缺陷，也是不同文化、不同思考角度的结果。

不同意《贝弗里奇报告》的意见主要是由于英国文化的历史性根源。英国几百年形成的传统的公共贫困保护的主基调，是以济贫法为基础形成的框架思路。在自由主义的大思路下，"自助"是解决个人贫困的基本出发点，落实济贫法，承担公共贫困保护责任，长期、反复地在"限于济贫法所规定的那些'值得救济的穷人''不值得救济的穷人'之间寻找政策、体现落实方法"。而《贝弗里奇报告》的主要精髓是国家干预主义，与英国传统的自由主义相悖。限于济贫法是规定保护"值得救济的穷人"，即如果一个人是因为自身的原因陷入贫困，就不应该给予救济。由此，现实的情况是，虽然英国人创造了《贝弗里奇报告》，但英国人自己却打了一定的折扣，没有完全全地兑现《贝弗里奇报告》。

### （五）不同时期贫困文化的不同内涵与特点

纵观历史，贫困文化的冲突与纠结，在每一时期都显示出各自突出的贫困文化内涵与特征：

#### 1. 中世纪之前

基本是宗教对贫困施以援手，值得注意的是，这一时期的贫困现象和贫困者是被视为正面的，甚至是受到肯定和赞许的。在漫长的中世纪的宗教文化中，贫困现象和贫困当事人更多是受到赞许、肯定和很高的尊重。在基督教早期，穷人甚至被视为"耶稣的化身"。

## 2. 人文主义、基督教人文主义时期

人文主义，特别是基督教人文主义思想对整个中世纪的传统贫困文化观念进行了否定，也使得贫困文化发生了重大的转变。贫困第一次被认为是贫困者自身的责任，贫困者首先应当对自己的生活负责。

## 3. 中世纪晚期至都铎王朝末期

这一时期，贫困和贫困文化有两大突出的问题：一是社会性的贫困爆发，贫困成为重大的社会性问题，迫使世俗政府不得不认真面对，并且世俗政府开始开创性地介入和解决社会性贫困问题；二是经历了文艺复兴、启蒙运动与宗教改革过程，基督教人文主义思想对贫困文化的巨大冲击，使贫困文化发生了耳目一新的重大变革。特别是对乞讨、慈善、救赎等一系列与贫困文化相关联的观念的变革意义重大。最初，都铎王朝时期的一系列的解决社会性贫困的立法试验，其核心的思想都是"贫困"与"罪恶"等同，由此，"惩贫"自然成为一种最基本的贫困文化理念。其后，这种"惩贫"文化理念根深蒂固，一直纠结、延续了近400年。"惩治贫困"的贫困文化思想几乎占据了英格兰济贫事业的主基调，直至20世纪初韦伯夫妇的《少数派报告》发布。韦伯夫妇的《少数派报告》旗帜鲜明地提出建议，主张修改、废除济贫法，全局性地结束了"惩贫"文化在英国反贫困制度中的历史。

## 4. 伊丽莎白时期

英国伊丽莎白时期最重要的一部社会立法——《伊丽莎白济贫法》颁布，这部法律是英国政府在总结1495年以来都铎王朝的100多年处置、管理社会贫困问题的实践基础上，首次规范性的、较为全面的济贫立法。《伊丽莎白济贫法》从法律的角度正面、单独地考虑了贫困与弱势群体的公共贫困保护的法律规范问题。但不得不承认，在深层次上，《伊丽莎白济贫法》仍然隐含着对贫困问题的歧视性认识，它所包含的"惩贫"性的贫困文化，一直延续至1834年新修订的济贫法修正案之中，都未能得到根本性的改变。

## 5. 1832年全面修订、1834年重新颁布后的济贫法时期

经修订后的济贫法确有许多进步之处，但不能否认的是，1601年开始的、1834年又重新修订颁布的，史称"新济贫法"，在"惩贫"文化方面，不仅没有改变其"惩贫"文化思路，反而进一步确认和加强，并演变为一种原则。1832年修订济贫法的主要执笔人查德威克坚称："惩贫"思想是必要的，并总结成

为一项原则——"劣等处置原则"。同期，英国有些思想家的观点也对济贫立法的修订产生影响，成为政府制定政策的依据。其中最典型的要属边沁的功利主义、马尔萨斯的人口论的理论等，他们的理论为"劣等处置原则"的确立提供了理论支撑。边沁认为，贫困不仅是对个人安全的最大威胁，也是对社会的威胁，政府必须摆脱无为而治的传统，通过立法来干预贫困问题。但他同时指出，无论产生社会贫困的原因如何，都不应该使得到救济的人的境遇超过那些依靠劳动为生的人们。马尔萨斯也以其人口论理论说明，给穷人的救济只能导致人口增加，从而加剧失业和贫困，而查德威克则很好地发展了边沁和马尔萨斯的这些思想。据此他认为，原有的济贫制度的真正缺陷不在于它增加了人口，而在于它破坏了人的"劳动本能"。假如能迫使穷人重新回到劳动市场，而不是让其继续幻想靠救济过活，原有济贫制度存在的问题就不难解决。因此，他提出应以一种新的原则来重新修改济贫法，这样勤奋工作的人"将会比目前获得更多的保证，免遭短缺和贫穷的烦恼，而乞丐与游手好闲者将会因他们丧失了恳求免受饥饿的权利而受到压制"。这就是所谓的"劣等处置原则"。"劣等处置原则"的核心是让穷人对济贫法的实现形式——贫民习艺所"望而生畏"。而查德威克则认为，这正是济贫法要达到的"效果"。

1834年修订和重新颁布的新济贫法，其所形成的"劣等处置原则"主导思想的深刻原因还与英国自由主义的思维直接有关。具有自由主义、个人主义思维传统的英国深信——穷人应当对自己的命运负责。

### 6. 美洲新大陆文化和美国贫困文化

以1620年"五月花号"到达美洲为起始，英国清教徒逃离欧洲，赴美洲新大陆，开创了独特的美洲文化，特别是创造了带有英格兰贫困文化痕迹，结合新教文化，开发和创立了美洲大陆文化和独特的美国贫困文化。美国文化和美国贫困文化具有独特特色，见相关章节的叙述。

### 7. 费边社会主义者和韦伯夫妇的《少数派报告》

随着社会文明的进步和历史的发展，19世纪末20世纪初，针对英国济贫法的巨大争议，费边社会主义者韦伯夫妇发表的富有特色济贫思想的《少数派报告》引发贫困文化的巨大改变。《少数派报告》对实行长达400年的济贫法相关思想提出质疑，坚决否定了其中的"劣等处置原则"，宣告了"惩贫"文化的终结。而实行长达400年的济贫法有肯定也有批评、否定之声，来自不同阶层、不同角度的各种不同意见，代表了不同的价值观，反映了不同的贫困文化观念。济贫法的批评和不同声音：从18世纪末19世纪初的文豪狄更斯、夏洛特·勃朗特等道德层面抨击，到新兴政治经济学家们从社会科学角度的批判，以及自由主义、左派费边社会主义者和马克思主义者，都曾对济贫法予以否定。信奉"看不见的手"的亚当·斯密同样认为济贫法妨碍了劳动力转移。由于济贫法规定只有本教区居民才能有资格获得救济，所以造成穷人不能随便移动，使劳动力在空间上无法实现最优配置。

马尔萨斯则从人口学角度论述济贫法的补贴导致了低素质穷人人口的增长，从而成为未来的累赘。自由主义者托克维尔曾经两度访查英国，他走街串巷，深入底层调研社会救济制度，他担心济贫法会让穷人好吃懒做，迫使富人成为穷人的佃农……会给这个国家带来暴力革命。恩格斯则以深邃的目光，注重研究贫困社会现象的经济后果。

### 8.20世纪初期的经济大危机时期

20世纪初期的经济大危机，引发了政府干预思潮与自由主义思潮的又一次大的博弈。历史实践证明，此轮政府干预思潮战胜了自由主义思潮，结果之一是1935年美国社会保障法的颁布，美国也走上了社会福利的道路，但突出的与欧洲有所不同的是，美国实施了有所限制的社会福利，并逐步形成有独特风格的美国贫困文化。

### 9.《贝弗里奇报告》与福利国家

1942年《贝弗里奇报告》发布，英国以此思想框架建立了福利国家制度。《贝弗里奇报告》将韦伯夫妇的《少数派报告》的核心思想发挥到了极致。现代社会保障体系思路框架的形成，是对英国实行了400多年的济贫法的一种全面矫正和借鉴。

## 六、20世纪80年代后，反贫困与其贫困文化的再审视

20世纪80年代后期至20世纪末期，世界上的主要发达国家掀起了一轮重新评估政府福利、社会保障政策的潮流。在这次重新评估中，不乏产生了新一轮贫困文化的博弈与纠结，这些博弈与纠结是在历史无数纠结、博弈基础之上

的新认识、新体验与新思维。世界上的主要发达国家，无论是政府还是政治、经济学家，抑或是社会学家都在反思和重新评估运行多年的社会福利、社会保障的运行效果，利弊得失，反思调整的方向与趋势。特别是从贫困文化的角度，在新的更高层次上重新衡量现行制度运行的优劣与社会效应等。当然，在这些纠结与博弈观点之中，不乏有更激进的观点。例如，美国彼得·D·希夫所著《国家为什么会崩溃》之中，面对美国的巨额债务，提出了一系列严厉的批评，希夫幽默和形象地解释说："衰退的真正含义是你的邻居失业了；萧条的真正含义是你自己失业了；崩溃则是指国家和你一起失业了。"他对美国社会保障的批评也是空前绝后的。据他的观点，社会保障也是一个庞氏骗局，而骗局正在土崩瓦解。那对于社会保障是否需要拯救呢？回答是："NO，不要指望社会保障。"解决方案是"让社会保障自生自灭"。（〔美〕彼得·D·希夫：《国家为什么会崩溃》，刘寅龙译，中信出版社，2013 年，第 171-180 页）英国社会学家奥斯卡·刘易斯（Oscar Lewis）、新右派思想家桑德斯（Peter Saunders）和美国社会学家查尔斯·默里（Charles Murray）都认为贫困者应对自己的贫困负责，这是全球世纪之交之时，贫困文化思想调整的新一轮博弈的开始。在诸多思想者中，美国社会学家默里的理论影响更大。

### （一）更重要的是让穷人回到工作岗位

查尔斯·默里是一位极具丰富理论思想的学者，大约每隔十年，查尔斯·默里就会推出一本极受公众注目并引发争议的书：1984 年，他出版《失去土地》（*Losing Ground*），认为过度扩张的福利制度使底层民众产生了依赖心理，瓦解了核心家庭单位，造成了贫穷的持续和工作伦理的丧失；然而这样的做法对长期处于贫困状态的人口究竟能产生多大影响呢？一项可供参考的调查显示，在美国，不再接受福利的那些人中有将近 20% 的人不但没有工作，而且没有独立的收入来源。几乎有 1/3 得到工作的人，在一年之内又返回来要求福利。对于印第安人和其他许多贫困人口来说，不管是求助于福利，还是寻找一份可以维系生计的工作，所面临的都是重重门槛和困难。查尔斯·默里（Charles Murray）进一步研究了贫困文化，并对桑德斯"下层阶级"（"下层阶级"最初是由瑞典经济学家米尔达尔提出的一个经济术语，没有指向种族、性别及文化特征。20 世纪 70 年代中后期，美国学界用它来指生活于贫困线以下的 1/3 的黑人）的定义进行补充，提出福利国家的发展带来一种削弱个体抱负和自主能力的亚文化。福利依赖者不是为自己设计未来并努力过上一种更好的生活，而是宁愿接受施舍。他认为福利已经腐蚀了人们工作的动力。因此默里理论的核心思想是要求穷人工作，通过工作使贫困得到缓解。（杨立雄：《贫困理论范式的转向与美国福利制度改革》，《美国研究》，2006 年第 2 期）尽管这种理论在学术上招致了强烈的批评，但却在联邦政府的决策者那里得到了广泛接受和应用。克林顿时期美国福利制度的改革就是依据了默里的理论，其实质也就是把福利依赖者推向就业市场，减少财政对福利项目的开支，把福利问题的根源确认为就业。由此，政府必须通过刺激就业来实现经济增长，最后摆脱贫困。从这个角度看，认真思考贫困文化的问题也是政府决策者的一项战略性的大事。

### （二）反贫困与收入保障中的普遍担忧与关注

#### 1. 国际组织的一些观点

从经济合作与发展组织（OECD）的观点看，1980 年经济合作与发展组织（OECD）在巴黎举行会议，在讨论 80 年代的社会政策时，曾对福利国家政策的效果进行过深入的研讨和评估，会后发表了题为《福利国家在危机中》的专题报告，自此惊呼并提出"福利国家危机"的警告。在 1988 年的社会保护的未来发展方向的报告中，经济合作与发展组织又一次指出，社会政策应该更加注重提高经济效益，加强"经济领域供方的有效作用"。为此，经合组织提出应该把社会政策中那些提供"消极"收入援助的部分，比如对失业人员的纯粹现金补贴和公共救助方面的纯粹现金待遇，用可以刺激就业和其他相关事业的措施来替代，由此来促进他们所赞成的"积极社会"的理念。（刘燕生：《社会保障的道德风险和负激励问题》，中国劳动社会保障出版社，2009 年）从国际社会保障协会（ISSA）的观点看，1989 年国际社会保障协会（ISSA）对社会保障的主要发展趋势所作的总结中注意到，在社会保障领域普遍存在着一种日益增强的认识，那就是"社会政策的设计原则是不应该使其通过消耗资源来阻碍经济的发展。相反，应该通过加强那些对生产力起决定作用的社会因素来使其支持经济的发展"。（ISSA，1989）这个社会因素显然是指社会福利、社会保障以及由此引发的一系列的贫困文化反响。（刘燕生：《社会保障的道德风险和负激励问题》，中国劳动社会保障出版社，2009 年）

## 2. 安东尼·吉登斯的观点

安东尼·吉登斯的"第三条道路"的核心思想是责任与权利相结合。"第三条道路"的基本特征是适应二战之后西方经济与社会的变化，避免传统的左翼即社会民主主义与右翼即新保守主义的极端化，寻求一种中间道路，为各种社会改革提供新的理论支持与道路选择。在社会福利领域，吉登斯超越了左右两派的社会福利思想分歧，其所提出的"第三条道路"的福利主张包括：（1）"无责任即无权利"的福利思想；（2）"积极福利"的主张；（3）关注"投资性国家"的概念。如吉登斯所言："创造下层阶级的社会力量首先是结构性的，然后才是文化性的，但是一旦卷入进来，它们就会带来深层次的文化堕落。"（〔英〕安东尼·吉登斯：《超越左与右——激进政治的未来》，李慧斌、杨雪冬译，社会科学文献出版社，2000 年，第 152、201 页）由此可见，在吉登斯看来，贫困的产生不仅仅是个人懒惰所致，更为重要的是社会中结构性因素的存在。而要培养人力资本同样也有赖于环境网络的支持。"第三条道路"认为福利既是每个人的权利，同时个人也要尽义务，"不承担责任就没有权利"，寻求"权利与义务""权利与职责"的平衡。（陈文甜：《吉登斯"第三条道路"福利思想述评》，《科教文汇》，2010 年第 12 期）又如吉登斯所言，所谓的积极的福利社会，就是指"我们要倡导一种积极的福利，公民个人和政府以外的其他机构也应当为这种福利做出贡献，而且还将有助于财富创造"。（钱宁：《现代社会福利思想》，高等教育出版社，2006 年，第 310 页）"我们应该把强调的重点转到积极的福利上，除了国家以外，个人自己和其他组织都对它负责……"（〔英〕安东尼·吉登斯：《第三条道路：社会民主主义的复兴》，郑戈译，北京大学出版社，2002 年，第 132 页）"改革了的国家将是一个社会投资型国家……对风险的预防仍然是社会投资型国家的核心。但是我们也需要利用风险的积极而富有活力的一面……在任何可能的情况下，要投资于人力资本，而不是直接给予利益。"（〔英〕安东尼·吉登斯：《左派瘫痪之后》，杨雪冬译，《新政治家》，1998 年）"第三条道路"的福利过程实际上是通过人力资本投资实现个人的发展、抗风险能力的增强和积极福利意识的觉醒。"第三条道路"实现了福利责任主体、融资模式、参与模式等要素的社会化，达到了较高的社会化水平。比如，"我们应该把强调的重点转到积极的福利上，除了国家以外，个人自己和其他组织都对它负责……"（〔英〕安东尼·吉登斯：《第三条道路：社会民主主义的复兴》，北京大学出版

社，2002年，第132页）

## （三）核心是负激励问题

### 1. 里根、撒切尔的紧缩思路与贫困文化

从英国人保罗·皮尔逊所著《拆散福利国家——里根、撒切尔和紧缩政治学》一书的题目上就可以一目了然地看到其反思福利国家问题的核心思想。"里根、撒切尔的拆散福利国家——经历了撒切尔年代，多项社会福利遭到了英国政府的精简与评析。很多人认为撒切尔的改革遭到了公众的挑战，但她的政策为90年代后的英国工党经济成就创造了条件，增加了灵活性，某种程度上为英国展现了一种新的社会政策思路。这正是欧洲其他国家缺少的。"（"危机中的福利国家"经济合作与发展组织秘书处编：《里根政府的削减联邦社会福利保障经费主张》，梁向阳等译，中国社会科学出版社，1998年）1981年1月里根就任美国总统，1981年2月18日里根在公布的《经济咨文》中提出了《经济复兴计划》，要削减联邦预算中国内部分"不必花的钱"建议共计84项。根据这一计划，从1981年财政年度余下的时间开始，降低整个开支增长的幅度，到1986年财政年度减少原开支的4713亿美元，相当于1981年度预算开支的70%以上。1981年里根还曾提出过削减65岁以前退休人员享有的福利金，并使其他受益人的受益水平不致上升的建议，但是由于遭到广泛的反对而被迫放弃。[〔美〕迪密特利斯·卡拉莱（Caraley, Demetrios）、尤维特·R·施吕特（Schlussel Yvette R.），《国会和里根的新联邦主义》（Congress and Reagan's New Federalism），Oford University Press 1986，pp.49-79]1981年12月，里根任命艾伦·格林斯潘为首，有两党人士参加的全国社会保障改革委员会，经过一年多的调查，1983年2月提出一揽子改革方案。1983年3月，改革方案经国会通过，1983年4月里根签署命令生效。这个一揽子的改革方案的主要内容是：在不彻底改变美国社会保障制度的基本结构和方针的前提下，削减社会保障项目，尤其是"随意性"的社会福利开支，用以解决联邦政府承担社会福利过重的负担。从具体的内容上看：一是削减社会保障项目和开支，其主要对象是穷人。统计资料显示，实行削减社会保障项目和开支的结果，美国年收入在1万美元以下的家庭于1982年至1985年间将减少获得联邦津贴470美元（按1982年美元价格计算），收入在1万至2万美元之间的则减少获得360美元，收入超

第一篇 导论

过 8 万美元的家庭只少收入 170 美元。70% 的削减项目影响了年收入低于 2 万
美元的 48% 的人口。里根政府认为这种福利削减并没有损害真正需要帮助的
人，它只是合理地减轻了加在美国纳税人头上的负担。二是调整州、地方政府
和联邦政府的社会保障责任。里根确定的"新联邦主义"计划的实施使美国的
福利保障事业由联邦政府更多地转入州和地方政府。直接结果是扩大了州和地
方的自主权，为克服和消除福利项目管理上的官僚主义，实行管理权的分散化
和提高社会保障的效率创造了条件。[〔美〕保罗·道格拉斯·皮尔逊（Pierson,
Paul Douglas），《里根和撒切尔关于削减福利国家的政策》（*Cutting against
the grain*：*Reagan.Thatcher and the politics of welfare state retrenchment*，*Yale
University Ph.D*，*1989*，*p.440*），*Yale University Ph.D*，*1989*，*p.440*]作为里根
政府控制开支总努力的一部分，政府企图削减对穷人援助的费用和控制援助项
目的贫困水平以及建议在食品券援助项目中让州政府发挥更大的作用。[〔美〕
J·弗雷德·吉尔特兹（Giertz, J·Fred）、丹尼斯·H·苏莉文（Sullivan, Dennis
H.），《里根政府时期的食品援助计划》（*Food Assistance Program in the Reagan
Administration*），*The Joural Of Federasim*，*1986*，pp.133–147]三是试图转化
消极被动的福利机制。"新联邦主义"希望通过转化福利机制，免税、减税
政策以及津贴制度等刺激对非穷人增加保护。[〔美〕D·C·埃姆汀（Emting,
D·C.），《里根的福利改革计划》（The Reagan Scheme as Welfare Reform），
*Public Welfare*，41（2）：pp.22–26, 1983]

**2. 哈耶克—撒切尔—里根的新自由主义思潮与贫困文化**

新自由主义代表人物哈耶克认为，私有制才是自由最重要的保障。他认为
计划经济充满独裁、极权主义，与纳粹主义"走着同一条道路"，是一条"通往
奴役之路"。20 世纪 70 年代，英美等西方国家已无法继续根据凯恩斯主义来应
对"滞胀"局面，新自由主义兴起，并主张私有化、非调控化、全球自由化、
福利个人化，坚决反对公有制和国家干预。具体思潮表现为：

其一，尊崇和推行新自由主义，成为撒切尔夫人、里根的共同执政理念。

在新自由主义代表人物哈耶克等人思想的影响下，撒切尔、里根将奉行新
自由主义的经济学家弗里德曼聘为政府经济顾问，积极贯彻市场至上、高度私
有化、福利个人化等思想，否定政府对经济的宏观调控。特别是撒切尔，尤其
推崇哈耶克的新自由主义信念，在 1975 年的一次保守党会议上，刚当选保守党

主席不久的撒切尔举起哈耶克的《自由宪章》，用力地将它拍在桌上并斩钉截铁地说："这本书才是我们应该信仰的 。"与之类似，1981年里根也曾在就职美国总统的典礼上发表了"政府并不是解决问题的方法，政府本身才是问题所在"的演说。由于同为新自由主义信念、同具相似执政理念，撒切尔和里根达成政治共识、结成政治情谊，形成自由主义市场经济特征的"撒切尔—里根主义"，联袂在西方世界掀起了一场主张国有企业私有化、实行富人减税政策、减少政府支出、限制福利开支的"放松管制"运动，他们的合力运作曾经在很大程度上改写了世界经济格局。（李艳艳、朱继东：《从强力推行新自由主义看撒切尔夫人、里根的反共本质》，《马克思主义研究》，2013年第8期）撒切尔、里根奉行的新自由主义采取的改革措施包括：私有化、控制货币供应量、削减社会福利开支、降低富人的个人所得税。具体地说，包括：主张减少国家对经济的干预，大力倡导自由经营，实施增加利率、降低直接收入税、提高间接收入税、缩减公用事业开支、削弱工会权力等改革措施，极力要在英美社会形成一个高度私有化、市场化的自由主义经济体系。在撒切尔、里根共同在全球推行新自由主义，鼓动其他国家进行市场化改革的背景下，1989年，曾担任世界银行经济学家的约翰·威廉姆森执笔写了《华盛顿共识》，系统地提出指导英美经济改革的各项主张，包括实行紧缩政策、防止通货膨胀、削减公共福利开支、金融和贸易自由化、统一汇率、取消对外资金自由流动的各种障碍，以及国有企业私有化、取消政府对企业的管制等，这些思想得到世界银行的支持。在威廉姆森看来，这些思想秉承了亚当·斯密自由竞争的经济思想，与西方自由主义传统一脉相承。后来人们将这些观点称之为"新自由主义的政策宣言"。随着全球化的畅行，"华盛顿共识"日益深入人心，形成广泛的社会影响。"华盛顿共识"的成果还通过国际货币基金组织、世界银行、世界贸易组织等英美西方国家控制的国际组织和跨国公司向全球输出，并在俄罗斯与中东欧等苏联社会主义国家造成了深重灾难。例如，俄罗斯在实行了新自由主义的"休克疗法"以后，价格自由化方案引发了超级通货膨胀，私有化引发了国有资产流失和社会贫富分化，俄罗斯经济形势迅速下滑，经济危机、社会危机和政治危机相互交织、日益加深。到2009年，俄罗斯的工业增加值仍只有1990年水平的72%，其中纺织业和皮革业还不到1991年产出水平的30%。

其二，撒切尔、里根新自由主义经济政策主张福利个人化。

新自由主义福利个人化思想认为，"福利国家导致经济上的低效率，弱化了人们工作、储蓄和投资的动机"。（程恩富：《程恩富选集》，中国社会科学出版社，2010年，第864页）从而主张保障的责任由国家转向个人。在此思想指导下，撒切尔几乎完全改变了英国在全世界都曾经非常有名甚至引以为豪的福利制度。1970年她任内阁教育部大臣时，废除了工党政府的综合教育计划，取消了对小学生的免费牛奶供应。1979年当选首相以后，她进一步削减福利开支，降低社会保障项目的津贴标准，削减教育预算，减少政府公房供应，增加个人购买医疗服务的费用。与之类似，里根政府则大大削减了食品券、住房补助、教育津贴、医疗救济等一般社会福利的支出。总之，撒切尔、里根政府的福利个人化政策，就是要把政府拨付资金和提供服务的社会福利计划职能部分地或全部地转变成市场的职能，使某些社会福利所需的资金由国家负担转变为私人负担。这样一来，其直接后果是广大民众的利益受到极大损害，社会贫富差距不断拉大，正如《独立报》的撰稿人约翰·雷图所描述："在那些年里，英国的贫富差距急剧加大。有些人的生活的确得到很大改善，但英国社会为此付出了很大的代价，犯罪率上升，社区破裂和分化。"（《25年前英国最有权势的女人撒切尔如今被遗忘》，人民网，2004-05-19）新自由主义造成的恶果是：英美社会的两极分化现象十分严重，一极是财富的积累，另一极是贫困的积累。社会公平遭到严重破坏、失业率居高不下，并出现了犯罪率上升、社会秩序动荡等众多问题，美国著名左翼学者诺姆·乔姆斯基甚至以"新自由主义病"命名其造成的一大堆社会问题。正因为如此，在撒切尔去世当天，不少英国左翼人士和普通民众专门举行庆祝派对，甚至欢呼这是"伟大的一天"。

### 3. 弗里德曼的思路与贫困文化

弗里德曼认为，失业导致的贫困是由于政府干预的结果，因为某种事故或疾病而无法养活自己的人，不应该由政府承担责任，而应该交给社会（人道主义的自愿的帮助）。政府需要采取"负所得税"手段解决贫富悬殊的矛盾。其一是对公民收入划线区分，收入高于政府规定标准的，需向政府缴税；公民收入低于政府规定标准的，按一定比例从政府领取补贴。最后，以最低收入保障的标准为线，确保一个家庭的最后实际收入不低于这个国家标准。

#### 4. 布莱尔的思路与贫困文化

人类文明史证明，英国不愧为最早面对大工业文明和解决社会性贫困问题的国家。英国积累了丰富的解决社会性贫困问题的实践经验，积累了丰厚的与反贫困相关的"贫困文化"。1997 年在经历了十八年漫长的在野岁月后，英国工党重新赢得了英国大选，年富力强的工党领袖布莱尔成为英国首相。在执政之初，布莱尔政府就积极开展了福利改革。布莱尔政府福利改革的主要目的在于调整国家在社会福利中的角色和减轻政府的财政负担，布莱尔的福利改革涉及劳动就业、养老保险、医疗保健等多个方面。布莱尔政府的福利改革是对福利国家弊端的一种应对措施，反映了由福利国家向社会投资型国家转型的这一当代潮流。布莱尔政府福利改革主要是思想观念发生重大变化，其中核心思想是集中在对有劳动能力的人员，即失业人员的经济支持上，从以往传统的"福利、救助、补贴"称谓，到"失业者津贴"的称谓的变化。这一变化的深层含义是目的性更加明确，给求职者的津贴就是要加强享受社会保障和就业两者之间的关系。其中的含义，其一是突出强调享受社会保障者首先必须有积极的工作意愿，这是基本前提。其二，这一思想不是新创造，其实早在贝弗里奇著述的《贝弗里奇报告》之中就已经有所提示。贝弗里奇在他著述的《贝弗里奇报告》中曾经提出：社会救助应该取决于"任何可能加速恢复生产能力的行为"。（〔英〕内维尔·哈里斯等：《社会保障法》，李西霞、李凌译，北京大学出版社，2006 年，第 310 页）贝弗里奇的上述思想虽然在 20 世纪 40 年代的《贝弗里奇报告》中初见端倪，但一直未被重视和强调。其三是 1998 年英政府发布的福利制度改革绿皮书——《英国的新蓝图：一种新的福利契约》被十分明确地提出，并表述为"社会福利新契约"。社会福利新契约的核心思想是强调——要根本改变政府与社会保障津贴申请人之间的关系，"在两者之间形成以责任和权利为基础的新的福利契约"。（〔英〕内维尔·哈里斯等：《社会保障法》，李西霞、李凌译，北京大学出版社，2006 年，第 311 页）

#### 5. 英国的新蓝图：一种新的福利契约

从漫长的社会福利历史可见，英国在对待有劳动能力穷人的困难和保障方面一直有所纠结，这种纠结可以说延续了四五个世纪的漫长岁月，具体表现出了一种反反复复的"惩贫文化"。20 世纪 90 年代后期，英国社会保障日益显现"福利陷阱"现象，导致社会保障成为一种消极的收入补偿，不能起到鼓励公民通过工作和储蓄来实现自立的积极作用。"福利陷阱"现象显示，由于非工作状态时的福利水平较高，领取资格条件要求较松，以及工作时的收入过低，引起一种羡慕福利、逃避工作、对福利过度依赖现象。因为对一部分人来说，他们从领取福利状态转变到工作状态时收入增加幅度很小，甚至为负值，所以这些福利享受者就没有足够动力摆脱对福利的依赖。福利制度本身缺乏强制性激励也是导致福利陷阱形成的一个重要原因。英国福利项目基本上都没有要求适龄福利申请者积极地接触劳动力市场，接受培训或者从事志愿性工作。另外，英国伤残鉴定制度的不合理也导致一批人落入福利陷阱。由于伤残鉴定的结果只有全部残疾和无残疾两种，所以只要是通过了全残鉴定，那些即使还能够从事一定工作的劳动者也不用再去寻找任何工作，从而可以心安理得地靠福利度日。同时，还存在较严重的欺诈现象，福利基金损失严重。根据当时英国政府的估计，英国每年的福利支出中大约有 40 亿英镑因欺诈而白白损失。参与福利欺诈活动的不仅有一些福利金领取者，而且还包括一些不诚实的雇主和房东，有时还涉及政府官员，更为严重的是存在有组织的犯罪活动。这种情况无疑既不符合福利制度本身的宗旨，也会对纳税人支持社会福利系统的积极性产生不利的影响。1998 年 3 月，英政府正式发布福利制度改革方向和原则的绿皮书——《英国的新蓝图：一种新的福利契约》。1999 年 2 月，英国议会通过了《福利改革与养老金法案》，以法律形式肯定了英国政府的福利改革计划。福利改革的三大核心内容是：

（1）调整工作与福利的关系，使工作成为大多数人进入福利系统的唯一通道。政府制订并推行一项大规模的"从福利到工作"计划。这一改革被称为英国"新政"的庞大计划分别为青年人、长期失业者、单身父母、残疾人或长期患病者以及失业的失业者配偶等五种失业者制订了不同的行动计划，并且采取了一系列的政策和措施，其中主要包括：由专业人员为失业者提供灵活、专业化和个人化的咨询服务，根据个人的具体情况提供实用的求职和工作帮助，保证他们在就业的头 12 周内照领救济金等；通过工作家庭税收减免（**包括儿童看护税收减免**）、修改社会保险缴费规定、改革所得税制，以及规定最低工资等手段来提高工作的价值，增加工作对福利领取者的吸引力；政府承诺承担起改善公民就业机会的责任，同时要求有能力的个人也相应承担起自己的责任。政府要求 25 岁以下青年失业者必须从事一种与劳动力市场积极接触的活动，不能再坐等救济金；第一次无正当理由拒绝安置会导致扣罚两周救济金的处罚，第二次拒绝则被扣罚四周的救济金。

（2）对整个养老保险制度进行彻底改革，努力为人们提供更有保障的退休生活，恢复人们对养老金制度的信任。养老保险制度的核心是建立起一个新的养老金结构，除了继续强调国家基本养老金的基石作用和职业养老金的重要性之外，国家准备对原有的收入关联型国家养老保险进行改革，通过大幅度提高其受益水平而建立一个新的、主要针对低收入者的国家第二养老金，同时推行个人信托保全养老金计划。由于国家对于这种养老保险计划在成立条件、最高收费标准、服务内容要求以及投保者对基金管理的参与等方面都有严格的规定，因此它具有成本低、安全度高且适应面宽的特点，非常适合那些没有参加职业养老保险而又对原有的个人养老保险不信任的中高收入者。改革的主要目的是集中帮助那些最需要帮助的人，减少低收入者对救助性福利的依赖，同时希望中高收入者通过职业养老保险和个人信托保全养老保险为自己提供水平更高的养老保障，从而退出国家第二养老保险。

（3）打击和防止福利欺诈活动。首先，赋予地方政府在调查欺诈问题上更大的自主权，并提供相应的经济激励；建立跨郡、市的联合工作小组来调查有组织的跨地区欺诈活动；设立反欺诈热线，加强对雇主逃避社会保险缴费的打击。其次，政府通过立法对福利欺诈行为进行更有效的惩治。过去对于欺诈行为，除了要求退还多发福利金并扣发一部分福利金外，只能靠提起诉讼这种成本较高而且费时的手段来对付欺诈者。1997 年颁布的《社会保障（欺诈）管理法》赋予了社会保障部和地方政府以更大的经济惩罚权，并且规定了一项新的罪名"不诚实误述罪"。1998 年的《社会保障法》又进一步扩大了对雇主和个人逃避缴纳社会保险费的经济处罚的范围。在布莱尔担任首相的十年间（1997—2007 年），英国政府的福利改革总体上延续了之前保守党政府的减轻政府财政负担，推动英国从"福利国家"向"社会投资国家"的转型，这一改革主要涉及工作福利、未成年人社会福利、教育和培训政策这三大方面。改革初步达到了促进就业、消除贫困、改变社会福利观念、重建社会公正的政策目的。在布莱尔之后，这种兼顾经济效率与社会公平的"社会投资国家"模式正在进一步完善和发展，以应对新的挑战。

## 6. 美国特色的贫困文化

在独具特色的贫困文化——美国案例分析中，将美国的贫困文化单独成章、细致一些地分析是有必要的。美国是世界上富有的国家，人们整体上的生活水平相对较高，因而，在美国应该说贫困的内涵不是一般意义上的贫困，有人称之为"美国式的贫困"。美国式的贫困已经不是解决初级的温饱问题阶段，因为有较高的、不断调整的贫困线；而且一定比例的贫困家庭也拥有自己的住宅、汽车、空调、彩电、冰箱、洗衣机等生活设施；相当多的家庭有有线电视等。在现代美国社会保障的保护之下，通过了诸如食品券、抚养未成年子女家庭援助计划（AFDC/TANF）的修正法案，采取了补充保障计划（SSI）退役补助、收入所得税抵免（EITC），联邦住房救助、低收入家庭能源救助、医疗救助（Medical）等等举措。总之，一句话，经过一系列举措之后，美国已经容忍了很舒服的穷人了。正因为如此，多数美国社会公众和学者对美国现代社会保障有较多的看法。这些看法深刻且充满分歧，甚至于是相互矛盾的结论，形成了独特的美国贫困文化。应当说，在现代美国，受基督教文化的巨大影响，许多情况下，许多人会对贫困弱者慷慨解囊，施以援助；也有不少人会依据一定的理由（西部大开发的努力奋斗，自力更生精神）而对贫困者冷酷无情，称这些穷人为"loser"（失败者）。这种状态被作家亚瑟·布鲁克斯称作：就慈善而言，美国就是"两个国家"。有关如何看待弱势群体，是否应该对他们施以援手的争论不断，这种差异巨大的思想交锋在现任总统特朗普和卸任的前总统奥巴马之间也是观点不一，分歧明显。（详见美国章节）

第二篇

世俗政府反贫困的历史
实践与其贫困文化

　　从英国都铎王朝（1485—1603 年）时期的治理社会流浪汉开始，惩治穷人的"惩贫"文化观念深深地嵌入其后的长期社会治理之中。经历了 300 多年的历史实践，惩治贫困的实践反反复复，并在 1834 年演变为新济贫法的核心思想、观点清晰明确的"惩贫"文化思想——"劣等处置原则"，即"在一切情况下，首要的、最根本的、应得到普遍认可的原则是……游手好闲者的整个状况不应明显地好于独立劳动者收入最低层的状况"。长期的实践证明，这个原则是有两面性的，其积极的一面是防范道德风险与负激励现象；其负面的作用是很大程度上会伤害穷人的自尊心。英国都铎王朝、伊丽莎白王朝时期的"惩贫"文化断断续续地延续了几个世纪。

中世纪晚期是一个重要的历史阶段，处于从封建小农经济阶段向现代工业化社会转变、过渡的重要历史时期。社会发展领先一步的英国社会开始发生剧烈的变化，这种变化在 1491—1547 年的英国都铎王朝亨利八世时期尤其明显。这一时期英国加速从封建社会向资本主义社会过渡。进入都铎王朝时期后，伴随资本主义发展因素的扩展，英国开始显现大规模的社会性贫困现象。英国 14、15 世纪开始的圈地运动，是英国等资本主义国家进行原始积累的重要手段之一。15 世纪中后期开始，英国社会性贫困开始爆发，解决这一社会性问题成为当时英国世俗政府必须面对的一个十分棘手的课题。自都铎王朝开始也是世俗政府规模化地治理社会贫困问题的开始。"国家和市政意欲镇压流民，使他们做出关于济贫的规定，因为在 16 世纪以前，乞丐只是偶尔令人心烦，现在他们变成了慢性瘟疫。"（Leonard.E.M, *The Early History of English Poor Relief*, London：Frank Cass & CoLtd.1965, p.11）

## 一、都铎王朝时期开始法制性地治理社会性贫困问题

从社会性贫困产生的源头看，14—15 世纪中后期开始的圈地运动对英国社会产生了全面、深刻的影响，是社会性贫困问题爆发的主要根源。统计显示，1455—1607 年，英国进行圈地调查的 24 个郡中，被圈占土地共 516,673 英亩，占 24 个被调查郡土地面积的 2.76%，其中英格兰中部 14 个郡被圈占土地约 386,810 英亩，占全部被圈占土地面积的 72.7%，占中部 14 个郡土地面积的 6.03%，被驱逐农民约 5 万人。（丁建定：《中世纪晚期英国的济贫法制度》,《南都学坛》, 2010 年第 5 期）在圈地运动以及工业化进程中其他因素的推动下，越来越多的农民开始与土地这一基本生产要素脱离，被迫背井离乡沦为乞丐和流浪者，或被迫进入工厂成为廉价劳动力。这导致了普遍、经常、持续的贫困现象大规模地发生。流动人口大量出现、沿街乞讨现象逐渐增多、庄园的衰败、极具破坏性的瘟疫、多次内外战争，致使英国国内经济混乱，人口增多。纺织业萧条、通货膨胀、圈地运动和修道院被解散等，使贫困进一步加剧，产生新的更多的穷人，这成为当时危及社会安定的重大问题。这一时期社会贫富差距也迅速扩大，这一时期古代教父的"神恩济贫观"发生质的变化，英国原有的

"神恩济贫观"思想文化观，无论从理论上还是实践上都已经难以为继。这一时期神恩济贫开始走向世俗济贫；在基督教人文主义思想文化观的影响下，世俗济贫更多关注具体人的实际情况，具体区别不同原因产生的济贫对象。教会救济方式更多地转向仪式化，主要关注被施舍人员灵魂的救赎而不是贫困本身问题。这一时期教会对济贫过程中出现的救济方式所造成的部分对象的不良后果开始注意，认识到了不妥的济贫形式会造成鼓励懒惰现象。同时，宗教改革时期的济贫改革是近代欧洲福利思想发展进程的重要里程碑，这一时期的贫困文化与济贫观念都发生了重要的改变：从传统的以互惠为特征的"功利性救助"（救助穷人可以使自己得到救赎）转变为强调"爱"，即以上帝之爱和兄弟之爱为特征的"利他性救济观"。在此种救济观下，救济穷人不再是为自己获得救赎准备条件的手段，而是渐渐地成为一种责任和义务，成为基督信徒身份的主要标志。（刘林海：《从互惠到利他——宗教改革时期基督教济贫观念的变化》，《北京师范大学学报》，2008 年 6 期，第 80—85 页）

### （一）治理流民和解决救贫的一切思路、方法都是初创性的和摸索性的

进入都铎王朝时期，面对社会的动荡，可以说政府的一切治理流民的举措和解决救济贫民的一切制度、办法都是初创性的和摸索性的。

这一时期在贫困问题上的主要特征是：从神恩济贫转向世俗政府济贫，从慈善转向政府承担社会责任。都铎王朝时期社会化解决贫困问题的几个重要趋势特征是：（1）从单纯的镇压、惩罚流浪贫民，到正视贫困社会问题，认识到贫困群体的客观性，以及初步性地为研究制定救助贫困人群的社会政策提供可能。（2）从简单的社会救助政策，到有针对性地区别对待贫困群体。（3）探索保障贫困人员的制度性举措，特别是济贫的资金来源渠道、救助水平、调节办法、管理方法等问题。

### （二）都铎王朝时期贫困文化观的一次飞跃与转变

从都铎王朝时期开始，贫困文化观从旧有习俗、评判理念展现了一个巨大转变，其转变以宗教改革、文艺复兴、启蒙运动所展示的新思想、新观念的社会交融为前提，促使贫困文化发生了前所未有的转变。

为应对社会性贫困的爆发，英国世俗政府自都铎王朝时期开始，首次进行

了制度性救贫的早期立法活动。都铎王朝时期是英国乃至欧洲重要的历史阶段。这一时期经历了中世纪向近现代社会过渡的重要历史阶段，尤其是经历了宗教改革、文艺复兴、启蒙运动，其后的基督教人文主义对这一时期的贫困文化观的转变也起到了十分重要的历史作用。宗教改革、文艺复兴、启蒙运动这些重大的历史事件毫无疑问地引发了自中世纪以来的最根本的贫困文化观念的变革。在路德宗教改革之前，穷人的救助是以慈善为基础，以基督教的"善功得救"伦理机制为主，给穷人的帮助与教会的宗教活动紧密相连。中世纪结束后，路德宗教改革使贫困理论、贫困文化观都发生了十分重大的变化。核心变化是中世纪长期流行的"神恩济贫观"向世俗化济贫的转变，济贫思想、济贫观念、济贫的手段等都开始走向世俗化。路德及新教神学改革家的"唯信得救"观的核心是割舍了"教会"这一中介，并使济贫工作走向世俗化、现实化。

## 二、英国济贫立法实践与贫困文化的阶段性特征

世俗政府初创济贫制度是以英国为开端的，英国救济贫困的制度最早可以追述到 14 世纪。14 世纪中期，英国的封建主义制度走向瓦解之后，开始出现支付工薪报酬的劳动力。劳动力的流动使得社会上层担心那些居无定所、到处寻求工作的求职者会成为社会不稳定的因素。1388 年，英国政府颁布立法试图解决这个问题，但是直到后来才对居无定所的贫困人口提供了救助。政府认为自己的作用是维持稳定，所以转而指望教会帮助贫困人群。因此教会成为发放救济金的第一个机构。（〔英〕内维尔·哈里斯等：《社会保障法》，李西霞、李凌译，北京大学出版社，2006 年，第 74 页）15 世纪后期英国社会性贫困加剧，这使得自 1495 年起，英格兰都铎王朝不得不开始了频繁的管制流浪汉与救助穷人的立法实践，出现这一频繁的立法实践的直接原因有两个：一是资本主义发展加快，圈地运动导致大批农民失去土地，归入流浪人员队伍之中，社会性贫困爆发成为当时最突出的社会性问题。二是这一时期英国世俗政府大量地剥夺宗教资产、取消修道院等，不仅进一步引发社会贫困人员的剧增，而且使教会这个能够帮助穷人的社会性机构本身的人员也大量地破产，破产人员进一步加入流浪人群之中，加剧社会性贫困的矛盾。

## （一）历史上的"惩贫"文化印记是英格兰人内心的痛

中世纪后期，英国进入了以"惩贫"文化为理念，以"惩治"为主的"惩罚穷人"的历史时期。"惩贫"文化理念前前后后萦绕英国几百年，"惩贫"的感受深深地留在英格兰人的内心。英国 19 世纪的文化作品，如狄更斯的《雾都孤儿》、本杰明·迪斯雷利的小说《西比尔》都反映了这一时期的英国人民的贫困苦难状况。

回顾历史，都铎王朝时期虽然继承了基督教的济贫思路与方法，但在初期解决问题的方法上是被动的，而且，这一阶段所颁布的济贫法律的一个主要特征和思路是要"迫使穷人参加工作"。1495—1601 年期间颁布的济贫法律、法令内容及其主旨，都是以"惩罚"和"管制"流民为基本主导思想的。自此为开端，"惩罚"流民，"管制"流浪者的"惩贫文化"开了先河，贯穿于整个都铎王朝时期。自此开始，为减少社会上的流浪人员，英国政府曾经做过许多努力，包括一些严厉的惩罚措施，特别是 1547 年的法令规定：所有健壮的男人或女人如果不工作，靠游荡行乞为生，或者是受雇于别人后又半途跑掉而游手好闲，都将被视为流浪汉，而流浪汉第一次被捕后，治安法官将在他（她）们的胸前烙上一个记号，并罚做两年奴隶给抓捕他的人；若再次逃跑而被捕的话，将在其面颊上再烙上个记号并终生为奴；第三次逃跑则有可能被判处死刑。1572 年以前的济贫法令认为（穷人）只分为体弱的穷人和（健康的）流浪汉。社会上层潜意识地认为，所有健康的人只要努力，进行尝试地寻求工作，就能够找到工作。这种状况直到 16 世纪的后 30 年才得以改变，政府开始试着去解决那些由非主观失业造成的麻烦。这种观念认为凡是流浪汉皆要受惩罚，即抓到就惩罚而不问原因。这就开启了由以前的不加区分的施舍，转变成为不加区分的惩罚，可称之为"随意惩罚"的历史阶段。不仅如此，其后期的伊丽莎白时代，甚至于截止到 20 世纪早期的韦伯夫妇的《少数派报告》发布之前，整个英格兰文化史中的"惩贫"文化都时轻、时重，"惩贫"文化一直隐隐约约地伴随在英国近现代史的长期历史之中，这个文化痕迹也成为英格兰人深深的难以触碰的痛楚根源。

## （二）1349—1495 年管理流民的立法——英国社会对贫困的初步反应

从 1349—1495 年的具体立法情况看，英国政府的关注重点是禁止雇工频繁流动、禁止行乞，对流浪贫民进行管制、救济等。例如，1349 年英国国王颁布诏书，对禁止雇工随意出走、禁止行乞、不得随意施舍等做出规定。对罚金的用途予以明确，即所有超出规定的罚金都将用于贫民的救济。1351 年英国政府又颁布《劳工章程》法令，对工资的上限做出了规定，任何人只能在其居住地工作，身体健全的贫民必须接受雇用，否则将被投入监狱。1359 年，伦敦市政府发布命令，要求所有伦敦市内的乞丐必须离开，否则将被监禁。1388 年，英国政府颁布法令，禁止所有乞丐和劳动者随意流动，无劳动能力的贫民必须在其出生地或最接近出生地的地方才能获得救济，否则将被遣返。1425 年，苏格兰政府通过法令，要求教区的治安巡视员对流浪贫民进行集中救济管理。1449 年，苏格兰政府又通过法令，要求对强求膳宿者、骗子和强横的乞丐进行惩罚。1457 年，苏格兰政府颁布法令，对身体健全的流民处以脸上刺字的处罚。（丁建定：《英国济贫法制度史》，人民出版社，2014 年，第 368 页）

### （三）1495—1601 年——解决社会性贫困问题的充分试验

从 1495 年起，英国整个都铎王朝时期和伊丽莎白时代早期，都在为寻求解决流浪与社会性贫困问题的办法而进行了多方位、多视角的摸索与实践。这一时期制定了大量的管制与救助贫困人员的法律。虽然这些法令在不断地修订、变化，但其突出的主线内容是唯一的，即不断地在实践中摸索、调整，印证有关如何看待流浪人员，如何管制流浪人员，如何以社会立法形式实现上述的社会目标。在不断的立法与实践中，更深层次的思考与纠结则是展现了一系列的如何看待贫困，如何解决贫困问题的可行性方案、办法。不同的方案、办法会涉及纷繁复杂的贫困文化问题。例如，1495 年亨利七世颁布惩治流浪和乞讨法；1503 年英格兰再次颁布惩治流浪和乞讨的立法，但放宽了对老弱病残乞讨者的处罚，同时规定了治安法官有权进行秘密的流民搜查。还颁布法令，除了"瘸子""瞎子"和失去劳动能力的人员以外，任何人不得行乞。

1517 年，伦敦市政府开始发放乞讨证，允许少数老年贫民行乞。1531 年，英国政府颁布法令，严禁身体健康的人行乞。规定政府和治安法官有责任调查由教区养活的不能工作的老年人和穷人的申请，为他们注册并发给在指定区域乞讨的执照，规定对那些值得尊敬和救助的人提供救助。1533 年，伦敦市政府要求市议员每周派人为贫民筹集捐赠款物，并在教堂门口进行发放。1535 年，苏格兰再次发布法令，严禁在其出生地以外的地方进行乞讨。1536 年英国颁布《亨利济贫法》法令，开始推行对身体健全的流民进行惩罚和对值得救济的贫民进行救济的规定。

1547 年，英国颁布法令，对身体健全的流民实施烙刑，向贫困儿童提供学徒机会。1547 年，伦敦当局发布征税规定，实行向市民征收相当于 1/15 税的一半的税收，用于救济。1552 年，英国政府颁布法令，规定居民必须为济贫捐款，各地政府每一周必须指定两名施舍收集人，并负责对接受救济的贫民予以登记。1560 年，剑桥市开始征集济贫税。1562 年，英国颁布法令规定，人们自愿地缴纳济贫税，拒绝缴纳的将被强制要求缴纳。1563 年，英国政府必须采取强制措施来资助教区的济贫工作，即每个户主必须依据法律以其财产和收入水平按周缴纳济贫资金。

1572 年，伊丽莎白女王签署法令，在全国开征济贫税，并设立救济监督员来执行这个新法令，正式承认了政府有责任对不能养活自己的穷人提供援助。1576 年开始建立"教养院"，要求有劳动能力的穷人必须在教养院里工作。1593 年，英国颁布法令，废除对流民处以死刑、监禁和烙刑等残酷刑法，但恢复鞭刑。1597 年，英国政府成立了相关委员会，对贫民进行相关的调查，其后陆续颁布了《济贫法》《无赖、流民和健壮乞丐惩治法》《防止品行不端的流民成为士兵与海员法》，对以往的相关的救治制度进行总结和规范；苏格兰还颁布法令，将济贫事物的管理权由治安法官所任命的济贫委员会转归长老议会。1601 年，一部综合性的《伊丽莎白济贫法》颁布，史称"旧济贫法"。（丁建定：《英国济贫法制度史》，人民出版社，2014 年，第 368-370 页）

### （四）1601—1834 年济贫立法的思路和方向探索

1601 年英国发布《伊丽莎白济贫法》，史称"旧济贫法"。在 1601 年的《伊丽莎白济贫法》实施以后，到 1834 年发布的《济贫法》，史称"新济贫法"的整个历史阶段中，英国的反贫困，已经经历了 200 多年的探索与实践。大思路是用国家行政力量，改造利用教会社区组织构架的形式，同时以世俗政府力量建立新的嵌入性的制度，推进国家的反贫困计划，平稳地、逐步地解决农业社会的过剩人口，平稳地防范和避免社会危机，较为成功地过渡到工业社会，以济贫法的方式解决社会转型期间的大规模的社会性贫困问题。

在 1601 年的《伊丽莎白济贫法》的覆盖下，到 1834 年间，英国主要进行了以下几方面的立法与实践：其一，济贫法律的细化与探索完善的建设，主要是济贫资金的筹措方式与方法、济贫资金筹措的法律与规范化、济贫政策的合理调整。其二，在济贫系统的人员建设方面，由基督教的贫困救助，系统地向世俗政府救济贫困体系过渡。例如 1605 年、1617 年对治安法官的济贫职责进行立法明确。其三，寻找合理的机制与发展方向。其四，寻找国家与地方的合理运作形式与制约关系等。

## （五）1834—1908 年济贫立法的思路和方向探索

1834 年英国议会通过《济贫法修正法》法案，这就是史称的"新济贫法"。《济贫法修正法》强调了两项原则："劣等处置原则"和"济贫院检验原则"。这两项原则影响了英国以后近百年的经济社会生活及其公共贫困保护文化的内涵。《济贫法修正法》法案还通过了济贫法委员会，英国各地开始建立济贫院。这一历史的期的主要思路和方向为：一是落实"劣等处置原则""济贫院检验原则"这两项原则。1844 年发布的《禁止院外救济法》重申了禁止对身体健全者提供院外救济，但允许对多种特殊情况的人员提供院外救济。同年开始实施在济贫院中派驻医疗官员，解决就医问题。二是规范济贫事务的管理机构、管理职责等。1847 年，英国议会颁布法令，用济贫法局代替济贫委员会，实施了济贫法事务的管理机构方面的重要改革。1852 年，英政府又颁布《院外救济条例》，扩大院外救济的适用对象，规定济贫当局可以向济贫院外的病人提供医疗救助。1865 年，英政府颁布《联合济贫教区责任法》，要求联合济贫教区实行统一的济贫税率；同年，英政府又颁布《联合济贫教区变通法》，明确所有济贫事务归"联合济贫教区"管理，而非各"教区"管理。1871 年，英国济贫法制度的管理体制再次发生重大变化，英政府颁布《地方政府事务部法》，成立地方政府事务部，统一管理济贫法制度，英国地方政府事务部对院外救济情况展开调查。1895 年，英国成立"英国老年贫民皇家调查委员会""失业调查委员会"进行相关调查。1904 年，英国建立临时性贫民救济委员会。1905 年，英国成立"皇家济贫法委员会"对济贫制度进行调查，提出改革建议；同年，英政府颁布实施《工人失业法》。1908 年，英国皇家济贫法委员会就济贫制度改革发布两个不同思路和方向的报告：《多数派报告》和《少数派报告》，自此英国济贫制度开启新的发展之路。

## 三、都铎王朝和伊丽莎白王朝突出的偏激性的"惩贫"文化

自都铎王朝和伊丽莎白王朝早期（1495—1572 年）开始的带有明显偏激性的"惩贫"文化，引发了那个时代明显特征的济贫实践。15 世纪末开始到 17 世纪是英国历史上由封建社会向资本主义社会过渡的时代，也是英国历史上社会性贫困问题集中爆发的时代。面对因圈地运动而产生的大量流民，都铎王朝曾试用过两种补救办法加以解决，一是制定法规阻止圈地，二是制定"惩治流浪者的血腥法律"。（中共中央马恩列斯著作编译局：《马克思恩格斯选集》第 2 卷，人民出版社，1972 年，第 239 页）在实践中，第一种对策方法几乎是以无效告终。在英格兰历史实践中，有关限制圈地的法令几乎从未得到过有效的执行。第二种方法则更加深了对失地农民的迫害，并引起农民的强烈反抗。规模较大的有 1549 年发生在诺福克郡由罗伯特·凯特兄弟领导的农民起义。在这种情况下，为稳定社会秩序、巩固都铎王朝的统治，亨利八世和爱德华六世在位期间都曾在实行"血腥法律"的同时，也制定了一系列的救济贫困者的社会政策。从亨利七世开始，英格兰都铎王朝开始频繁颁布管制和惩罚穷人的法令，直至 1601 年具有里程碑意义的《伊丽莎白济贫法》（Elizabeth Poor Law）颁布。随着社会潮流的演进，尽管这些法令内容及其主旨在逐步变化，但初期最为明显的、最主要的特征是对流动人口的"管制"与"处罚"。

### （一）以亨利七世济贫法为开端的"惩贫"文化特色

亨利七世于 1485 年 8 月 22 日到 1509 年 4 月 21 日在位。1495 年议会通过了都铎王朝，也是英格兰历史上的第一部济贫法《反对流浪汉和乞丐法》，该法令规定要对身强力壮的流浪者进行严惩，并将其送回原住地；乞丐则需佩戴行乞的标志徽章，同时不能离开他（她）所居住的地区。在救助对象方面，法令规定"禁止给身体强壮的人以施舍，要惩罚流浪者，只允许体弱无力的人在他们自己的地方政府规定的范围内乞讨，跨区乞讨必须要有当地长官的介绍信才算合法行为"，（Michael David Hole，Your Majesty's Poor Subject：The Grown and the Poor in Tudor and Jacobean England 1485—1625，paper for PH.D，California University，2004，p.32）"所有流浪者、游手好闲的人第一次被捕，要被监禁 3 昼夜，这期间只给他们供应水和面包，之后命他们返回出生地，如

果他们在同一地方因同一原因再次被捕，他们将被监禁 6 昼夜"，因此从客观上看，1495 年颁布的济贫法还只是一部禁止流浪和乞讨法令的开端。

### 1. "特定贫困人群"的概念与思想首次进入济贫法

在亨利七世末期，1503—1504 年颁布的济贫法令第一次开始把特定贫困人群纳入法定的施舍对象，"无法自食其力的穷人、病人和老人"被视为"特定贫困人群"。（Michael David Hole, Your Majesty's Poor Subject: The Grown and the Poor in Tudor and Jacobean England 1485—1625, paper for PH.D, California University, 2004, p.34）在对流浪者的处罚上，该法令相对有所减轻，被捕流民的关押时间改为 1 昼夜，然后判其返回出生地或他们最后居住 3 年以上的地方，如果他们第二次被捕的话将被监禁 3 昼夜。

### 2. 首次从法律上界定"流浪汉"

在亨利八世时代的 1531 年，英国议会通过了 1531 年济贫法。该法对"流浪汉"进行了首次界定：任何身体健全能工作而又没有土地，没有师傅，也没有合法谋生手段的人都是流浪汉。在内容上表明政府开始注重区别对待贫困人群。该法认为有必要把乞丐和流浪者区别对待，重点打击流浪和犯罪行为。"合法的行乞者必须予以注册并发放乞讨证，相关认定工作由治安法官及其地方官员负责，必须认真检查，把那些年老和体弱无力的人找出来予以救济，乞讨者越出其所辖区域乞讨或无证乞讨，就会被视为流浪者，受以鞭刑或投监。"（Michael David Hole, Your Majesty's Poor Subject: The Grown and the Poor in Tudor and Jacobean England 1485—1625, paper for PH.D, California University, 2004, pp.45-46）根据这一法令，任何一个国王的官员都可以依法将流浪汉逮捕交给郡里的治安法官，治安法官可以对这些流浪者施行鞭刑，直到出血为止。对收留健康乞丐、施舍钱物或者留宿者，法令规定由治安法官予以罚款，对于在济贫工作中玩忽职守的官员也将受到处罚。"市政府或者教区要为每个无劳动能力的乞丐代缴 3 先令 4 便士的罚金，为每个健康的乞丐代缴 6 先令 8 便士的罚金。"（尹虹：《十六、十七世纪前期英国流民问题研究》，中国社会科学出版社，2003 年，第 144 页）同时法令还要求国王的官员们"应该努力发现并帮助所有年长的贫困者和那些值得尊重和救济的人们"。（Paul A.Slack. "Vagrants and Vagrancy in England, 1598—1664", *The Economic History Review*, August, 1974, pp.360-379）该法令希望把"身体健全但懒惰的人"和那些"确实没有工作能力但品行端正的人"加以区别对待。1532 年，亨利八世规定教区的什一税和教会杂税上交给国王，这样中世纪由教会维持的慈善院等济贫机构不但不能吸纳穷困者，反而使许多身在其中的人由于严格管理，生活更差而产生更多的乞丐。

### 3. 探索用"惩治身强力壮流浪汉"方法减少社会流浪汉

在贫困救助立法方面，1536 年都铎王朝议会通过的《惩治身强力壮流浪汉和乞丐法》颇具意义，因为这是一部在贫困文化方面有重要开拓思想的济贫法律。其一，该法不但寻求区分乞讨者与流浪者的方法，并且试图终止乞讨行为。法令规定，地方市政要善待乞丐，停止对穷人开放式的救济，能劳动的人员要送去劳动，丧失劳动能力的人员由自愿捐献的慈善救济金给予救济，使这些人觉得没必要再以流浪、乞讨为生；而对于那些顽固的流浪者应强制其劳动来维持生计。客观地说，"其实政府并不是要站在地主或雇主的立场上，为他们赚取廉价劳动力，而是设法改造流浪者的思想，尤其是不劳而获的想法"。( Michael David Hole，Your Majesty's Poor Subject：The Grown and the Poor in Tudor and Jacobean England 1485—1625，paper for PH.D，California University，2004，p.49 ) 其二，法令规定，有许可证的乞丐可以得到救济，麻风病人及重病者可以留在原地接受救济，托钵修士可以继续乞讨。地方政府可用公共基金为身体健全、能够从事劳动的人提供工作，地方官员有义务发放教会收集的自愿捐献物资，用来救济穷人、残疾人、病人和老年人。其三，该法还规定，地方政府有权要求 5～14 岁的乞丐做学徒，把他们交给雇主、其他工匠或手工工人学习劳动技能，在他们成年后能够以此谋生。虽然这种行为让孩子置于艰苦而又严苛的工作环境中，但同样说明 14 岁以下的孩子不应为流浪的行为而承担责任，因而他们没有接受惩罚，学徒生涯只是一种道德纠正的教育方式和一种劳动理念的灌输方式。为了救济那些无法自食其力的贫困者，该法还规定教区官员选拔教会执事去收集残羹冷炙，然后分发给需要救济的人，并严令禁止随意施舍。其四，1536 年的济贫法令的另一项实际意义是，它已不仅仅是一项针对贫民惩罚性的法令，它具有真正意义上的救济性，是一项从纯粹惩罚性法令向惩罚性与救济性相结合的过渡法令，它延续了传统上的教会济贫方式来实现救济，但在观念上却迈出了理性的一步。1536 年的法令包含了后来的济贫法所基于其上的基本思想，尤其是该法仍然使教区负责收集救济金、雇用合适的人和对贫困者进行救济。尽管当时该法令是那样的不具现实性，但应该说它却是后期都铎王朝时期的那项重要的立法——《伊丽莎白济贫法》的真正开始。

## （二）用"院内救济"使贫困者懂得劳动，纠正"不愿意劳动的行为"

### 1. 济贫院、感化院、贫民习艺所实践中的贫困文化

在自由主义、宗教文化笼罩下的英国，济贫法是欧洲新教伦理的法律化、规范化的第一探索实验内容。依据宗教的、道德化的伦理认为："贫困"是一种"耻辱"——"贫困"等于"不良"；"贫困"也是"穷人自己造成的"。因为以自由主义的宗教文化理念，人们应该对他们自己的生活负责。自由主义的宗教文化理念认为，贫困主要是由于个人原因造成的，贫困的原因不仅是经济的，而且是道德的，政府本身无法改变或消除。16 世纪中期至 18 世纪初期是英国"院内救济"的鼎盛时期，院内救济通过以济贫院、感化院、贫民习艺所等为管理贫民的主要机构、主要形式。

16 世纪后期，英政府已认识到：对流浪者的惩罚措施并不足以维持社会秩序，政府应采取措施帮助他们。在激烈的社会变迁下，原来由教会或私人兴办的慈善事业已经无法解决层出不穷的社会性贫困问题，国家不得不将救济贫民视为己任。在 1495 年都铎王朝时期开始的济贫立法实践基础上，英国政府进行了不断的尝试。规管穷人，严格审查救济对象的资格与财产状况，济贫院、感化院、习艺所成为规管救济穷人的主要场所。从文化的层次上看，英国各地在教区建立了大量的自新院、感化院、贫民教养院、贫民习艺所（Workhouse，中英字典解释为两个含义——囚犯工厂和贫民习艺所）等。其建立初衷是希望——由消极救济转变为积极的自救，使穷人"懂得"劳动。由此，济贫法最初是以其"惩戒性""恩赐性"著称于世。接受济贫者不仅受到了许多限制，还被剥夺选举权等政治权利。这是对贫困者在政治上的一种惩罚，也是一种道德化的伦理文化的体现。

### 2. 贫民习艺所的任务——使穷人"懂得"劳动

1576 年，英政府首次为纠正"不愿意劳动的行为"而正式建立相关的机构——贫民习艺所。从此贫民习艺所开始在英格兰各地出现。依据 1576 年英政府颁布的为促使穷人工作的《安置穷人工作，消除懒汉法》，若穷人不愿意工作则被送往一种被称为"贫民习艺所"的机构。该法令首次提出了要区分"愿意工作但找不到就业岗位的穷人"和"真正的懒汉"，达到区分懒汉和改造懒汉的目的。〔张佳生：《由神恩到世俗 都铎时期英国济贫中区别对待的分析》，《武汉大学

第二篇 世俗政府反贫困的历史实践与其贫困文化

学报》（人文科学版）2004 年 3 月，第 183–189 页］1576 年的法令规定，地方政府负责监督收容人员的劳动，治安法官也有权使用公款购买原料提供给贫民，以便他们能够安心地从事劳动，"让有希望的年轻人习惯劳动，并在劳动中成长，而不是游手好闲……并使其他愿意或需要工作的人也有工作可做"。（Bronislaw Geremek，*Poverty*：*A History*，Wiley Blackwell，1994，p.168）地方治安法官还有责任为那些不愿意劳动的人建立"纠正机构"，并且每个郡都至少要有一个这样的机构，后来便形成了逐步完善的"贫民习艺所"。从此贫民习艺所开始在英格兰各地出现，这是英格兰近代早期社会救济制度的新特点，为失去劳动能力的人提供由济贫税支持承担的救济，而为拥有劳动能力的贫困者提供由政府承担的"劳动救济"。正如保罗·斯莱克所说："英格兰对欧洲福利政策的首要贡献不是征收全国性的济贫税，而是贫民习艺所。"（Paul Slack，*From Reformation to Improvement*：*Public Welfare in Early Modern England*，Oxford, 1999, p.21）1722 年，英国颁布《习艺所收容失业贫民法》，依照这个法律，贫民不入习艺所就得不到救济。贫民习艺所的建立，旨在把对贫民的消极救济变为使他们能成才以自救的积极教育。1723 年，英国议会通过立法，要求各教区建立"济贫院"，立法正式批准两个或两个以上的教区可联合起来建立"济贫院"。规定贫民不入习艺所就不能得到救济，实际上就是强迫性地将贫民收入习艺所。但习艺所的条件恶劣，被许多贫民视为监狱。因此，这一时期建立济贫院、习艺所的目的已不仅仅是为了救济贫民，而是更加强调了一个目的：要使穷人"懂得"劳动。1696 年，英国颁布了习艺所法案（Workhouse Act），1723 年，英国议会颁布法令要求各地设立救贫院，同时也进行院外救济。1782 年，英国议会通过吉尔伯特法（Gilbert Act），规定贫民习艺所不能收容健壮的可以就业的贫民，而只能收容那些贫困的老、弱、病者和孤儿以及随同离异、丧失母亲的儿童。1795 年，白克夏尔（Perkshire）的法官们在斯宾汉姆举行会议，制定了救济规则——斯宾汉姆法案（Speenhamland system），即以公平收入为口号，广泛推行按当时面包价格和低收入家庭人口来确定救济金的发放标准。

### （三）从"惩贫"转向"区别对待"，"惩处懒惰"与"帮助弱者"并重

#### 1. 积极务实的流民处理方法

宗教改革家十分关注贫困问题，虽然路德、加尔文、慈温利在宗教主张上

有较大差别，但他们同样主张每个人都应对自己的命运负责，懒惰应当受到严厉的谴责；劳动则是神圣的，劳动的意识不仅要得到加强，而且必须付诸实践。这些贫困文化观念在都铎王朝早期管制流浪汉的法令中已经逐步得到了体现。

自 1572 年起，积极务实的流民方案开始出现，1572 年的法令尝试着为健壮的流浪穷人提供工作。该法令将穷人分为三部分：第一部分是无工作能力的穷人，这一部分人因为疾病或残疾而贫困，或因为年老或年幼，缺乏谋生能力而贫困；第二部分是那些有工作能力却找不到工作，家庭负担重而工资太少以至于无力供养全家的穷人；第三部分就是那些有工作能力但却好逸恶劳的穷人。对于不同类型的穷人，济贫法做出了不同的规定。政府在核算财产基础上，按比例向捐税者强制征收济贫税以救济第一类人；政府或提供资金、原料，或向雇主施压，以使其雇用更多雇工，以便向第二种健康的穷人提供更多工作机会；对于第三类人，政府则惩罚之。

### 2. 引导穷人就业、参加劳动

1576 年法令强调了为穷人找工作的济贫方式，并使之具体化。该法令中最重要的规定是，要求每个城市、自治镇和集镇治安法官应为流民提供生产资料，将穷人安排进纺织作坊工作；治安法官还要张罗出售货品，以便有足够的资金将这套机制维持下去，目的是让有希望的年轻人习惯劳动，并在劳动中成长，而不是游手好闲，并使其他愿意或需要工作的人也有工可做，这样他们就不会因找不到工作而四处流浪。另外，每个郡的法官还要设立感化院以教化那些不愿意工作的人，并将那些拒绝工作的行乞者，或游手好闲者，或者工作的时候故意损坏生产资料、偷工减料者送进感化院，强制其劳动。

### 3. 开始以救济为主、惩罚为辅的救济思路

1593 年，政府颁布法令废除一系列针对流民的血腥处罚条文，诸如死刑、监禁、烙耳朵等，但并未取消体罚。英国济贫法开始以救济为主、惩罚为辅。1597 年法令规定，所有流动的身无凭证的健康人都被划为流浪汉，不管是学者、退伍士兵、刚释放的犯人、健壮的乞丐，还是那些靠巫术骗人钱财的人。他们若被发现乞讨或者有什么不轨行为的话，就很有可能被捕并受到鞭笞，然后将之送回出生地或他们受罚前的居住地，或是送到当地的感化院。那些极危险的流民则可能被送往监狱，然后流放到枢密院指定的地方（艰苦的、尚待开发的殖民地），若他们胆敢回国的话将被处死。值得注意的是，1597 年法令在如何为穷人提供工作方

面的规定却更为详细：每年复活节的那个星期里治安法官要任命新的教区执事和4名穷人监督官，他们或他们中的大部分在治安法官的同意下，要安排那些父母供养不起的小孩子工作，每周或定期地向有产者征收一定的税额，以作为资本向穷人提供一定的亚麻纤维、羊毛、铁和其他生产必需品以供穷人们劳动生产。

### 4. 开始注重流浪儿童的教育和培训

1601 年的济贫法规定，贫民监督官要为那些不能被其父母供养的孩子，以及那些不能够养活自己的已婚或未婚者安排工作；贫民监督官员每周要向辖区内富裕的家庭征收济贫税，用于购买供穷人们劳动生产所必需的原材料。在对未成年流浪儿童的帮助方面，1547 年的法令开始细化对如何安置 5 岁到 14 岁流浪小孩的规定，但早期的规定则显得过于严酷——5 岁到 14 岁流浪小孩被送去做学徒后，男孩到 24 岁时方可离开，女孩要到 21 岁，这期间他们不得逃掉，否则被抓回后将罚作师傅的奴隶直到法定可以离开的年龄为止，同时规定他们不得伤害师傅或是对师傅耍阴谋，否则将被判重罪。1597 年法令规定去做学徒的小孩不仅包括流浪小孩，还包括治安法官或教区执事确定的其父母无力供养的小孩。1601 年法令沿用了这条规定，只是语言上有些细微的改变而已。

### （四）济贫立法中的人员分类与其贫困文化

在济贫对象的分类方面，英国济贫法在几百年的发展过程中，对于如何确定需要救助的对象，经历了几次分类变化。曾经有过四次较为重要的变化，每一次变化都反映了当时社会贫困文化的一个方面。

### 1. 对贫困人员的第一次分类是罪犯与贫民

1517 年，伦敦市在全城教区逐个进行调查登记，全市共有 1000 名左右的流民。1517 年，英国政府曾经在伦敦首次使用行乞徽章，规定必须佩戴行乞徽章才可行乞。首次试验的徽章只有 1000 枚左右，但这是一个有意义的尝试 。它为1531 年的管理流浪者的法律奠定了基础。对于流浪者和身强力壮的穷人，既有积极提供工作的措施，也有消极的惩罚措施——不能工作的穷人可以领取现金补助；同时沿街乞讨和随意施舍被禁止。这个内容在 1536 年成为一项法律，它坚持一项原则：乞讨是不对的，乞讨应当受到惩罚。

### 2. 第二次分类的群体是"有工作能力的穷人"和"无工作能力的穷人"

1536 年的济贫法立法在对待贫困的思想上甚至出现倒退。1547 年的法律再次对穷人采取残酷措施——身强力壮的流浪者若被抓住——罚做两年的奴隶，并在胸前烙上 V 字，再次逃跑，烙上 S 字，并终身为奴。根据史料记载，1569—1572 年，英国 18 个郡中共有 750 名流民被逮捕，里克城在 1580—1587 年间被捕流民有 132 人。1596 年春，约克郡北部的来丁区，被捕的流民约达 200 人。1594 年，伦敦市长约翰·斯宾塞爵士估计该市有流民 1.2 万人。16 世纪 90 年代，萨默塞特郡治安法官爱德华·海克斯特在呈递枢密大臣塞西尔的报告中说："闲逛的士兵和健康的流民人数每个郡都在 300—400 人左右。"（尹虹：《十六、十七世纪前期英国的流民问题研究》，《世界历史》，2001 年第 2 期）

### 3. 第三次分类：济贫院外和济贫院内

英国于 1870 年开始，全局性地实施以制度确保贫困保护待遇的获得权。通过济贫院外的人和济贫院内的人的划分，界定获得贫困保护的权利。这就是后来历史中长期纠结的是普惠性公共贫困保护，还是选择性公共贫困保护问题。

### 4. 第四次分类是现代社会保障形式

有被社会保障、社会保险形式的制度安排覆盖和尚未被社会保障、社会保险形式的制度安排所覆盖的人员之分。

## 四、治理社会性贫困的首个全面立法 ——《伊丽莎白济贫法》及其贫困文化

重新审视历史，应该承认英格兰民族于 16 世纪末、17 世纪初所展示的《伊丽莎白济贫法》，该法确实是充满了艰辛的探索和反复实践的智慧结晶，因为英格兰民族当时遇到的所有问题和挑战都是人类社会史无前例的第一次，都是没有任何可以借鉴的东西。

### （一）总结和凝练一个世纪的济贫实践

1588 年，由于与西班牙的战争，英格兰贸易大受影响，国内物价飞涨，失业人员大增，贫民问题再次严峻。英格兰议会于 1597—1598 年通过了一系列的济贫法令，其中有《济贫法》《无赖、流民和健壮乞丐惩治法》《防止品行不端的流民成为士兵与海员法》等，这些法令对济贫的许多问题进行了具体的规

定：（1）教区的救济机构交由教会执事和教会监督办理；（2）应普遍征收济贫税；（3）教会监督之下的贫困儿童都要学习一门手艺，女童学习到 21 岁为止，男童学习到 24 岁；（4）因残疾而不能劳动的人则通过种种办法给予赡养；（5）有劳动能力的人则帮助他们找到工作；（6）作为济贫管理员拥有采取措施的权力，安置贫困家庭的子女劳动或者作为学徒；（7）为失业的成年人提供原料以便其从事工作；（8）对老人、盲人和无劳动能力者提供救济；（9）建立慈善院，其所需资金向居民及土地所有者征收等。法令还要求，富裕教区对贫穷教区提供帮助；规定乞丐只能在本教区行乞，否则将被定为流民；规定将教区征收税款用于救济慈善院里的穷人；治安法官有权建立感化院，对流民施以鞭刑，并投入监狱或者送进感化院；健康的成年人必须劳动，无劳动能力者将被送进救济院；对其他人造成威胁的流民将被驱逐，再返回并被逮捕者将处以死刑。（尹虹：《十六、十七世纪前期英国流民问题研究》，中国社会科学出版社，2003 年，第 156-157 页）对流浪汉规定将从严界定和对待。1597 年颁布的《惩治恶棍、流浪汉和身强力壮乞丐法》重新从严界定和对待流浪汉，把"拒绝低于法定工资的穷人"列入流浪汉之列，不可救药的恶棍则送至海外，判定为流浪汉的人将被鞭打并被送回原籍。1597—1598 年的济贫法令原本是作为一种试验而制定的，原定试行期为 3 年，但在 1601 年，议会将所有要点纳入一项新法令中，随后又将施行时间延长，这便是 1601 年《伊丽莎白济贫法》。因此说 1597—1598 年的济贫法具有重要意义，被学者们普遍认为是对以前的各种济贫法的整理和发展，并且成为 1601 年济贫法的主要法律框架。

## （二）《伊丽莎白济贫法》的主要思路和制度框架

1601 年英国颁布《伊丽莎白济贫法》，这应该是英国都铎王朝在处理贫困问题 100 多年实践的法令集大成成果，是对自都铎王朝 100 多年的济贫实践的经验与立法实践的领悟与总结。

### 1. 用"强制劳动"解决"有工作能力而不愿工作"的人

1601 年《伊丽莎白济贫法》借鉴都铎王朝的实践经验，把贫民区分为三类：（1）强壮有力而不愿工作的；（2）老弱残疾而不能工作的；（3）有工作意愿而找不到工作的。并对三类人实施了三种不同的处置原则：第一类贫民不能得到任何救济，而且他们还要接受强制劳动，对于拒绝工作的人则要被关入惩戒所，为酷刑所惩罚甚至被处死。第二类无劳动能力的贫民是救助对象，可以得到救济。对第三类，有工作意愿但找不到工作的人，法令规定济贫官有帮助其找到工作的义务。对贫民的子弟，教区要教会他们工作的技能。每个教区设立济贫监督官，济贫监督官在治安法官的认可下执行命令，对所有父母无力照看或抚养的孩子，所有的未婚者，或已婚但无收入或者无力供养自己的人，以及没有职业或无力谋生的人提供照顾。由教区救济的穷人须在本教区出生或居留三年以上，一旦发现穷人有亲戚或抚养依靠就取消其享受的救济资格。

### 2. 规范济贫管理

《伊丽莎白济贫法》规定，救济工作由教区的治安执事委派的救济员负责进行。治安执事委派的救济员的职责是：调查贫民的生活状况、决定对贫民实施救助的费用数额等。[张佳生：《由神恩到世俗都铎时期英国济贫中区别对待的分析》，《武汉大学学报》（人文科学版），2004 年 3 月，第 183-189 页]

### 3. 落实济贫资金的筹集和济贫税的标准

《伊丽莎白济贫法》规定，济贫监督官们要向该教区里每个居民和每个土地所有者，每星期或按其期限，以课税的办法征集相当数量（其数额由他们斟酌）的亚麻、苎麻、羊毛绒、铁和其他必需用品及材料，以安置贫困人口。当治安法官获知教区内的任何居民都没有能力为济贫基金征集足额的资金的时候，可以在他自己认为合理的情况下，对其他教区或在该教区 100 米内征税，并将税款交给济贫监督官。所有教区的济贫税额最高不得超过 6 便士，也不得低于 1/2 便士，平均每个教区所征收的济贫税额将不超过 2 便士。所有贫民、老人、盲人、瘸子、体弱多病者或其他没能力工作的贫民的父亲与祖父、母亲与祖母，如有一定的生活能力，同样需要缴纳济贫税，以便救济贫民。任何人拒绝或无视济贫税，当地治安法官有权将其监禁，直到其缴纳规定的数额。

### （三）凝练和显示在《伊丽莎白济贫法》中的贫困文化

### 1.《伊丽莎白济贫法》解决贫困问题的思路

《伊丽莎白济贫法》在英格兰社会救济制度史上具有重要的历史地位，它比较系统完整地总结了都铎王朝时期百年济贫历史实践，象征着英格兰的政治家们对争论 100 多年的贫困和流民问题逐渐达成较为一致的意见。它的清晰思路可以从三个方面看：首先，政府已有意识地对贫民做出区分，既体现出国家对贫困者所承担的责任，也强调政府不可能、也不会为所有贫困的人提供最低生活保障，坚持认为有能力工作的人仍然应该努力依靠个人摆脱贫困。其次，建立了严密的管理体系，教区官员接管济贫工作的行政管理权，并由枢密院监督，在强大的中央政府支持下，地方官员一致奉行。济贫管理员遇到重要情况需立即向治安法官汇报，由治安法官转呈郡长及巡回裁判官，之后呈报枢密院大臣。第三，将政府的济贫责任通过济贫税的形式予以落实。寻求通过教区官员征税的方式，完善济贫税的征收制度，规定由每个教区执事和 4 名济贫管理员负责向每一个居民、土地所有者征收济贫税，他们还有权扣押这些人的财产。

### 2.《伊丽莎白济贫法》所显示的贫困文化

其一，从惩罚性政策到惩罚性政策与救济性政策相结合。

中世纪晚期英格兰社会救济制度的出现，经历了一个从惩罚性政策到惩罚性政策与救济性政策相结合的衍变过程。早期政府颁布的济贫法令显示，政府对待贫民的态度及其所采取的政策过于简单化，不仅视贫民为"流民"，还认为流民都是"有罪之人"，由此采取的政策主要是各种惩罚性的举措。宗教改革运动后，政府针对贫民的态度开始发生转变，不再简单地把贫民视为流民，而是将其加以区分，针对不同的人群予以区分对待。将老年、残疾贫民及孤儿等视为"值得救济者"，由政府制定相关政策，通过教区征收济贫税，对其提供必要的救济。将身体健全的流民视为"不值得救济者"，采取的是强制劳动或者予以刑罚处置的办法，强迫其通过自己的劳动为生。将失业者视为"可救济对象"，采取由教区通过济贫税提供原材料为其提供就业机会的工作性救济。对贫困儿童采取学徒制度，强制性要求达到一定年龄的儿童必须做学徒。以上说明 16 世纪英格兰解决社会性贫困问题已从单纯的惩罚性政策转变为一种"救济与惩罚相结合的政策"。亨利七世和亨利八世在济贫法律上的明显区别之一是，从不加区别看待流浪人员，走向区别看待，实行不同的社会政策。

其二，区分院内救济、院外救济的实践意义。

教区的济贫工作可以分为两大类。一类属于院外救济，即在教区范围之外，另一类为院内救济，即在教区范围之内。关于院外救济，主要包括的是定期的救济金，即定期为贫民提供救济金、住处、燃料及衣物等。其中以定期发放救济金（Weekly Pension）最为重要，发放时间以周或月为周期，接受救济者多以老、弱、病、幼者为主。此外，还有一些不定期救济金（Casual Payments）主要是发给失业者和患病的人。救济金的数额仅能维持最基本的生存之需。还有贫困无助孤儿的救助，主要包括无遗产的孤儿、私生子或弃婴。为解决私生子的抚养费用问题，"教区执事和当地警察还要负责为私生子找到生父，命令他为母子支付每周 8 便士的抚养费，如果实在找不到，就由他们拿出教区基金以养活母子直到孩子长到去当学徒的年龄"。

其三，关于补助金发放。

主要是针对那些有劳动能力的、已婚的低收入家庭。为贫困者提供面包、衣物、原材料和燃料等实物救济。购买衣物对于贫民来说也是一个比较大的负担，教区也为那些长年靠救济过活的人提供衣物等生活用品。每个教区的救济方式不同，有的直接购买衣物并发放，有的提供衣物救济金，还有些教区提供原材料。除此之外，他们还向穷人提供有限的医疗救助以及提供住房救济。

其四，为贫民建房。

《伊丽莎白济贫法》明确规定教会执事和教区济贫管理员可以在荒地上为贫民建房。每个教区也根据自身不同的情况为贫困人口提供住处，如条件允许的教区免费给贫民居住，还有的教区实行贫民互助，既解决了住房问题，老人还得到照顾。院外救济在教区救济体制中执行的效果最好，时间最长，影响也最大。对于济贫管理员来说，为老、弱、病、幼、残征税能引起人们的广泛同情，所以征收工作相对容易。在英国爆发资产阶级革命期间，它是教区中唯一没有中断的济贫管理工作。

其五，建立济贫院。

主要是为被收养者建立济贫院，提供饮食、衣物、医疗、住宿等基本需要。早期建立济贫院的重要目的是给失业者和流浪者提供就业机会，让每一个有劳动能力的人都有工作，以减少贫困人口的流动，从而达到稳定社会的效果。教区内是安排贫困人口就业的主要场所，有劳动能力的贫困者在此受雇进行工作，治安法官及教区济贫管理员与其他政府部门协调以安排更多的人就业。这一工作方式比起院外救济有诸多困难，因为教区内容纳贫困人口的能力有限，再加上要与其他政府部门交涉，情况很复杂，所以成果有限，远不如院外救济措施的效果好。通过院外救济和院内救济两种方式，教区为英格兰近代早期救济制度的运行提供了有力的保障，教区在当时社会生活中的重要性也因此日益显现出来。另外，从教区救济实施上看，基本上是对传统修道院济贫模式的仿效，只是以法律的形式固定下来。这种形式有效地发挥了社会功能，也明显起到了缓解社会压力的作用。

### （四）中央集权的资金调度和教区（社区）自治分权的结合是一个创造

#### 1. 教区正式纳入英国济贫体制具有重要意义

在英国社会救济制度建立和立法中，教区正式被纳入英国济贫体制具有重要的实践意义。这主要是因为，英国全国面临工业化转型，存在引发社会动荡的潜在危机，实现平稳度过转型期很关键。这一时期，英国较成功地实现了中央集权的财力物力的优势，和自治分权的社区（教区）的结合，发挥了两个积极性：中央（财力的调度指挥）、地方（教区的熟悉、接近民情），实现了较平稳的社会转型。在宗教改革过程中，教区从一个纯粹的教会基层组织变成了一个政府基层组织。作为国家最基层的行政单位，教区在实现英格兰国家治理的整体框架中具有基础性的地位。由于教区单位与当地居民有着密切的联系，因而最贴近普通民众的生活。如亨利七世时代所颁布的济贫法令就是不加区分地禁止乞讨与流浪，因此显得刚性有余而收效甚微，反而加深了社会矛盾，而基层教区体制的运用则有效地克服了这些矛盾。

#### 2. 教区最了解基层民众的实际情况

自亨利八世时期起，中央政府把济贫事务交给教区负责是一个成功的做法。其成功之处是——教区最了解基层民众的实际情况，能够区分"真正无劳动能力而乞讨的人"与"有劳动能力却不愿工作的人"，教区可以对他们实现真正的区别对待，在一定程度上实现了社会正义性。另外，教区成为地方政府的基层组织后，政府权力正式通过济贫这一方式渗透到教区中去。由于治安法官一直保持着对教区济贫等事务的监督权，在教区成为地方政府的同时，世俗王权也逐渐渗透到了国家的最基层组织，这是一个成功的创造。

中古时期的英格兰教区是基督教会的一种基层组织，教区救济作为教会济贫体系的重要组成部分，一直承担着最基层、最细微的工作，同时也为修道院救济提供补充与保障。历经宗教改革运动后，英格兰教区衍变成为地方基层行政单位，特别是在1601年《伊丽莎白济贫法》授权教区征收济贫税权后，教区在法律上正式成为地方政府的基层组织。尽管如此，教区在管理方式上还是保留了宗教传统，在一定程度上对于中央权威有独立性。改革后的教区在当时的社会经济生活中，尤其是在解决流民问题和济贫事务的管理上发挥了重要而不可替代的作用。宗教改革期间，亨利八世对教会组织的结构进行了局部调整，主要是将罗马教皇控制的权力进行剥夺，改由世俗政府控制，教区救贫的情况变化不大，一直延续了数百年。具体措施主要是解散遍及英格兰各地的大小修道院，修道院在英格兰几乎绝迹，其所承载的济贫功能也随之消亡。同时，亨利八世还设了若干新主教辖区，意在剥夺罗马教皇对英格兰教会的控制权，转由国王和坎特伯雷大主教分享。上述措施仅涉及教会的上层组织，在实质上并没有改变教会的传统结构，尤其是教会的基层组织——教区几乎原封不动地保留了下来，这一状况延续到此后的数百年。

### 3. 教区成为世俗政府基层管理机构的一环

在英格兰教区济贫体系中，教区执事是负责管理基金和对贫困救济拨款的基层官员。在教区执事的配置一般是市镇 2 名，乡村 1 名，这与地方习俗有很大的关系。执事由本地居民在教区会议上选举产生，"他们都是业余的、义务的，并不领取中央政府的薪酬。以当时人们的眼光看，这些官职与其说是一种荣耀，还不如说是一种必须的责任"。（陈日华：《中古英格兰的教区行政》，《世界历史》，2007 年第 1 期，第 101 页）参与选举这些职位的人一般出身于城里或乡村中的较为显赫的家族，或者是富有的户主。教区执事一般在复活节举办的年会上进行选举，任期通常是 1 年。有些教区采取轮流担任的方式，由于人们意识到担任教区执事是一件繁重的工作，应该由教区内有资格的人分担这一责任，因此在一些偏僻贫穷的村子里有时甚至没有合适的人来担任这一职位。1572 年征收济贫税法令颁布后，教区执事负责用劝告的方式募捐救济款项。

1597 年的济贫法令首次设立了专职的济贫管理员，教区济贫管理员的职责是负责贫困救济工作的实施，它和教区执事共同负责向教区居民征收济贫税，并且还需要建立关于可以工作的穷人的原始档案。1598 年之后，济贫管理员的任命由治安法官批准、监督并查看其账目。济贫管理员在济贫事务中的权力是广泛的，由他负责把济贫税征收的相关情况分种类分发给贫民，应该发给谁、不发给谁、给予他们什么种类的救济都是由济贫管理员决定的，他还要定期制作账目以备查验。济贫管理员的工作负担沉重，通常有发放捐助物，处理流浪者和安排住房，保管账单、票券，向治安法官出示他的账目和养老金发放情况等。担当济贫管理员的人有时需要面临很大的社会压力，因为自身就来自群众，并且对周围的贫困情况有切身的感受，其"工作就是在邻里之间面对面操作济贫事务"。（Paul Slack, *The English Poor Law, 1531—1782*, New York：Cambridge University Press，1995，p.20）因此，一个再认真仔细的人仍然不得不面对指控，并且还要在治安法官面前解释为什么他拒绝了某些人的救济申请。总体上说，大多数的教区执事和济贫管理员都是尽职尽责的，由于他们的权限受到教区外治安法官的监督，因此很少发生有失职责的情况。

### 4. 从形式上完整地保留了传统的宗教济贫职能

教区作为传统天主教会的一种基层组织，在历经都铎王朝的宗教改革之后，开始受到世俗王权的渗透，亦因其凸显的济贫职能，逐步衍变成为基层的地方政府。但是在这一世俗化的过程中，教区的宗教模式没有发生质的变化，大部分传统因素得以保留。

其一，长达40年的宗教改革运动并没有改变教会的基本结构，教仪及教会体制上的一些传统因素得以保留，尤其是教区制，几乎是原封不动地保留下来。教区继续发挥其宗教职能。从安立甘教会的体制上来看，虽然英格兰国王被尊为教会的最高领袖，但在宗教事务上，仍通过教区制来统治民众。从安立甘教会教义和教仪上来看，虽然否认"变体说"并用英语传教和主持圣餐礼，但又要求礼拜时仍采用天主教仪式。所以说安立甘教是天主教的传统与新教各派的一个混合物，它更似一个拥有教皇（英格兰国王）的新教。尽管宗教改革运动导致了这些变化，但是教区所承担的宗教职能并没有改变，教区机构仍担负传播宗教教义、主持礼拜仪式、管理日常宗教活动、承担贫困救济的使命。其二，在社会政治、经济变革的环境下，英格兰统治者建立了独立于罗马天主教的安立甘教会，民族国家的世俗王权观念在历史中逐渐替代了教会权威，逐渐成为国家发展的主旋律，而普通民众对教区的认同感并没有改变。相反，教区在脱离罗马天主教的管制后，处在国家立法的影响之下，教区在普通民众生活中的重要性日益增加，教区在信仰和世俗的双重领域发挥了比中古时期更大的作用。教民认同教区并最终发展为对民族国家的认同，这其中一个原因就是教区始终发挥着重要的济贫职能。其三，教区在历史的转型期经历了平稳的变革，其世俗职能得到了国家的承认，教区还包揽了地方政府的重要职能。因此，在加强世俗王权的改革中，使教区接受国家立法的管理和治安法官的监督，从而确立了英国世俗主导，教区主体的近代早期社会救济制度，这一模式一直延续到19世纪30年代英国政府颁布了新济贫法。

## 5. 济贫立法从观念上的理性化到措施上的人格化

济贫资金的筹集经历了几个阶段：（1）自愿慈善到按财产比例交济贫税；（2）由募集到征集的转变；（3）从私人、个人行为转向社会、政府行为。在贫困责任方面，政府把解决贫困问题的重担同时放在政府和个人肩上。政府解决个人所不能克服的困难，个人则在政府创造的机会中尽力谋生。这样就减轻了政府的负担，同时政府也让人们找不到不去工作的托词甚至是对抗社会的理由。但这一时期的济贫并不代表没有惩罚。惩罚这个词并没有从工作法令的时代中消失。伊丽莎白时期的济贫法在为穷人提供工作的同时，允许对那些拒绝工作的人实施鞭打，不过惩罚并非像从前那么随意，它只是在拒绝接受劳动的情形下才被使用。惩罚的力度比以前要轻，主要是在鞭刑后将他们送往感化院以教化之，死不悔改的则投往监狱。这一套全面济贫体系可称之为"理性济贫"。理性济贫在很大程度上所折射出来的是基督教人文主义的救济观念。基督教人文主义救济观出现得比较早，但在 16 世纪前 70 年里却一直得不到政府青睐，议会在一系列济贫措施失败后，才把目光盯向了人文主义，在这以后出台了一系列较为务实的法令，建立了一个理性的济贫体系。它在观念上的理性化以及措施上的人性化是 1572 年以后法令不同于以前济贫法令的核心之所在，同时也是老济贫法延续到 1834 年而未作大变动的关键原因所在。

## （五）济贫款项的来源从不自觉到自觉的历程

审视历史，英格兰世俗政府解决济贫款项来源的实践，经历了从不自觉到自觉、从宗教慈善到政府承担责任的一个漫长的历史过程。这个历史过程也反映了这一时期的不同贫困文化内涵。从 1536—1562 年，英格兰政府的济贫款项来源经历了从自愿缴纳到劝说缴纳，最终发展到劝说和强制缴纳相结合。

### 1. 解决贫困者救助资金来源法制化的初次尝试

政府主导下的济贫工作和教会济贫最大的区别在于，政府需要稳定的财政收入及预算来维持统一的救济工作，而传统的教会济贫较为分散，救济水平可以视经济能力而弹性化。发放的救济金在用途和来源上不如政府复杂。早在 1536 年济贫法颁布前，亨利八世就提出过征收济贫税，以保障政府对贫民救济工作的顺利进行，但在向下议院提交法案时，遇到了以地方乡绅为主体的议员们的反对，因此亨利八世不得不做出妥协，取消了征收济贫税规定的思路。在爱德华六世统治时期，为了解决济贫工作所需要的财政来源，英格兰政府开始通过法律要求有财产和收入的家庭必须捐款，政府也有责任提供生产材料，以便贫民能够进行生产劳动，地方政府在必要情况下也有权力征收济贫税，这迈出了依靠专项济贫税的形式解决贫民救济资金来源的重要一步。1552年，议会又颁布有关济贫款项的法令，"每户居民必须每周根据其财产和收入状况捐钱，拒绝捐款者将由教区执事给予劝告，提醒他作为教区一员和一个基督教徒有义务捐赠。对教区执事劝告置之不理者，这个拒绝捐献的人就会被送到教区主教那里，主教的工作是让该拒绝者捐献"。（Bronislaw Geremek，*Poverty*：*A History*，Wiley Blackwell，1994，p.165）立法没有明确规定如不服从主教者该怎么办，并且对主教说教做出的规定是非常模糊的，立法只是说，主教要根据他自己的判断采取适当的手段进行说服教育，既不能罚款，也不能监禁，更不能以抓捕作为威胁，既然是捐赠，议会就不想以国家权力来强制执行。该法令认为贫困救济是一种宗教责任，主教只能以抽象的宗教权威和道德约束力来改变那些拒绝捐款的人。（Michael David Hole，Your Majesty's Poor Subject：The Grown and the Poor in Tudor and Jacobean England 1485—1625，paper for PH.D，California University，2004，p.49）这部立法的措辞表达了英格兰议会非常矛盾的心理，即在世俗政府的征缴权力和用传统教会济贫方式获得捐赠之间做出选择的心理上，仍然显示的是留恋于传统教会济贫方式。1552年的《穷人救济和防范法》对1547年的法令做了调整，要求各地政府和家庭每周日提供两名施舍收集人，并对穷人的姓名和捐助者的姓名予以登记，该做法使对穷困者的管理更加落到了实处。

## 2. 强制性征缴济贫资金的起始与初步尝试

在伊丽莎白一世女王时代，1562年英格兰政府再次颁布济贫法令，规定人们自愿缴纳济贫税，但如果负担者有能力并经多次劝说无效后，政府将采取强制缴纳的手段。1570年，英格兰政府对济贫法做出了重大调整，议会终于同意对济贫进行财政支持，即征收济贫税，这种体制一直持续了数百年的时间。探究变化原因，除了这一时期人口增长、工资下降和大量失业人群所导致的贫困人口的增加等原因外，宗教问题也是一个不容忽视的因素。新教信仰已深入人心，凭借传统的神恩济贫观念获得大量财产的捐赠已再无可能。同时，修道院被强制性解散所遗留的济贫职能的真空不是政府在短期内可以弥补的。1570年诺里奇市政府创设了"穷人调查制度"，目的是准确地了解贫民的生活状况，以便使救济工作准确化，首先是找出应该救济的人员，其次是还要对救济的水平等进行了解。贫民的调查包括贫民的姓名、年龄、职业、家庭状况等，这一制度化的做法不久得到了广泛的推广。

### 3. 济贫资金由"募"到"征"正式法制化的开始

1572 年，英国议会通过一项济贫法令，开始正式地使济贫资金实现由"募"到"征"的转变。该法首次规定通过征税来增加济贫资金的融资力度，授权地方当局可以自主评估，并向其管辖区内的所有居民征收济贫税，"应该制定合适的自定赋税，无论城市、城镇或是乡村居住者，每个公民都要缴纳为了贫困救济而专门设立的基金。法令将设立教区贫困救济委员会，专门负责为贫民提供救济，救济对象包括贫民、老人和无劳动能力者，并为身体健全的无业者提供工作"。（Bronislaw Gerrsek, Poverty A History, Wiley-Blackwell, 1994, p.169）法令还规定由治安法官负责教区济贫税征收水平的评估和征收，"济贫税款的缴纳由地方长官和治安法官任命的征税员和管理员负责，拒绝担任济贫税征收员的人将处以监禁"。（尹虹：《近代早期英国流民问题及流民政策》，《历史研究》，2001 年第 2 期，第 115 页）1572 年的济贫法赋予了政府为实施各种贫困救济而征税的权力，济贫资金开始实现由"募"到"征"的转变，济贫税开始纳入法制轨道，更为有效地保障济贫资金的来源，从而为建立起近代早期的社会福利制度奠定了经济基础。

## 五、不同的济贫模式与其显现的贫困文化

### （一）中央政府调控与教区合作济贫模式

虽然英国在摸索公共贫困保护的有效体制、机制过程中耗费了长期的时间和精力，但在没有任何先例可参考借鉴的情况下，其构建的一套中央调控下的地方自治分权、社区运作管理的模式还是很成功的。

#### 1. 济贫管理机构——枢密院

都铎王朝时期形成的枢密院是代表王权的济贫管理机构。具体的角色、职能是实施宏观调控。枢密院产生于宗教改革运动中，其前身是 13 世纪形成的咨议

会，后经托马斯·克伦威尔的政治改组，成为都铎王朝行之有效的中央政府机构。英格兰宗教改革运动后，由于修道院解散、圈地运动等引发的普遍性的流民潮，不仅成为日益严重的社会问题，还对都铎王朝的统治造成了巨大威胁。因此，枢密院处理济贫问题成为日常行政事务中的一个重点。"枢密院主要通过宣布国王法令、书信和通知等手段，对贫民问题进行干预，可以说，枢密院是都铎王朝进行统治最得力的御用工具"。（程汉大：《英国法制史》，齐鲁书社，2001 年，第 235 页）在济贫事务中，作为国王的顾问团，枢密院颁布一系列的济贫法令，枢密院还经常委托议员起草代表其意向的法案。1535 年枢密大臣克伦威尔就曾委托威廉·马歇尔起草过一项济贫法，马歇尔在提交的法案中提出 3 个原则，即为那些有劳动能力的人特别是流民提供工作、行乞是不允许的；无依无靠的人将由社会承担责任；对贫民提供的救济应由受到治安法官监督的教区来承担。（G.R.Elton，*Drglandunder the Tudors*，London：Routledge，1991，p.189）

在粮价上涨期间，枢密院不断颁布法令和王室救令，采取抑制粮价的措施。法令内容主要有：打击不法奸商以垄断、囤积等手段哄抬粮价而导致粮荒的行为；政府组织收购粮食，在一年内由商人随时抛售以平抑粮价，并严防产生垄断；保障市场粮食正常供应，解决贫困人口吃饭问题，镇压饥民抢粮的骚乱事件。

枢密院调控教区济贫事务的手段主要是通过寄发专门的信函，以敦促地方的治安法官和治安委员会来执行其命令，还以监督的方式使地方治安法官恪尽职守。随着枢密院应对事务的不断增多，其立法经验也不断增加。在制定的法令中逐步由单纯的限定粮价，转变为将限价与济贫相联系，不断加强和完善教区组织的济贫功能。枢密院还对监督济贫法的执行负有责任，要求地方治安法官负责监督教区的济贫工作，"对居住在本教区，因为年龄、疾病等原因确实无劳动能力的人，应以上帝的名义对他们施以救济"。（E.M.Leonard，*The Early History of English poor Relief*，Cambridge：Cambridge University Press，1965，p.52）

从隶属关系看，在英格兰的救济制度中，枢密院（Privy Council）作为中央政府机构，是济贫机关中最高的权力部门，它代表国王与地方的治安法官（Justice of the Peace）和教区联系，通过宣布国王法令、书信等方式对贫困救济事务进行宏观调控。治安法官是国王政府在地方上的主要代理人，由国王亲自任命。他有确定济贫税率、任命教区济贫管理员（1598 年济贫法令颁布后）、调查枢密院命令的执行情况并向其提交报告，以及与警察一起维持教区秩序等权力。治安法官在救济制度中扮演着司法与行政的双重角色。在济贫机构的关系上，治安法官和教区较为复杂，1601年济贫法颁布前，二者是合作关系，17世纪后，国王赋予治安法官的权限不断扩大，逐步凌驾于教区之上，但教区仍具有一定的独立性。

### 2. 以治安法官为主导，以教区为主体的救济模式

治安法官最早被赋予的济贫职能源于对流民的镇压。早在亨利七世时代，法令就授权治安法官严厉地惩罚流浪者，每个有劳动能力而行乞的流民会遭鞭打后送回原籍。随着济贫法令的不断颁布，国王赋予治安法官的济贫权力也越来越大。因为社会的贫困问题愈演愈烈，中央政府只有依靠治安法官和掌握着大量信徒的教区，二者无疑是执行济贫政策的最佳人选。由此，以治安法官为主导，以教区为主体的救济制度逐步建立起来。

济贫法赋予治安法官有权制定济贫税率。治安法官要评估济贫所需的费用，以便决定向当地居民征收多少济贫税。如果当地居民拒绝缴纳，治安法官有权予以监禁。征税的工作由治安法官任命的教区济贫管理员执行，如有不满治安法官决定的税率的人可以向季节法庭（The Quarter Session）提出上诉。治安法官还有权收集临时救济款，给予那些由天灾造成的贫困人口。

在伊丽莎白时代，王权开始强化治安法官对教区的控制，通过一系列济贫法的颁布给予治安法官更多济贫事务的权力。治安法官要定期编制生活困难者的名单，确定其出生或居住的教区，估算济贫事务所需的数额，任命教区执事和济贫管理员，审理与济贫税有关的纠纷案，审查教区济贫管理员的账目。对于那些有劳动能力而拒绝接受工作的人，治安法官有权将其送入济贫院。（程汉大：《英国法制史》，齐鲁书社，2001年，第244页）治安法官每月还要召集巡警、教会执事和济贫管理员开会，了解济贫法在各教区所实施情况，听取他们的意见，然后反馈给枢密院。治安法官还有权惩治渎职者。1601年《伊丽莎白济贫法》颁布后，治安法官一职成为地方上权力最大的司法和行政机关。治安法官能够在济贫事务中行使如此广泛的权力，主要依靠的是教区这一基层教会组织来实现的，教区的执事和济贫管理员具体负责救济事务。因此，只有通过这些教区职员，中央政府下达的济贫法令才能顺利贯彻实施。治安法官也必须通过教区执事和济贫管理员才能真正履行他们的行政职能。作为世俗王权在地方的代表，治安法官管理和监督教区救济，这一模式成为近代早期的英格兰主

要的社会救济模式。

### 3. 修道院与其救治、济贫实践

修道院原本是脱离世俗、超越现实精神追求的修士们共同居住与活动的场所，也是他们进行宗教活动的地方。9—13世纪，由于修道生活受到世俗社会的普遍推崇，加之修道院获得教俗权威的大力支持，修道院的规模日益扩大，并且开始介入世俗政治文化活动。中世纪早期西欧最重要也是最普遍的修道院院规，即是《本尼迪克清规》（Benedictine Rule）。对于济贫工作，修道院的神职人员要比教区执事更为热忱，所办施济之事也更为周到。在英格兰，从《本尼迪克清规》的传入到修道院制度衰落这段历史，无论是哪个修道院，都不能不提这个清规的影响；并且无论是哪个修道院的改革运动，都要以恢复《本尼迪克清规》为口号。清规中极为重要的一条，就是修道士应当把帮助穷人作为自己分内之事，按照这条规矩，穷苦的人可以得到修道院的接济。具体执行济贫工作的是隶属于修道院的救济院，这一机构是中世纪时期最古老的慈善机构之一。据当代学者拉什顿（Neil S.Rushton）研究，在1537年前的英格兰，仅修道院每年就提供了6500英镑的救济款。〔Neil Rushton，"Monastic Poor Relief in Sixteenth-Century England"，Journal of Interdisciplinary History.Vol.32，Number2，Autumn 2001，pp.193-216〕教会修道院的救济行为持续了相当长的一段时间，直至中世纪晚期，随着英格兰人口的不断增长，修道院缓解贫困压力的行为逐渐显得力不从心，直至英格兰国王亨利八世没收教会财产，解散年收入在200英镑以下的修道院，修道院的济贫工作才彻底衰落，而这进一步加深了英格兰中世纪晚期的社会贫困程度。

在英格兰的沃切斯特修道院，救济院由一个修道士经管，穷人的救济包括日常的面包、节日的特别救济，以及已故修士的纪念日特别救济。从1345年到1346年，用于济贫工作的现金预算为64英镑，1521年到1522年的预算为89英镑，修道院还组织向周边固定穷人提供基本衣物和食物。在圣彼得修道院，济贫工作的职责包括：向有需要的人提供帮助，在修士死亡时向穷人分发物品，在圣诞节向穷人提供衣物，常年为穷人提供修道院内剩余的饭菜，同时济贫人员定期拜访临近地区的病人家庭，带去营养品。在16世纪早期的威斯敏斯特大教堂，修士们每年分发400英镑的巨额经费（占修道院总收入的10%左右），以各种形式救济伦敦和威斯敏斯特的贫穷居民。〔Neil Rushton，"Monastic Poor

Relief in Sixteenth-Century England", Journal of Interdisciplinary History.Vol.32, Number2, Autumn 2001, pp.193-216]

## （二）教会开创医疗救助的实践

### 1. 创办了最早的医院

中世纪时期，医疗的话语权与学术性的医学活动主要掌握在教会及其修道院手中，修道院参与并建设了一批规模不等的医院。在当时，修道士大多同时扮演医生的角色，他们为治疗麻风病这种旷世绝症，尝试了各种手段：通便剂、催吐剂、放血疗法、隔离法、烟熏房间、烧灼淋巴肿块或者把干蛤蟆放在上面，甚至用尿洗澡。在中世纪早期，为了救治麻风病患者，许多修道院都设有专门的隔离场所。11—12世纪，基督教会还专门建立了麻风病院，隔离在当时也是治疗黑死病最为有效的办法。"英国教会11世纪开始建立麻风病院，专门用来隔离麻风病人。到12世纪全英国已有一半医院是麻风病院，中世纪晚期，随着麻风病患者减少，麻风病院中不仅接收麻风病人，也接收其他传染病病人、精神病人乃至穷人，黑死病爆发后，麻风病院接收了大量的黑死病患者。"（李威：《中世纪英格兰医院制度论略》，《北方论丛》，2008年第2期，第90页）基督教修道院在这场黑死病危机中发挥的作用和实践，为其向近代社会救助制度和医院的转化积累了经验。

### 2. 在应对大规模传染病中发展成为社会福利的重要职能机构形式

教会医疗机构及其所发挥的作用，是在应对大规模的传染病流行的社会实践中锻炼与壮大的。英格兰史上的黑死病就曾经对教会的医疗救助活动客观上产生了很大的促进作用。史料显示，英格兰史上最严重的一场黑死病起源于亚洲的西伯利亚大草原。1331年左右，它向西入侵了蒙古金帐汗国的城市，随后又通过陆路商道到达了克里米亚半岛。1347年，黑死病通过热那亚设在黑海沿岸的商业中心走海路传播到意大利西西里岛。仅几天时间，黑死病就肆虐了全岛，之后继续沿海路、陆路商贸路线四处扩散，很快地中海北岸地区的城市都笼罩在黑死病魔影下。1348年，黑死病侵袭了威尼斯和热那亚的两个港城，然后蔓延到整个意大利。同年1月，黑死病在法国马赛登陆，然后继续向伊比利亚半岛腹地推进，5月，到达巴塞罗那。此后几个月里，波尔多、里昂、巴黎、诺曼底等地区无一幸免。8月，黑死病越过英吉利海峡在英格兰南部港口登陆，

第二篇 世俗政府反贫困的历史实践与其贫困文化

并在 1349 年袭击了英伦三岛的其他地方。1350 年，黑死病推进到德国的北部和东部、瑞典的波罗的海，1351 年到达波兰的北部。以后的两年时间里，黑死病由西向东对俄罗斯发动了进攻，1353 年到达了莫斯科。

1348 年至 1353 年的 5 年时间里，黑死病对欧洲大陆的传播、大爆发、泛滥，给欧洲带来巨大灾难，使欧洲人口损失惨重，对中世纪欧洲社会的政治、经济、文化、宗教信仰、科学技术等都造成了深远的影响。据不完全统计，"仅1347 年至 1352 年间，欧洲因感染黑死病而丧生的人数就达到 6200 万，其中疫情高峰期时的 1348 年，佛罗伦萨、威尼斯、伦敦等城市死亡人数均在 10 万以上，1350 年至 1400 年间，欧洲的人均寿命从 30 岁缩短到 20 岁"。（王旭东、孟庆龙：《世界瘟疫史》，中国社会科学出版社，2005 年，第 21 页）学者塔奇曼（W.B.Tuchman）认为"全欧洲人口死亡达到 2000 万，占总人口的 1/3，严重地区达到 2/3"。（W.Barbara.Tucbran，*A distant mirror*，New York：Ballant ine Books，1978，p.94）教皇克莱门六世（St.ClementV Ⅱ）认为，"截至 1351 年，欧洲基督教地区死亡人数为 2384 万人，而疫情前欧洲人口有 7500 万"。（Robert S. Gottfried，*The Black Death*：*Natural and Human Disaster in Medieval Europe*，New York：The Free Press，1983，p.77）由于现存的资料有限，关于当时欧洲黑死病的死亡率，除了少数几个地区外，绝大多数地方已很难给出准确的数据，历史学家们基本认同的是死亡率大约在 30%～50%。在英格兰，"14 世纪晚期拥有人口在 4 千人以上的 12 个较大城镇，黑死病后只有伦敦、考斯特、萨利斯伯雷和纽卡成功阻止了大规模衰退，得以保持原有的规模，其他城镇则全都衰落下去，不列颠西南部和威尔士的广大地区变成一片荒原"。（谷延方：《黑死病与英国农村劳动力的转移》，《北方论丛》，2005 年第 3 期，第 110 页）没有确切的定论表明欧洲在黑死病中的经济损失到底为多少，但有一点是明确的，即在黑死病的打击下，城镇和乡村的生产力下降要比人口下降得还要快，研究欧洲中世纪经济史的学者对此有着"15、16 世纪危机"之称。在这场突如其来的黑死病导致的社会动荡中，没有其他世俗政府能够应对，相比之下，有着系统性的基督教教会的应对措施、救助行为显现了其重要性。

中世纪是信仰的时代，基督教在欧洲社会具有独一无二的地位，基督教会对民众信仰的主导也是通过对日常生活的规范和调控来实现的，基督的信仰就是一种生活方式。但当时由于受到了医学卫生发展程度低、人们愚昧无知的约束、对黑死病流行原因的误解等影响和制约，所实施的措施难以形成有效的疫情控制；相反，由于人群的集中以及其他活动反而加速了瘟疫的流行速度。但也应看到，尽管措施不当，基督教会对黑死病的防治基本上还是做到了尽心尽力。在教会发布的通令之中，绝大多数都要求以"极快""最快"的速度把命令传达给具体的责任人，并且责令接收者必须恪尽职守，做出成效。基督教会在倡导民众忏悔的同时，也通过修道院收容、护理、关怀、隔离大量的黑死病病人，对他们进行临终抚慰，死后开辟墓地。正是在这些人类危机和灾难中，医院形式成为人类社会必不可少的、重要的社会福利保障机构之一。

### （三）几个国家济贫实践与贫困文化展示

#### 1. 德国的济贫实践与贫困文化

德国的济贫实践展现了几种创造性的形式与内容。

第一种，"共同钱箱"形式。路德"共同钱箱"法令是在基督教改革最艰难的时期颁布的。路德应维滕伯格市议会的请求，为其起草了维滕伯格市"共同钱箱"济贫方案。这是一份临时性和过渡性的救济方案，不尽完善，但日后德国其他城镇的新教济贫措施都以它为蓝本进行填补和扩充，使其成为一个世俗化的具有应用价值的济贫模式。可以说随着济贫改革步伐的推进，"共同钱箱"成为新教济贫改革中具有纲领性的法令文件，亦成为新教济贫迈向制度化的第一步。维滕伯格市"共同钱箱"是地方政府主导的单元救济模式。从维滕伯格市济贫改革的过程看：至 1521 年夏季，维滕伯格市传统的生活秩序已经处于瓦解状态，一些兄弟会团体已不再举办一年一度的慈善宴会，取而代之的是将钱直接投入到"共同钱箱"，从而用于为穷人购买食物、为学校提供资金。1521 年秋季，支持宗教改革的团体猛烈抨击在维滕伯格市行乞的托钵修士，甚至引发了暴力事件。奥古斯丁修会也逐渐接受了新教观念，放弃行乞，源于"共同钱箱"的济贫措施在维滕伯格市受到了广泛的欢迎。维滕伯格市政府也加入新教行列，决定开始进行新的教区改革，改革的直接领导者是卡尔斯塔特（Karlstadt），此时的路德正在瓦特堡被保护性监禁。1522 年 1 月 24 日，维滕伯格市议会通过了由卡尔斯塔特起草的教区改革法令（Wittenberg Church Order of january 1522），法令由 3 个方面的内容组成：唯信称义、生存的权利及教区财政改革。其中直接涉及减轻穷人负担、解决就业人口等济贫的措施，总共有 3 条：（1）建立统一机构"共同钱箱"，用于贫困救济、手工业者的低息贷款、资助和培训贫困儿童；该机构的资金来源于教会的各种收入，兄弟会、行业会的收入也要转入这一机构；（2）所有的乞讨都将被禁止，在维滕伯格市所有有劳动能力的人都将被强迫工作，如果拒绝，将被驱逐出镇，托钵修士在城镇中所拥有的房屋将被封闭，他们的财产将被详细登记，特别是最贵重的圣杯；（3）为穷人女儿的婚礼提供适当的嫁妆，为穷人的儿子提供教育上的支持，以便使他们能成为传播福音和世俗化管理方面的人才。[ Carter Lindberg, "There Should Be No Beggars Among Christians": Karlstadt, Luther, and the Origins of Protestant Poor Relief, *Church History*, Vol.46, No.3（Sep.1977），pp.313-334 ]

在维滕伯格市的"共同钱箱"的管理方面：其一，"共同钱箱"的收集与用途：在改革前，天主教教会将获得的募捐通过收容所（医院）向外界提供救济，并且是唯一救济场所。实行"共同钱箱"后，政令要求从现在起，所获取的钱财要用于所有的弱势群体及有需要的人士，强调管理人员要拥有良好的判断力，不允许忽视收容所中的穷人。其二，在钱财的收集上从以往不定期的随意捐赠，改为每周一次的定期集资。管理方式："共同钱箱"政令对实施救济政策的管理人员有明确要求，他们是从城市的各个阶层挑选出来的。他们是熟悉这个城市和贫困人口的，和他们的财产、性质、地位、出身和为人一样，他们有能力可以从闲散人员中辨别出哪些人员是从事工作的。其三，这个"共同钱箱"需要3 把钥匙才能打开，其中两把在管理人员手中，1 把在市长手中。他们要给予这些钱财的收入与支出以充分的考虑，从市长到 3 个议员，再到牧师，以避免任何怀疑。其四，"共同钱箱"救济对象的确定方法是：每周日布道后，管理人员要开始讨论下一周要救济谁，此外，他们还要亲自访问住户，调查穷人的需要，不要等到他们身无分文、极端贫困的情况……对于这些羞于乞讨但又需要救济的人给予帮助……如果可能，粮食和木柴要以合理的价格购买，并在高价格的时间分布存储……关怀和照顾穷人也应该包括给予他们时间，做死亡时的布道。德国维滕伯格市的"共同钱箱"济贫模式不仅在德意志境内引发热潮，法国及其他国家的一些城镇也纷纷加入济贫改革的行列。法国的斯特拉斯堡市参照纽伦堡济贫法，在 1523 年颁布自己的济贫法令，将提供救济的权利完全赋予市政议会和其他世俗机构。伊普雷斯（今比利时境内）在 1525 年也颁布了新的济贫法，建立了"共同钱箱"。随着新教社会影响力的具体化和提升，他们的济贫理论逐步蔓延到政治领域，并引发了世俗化、理性化的社会政策变革，产生了一些重要的社会成果。

第二种，纽伦堡市的济贫改革。路德的言辞和纽伦堡市政府关于救济的原始材料表明，16世纪纽伦堡的传统社会救济体制已经濒临全面瓦解，而社会危机日渐深化，如何照顾越来越多的穷弱之人成为社会必须回答的问题。在当时的宗教、政治和社会背景下，中世纪社会救济制度趋于瓦解，在纽伦堡出现了一种由政府集中掌控慈善救济的新制度，这种新制度取代了传统的由教会掌控的旧模式，奠定了近代德国社会保障体系的基础。1522年，纽伦堡市政议会颁布新济贫法，法律规定引进"共同钱箱"以取代传统的施舍，1522年济贫法在各个方面都超越了以往的立法，在贫困救济的管理方式上采取完全的世俗化。

### 2. 比利时的济贫实践与贫困文化

从比利时莱斯尼希的济贫改革方案看，1523年初，比利时莱斯尼希市政议会派代表去维滕伯格市，并寻求路德对济贫改革的经验和忠告。路德表现出极大的热情和兴趣，基于路德的建议，莱斯尼希市政议会开始着手改革，致力于基督信仰的新秩序和社会福利的建设，同纽伦堡一样，莱斯尼希引进"共同钱箱"这一机构，但在管理上要比纽伦堡和维滕伯格更加系统，"共同钱箱的组织和原则包括每年直选出来的10名主管或受托人，2名来自贵族，2名来自市政议会，3名来自普通市民，3名来自乡村的农民……钱箱拥有4把不同的钥匙，被放置在教会安全的地方，每一把不同的钥匙代表了一个不同的阶层"。( Carter Lindberg, *The European Refoireation*, LISA: Blackwell Publishers, 1996, p.117 ) 莱斯尼希的"共同钱箱"用途更加广泛，包括对城镇建筑的维修保养、牧师的薪水支出等等。在"共同钱箱"的资金来源上，比利时莱斯尼希政府采取更为理性的办法，除了征用教会财产和捐赠外，还根据每一个市民的财产和收入征济贫税，这也是路德对莱斯尼希改革建议的核心。莱斯尼希市政议会还详细划分了流浪者、乞丐和值得帮助的贫困者等救济群体，并向维滕伯格和纽伦堡一样，严令禁止乞讨行为。法令的起草者认为，改革济贫法的目的在于使真正的贫困者获得帮助，所有的人要么必须工作，要么选择离开。

### 3. 荷兰的济贫实践与贫困文化

许多近代早期欧洲社会福利的研究，特别是对新教的研究都显示出，16世济贫改革都是在政府主持下的济贫世俗化过程，这被称为"普遍的欧洲模式"。在这一模式下，世俗的济贫机构淘汰了过时的天主教济贫传统。而近代早期荷兰社会救济的模式则完全不同于上述欧洲模式。荷兰的加尔文济贫实践——保留独立的教会济贫，与地方政府分庭抗礼："如果说宗教的慈善事业在新教的土地上死了，则荷兰加尔文派济贫的出现，则更近似于天主教的济贫机构，而不是新教的社会福利。"（Charles H.Parker，*The Reformation of Community：Social Welfare and Calvinist Charity in Holland，1572—1620*，Cambridge，1998，p.196）

其一，加尔文教的独特性历史和加尔文的济贫政策。

考察历史发现，早期荷兰加尔文教的执事设立和发展源于流亡海外的难民营。在拉斯科的领导下，流亡海外的加尔文派逐步建立起一个教会执事济贫的工作模式。在荷兰革命爆发后，他们将这一模式移植到国内。在这些海外归来的加尔文派神职人员的推动下，荷兰新教教会逐步完成了内部改革，在教会管理上确立了长老制度，并引进执事负责济贫工作。据统计，16 世纪中叶为摆脱经济危机和信仰迫害，逃亡海外的荷兰加尔文教难民有 6 万之众。（吴于廑：《十五十六世纪东西方历史初学集》，武汉大学出版社，2005 年，第 169 页）他们在英国、德国成立了加尔文教派难民社区。在神学改革家拉斯科的领导下，埃姆登和伦敦难民社区初步设立执事，专门负责照顾贫困的教会成员。学者提姆·费勒（Tim Feeler）对埃姆登难民社区的研究表明，拉斯科设立的执事在 1557 年获得了当地宗教法院的批准，其工作职能有接受救济金、救济品，核准账目，调查贫困对象的需要，探访病人，分配救济资金给贫困者等，每一项工作的实施都要在宗教法院的监督下完成。学者安德鲁·佩特（Andrew Pettegree）对伦敦难民区的调查则说明执事的工作职能进一步扩大，包括提供支付医疗费用、担任遗嘱执行人、帮助建立企业、随时了解他们的资金账户并助其提高收入。

其二，荷兰加尔文教的济贫改革。

荷兰共和国的前身是尼德兰北方七省，凭借其优越的地理条件，较早地迈入了资本主义手工业阶段。在经济上，纺织、化工、造船、航海、冶金、采矿、印刷、酿酒等行业都得到了迅速发展，新航路的开辟进一步促进了经济的繁荣，使它成为早期欧洲资本主义经济最为发达的地区之一。在政治上，虽然是西班牙的属地，但仍保留了中世纪时期最大限度的城市自治权，以各城市为中心的省拥有召开三级会议、缔约、铸币等特权。发达的经济和较为宽松的政治环境使得荷兰成为各种文化、宗教思潮汇聚及传播之地，尤其是在宗教改革运动开始后，路德派、再洗礼派、加尔文派等新教教派纷纷在荷兰建立。通过对济贫问题的研究可以发现，早在宗教改革前，荷兰社会的济贫方式就已摆脱了天主教传统，其社会活动掌控在地方市政的世俗政权手中。有学者研究表明，14世纪以来，教区救济和济贫院的管理及运作已被官方接管，各地方裁判法院负责对救济的执行。而在16世纪早期，城市政府所做的仅仅是修改和调整教区的所属范围，以回应不断变化的经济状况。教区的世俗官员拥有教会收入的支配权和使用权，这包括什一税、世俗捐赠等，他们将这一收入投入到济贫工作中。世俗官员一直在限制非本地居民的乞讨活动，对于本地的乞讨者也做出了活动时间和地点的规定。"世俗管理者不断地调整社会和经济政策，使得教区慈善在16世纪早期仍保持良好的状况。"（Charles H.Parker，*The Reformation of Gossunity*：*Social Welfare and Calvinist Charity in Holland*，*1572—1620*，Cambridge，1998，pp.86-90）

其三，荷兰历史上的宗教会议及其贫困文化。

从荷兰历史上的三次宗教会议看，1568年荷兰爆发独立革命，连年不断的战争和人口流亡为瘟疫的快速传播提供了条件，高死亡率和贫困人口加剧了城市的压力。经济的崩溃和战争的破坏，再加上不堪重负的教区救济，迫使整个荷兰社会不得不寻求新的济贫机构来缓解贫困。1572年，为表彰新教徒在独立革命中的卓越表现，起义各省的议会宣布加尔文教为荷兰的特权教会，并接受所有宗教事务的专项拨款。直到1581年，荷兰共和国正式宣布成立，天主教的公开活动被禁止，加尔文教获得了唯一行使公共礼拜仪式的权力。在这10年间，荷兰的加尔文派举行了若干场全国性宗教会议和地方宗教会议，探讨建立教会秩序以及处理神学分歧。第一次全国宗教会议于1571年在埃姆登召开，会议首次确立了荷兰加尔文派执事的教会地位并阐述了执事职能，其中包括缓解贫困、为有需要的人提供帮助、慰藉即将死亡的病人。与教会在难民社区的做法相同，宗教会议授权执事收集、发放救济品。此外，宗教会议还通过了为宗教移民提供帮助，但是受助的教徒必须出示其从教会获得的良好信誉证明才能符合救济的规定。这样做的目的是将不符合加尔文教信仰精神和道德标准的人排除，因此，执事济贫的范围仅限于信仰加尔文教的人群。1574年，南荷兰省的加尔文派在多德雷赫特召开第二次地方宗教会议，会议认同并拓展了埃姆登会议关于执事的独立地位及职能的规定，并建立由牧师和长老组成的宗教法院管理监督执事的工作。根据规定，宗教法院差额提名关于执事候选人的名单，在教会中以选举的方式任命执事，作为教会的济贫官员，执事有探访病人，收集、管理和分发会众的救济资金等责任。为了保障济贫秩序和避免执事徇私舞弊的行为，会议还规定，执事们每周要聚集到一起探讨救济请求和决定救济对象，每月向宗教法院汇报一次济贫工作的现状，并出示他们的账目。宗教会议明确规定，执事是荷兰加尔文教会唯一的济贫机构。会议还讨论了执事济贫与市政济贫之间的关系。代表们一致认为，理想中的新教教会执事是独立的，并且应该接收来自天主教教区济贫机构的资金。在随后召开的北荷兰省地方宗教会议完全采纳了多德雷赫特地方宗教会议制定的关于执事职能的准则。1578年，多德雷赫特召开第三次全国宗教会议，给予宗教法院掌控所有的教会事务和民事事务更大的权力。宗教法院有权任命长老、牧师和执事，以及委任学校教师，规范教会纪律，限制跳舞及当地剧团的活动，审查出版物等等。长老和执事的任期为两年，执事的职责与宗教法院的关系大体一致。宗教法院对执事享有约束权，以禁止执事滥用济贫资金，执事拥有监督权，惩治在精神和道德上的违法行为。这三次宗教会议基本确立了荷兰加尔文教执事的地位，规范了执事的工作职能，也明确地阐述了加尔文教义的基本立场及济贫的性质与目的。从这些规范中，我们可以看出荷兰的加尔文派领袖们在不断完善教会政策，构建强有力的教会政治结构，试图驾驭与拓展更多的世俗事务，以建立他们强大的教派社区。学者本·卡普兰（Ben Kaplan）的研究表明，加尔文用"教会"驱使教徒们创造了一个"信徒整体"，超越了教区、城市和省份的范畴，宗教会议积极维护执事独立于市政济贫的权力。而当教会执事在各自的领地将这些规范转化为具体的实践之时，就不可避免地与当地的世俗权力以及其他教派产生冲突与矛盾，"加尔文教会领导人希望凭借独立的执事而保持教会的权威，城市政府则警惕地保护自己的特权"。（Charles H.Parker，*The Reformation of Community*：*Social Welfare and Calvinist Charity in Holland*，1572—1620，Cambridge，1998，p.157）

其四，荷兰的三种教会救济模式。

荷兰教会的斗争导致了三种救济模式的产生。第一种是市政机构和教会执事互不干涉，执事仅负责承担教会成员中的贫民，市政机构承担其他模式，如在阿姆斯特丹和哈勒姆。阿姆斯特丹的加尔文信徒在埃姆登难民营时期形成，也是流亡海外的荷兰人最大的群体，拥有强大的社会影响力，因此地方政府不得不让步：加尔文派宗教法院允许教会执事独立进行济贫活动，但仅限于信徒中的贫困人群，坚决反对执事干涉民事济贫。阿姆斯特丹的执事在 1578 年公开活动，"6 位长老和 6 位执事服务于大约 3000 人左右的贫困人口，其中每周要救济约 900 人"。（Charles H.Parker, *The Reformation of Community: Social Welfare and Calvinist Charity in Holland, 1572—1620*, Cambridge, 1998, p.119）这种济贫形式的二元结构避免了教会与世俗矛盾的进一步升级，客观上使得地方政府也保护其他教派享有生存空间。第二种是教会执事与地方政府共同合作，教会承担所有的贫困人口的救济活动，无论是否是加尔文教信徒。在多德雷赫特，"市政府没有参与任何的教区救济的改组，而是将几乎所有的社会服务移交到教会执事手中"。（Charles H.Parker, *Calvinism and Poor Relief in Reformation Holland, The Reformation of Charity: The Secular and the Religious in Early Modern Poor Relief*, Brill Academic Publishers, 2003, p.118）教会执事在 1573 年设立，市政府不仅在财政上帮助教会执事，并且不干涉执事的济贫活动，执事拥有教会与世俗的双重身份，在多德雷赫特的济贫活动中扮演着重要角色。这种教会执事主导济贫的方式源自加尔文派信徒的武装起义。起义不但推翻了西班牙的统治，并且占据了遗留下来的权力真空。根据史学家查尔斯·帕克（Charles H.Parker）的研究，多德雷赫特市政府的官员大部分是加尔文教信徒，政府与教会这种亲密合作的结构与日内瓦相似，因此教会的贫困救济具有普遍性。第三种模式是地方政府将教会执事合并到市政济贫机构，如莱顿、豪达。在这两个城市，加尔文派的势力弱小，教会组织建立后一直受到地方政府的控制。在莱顿，1574 年经过地方政府的授权，教会选举出 5 位长老和 6 位执事。1578 年，莱顿地方政府驳回了多德雷赫特全国宗教会议给予当地宗教法院的权力，坚持只有在地方政府批准下，教会才能选举神职人员。1582 年，由于严重的经济困难，莱顿政府迫使执事合并到市政济贫机构。在整个 16 世纪80 年代，双方发生了激烈的斗争，从宗教法院的选举权到神职人员的司法管辖权，远远超出了济贫的范畴，而独立的教会执事在莱顿存在不到 10 年。

三种模式的产生是加尔文教会与世俗权力充分斗争、妥协的结果，在博弈中教权与市政权此消彼长，给 16 世纪晚期的荷兰社会带来难以磨灭的印记，也为研究宗教改革与贫困救济之间的关系拓展了新的空间。这样，加尔文教会的济贫模式不但没有消亡，还与世俗的济贫机构产生了"奇妙的共存"，最终加尔文派地方政府都在一定程度上实现了他们的理想，加尔文派获得了领导教派社区的权力，而市政成功地捍卫了市民社会的团结和保留了城市生活中的权威。加尔文派领导人建立教派设区的理想与地方政府的教派多元化目标相结合，产生了一个独特的贫困救济的二元结构模式。

### （四）德国"宗教济贫"到"世俗济贫"转变的实际意义

从文化的角度看，改革中世纪长久以来形成的济贫观念会有很多困难。德国推进的济贫改革是以路德教的"唯信得救"替代天主教的"神恩得救"，并在其改革中，割舍了教会这一资源再分配的环节。某种程度上说，这一改革本身就缓解和减轻了贫困。从德国维滕伯格的改革到比利时莱斯尼希的改革，新教改革家们倡导建立的"共同钱箱"济贫机构并非是简单的照搬与重复，而是一种继承与创新，是近代早期欧洲社会救济从"宗教济贫"走向世俗化、制度化的一个缩影。路德也曾迷茫过，路德在瓦特堡被监禁期间说："我每经历这样的事，很难放下一颗长期以来的良心，它已被包围在人为制造的条例中，常常让我的心灵畏惧，责问我自己，你是唯 的智者吗？"[Carter Lindberg. "There Should Be No Beggars Among Christians": Karlstadt, Luther, and the Origins of Protestant Poor Relief, *Church History*, Vol.46, No.3（Sept.1977），pp.313-334]尽管有着诸多困难，路德和在他领导下的新教改革家们依然坚定自己对上帝的信仰，着手改变了教会一千多年来的传统济贫观，这一观念的改变既是对现实社会的适应与调整，亦是新的救济制度得以起源和发展的重要保证。路德济贫的观念、行动对世俗社会和后人产生了深刻影响。正如马克思·韦伯所说："新教思想从根本上改变了人们对待贫困和济贫问题的态度，使济贫行为脱离慈善救济，发展成为更具现代意义的社会政策。"（*Max Weber, The Protestant Ethic and the Spirit of Capitalism, Routledge*, 2001, p.178）

### （五）18 世纪后期济贫思路与贫困文化的变化

18 世纪后期，贫困问题进一步引发英国社会的广泛关注，社会上流也出现了同情贫困人群的"伤感"思潮，人们对于贫困的成因与贫困文化的看法发生了重大改变：贫困现象不再被单纯地认为是个人无远见的、单纯堕落的后果。这一重大思想改变在英国济贫历史上的具体体现，就是出现了 1782 年的《吉尔伯特法》和 1795 年的《斯品汉姆兰法》。

### 1.《吉尔伯特法》和《斯品汉姆兰法》与其贫困文化的内涵

18 世纪末的英国是一个社会发展迅速和社会充满矛盾动荡的年代，工业革命的深入引发了社会动荡、失业人口增多、社会性贫困加剧、毛纺业危机和反机器骚乱、农业歉收、"饥荒价格"问题等，使得社会矛盾充斥在一起。国际上还有法国大革命、英国武装干涉等。更重要的是 1795—1834 年也是英国解决社会性贫困与贫困文化冲突最严重的历史阶段。这一时期贫困文化的一个重要突破是——认识到解决贫困问题的普及性的重要，即如何保障所有社会成员最低生活水准。同时，进一步认识到了采用什么社会政策来实现上述目标。面对新出现的社会性贫困问题，1782 年英国产生了以倡议人，当时利奇菲尔德的国会议员托马斯·吉尔伯特的名字命名的立法——《吉尔伯特法》。《吉尔伯特法》的产生应当说是一个历史性的进步，这一法令的重要思想是其在主导思想中承认了劳动权和生存权，并且对贫民的惩罚和规管放松了许多。根据《吉尔伯特法》的规定：准许教区救济健壮的贫民而不强迫其进入济贫院，还要求济贫税管理人员为贫民在农场里找工作，如工资不够维持生计，就应该从济贫税里抽取补贴。这实际上是首次提出并确定了后世福利事业上的一项重要原则——"最低生活保障"原则。在实施上，《吉尔伯特法》承认地方的选择权，教区可以遵从这项法令，也可以坚持原来的法规。

1795 年，另一项较《吉尔伯特法》更为激进、济贫管理更为宽松的法案——《斯品汉姆兰法》也开始实施。1795 年英国伯克郡治安法官与当地的绅士斯品汉姆兰德（Speenhamland）商定，后来以这位士绅名字命名的《斯品汉姆兰法》是一项很具现实意义的法案。《斯品汉姆兰法》规定：要根据小麦的价格高低，来估计生活所必需的最低限度收入。这实质上是将最低生活保障的原则进一步明确和具体化了。这一法规也是从法律上单独关注老弱群体的开始。根据《吉尔伯特法》，贫民习艺所只能收容那些贫困的年老、生病、体弱的人和孤儿，还有随同母亲的儿童。身强体壮的贫民将不能再进入贫民习艺所，而是由各教区联合各贫民救济院安排就业。一时不能安排的就业者，教区为其提供衣食，直到其获得就业为止。从此，贫民习艺所的性质开始改变，由以工作济贫而改为以收容为主的济贫。该法初次显示出了社会平等的立法萌芽，首次形成了救助贫困线与调整机制。

《斯品汉姆兰法》最突出的开创性意义有三点：（1）规定了任何贫民均有在家里请求、接受救济的权利。（2）该项立法首次明确地表明了后来现代社会保障制度的重要思路之一的"最低生活保障"思想，和"普及性获得"的原则。（3）首次放开了劳动者的自由流动，承认贫民群体人身自由与流动的权利。1795年的《斯品汉姆兰法》取消了1662年的住所法和地方当局的预防性驱逐权，只有那些确实成为公共救济对象的人才应被遣送回原籍。如果此人确实生病或有残疾就有延期的权利。

**2.《斯品汉姆兰法》的核心内容与积极文化机制**

1795年发布的《斯品汉姆兰法》的核心内容是承认了人们"获得救助的普及性"权利和贫困人员的"最低生活保障机制"。《斯品汉姆兰法》承认，"在目前的状态下，穷人的确需要得到比过去更进一步的补助"。为使补助穷人的面包能适应价格的变化，新颁布的《斯品汉姆兰法》规定，"当每加仑面粉做成的面包重81镑11盎司，价值1先令时，每个勤勉的穷人每周应有3先令收入""其妻及其他家庭成员每周则应有1先令6便士"。如若劳动者及其家庭成员的所有收入均达不到此项标准，则应从济贫税中予以补足。此外，《斯品汉姆兰法》还作了一条极重要的规定：此项补贴随着面包价格上涨而浮动。《斯品汉姆兰法》制度的核心是依据小麦价格的高低，规定维持生活所必需的生活费水平，即："由二等面粉制成的重81磅11盎司的面包，价格为1先令的时候，每个穷人和勤劳的人为了他自己的生计，或由他本人或其家庭的劳动提供，或从济贫税中补助，每周必须得到3先令的生活费，供养他的妻子及其家庭，每个其他成员需要1先令6便士。在面包价格为1先令4便士时，每个贫困和勤勉的人每周需要4先令生活费。用1先令10便士以供养他的家庭成员。以此类推，按面包价格涨落为依据来确定他们的生活费，即是说1先令为基数，在1先令以上，面包每涨1便士，对每个穷人来说得3便士，对其家庭每个其他成员来说得1便士。"（辜燮高：《1689—1815年的英国》，商务印书馆，1997年，第183页）

在19世纪开始的20年里，《斯品汉姆兰法》几乎被全英国采用。《斯品汉姆兰法》的意义在于把济贫的范围扩大到有人就业的贫穷家庭，建立一种广泛的户外救济制度，并使低工资收入者得到了某种最低限度的生活保障。因此，它的意义已不只是解决当时的问题，而是摸索到了公共贫困保护制度的两个重要机制：（1）社会成员的最低生活保障标准（每周中，每个勤勉的穷人应得 3 先令收入，妻室儿女每周 1 先令 6 便士收入），这实际上是一种最初的"贫困线"标准。（2）补贴随面包价格上涨而调整，这实际上是首次认识并确立起的一种救济标准的调整机制。对于这样一类的立法，当时英国的地主阶层和有产阶级并没有反对，他们意识到了圈地的后果；工业家们也认识到，为了维护良好的社会秩序，必须而且宁愿付出一定的社会代价成本来维护社会的稳定。

### 3.《斯品汉姆兰法》的政策性纠结与文化效果

《斯品汉姆兰法》是英国防范工业化带来的社会混乱风险的一次重大社会政策性尝试，也是以社会公平为目标的社会再分配的一次宝贵的探索。但是，从制度的机制上看，《斯品汉姆兰法》也具有维护行将改变的社会经济结构的作用，仅在这个意义上说，《斯品汉姆兰法》除了积极的公共贫困保护作用一面外，也有消极的一面；它还在一定意义上起了阻碍社会进步的作用，而工业化的趋势与进程是不可逆转的，这也决定了这种保障形式的命运不会太过长久。《斯品汉姆兰法》又是对工业化带来的社会混乱的反抗，它以地区为单位，有效地组织了以社会公平为目标的再分配，使有些社会组织免受工业化浪潮的袭击，在一定时期内起到稳定社会、避免家庭和个人悲剧的作用。《斯品汉姆兰法》也是一次历史上的进步与创新。从另一个角度上说，法案也开启了"院外救助"历史新阶段，所谓院外救助，即贫困者在救济院以外，包括在自己的家中都有权利获得救助。法案明确地表达了最低生活保障的思想和每一个人都具有获得救助的权利；同时，1795 年的《斯品汉姆兰法》明确取消了 1662 年的住所法和地方政府的预防性驱逐权，只有确实成为公共救济对象的人才被遣送回原籍。生病的人、有残疾的人可以延期停留，不被驱逐。这就促进了劳动者的自由流动和对贫困群体人身自由给予保证。1795 年的《斯品汉姆兰法》实现了几个相结合：（1）将社会救济和工资津贴相结合；（2）现金救济和实物救济相结合；（3）工资津贴和家庭收入相结合等。这些对解决社会性贫困都具有一定的现实意义。但《斯品汉姆兰法》也有其缺陷，正因如此，其后被 1834 年的新济贫法理所当然地颠覆。

　　《斯品汉姆兰法》也是有弊端的。《斯品汉姆兰法》的口号是公平收入，但它的目的却和"旧济贫法"一样，旨在维持旧的社会秩序，阻止劳动力流动，客观上遏制了自由经济的发展，避免了激烈竞争给人带来的风险，不过它采用的不是强制手法而是恩惠政策。在实施《斯品汉姆兰法》的地区，劳动者会不愿意离开本地，到更有发展前途但缺乏保障的新工业区去。此外，《斯品汉姆兰法》按人口分配的政策有鼓励人口增长的因素，从而造成了实行这一制度的农业地区严重的人口过剩和大量的失业问题。这种状况加剧了纳税人的负担。以上种种弊端政府给予了关注并将《斯品汉姆兰法》予以废止。权衡《斯品汉姆兰法》包含的公平含义和其负面作用的利弊关系，废止《斯品汉姆兰法》是一种必然的选择。英国历史上的《斯品汉姆兰法》案例也曾遭到素以"献身济贫事业"著称的韦伯夫妇的明确反对。

# 六、1832 年济贫法修订与其贫困文化

## （一）修订济贫法是重新审视贫困现象与贫困文化博弈的过程

《斯品汉姆兰法》在实施一段时间后，愈来愈受到当时社会一些人士的批评，批评者的主要内容和观点是——院外救济过于慷慨，导致了法令的负激励作用。而这样的社会效果与 1776 年经济学界教父般的学者亚当·斯密所发表的《国富论》的有关观点直接相悖。1776 年经济学教父亚当·斯密发表《国富论》，极力推崇的是自由市场经济原则，提倡自由放任原则；认为给予穷人的帮助过于慷慨，会导致穷人不愿意工作；认为应当制定"工资铁律"，把劳动者的工资维持在稍高于生存的水平等。这些导致了对济贫法的重大修订。1832 年开始的济贫法的修订，是对英国传统的济贫观念和贫困文化的又一次的审视和调整，是一次重新界定贫困的内涵、重新评估贫困文化价值观的过程。英国世俗政府对贫困问题的规范性关注可追溯到 1495 年都铎王朝时期的首部处置流浪者立法，那时的济贫理念、济贫观念都是将贫穷视为一种鄙贱的、带有污辱性的标志，为人们所不齿，因贫穷而接受救济的"懒汉"应受到惩罚是那一时期贫困文化的主基调。

英国正式的官方济贫立法始于 1601 年的《伊丽莎白济贫法》；200 多年后又有了 1834 年的新《济贫法》，但济贫理念、观念经历了反反复复的认识。在如何看待贫困问题上，即使是 1834 年的新《济贫法》，也与 1601 年法案没有本质上的区别，它们都是建立在同一种贫困文化观上的，即认为贫穷不是由社会原因造成，而是由于个人的懒惰导致，因此，社会、国家不应该对贫困负责，贫困的后果应该由个人承担。由此决定了 1495—1601 年、1601—1834 年，长期的《济贫法》实践都没有摆脱"惩贫"的贫困文化。不仅没有摆脱"惩贫"的贫困文化观念，而且，1834 年的《济贫法》在"惩贫"文化观方面"更上一层楼"。1834 年的《济贫法》强调："体力强壮的济贫院贫民必须经受懒汉和恶棍所望而却步的劳作和训练课程"；"在千百万人濒于饿死的时候，只有把贫民院弄成可以想象得到的、各式各样的卑鄙和残暴行为的中心，才能达到'减少贫困'的目的。"（〔英〕莫尔顿：《人民英国史》，生活·读书·新知三联书店 1976 年，第540 页）

## （二）英国"惩贫"文化的几个阶段

英国"惩贫"思想贫困文化长期纠结，可以从几个重要历史阶段得知。

### 1. 自旧济贫法时代开始的"恩赐"与"惩罚"文化

1495—1795 年间的旧济贫法是"恩赐与惩罚"并重的贫困文化时代。历史实践曾经证明，在英国现代社会保障制度建立之前，济贫法曾经发挥着不可忽略的作用。英国用了相当长时间的社会实践对贫困文化进行了体验和摸索，可以说自 1495 年的都铎王朝开始至 1795 年英国议会认可和通过《斯品汉姆兰法》，英国解决社会性贫困的文化内涵都是建立在"恩赐"与"惩罚"的基础之上的，是建立在强迫劳动、强制收容的基础之上的，明曰"济贫"，实曰"惩罚"。1601 年，英国颁布《伊丽莎白济贫法》(Elizabeth Poor Law)，俗称旧济贫法，（这部立法的精髓后来也被带入了美国），后经修订称为新济贫法，这部立法一直到 1948 年才被废除。新、旧济贫法历时 3.5 个世纪。17 世纪开始，在济贫法精神引导下，英国建立了大量的贫民教养院、济贫院、贫民习艺所、感化院等，其基本的指导性法律都离不开这一部基本的"济贫法"。济贫法的最基本的灵魂应该是以其"惩戒性""恩赐性"而著称于世的。接受济贫者不仅受到了许多限制，还要被剥夺其选举权等政治权利，这是对贫困者在政治上的一种惩罚。

### 2. 旧济贫法中济贫思想的被动性文化

《伊丽莎白济贫法》自发布以来，其思想就有其被动性，这充分体现在建立它的初衷上，即专制统治者并非主动地，而是迫于现实、出于不得已的缘故而进行济贫。法律作为国家意志的体现，此时的济贫法体现了统治者解决社会问题、进行社会管理、维持统治安全的职能。为了实现资本原始积累而进行的圈地运动，造成了众多的农民失去土地，成为无法生存的流民。随后，工业革命下社会化大生产带来的技术进步，使众多手工业劳动者丧失就业机会成为失业人群。另有因英法战争而产生的大量无生产技术的士兵——无论是流民、失业人群还是那些返乡士兵，这些人均成为危及国家统治的不稳定因素，由此引发各种社会骚乱和暴动。统计显示，1795—1816 年，英国共发生 1500 次暴动，就是说平均五天就会有一次暴动。严重的流民问题与失业问题亟需得到解决，而贫困作为不稳定因素的源头得到了统治者的极度关注，贫困问题成为维护社会安定需要解决的首要问题。需要注意的是，这里所论述的"济贫"具有鲜明的附随性特征，即作为维持社会安定的附随性目的存在，济贫的完全理由是因为贫困导致了不稳定的结果，而非贫困本身值得救济。区分这一点非常重要，即使在济贫结果上好像并无差别，但是济贫是出于统治利益考量，还是出于人权保护，在本质上存在根本差别。所以很自然地，济贫也以消减社会不稳定因素为基本的目的——而非消减贫困本身。出于专制统治需求的被动的济贫，决定了它必然是一种落后消极的济贫机制与济贫方式。

应对济贫的道理体现在，问题产生的原因往往决定了问题解决的方式——失业唯一的解决办法即就业而无其他。流民与失业的本质均是因为生产资料与生产力的无法结合，所以"使穷人参加工作的理念"自然产生，劳动救济成为最为主要的救济措施。当这一理念与专制强权相结合，结果就是强制劳动——《伊丽莎白济贫法》要求所有体魄健康的人必须参与劳动。1782年《吉尔伯特法》规定，济贫监督官不能将身体健全的失业者送进济贫院，而应为其寻找工作并使其保有工作，同时向其提供工资；1795年的《斯品汉姆兰法》也与就业促进直接相关。英国各地的许多救济措施也大都与推动贫民就业直接相关，这一时期迅速建立的"贫民习艺所"即是最为充分的体现。而真正现代意义的救济，在当时仅仅针对无劳动能力的老人与小孩，在当时所占的比例是非常之小的。所以，当代英国著名学者哈蒙德夫妇指出，18世纪的济贫法既是一种救济制度，也是一种就业制度。

### 3. 强制劳动的做法有悖基本人权

实施济贫法的初期，与救助相配合的基本条件是，凡有劳动能力的人员，获得救助的基本条件是必须劳动，实现方式是强制性的劳动，典型的形式是"贫民习艺所"类的做法。其实，在一定意义上，"济贫院""贫民习艺所"限制了人身自由，是有悖于基本人权的，此种情况尤其发生在济贫法的早期，其惩罚性政策表现得尤为明显。

### （三）1832—1834年济贫法修订所展现的贫困文化

考察历史可知，1832—1834年实施济贫法改革的原因是深刻的。19世纪初期，随着产业革命的扩展，日益强大的工业资产阶级开始对现行济贫制度强烈不满，认为这种济贫制度已不再符合自己的利益和愿望。他们认为当时的济贫制度存在着严重弊端：

### 1. 在管理手段、管理方法上亟待探索

一是工业资产阶级首先不能容忍的是济贫工作中缺乏统一管理和监督造成的混乱局面。由于没有建立全国性、全郡性的管理和监督机构，济贫工作相当混乱。从 1601 年第一部专门的济贫法颁布以来，济贫工作一直是按传统惯例由教区来负责进行。在征收的济贫税有限的情况下，各教区都不愿负担过多的穷人，治安法官往往根据《住所法》的规定，把在本教区未住满 40 天的穷人驱逐出境，由此，形成教区各自为政的混乱局面。二是教区对济贫管理的严重缺陷。按惯例，像监理员这样的基层济贫工作人员是从固定住户中选举产生，任期一年，无报酬。但是，贵族和富人宁可交罚金也不愿干这种工作。于是，具体负责济贫的事务便落到了农民或小商人身上。农民和小商人自身是生产劳动者，几乎没有空余时间处理公务，结果敷衍了事的情况极为常见。再加上这些负责具体济贫工作的人文化素质较低，又没受过有关公共管理方面的训练，在缺乏健全的监督制度的情况下，低效率、滥用权利、贪污济贫款项的现象屡见不鲜。

### 2. 济贫院变成了贫民收容所，管理难度加大，开支增加

按照伊丽莎白时代的济贫原则，各教区所建立的济贫院（亦称贫民习艺所）只收容老人、病人和孤儿。但是，1795 年以后，"不仅终止了贫民习艺所的增设，而且助长了旧习艺所性质的改变"。（〔英〕J.H. 克拉潘：《现代英国经济史》上卷第 1 分册，姚曾廙译，商务印书馆，1986 年，第 443、452 页；上卷第 2 分册，第 574 页）在济贫院内，老人、病人、孤儿和有劳动能力的人混杂居住，济贫院变成了收容所。这种状况既不便于管理，又使济贫开支大幅度增加。济贫开支过大，对政府产生巨大压力。（〔英〕J.H. 克拉潘：《现代英国经济史》，上卷第 1 分册，姚曾廙译，商务印书馆，1986 年，第 443、452 页；上卷第 2 分册，第 574 页）据记载，在 18 世纪中叶，用于济贫的开支每年约为 70 万英镑，1790 年增加到每年约为 200 万英镑，到 1800 年猛增到近 400 万英镑，1819 年达到最高峰，超过了 700 万英镑。（〔英〕莫尔顿：《人民的英国史》，谢琏造等译，三联书店，1962 年，第 277、276、328 页）这以后济贫开支稳定在平均每年 500 万英镑左右。但从 19 世纪 20 年代中期以后，济贫开支又开始增加，1830—1831 年间用于济贫的开支总数达 680 万英镑，其中至少有 300 万英镑是用于救济英格兰东南部地区的农业劳动者。（〔英〕J.H. 克拉潘：《现代英国经济史》上卷第 1 分册，姚曾廙译，商务印书馆，1986 年，第 443、452 页；上

卷第 2 分册，第 574 页）巨额济贫开支在国家财政收入中占相当大比重，既影响国家财政收入，又引起纳税人普遍不满。

### 3. 旧济贫法阻碍劳动力自由流动

1662 年，针对穷人流浪干扰正常社会生活的情况，英国政府制定和颁布了《住所法》。它是对 1601 年济贫法的补充，对教区应救济什么样的穷人做了明确规定。依照 1662 年《住所法》，穷人只能在他的出生地才有可能得到救济。随着新的圈地运动的进行和产业革命向农村的扩展，农村中出现了大量的剩余劳动力。但由于《住所法》的限制，这些剩余劳动力只能依赖于自己居住地的教区，靠教区提供的微薄济贫款度日，而不能到城镇中去做工。英国历史上所特有的这种"户籍制度"阻止了穷人的自由流动。这种状况与资本主义大工业迫切需要大量的能自由流动的廉价劳动力的现实发生尖锐矛盾。要想解决这个矛盾，改革《住所法》成为必然。

### 4. 部分地区社会问题严重

突出的是英格兰东南部地区。在 18 世纪，英国农村又出现了新的圈地运动。这一时期的圈地运动与早期的有所不同，是在议会的支持下，变公地为大块相连的农场，经营较为先进的混合农业。对广大农民来说，新的圈地运动是一场灾难。在暴力和欺诈手段之下，绝大多数农民失去了土地，被迫到新兴的农场中去当雇用工人。1793 年，英国组织参与的"反法同盟"同法国的战争爆发。皮特政府所执行的提高生活必需品税额、发放国债的战时财政政策引起物价飞速上涨。1795 年，小麦每夸脱价格为 75 先令，而农业工人的工资大约平均每周 8 先令。（〔英〕莫尔顿：《人民的英国史》，谢琏造等译，三联书店，1962 年，第 277、276、328 页）在没有其他收入来源的情况下，农业工人无法维持自身和家属的生活。当时，在各郡都发生了争抢面包的事件。鉴于这种情况，1795 年 5 月 6 日，柏克夏郡地方长官在斯品汉姆召开会议，通过《斯品汉姆兰法》，决定扩大济贫的范围，对贫民及其家属给予济贫院外补贴，并规定了详细的救济标准。从本质上说，《斯品汉姆兰法》是一种战时济贫政策，它实际上是规定了劳动者的最低生活限度。1817 年、1832—1834 年，经议会批准，英国两度成立了济贫法调查委员会，根据两个委员会的报告，特别是 1832—1834 年的英国皇家委员会的报告，通过了济贫法的修正法案，即"新济贫法"。1832—1834 年，修改济贫法的社会调查发现了一些值得注意的倾向：根据克拉潘记载，1832 年，英国皇家调查委员会查德威克的调查报告报怨："牛津的那个著名工业习艺所，据说'事实上是处于无政府状态的'。男女混杂；不做任何工作；出入几乎随便；所内贫民在宽敞而又无人管理的花园里悠游终日，所以怀疑有'所内私生子'是有充分理由的。林恩有一个很古老的习艺所，现在'很糟'：男女混杂，任何工作不做。在查塔姆，习艺所已处于'令人可怕的状态'。任何工作不做，住在所里的人自由出入，享受着上好的白面包和自酿的真正强麦酒，他们还非要葡萄酒和杜松子酒不可——而且他们竟能如愿以偿。"（〔英〕J. H. 克拉潘，《现代英国经济史》上卷第 1 分册，商务印书馆，1997 年，第 445 页）

### （四）新、旧济贫法体现的贫困文化差异

#### 1. 新济贫法是资产阶级意志的体现

随着工业革命的逐步完成，资产阶级不断成熟，主张剔除掉一切有碍于自由竞争的障碍。当时以亚当·斯密为代表的主流经济学派观点认为，旧的济贫法阻碍了劳动力流动，违背了自由市场的基本规则，应当尽力减少政府的过多干预，即资产阶级发展资本主义市场经济的迫切需求和阶级利益的体现。旧济贫法中体现的政府对于社会的管理作用被取代了，新济贫法转而为自由市场与资本家服务，这是新的济贫法之所以为新的本源所在。随后，工人阶级反对新济贫法运动与宪章运动结合，恩格斯将新济贫法称作"英国资产阶级对付无产阶级的手段"。新济贫法体现了从反人权向人道主义的转变。新济贫法的重要社会目标是防止向游手好闲人员提供人道主义救济。济贫院检测中规定，对于体魄健康的人，把他们是否愿意进入济贫院作为测试他们需要救济的真实性，这一规定表明与之前的强制性劳动不同，某种意义上，流浪者有了"流浪权"，也有了获得救助的权利，同时政府有了进行救助的责任。从权利的角度看这是一种进步，但这种权利仍是一种消极的权利，权责仍然是不对等的。虽然政府不再有权随意"收容"穷人，但穷人一旦申请进入济贫院，其自由会受到许多限制，入济贫院等于宣告自己无产，根据当时的选举权财产资格制，当事人也就被剥夺了选举权等政治权利。这一状态直到 19 世纪后期，随着民主制度的完善，英国才实现无财产限制的普选权。对贫困问题的认识仍然处于徘徊与纠结之中。对贫困原因的认识决定着济贫法的立法观念和解决贫困的具体方式和手段，只有对贫困产生的原因有正确的认识，才能以恰当的政策对待和解决社会性贫困问题。

### 2. 自由主义哲学基调的反贫困文化长期左右着英国的济贫之路

回顾历史，英格兰民族的思想体系深受其立国之本"自由大宪章"的影响，由此衍生出的自由主义是一切的基础，亚当·斯密又将其个人主义发展到极致，由此，英格兰民族个人主义、自由主义蔚然成风，成为英格兰民族文化的核心。也由于此，英国的济贫思想体系、贫困文化也必然深受其个人主义、自由主义的深刻影响和左右。自由主义哲学，即政治上的民主、经济上的自由放任、个人自由等。核心是个人主义。在维多利亚经济繁荣时期，自由主义还有着特定的含义，即维多利亚精神——要自尊、节俭、勤奋与自助，限制政府的权力，相信个人的理性责任感，私人财产神圣不可侵犯，政府只是为那些无法依靠个人努力而生存的人提供社会服务，社会也应该为个人提供最大限度自由。自由主义者认为，国家的首要目的是增加社会财富、提高人们的生活水平，国家要最大限度地放弃干预，任何过多的干预都是自由的对立物。这种理论认为，无论从经济上还是道德上，一个人主要应该依靠自己，而不是依靠别人或社会的帮助，所以当一个家庭可能或已经陷于贫困时，最基本的方式就是自助，就是尽量让家庭的每一个成员从事力所能及的劳动，挣取维持生活的费用。正统自由主义受到来自费边社会主义和新自由主义的严重挑战，他们认为建立在自由主义原则基础上的传统救济措施，在新的条件下已经无法有效地解决社会问题，应该有新的理论与举措。正是在这种对既定体系的批评的基础上，韦伯夫妇提出了自己的不同的贫困文化观、理论和具体实践措施。

英国历史反复说明的事实是——在这一时期以及之前的漫长历史时期中，总体而言，贫困是被当作一种罪恶。社会主流的观点仍然将贫困的原因归结到个人因素，如懒惰、游手好闲或是以带有明显身份歧视色彩的"底层人民"字眼，作为解释贫困的原因。这种对贫困认识的纠结与徘徊一直延续到20世纪初的多数派报告和少数派报告的争论中。《济贫法报告》中"少数派报告"和"多数派报告"关于贫困的解释原因存在巨大的争议，新济贫法实施中确定的"劣等处置原则"试图将穷人恐吓出济贫院的立法理念，其深层原因仍然归根于"贫困是个人风险而非社会风险"这一认知。

### （五）新济贫法的贫困文化理念仍有重大缺陷

在经历了1782年、1795年体现同情贫困人群的"伤感"思潮的两个立法——《吉尔伯特法》《斯品汉姆兰法》之后，新济贫法重新回到"惩贫"文化的思路上来。1832—1834 年修订的新济贫法的核心文化思想是："使穷人道德完善""使懒汉勤奋起来"。对贫困处置的态度仍然带有"惩治穷人"的思想，其核心代表是新济贫法中增加的"劣等处置原则"。

### 1. 停止发放"院外救济"

新济贫法实施的一项重大措施，就是停止发放"院外救济"，要求领取救济的贫民必须住在济贫院，进习艺所。在习艺所内，分给贫民的工作都是一些粗俗的、低贱的和粗笨的活。习艺所把贫民按性别、年龄、体质分成六类，各类贫民分开居住，相互隔离，避免男女结合；夫妻也不能同居一室、不能生育子女。对于申请救济的贫民还要进行济贫院检验的考查，要弄清他们确属年老体弱、身体功能衰退者；接受"院外救济"的贫民确属"品行端正"、勤俭、一向自食其力者；而且根据他们的健康状况和环境条件，确属不适宜于进院接受救济者。一些贫困者因怕进济贫院，而只能靠变卖衣物、家什直到身无长物。

济贫法一直坚持一项所谓"不够格"的原则（less eligibility），这条原则影响深远，一直保留到现代社会救济的管理之中，成为一条衡量的标准。所谓不够格检验，即一定要使依靠救济的贫民（pauper）的状况比最低一级的自食其力劳动者的状况更差。遵照新济贫法，依靠救济的人必须接受三个条件：第一，要丧失个人的声誉，在当时接受救济的人往往被社会看作是一个污点；第二，要丧失个人的自由，必须被禁闭在习艺所里；第三，要丧失政治自由，接受救济的人要失去公民权，特别是要失去选举权。最后一条关于丧失公民选举权的规定，直到 1918 年才予废除。

### 2. "劣等处置原则"仍然突出"惩贫"思想贫困文化

新济贫法修改的主要执笔人查德威克主张实行的一条重要思想是"劣等处置原则"，即"在一切情况下，首要的、最根本的、应得到普遍认可的原则是……游手好闲者的整个状况不应明显地好于独立劳动者收入最低层的状况。各种证据表明，任何贫困阶层的状况如果超过了独立劳动者，独立劳动者阶层的状况肯定是令人沮丧的；他们的勤奋精神受到损害，他们的就业变得不稳定，他们的工资遭到削减。他们由此将受到极强烈的引诱，离开状况不佳的劳动阶层而进入状况反而较佳的贫困阶层。而当贫困阶层被安置于一个合适的、低于独立劳动者的水平上，则会出现相反的情况。"新济贫法严格限制对贫民的救济津贴，在济贫院或习艺所实行更加严格的苦役制度，设立济贫法专员署，对贫民和救济基金进行管理。

### 3. 新济贫法管理的改变

新济贫法把原来的分散管理的济贫工作改为集中管理，废除教区救济的行政单位，扩大为地方行政单位，实行中央督导制，组建济贫法实施委员会（1848 年改为济贫局）管理济贫。由于这些对贫民来说没有实质上的变化，反而限制更加严格，此种情况不可避免地引起了贫民的强烈反对和改革者的抗议。

## （六）新济贫法的贫困文化观念分析与反思

英国每一时期看待贫困现象都与当时社会的主流文化、价值观有直接关系。1832 年济贫法的修订，实际上解决的仍然是"如何救济"这一核心问题，而如何救济又与如何看待贫困的文化与价值观理念有直接的关系。

### 1. 英格兰传统观念控制下的贫困文化与新济贫法

19 世纪之初，对形成贫困原因的认识仍然固守在英格兰早期的传统观念之下。英格兰早期的传统观念，即贫困不是社会环境造成，而是个人性格造成。19 世纪中期英国占主导地位的经济思想是自由放任主义，这一时期的道德标准和价值判断是自助。依据这一思想，贫困不是社会环境造成的，而是个人性格造成的。这是英国维多利亚古典经济理论最高的道德标准和价值判断。1834 年的"新济贫法"宣布——贫困罪恶，废除了用面包价格和家庭人数来计算客观的最低生活标准。为此也就废除了《斯品汉姆兰法》所依据的维持生存权的理念依据。在贫困原因的认识方面，当时仍然简单地停留在贫困是个人性格所致的简单理念上。正因如此，1834 年自由主义者埃德温·查德威克主笔修订济贫法，在皇家委员会的济贫法报告之中，其主基调仍然是通过惩治"懒惰"贫民，根治社会性贫穷问题。查德威克在报告中提出"劣等处置原则"和"济贫院检验"措施是核心宗旨和最基本的贫困文化理念。

"劣等处置原则"是指让享受救济的穷人的生活状况低于任何独立自由劳动者。"济贫院检验"措施则是指将享受救济的穷人放在济贫院中，并予以"准监狱式"的严格规管，以使穷人道德完善并使懒汉勤奋起来。"新济贫法"强调贫困的主要原因是个人性格缺陷，治疗手段是"劣等处置原则"和"济贫院检验"制度。根据查德威克的主张，"新济贫法"再次强调将停止一切院外救济，一切救济集中于济贫院中进行。这样才能保证济贫院内受救济者状况确实低于院外独立劳动者。这种贫困文化可以从查德威克所欣赏的南威尔（South well）济贫院的管理方法与措施中得到很好的验证。查德威克所欣赏和肯定的南威尔济贫院的措施是："（1）将男人与女人分开居住；（2）防止任何人外出或接见来访者，使他们保持有规律的生活；（3）禁止吸烟；（4）禁止喝酒；（5）给他们找活干；（6）在受救济者行动越轨时监禁他们。"应当说这样管理下的济贫院无异于监狱，然而这正是查德威克希望获得的效果，他相信通过这样严格的"劣等处置""济贫院检验"，会有助于穷人的道德完善，并使懒汉勤奋起来。他举出很多例子证明，通过管理很好的济贫院提供的富有"教育意义"的惩罚性救助，穷人发生了巨大变化。（陈晓律：《英国福利制度的由来与发展》，南京大学出版社，1996年，第26页）

**2. 道德化的申请救济审核条件**

在不同地区和不同时期，各地政府的资格认证标准参差不一，归纳起来有几点：（1）"对院外救济"，英国地方济贫监督委员会的普遍做法是依据申请救济者的品德而发放。但是品德的好坏没有统一的界定标准，所以依据品德来发放救济金，很难达到公平合理的效果。那些所谓的"不道德"、酗酒、品行败坏的人，有些人只是因为他们有去酒馆的习惯。（2）依据申请者的居住年限发放救济金，不一定适合英国所有的地方。（3）还要对申请者居住地址和环境进行考核。如果申请者住处杂乱无章，不利于健康，就不会给这些人发放救济金。（4）申请者或者领取救济者必须有能力照顾自己，或者有亲戚朋友的照顾。（5）申请者的节俭行为和财产管理等也在考察范围。由此可见，依据品德来发放救济金成为一条主要的审核条件。

不管是什么情况，所有贫困者申请救济，任何"接受救济"的人都要被剥夺选举权，如此，济贫法给予的救济对于接受者来说就是一个耻辱。1834年的新《济贫法》的济贫仍然是被动性的方案，是一种综合性的济贫，以救济为主，是在贫困成为事实后才进行的，没有能够在贫困出现之前提供预防措施，从根本上减少贫困，这样的制度不能积极地解决贫困问题。

**3. 新济贫法的突出进步是，关注了负激励问题和道德风险的防范**

《改革现行济贫法的报告》阐明济贫法改革的主导思想是：采取措施关注负激励问题，防范道德风险。具体建议主要有：救济对象的确定与救济贫困的负激励问题直接相关。《改革现行济贫法的报告》认为济贫法改革的首要任务和基本原则应该是：禁止向有劳动能力的穷人提供济贫院外救济。调查委员会发现现行济贫工作中的种种弊端都与向有劳动能力的穷人提供济贫院外救济的政策有关，这一政策的执行导致了严重的负激励现象，导致了依赖教区救济为生的穷人状况好于独立劳动者的状况，结果"使他们（指独立劳动者）有强烈的愿望要离开身份较高但生活水准较低的劳动者阶层，进入身份较低而生活水准稍高的穷人阶层。这种颠倒使依赖教区救济的穷人处于稍好的位置，而降低了独立劳动者的地位"。因此，向有劳动能力的人发放的济贫院外救济金，实际上成了"对懒惰和犯罪的补助金"。为此，调查委员会在《改革现行济贫法的报告》中提出：

其一，应该以独立劳动者及家属的生活水平为日常生活标准，有劳动能力但依赖教区救济的穷人及其家属的生活，不能好于那些自谋生存的独立劳动者及其家属的生活。这样做会使那些原来依赖济贫院外救济来维持生活的穷人认识到，在废除了济贫院外救济以后，如果他们仍想得到救济，就必须进济贫院，干重活，挣低工资，而教区是他们所遇到的"最严厉的监工和最吝啬的出纳员"，这迫使他们尽量去自谋生路，把向教区申请救济"作为最后一着而不是第一着"。为此，调查委员会在《改革现行济贫法的报告》中指出，"废除济贫院外救济"是旧济贫法改革的关键。

其二，对济贫对象实施分类管理。建议把几个条件许可的教区联合起来建立济贫院。在济贫院中按年龄、性别分类管理。调查委员会认为，在旧式济贫院中，居住者在同一间屋子中进餐，每天相互见面，一间最大的房子甚至要容纳800～1000人，在这样的条件下要阻止"邪恶"的出现是不可能的。因此，《改革现行济贫法的报告》认为，应该把济贫院中的穷人至少分为四类：老人与真正的病人；孩子；有一定劳动能力的男人；有一定劳动能力的妇女。这样便于对他们进行管理和监督。

其三，实行全国统一的济贫政策。为改变旧济贫工作中的混乱局面，《改革现行济贫法的报告》建议成立全国济贫工作管理委员会，推行全国一致的济贫措施。全国济贫工作委员会的职责是合并教区，建立济贫院，任命地方济贫工作人员，并向首相汇报各地济贫政策的执行情况等。

其四，在《改革现行济贫法的报告》的基础上，1834年8月4日，英国国王批准了《济贫法》草案，并于8月14日以法律的形式公布于众。于是英国历史上新的《济贫法》产生。"新济贫法"明文规定从 1837 年 7 月 1 日起一律停止对济贫院外所有壮年男子的救济，建立由 3 位"合适的人"组成的"英格兰和威尔士济贫法委员会"（The Poor Law Commissioners for England and Wales）。该委员会对议会负责，每年向首相汇报一次工作。它有权组织"合适的人"调查济贫法实施情况，有权要求各地方管理机构上交济贫法执行情况统计表，有权任命或撤换助理委员。该委员会任期为五年，在任期内济贫法委员会成员不得兼任下院议员。

其五，"新济贫法"还规定了地方济贫管理机构的职责和权限：（1）地方济贫工作由管理员负责，各地区的治安法官是管理员的辅助人选，其职责是合并教区，建立联合劳动院，负责济贫税的征收与使用，负责保管各种档案和账目；（2）管理员不再是无薪俸的义务工作者，他们由纳税人选举，领取工资；（3）"新济贫法"以法律的形式规定建立从中央到地方的一整套济贫工作管理和监督制度，为日后"新济贫法"的实施提供了保障；（4）委员会首先在英格兰东南部地区建立联合教区，成立济贫院。

**4. 济贫法的修订是又一次的社会观念强烈冲突过程**

从 1837 年起，济贫法委员会开始把"新济贫法"实施于北部工业区，但遇到了他们未曾预料到的前所未有的阻力和反抗。北部工业区的情况与东南部有所不同，"旧济贫法"主要是用来向失业者和因经济萧条计件工资下降到最低生存线以下的人（如手工织工）提供救济，因此，北方工业区事实上一直在执行济贫院外救济，以维持贫困工人的最低生活标准。如果取消济贫院外救济而又不采取其他救济措施，必然会加剧工人的贫困，引起工人的强烈反抗。当济贫法委员会在北方工业区规划好联合教区的界限，着手建立济贫院时，大规模的反抗也就开始了。工人们认为"新济贫法"废止了济贫院外救济，这就打碎了"统治阶级同情链条中的最后一个环节"。而庞大的、正在兴建中的济贫院——"穷人的巴士底狱"，使工人联想到了即将来临的厄运。1836 年开始的经济萧条，更加深了工人的苦难。在斯蒂芬斯等人的鼓动、领导下，以兰开厦和约克郡为中心，成立了"反济贫法协会"，工人们攻击济贫院，恐吓、威胁管理员，并与警察发生冲突。反新济贫法的斗争与要求 10 小时工作制运动结合在一起，形成了由激进党人、托利党人、无产阶级参加的声势浩大的反对资产阶级政府的浪潮。后来，政府以暴力进行了镇压，强制推行"新济贫法"。（〔英〕R.G. 甘米奇：《宪章运动史》，苏公隽译，商务印书馆，1979 年，第 61-68 页）尽管"新济贫法"规定的管理机构最终在北方建立起来，但它始终未能像在东南部地区那样顺利地开展工作，也并没按照"新济贫法"所规定的从 1837 年 7 月 1 日起一律停止对济贫院外所有壮年男子的救济，而且还提供给各地区以其他形式救济临时失业的工人。到 19 世纪 40 年代末，经过济贫法委员会的工作，"新济贫法"基本上得到了贯彻和实施，使如何济贫这一重大社会问题按照工业资产阶级的利益和意愿得到了解决。此后，英国政府对"新济贫法"又做过几次修改和补充（如针对中央管理济贫机构很不完善，各地管理员权限过大，1847 年经议会讨论后决定，取消"英格兰和威尔士济贫法委员会"，代之以"济贫部"），但"新济贫法"废除济贫院外救济、在济贫院内救济年老体弱、丧失劳动能力的穷人的宗旨一直保留下来。

### 5.《公共救助法》正式取代济贫法

随着资本主义经济的迅速发展，从 19 世纪末开始，英国资产阶级管理社会生活职能日益加强，国家（或政府）取代教会等慈善机构开始切实地解决穷人问题，以此来缓解这一严重的社会压力。英国政府陆续颁布了一系列有关社会保险和福利资助的政策，以前的济贫政策被纳入规范化、法制化的"福利国家"建设之中。1905 年，政府组成了一个由各种改良分子参加的调查委员会，对全国济贫事务进行大规模调查，参照德国的经验，提出政策建议：废除以惩戒穷人为主要目的的济贫法，代之以合乎人道主义精神的公共援助，并促成政府提出和通过了一系列改革法案。1945 年 7 月 5 日（这一天被英国社会学家看作是英国福利事业史上有纪念意义的"登陆日"）英国政府颁布了关于福利事业的第三项立法，该法开门见山地宣布："现行的济贫法应停止执行。"（〔英〕阿萨·勃里格斯：《英国社会史》，陈叔平等译，中国人民大学出版社，1991 年，第 347-348 页）这标志着 1834 年以来所实施的"新济贫法"的终结，也标志着以"劣等处置原则"为代表的"惩贫"文化的彻底终结。1948 年颁布《公共救助法》，正式取代了原来的济贫法，英国的公共救助制度基本完成。

综上所述，鉴于英格兰民族的史诗般的反贫困历史实践占据了历史前列，占据了若干个历史第一：历史性的第一个从农耕时代走向工业文明时代，无法回避社会生产方式的历史性变迁的新问题、新矛盾；历史性的第一个面对大规模的社会性贫困问题；历史性的第一个需要面对和寻求解决大规模的社会性贫困问题的制度安排、政策设计；在每一个解决社会性贫困问题的方面，在探索寻求公共贫困保护方面，每一步的进展，都是历史性的、示范性的，供给后人、人类社会诸多在正面的、反面的经验与教训的参考与借鉴。

## 第三篇

19世纪前后人类文明审视的

贫困现象与贫困文化碰撞（上）

　　19 世纪前后，世界经济与社会发展加快，社会科学思想日益丰富和发展，争取社会进步的努力此起彼伏、风起云涌。19 世纪前后，人类社会性贫困问题矛盾激化，社会性贫困引发了社会方方面面的思考。19 世纪前后，反贫困的社会实践日益活跃，人类文明审视的贫困现象和贫困文化的思想异常活跃，反贫困实践的探索此起彼伏，诸如空想社会主义试验、多种社团的问世与发展、众多智者、世俗政府的领袖思考解决社会性贫困问题的闪光思想，无不展示了多种贫困文化思想的碰撞与博弈。韦伯夫妇的《少数派报告》突破"惩贫"文化的禁忌，"惩贫"文化终结。

工业革命后期，人类取得了巨大的科学成就。19世纪是科研发明的黄金时期，大量的定理、定律、新事物被发现，这些深刻的变化极大地推动了社会进步。就贫困问题而言，贫困是检验不同社会阶层和社会主流价值观最灵敏、最基本的社会性文化理念。人们的价值观取向决定了他们如何界定和看待贫困问题，如何对待和处置穷人。一个政府的基本执政理念也决定着其如何预防和降低社会性贫困的发生，计算和评估贫困对社会发展的影响及其相应的对策，所以，贫困文化是一个重大的社会性题目。

贫困文化博大精深，跨度广袤。在英国以及欧洲、北美有广阔的与此有关的历史和文化。从久远的历史至今，有发祥于英国、主张神与上帝的基督教文化；有贫困与救助穷人的说教；有文艺复兴时期倡导的人的价值观理念；有人的尊严、人文主义与个人主义、自由主义文化；有发现了阶级压迫和坚信无产阶级革命的马克思主义文化；也有主张渐进式改良的费边社会主义文化；有以法国人圣西门、傅立叶和英国人欧文为代表的空想社会主义思潮的问世；有欧文和一批美国人进行的社会主义的社会试验；还有一大批经济学家的经济思想所涉及的文化与贫困文化。这一时期各种思想文化所涉及的贫困文化长期争论、发展、博弈、演变至今。

英国最初的济贫法思路和基本文化框架是欧洲新教伦理的法律化。新教伦理的核心观点之一认为：贫困是一种耻辱——贫困等于不良。贫困是穷人自己造成的，人们应该对他们自己的生活负责。当1495年都铎王朝开始制度化地思考穷人和流浪贫民的问题时，他们的基本思维框架是自由主义的文化观，这就是——贫困主要是由个人原因造成的，贫困的原因不仅是经济的，也是道德的，政府本身无法改变或消除由道德引发的问题，所以，驱赶、惩治成为当时世俗政府理所当然的解决办法。

18—19世纪期间，也是社会性贫困问题引发社会各界又一轮重大关注和讨论的历史时期。这一时期产生了许多丰富的思想和理论观点，踊现出许多对救助穷人有明确态度的重量级人物和他们的突出思想：诸如亚当·斯密（1723—1790年）不支持济贫法，否认对穷人救济的必要性；马尔萨斯（1766—1834年）的基本观点则认为给穷人的救济越多，他们生的孩子就越多，社会贫困就会加剧。这一历史阶段，对社会性的贫困观察与思考的思想者和大量的争论、社会实践、著述举不胜举，影响力广泛且深远的有康柏内拉的太阳城、欧文的著名社会主义试验、乌托邦思想、1832—1834 年查德威克主笔修改济贫法时展示的"惩贫"思路、1848 年《共产党宣言》的发表，标志着马克思、恩格斯科学社会主义学说的问世等。1879 年亨利·乔治发表《进步与贫困》，展示了他们对探索解决社会性贫困的思考。边沁思想体系和其后出现的费边社会主义思想体系以及贝弗里奇思想等，这些人物、思想、著作所展示的观点，都展现了十分丰富的反贫困与贫困保护的文化内涵。限于篇幅不能一一列举。

## 一、19 世纪前后众多思想家、智者关注贫困问题，反贫困与贫困文化思想活跃

### （一）空想社会主义思潮和解决社会性贫困的试验

#### 1. 罗伯特·欧文进行的开创性的企业管理和职工福利试验

18 世纪末，罗伯特·欧文在他自己管理的企业中，进行了众多开创性地解决职工福利的尝试。这一开创性的尝试始于 1799 年，当时 28 岁的欧文和几个伦敦人、曼彻斯特人共同买下了新拉纳克企业，该工厂拥有 2500 人，主要从事纺纱工作。欧文很早就注意到工作时间和劳动保护问题。他在自己的工厂内把劳动时间缩短为 10.5 个小时（同行一般是十三四个小时）。此外，他还改善了工厂的生产条件，取消了常见的惩罚措施，创办专门的机构教育儿童等。欧文的工厂试验一直持续到 1829 年。30 年间，企业发展成为一个纱厂、一个制造纱厂自用机器的工厂、一所新式学校组织。学校有两所造价很高的大厦，设备齐全，备有教学所需要的一切贵重仪器和图书，教学经费每年不下 1200 英镑。企业出资改善村庄住宅和街道，修筑新的道路，建造花园。此外，在美国禁运棉花的 4个月期间，还向工人支付了 7000 英镑的工资。在这个时期，厂里没有开工，可是工资照付。欧文的工厂试验对资本主义国家建立福利制度产生了深远的影响。特别是像"停业期间照发工资"等措施，深刻地影响了后来的企业管理和社会保障。由于劳工运动和社会主义思潮的威胁，具有妥协传统的英国统治阶级不得不采取各种措施来缓和社会矛盾。例如 1774—1824 年间，议会通过了一系列

劳工协议法，要求雇主对自己所雇的劳工承担一定的责任，包括解决他们的工作时间、居住等问题。罗伯特·欧文于 1824 年举家前往美国，用自己的全部财产，进行了人类社会也许是最早的社会主义企业试验。欧文带着他的四个儿子，乘船漂洋过海到达美国，进行"新协和"共同体试验，企图通过合作社的方式使富人和穷人一起和平过渡到新社会。同年，他在美国印第安纳州买下"拉皮特"共同体的土地和财产，并于第二年建立了"新协和"共同体试验地。欧文的"新协和"共同体位于印第安纳州的瓦巴什河畔，占地 2 万英亩，其中 2000英亩是正在耕种的土地，其余是荒地。共同体初创时共有 900 名男女成员，其中包括作家、医生和工程技术人员。这些人员大都来自美国的各个地区，也有少部分来自欧洲国家；他们基本上是应欧文的邀请而来的。在共同体创建的头几个月内，欧文与其二儿子威廉·欧文建立起代议制式的政府，并实行财产公有和合作劳动制度。但是，为时不久，共同体在组织上就发生严重冲突，分裂成几个独立的单位，每个单位都有自己的组织机构。共同体的分裂给其倡导者欧文以沉重打击。他从中得出这样的教训：如果群众未受到良好的道德教育，在完全新的环境下，共同体是没有希望获得成功的。当看到共同体不可能达到他的目的时，欧文就返回了英国，共同体也于 1827 年以失败而告终。即使在美国土地价格十分低廉的情况下，欧文在购买土地、财产和其他费用上还是花掉了 20 多万美元，这加重了他的经济负担，不得不终结他所富于创造性的试验。

**2. 傅立叶等人的手工业协作社试验**

19 世纪 40 年代傅立叶的信徒霍勒斯·格里利等也在美国建立了 40 个共同劳动、集体消费、没有雇佣劳动的手工业协作社，推行农业和平计划。19 世纪40 年代法国空想社会主义者卡贝则也在美国得克萨斯、密苏里、艾奥瓦等地探索、建立共产主义移民区。1846 年德国空想共产主义者威廉·魏特林则在美国鼓吹平分土地，认为只要把 14 亿英亩土地交归劳动大众，美国贫困现象可以一举消灭。尽管空想社会主义广泛流行于北美，但可惜它的试验最后都是无果而终。尽管如此，这些空想社会主义的试验还是在人类思想史上留下了光辉浓重的一笔。

**3. 美国"乌托邦"式的共同体试验**

在 19 世纪的 20 年代到 40 年代，美国空想社会主义共同体运动不仅对欧文的改革具有吸引力，而且在某种程度上受到欧文思想影响，甚至受到法国空想社会主义者傅立叶思想的影响。早在欧文建立"新协和"共同体之前，在美国已出现了许多"乌托邦"式的共同体。但它们大都是小型的，人数也不多，其成员一般也都是海外来的或在海外出生的。他们过集体生活，通常不把传统的宗教信仰放在眼里，这一运动的高峰期是在 19 世纪 20 年代到 40 年代，在此期间出现了 100 多个共同体，其中包括欧文的"新协和"共同体。除此之外，法国空想社会主义思想家傅立叶的思想也很时髦。到 40 年代，出现了 28 个以傅立叶思想为模式的共同体。但这些共同体大都是小规模的，而且是短命的。而 19 世纪初，美国仍然是个年轻的共和国，其幅员辽阔，但人口相对来说不多，土地价格便宜，而且各种限制又少，这无疑为欧文那样的改革家提供了有利条件和进行试验的广大舞台。最后，共同体运动是这一时期美国各种改革运动的一部分，它理所当然地受到整个改革运动的影响和支持。与共同体运动同时发生的还有废除奴隶制的改革、禁酒、宗教改革以及教育改革运动等。这些改革把成千上万的改革者卷了进去，从而也在一定程度上支持了欧文的改革和创新。欧文之所以能在较短时间内聚集上千人参加他的"新协和"共同体，与美国当时的改革形势密不可分。事实上，在欧文的"新协和"共同体的 1000 多名成员中，有些人本身就是改革者。

### 4. 达尔文的《物种起源》思想和社会达尔文主义贫困文化

1858 年，英国科学家查尔斯·达尔文发表《物种起源》，其进化理论认为：某些不能适应环境的植物、动物往往会被能够适应环境的同类所取代。此后，依据达尔文的进化理论的观点形成了社会达尔文主义。最早提出社会达尔文主义思想的人是英国哲学家、作家赫伯特·斯宾塞。社会达尔文主义风行于 19 世纪，到第二次世界大战结束。社会达尔文主义理论被人们用于支持自由放任的资本主义和政治上的保守主义，认为穷人是生存竞争中的"不适者"、失败者（loser），不应予以帮助；在生存竞争中，财富是成功的标志。在对待社会的问题上，社会达尔文主义成为帝国主义和种族主义政策的哲学基础，支持盎格鲁－撒克逊人，或雅利安人在文化上和生理上优越的说法。社会达尔文主义在 20 世纪衰落，因为生物学知识和文化现象知识的领域不断扩大，足以驳斥而不支持其基本信条。在社会学领域，社会达尔文主义的直接危害是反对政府插手社会问题，特别不主张政府对穷人提供社会救助。认为救助穷人是最具误导性的政策；认为穷人应该为自己的命运负责；认为政府和慈善机构花很多的时间和精力，来区分"值得"救助和"不值得"救助的做法是不妥的。

对于现代的美国社会而言，可以说，至今美国贫困文化中一些根深蒂固的不主张救助穷人的思想依据之一，便发端于此。

5. 功利主义哲学家 J. 边沁（1748—1832）认为，贫困不仅是对个人安全的最大威胁，也是对社会的威胁。因而个人利益的总和就是社会利益，个人利益作为社会每个成员的一致基础，他的增减必然影响到社会利益的增减，英国政府必须摆脱无为而治的传统，通过法制来干预贫困问题。（*陈晓律：《1500 年以来的英国与世界》，三联书店，2013 年，p.67-68*）

### （二）友谊会、共济会、工会、乌托邦等思潮

起源于 17 世纪，活跃于 17、18 世纪的英美等国的"友谊会""共济会""工会"等的社团思潮，其核心思想是探索劳动者和社会成员的经济无保障问题的解决办法。这些探索是富有积极意义的。

早在 17 世纪和 18 世纪中，英国就已经出现工人举办的"友谊会"（friendly society）和"工会俱乐部"（union club）等私人自助机构。到 19 世纪，又相继出现了"信托储蓄银行"（trustee savings bank）、"建筑社"（building society）、"合作社"（cooprative society）、"工人社交俱乐部"（working men's social club）等。在 18 世纪末，英国友谊会约有 7200 个，但一般规模都很小，每会成员平均 97 人，成员总数约为 70 万人。1825 年，每会成员平均为 200 人，成员总数增加到 92 万人。在 19 世纪后半期，"友谊会"发展更快。1874 年仅英格兰和威尔士 34 个"共济会"，会员就已经有 125 万人，1886 年增加到 190 多万人。80 年代末，英国"友谊会"成员总数已达 400 万到 450 万人，接近成年男人人口的半数。（*刘燕生：《社会保障的起源、发展和道路选择》，法律出版社，2001 年，第 57 页*）19 世纪到 20 世纪初，组织形式更高的工会逐渐取代友谊会、互济会之类的社团，成为工人们又一主要保障依托方式。英国于 1871 年首先承认《工会法》，英国工会组织在团结英国工人阶级，争取工人的福利和社会保障方面起了重要的作用。工会组织以维护工人阶级的利益为主要的组织任务，同时也为会员举办一些福利事业，但更重要的活动是救济失业工人和提供罢工等劳资纠纷所需的费用。据 1902 年 11 月英国贸易部劳工记者调查，在过去几年中，英国 100 家最大的工会开支总计为 1513 万英镑，用于失业、疾病、养老金和

丧葬的开支占 60.8%，资助劳资纠纷事件的开支占 19.4%。1908 年英国参加工会保险基金的人数已达 240 万，其中大部分是技术工人。（刘燕生：《社会保障的起源、发展和道路选择》，法律出版社，2001 年，第 57 页）随着工业革命的推进，世界进入了一个动荡不安的年代。18 世纪下半叶圈地之后劳动者的生活再次发生巨大变化，有产者惊恐地注视着美国独立战争的胜利、法国革命的爆发和英国工人阶级组织的诞生。这一切深刻的危机孕育了浪潮汹涌的工人运动，催生了空想社会主义思潮。18 世纪中叶法国的马布利、巴贝夫，以及后来的圣西门和傅立叶，还有英国的欧文，都有过大量的社会改革以及解决贫困、老、弱、病、残的社会政策主张。最为著名的论著莫过于莫尔在《乌托邦》描绘的理想社会方案：

（1）有劳动能力的人每天都要劳动 6 小时，业余时间则学习文化，从事科学研究，不允许有游手好闲的懒汉和寄生现象。（2）对孕妇、产妇、哺乳妇女和婴儿实行社会保护和照顾，专门免费提供食品、医疗服务；老年人都得到尊重和照顾，儿童实行集体教育。（3）取消私有财产，每家都到市场去领取自家所需要的东西。生产有明确目的，即增进国家财富，提高社会福利，有益于全体人民衣食住行各方面生活状况的改进。乌托邦的社会主义思潮，曾经是工人群体数百年来奋斗的路标。在美国，早期的天才思想家和社会活动家曾经主持和进行了大量的解决社会性贫困的试验。19 世纪上半期的美国是空想社会主义和共产主义的试验园地。历史资料显示，从 19 世纪 20 年代至 40 年代起，在美国试验的乌托邦计划多达 200 多个。正是因为如此，马克思说："社会主义和共产主义不起源于德国而起源于英国、法国和北美。"（欧文：《为什么将美国定为社会主义实验园地？》，环球网综合，2008-09-23）

### （三）马克思和恩格斯看待贫困问题

卡尔·马克思（1818—1883 年）和弗·恩格斯（1820—1895 年）从根本上入手，对社会贫困进行了本质性的研究。其核心思想体现在科学共产主义思想体系之中。1845 年 2 月，马克思由巴黎迁居布鲁塞尔，来到布鲁塞尔大广场的天鹅咖啡馆居住。同年 4 月，恩格斯也来到这里。从此，天鹅咖啡馆成为他们共同创建共产主义通信委员会和德意志工人协会的重要活动场所，在此期间马克思写出了著名的《哲学的贫困》和《共产党宣言》等作品。在人类文明史上众多传世名著中，没有哪一部著作能够像《共产党宣言》那样有影响力和牵动全世界普通劳动人民之心魄。《共产党宣言》（下文简称《宣言》）第一次清晰地阐述了科学社会主义理论，指出共产主义运动已成为不可抗拒的历史潮流。《宣言》的核心原理表明：每一历史时代主要的生产方式与交换方式以及必然由此产生的社会结构，是该时代政治的和精神的历史所赖以确立的基础，并且只有从这一基础出发，历史才能得到说明。也表明从原始社会解体以来人类社会的全部历史都是阶级斗争的历史；这个历史包括一系列发展阶段，现在已经达到这样一个阶段，即无产阶级如果不同时使整个社会摆脱任何剥削、压迫以及阶级划分和阶级斗争，就不能使自己从资产阶级的剥削统治下解放出来。在《共产党宣言》中，马克思和恩格斯系统、集中地阐述了他们的观点："消灭私有制"，"推翻资产阶级的统治，由无产阶级夺取政权"，然后"一步一步地夺取资产阶级的全部资本，把一切生产工具集中在国家即组织成为统治阶级的无产阶级手里，并且尽可能快地增加生产力的总量"；而且"共产党人不屑隐瞒自己的观点和意图"。他们还公开宣布：他们的目的只有用暴力推翻全部现存的资本主义制度才能达到。

在具体的贫困问题研究中，马克思和恩格斯在1884年所写的《神圣家族》一书中，就从社会关系的角度看待无产阶级的贫困现象，并称之为"私有制本质表现得最触目、最突出、最令人激愤的事实"。（〔德〕马克思：《马克思恩格斯全集》第2卷，人民出版社，1957年，第42、305页）马克思在《经济学—哲学》手稿中也再三强调，资本和财富与其创造者工人相"异化"，是工人贫困的根源。他在1857年—1858年经济学手稿中，更加深刻地指出，工人的贫困是"社会存在中所产生的贫困"。（〔德〕马克思：《政治经济学批判大纲》第1分册，人民出版社，1975年，第182-183页，第2分册，第69页）马克思在《资本论》第一卷中所揭示的资本积累规律，也正是建立在对"社会贫困"的深刻认识基础上的。上述一系列论断证明，马克思和恩格斯把无产阶级所遭受的一切贫困看作是资本主义私有制的必然产物和集中表现。这样，就为从纷繁复杂的经济现象中把握贫困问题的本质提供了一个总纲。正是由于这一点，马克思在起草《国际工人协会共同章程》时，把无产阶级被奴役、被剥削的地位简要地归结为"一切社会贫困、精神屈辱和政治依附"。（〔德〕马克思：《马克思恩格斯全集》第17卷，人民出版社，1972年，第475页）恩格斯对于贫困文化的研究更为具体，恩格斯从阶级与阶级的利益和冲突角度看待和分析工业革命初期的贫困现象，批驳马尔萨斯认为的——慈善事业和济贫金毫无意义，是鼓励繁殖的荒谬思想。对于《济贫法》，恩格斯认为："以1601年的法案（伊丽莎白女王第四十三年的法案）为基础的旧济贫法还天真地从这样的原则出发：照顾穷人的生活是教区的责任。谁没有工作，谁就得到救济，久而久之，穷人就十分自然地认为教区有责任不让他们饿死。他们把每周的救济当作权利而不当作恩惠，资产阶级对此终于感到厌烦了。1833年，当资产阶级由于选举改革取得政权而农业区的贫困又达到顶点的时候，他们就立刻着手以自己的观点来修改济贫法。他们任命了一个委员会来调查济贫所的工作，这个委员会揭露了很多惊人的事实。它发现农业区的整个工人阶级都变成了贫民，他们全部或部分地靠济贫金过活，或在工资低的时候领到一点补助金。委员会得出这样的结论：这个制度养活了失业工人，帮助了工资低和孩子多的人，使私生子的父亲能够抚养自己的孩子，并一般地承认穷人有被保护的权利。然而这个制度使国家破产。"（〔德〕恩格斯：《英国工人阶级状况》，《马克思恩格斯全集》第2卷，人民出版社，1957年，第574页）恩格斯引证1833年伦敦官方版《济贫法委员会资料摘要》的资料："它阻碍工业发展，鼓励人轻率结婚，促使人口增长，抵销人口增长对工资的影响；这个制度是一种全国性的制度，它使勤劳而诚实的人不愿意工作，使懒惰、放荡和轻佻的人得到鼓励；它破坏家庭的联系，经常阻碍资本的积累，耗费现存的资本，并使纳税人破产；此外，它还给私生子抚育费，这简直是在发私生子的奖金。"（〔德〕恩格斯：《英国工人阶级状况》，《马克思恩格斯全集》第2卷，人民出版社，1957年，第574、575页）恩格斯认为："这一段对旧济贫法作用的描述大体上是正确的。救济金鼓励懒惰，促进'多余的'人口的增长。在当前的社会关系下，穷人自然不能不成为自私自利的人，如果工作或不工作生活条件都一样，那么他在二者之中当然要选择后者。但是从这里只能得出这样的结论：当前的社会关系是糟透了的；而决不能得出像马尔萨斯派委员们那样的结论：贫穷就是犯罪，应当用威胁的手段来对它。"恩格斯认为："这些聪明的马尔萨斯信徒们却那样相信自己的观点绝对正确，以致毫不犹豫地把穷人放到他们那套理论的普罗克拉斯提斯（古希腊的强盗，他把俘虏绑在铁床上，身体比床长的，把足切断，比床短的，就用力拉得和床一样长）的床上去，并极其残酷地把这种理论应用在穷人身上。"（〔德〕恩格斯：

《英国工人阶级状况》,《马克思恩格斯全集》第 2 卷,人民出版社,1957 年,第 575 页)

从以上马克思和恩格斯的观点可见,在济贫、帮助穷人度过困难的方面,马克思和恩格斯是关注贫困者的命运的,他们终其一生所研究、创造的基本理论——马克思主义,都是在探寻无产阶级彻底摆脱贫困的出路;在济贫法的问题上,恩格斯十分关注实施贫困救助与防范产生依赖思想;实施济贫与防范制度的负激励性问题。

## (四)庇古《福利经济学》所含贫困文化思想

庇古(1877—1959 年)力求传播马歇尔的经济学原理,并于 1920 年发表公共政策方面巨著《福利经济学》,其中包含大量与贫困问题相关的内容和贫困文化观点。在《福利经济学》中,其最主要的基本理论是"分配越均等,社会福利就越大",为此庇古主张收入均等化,这一观点为"福利国家"的出现奠定了重要的基础。庇古的福利经济学体系把福利经济学的对象规定为对增进世界或一个国家经济福利的研究。庇古认为:福利是对享受或满足的心理反应,福利有社会福利和经济福利之分,社会福利中只有能够用货币衡量的部分才是经济福利。庇古根据边际效用基数论提出两个基本的福利命题:国民收入总量愈大,社会经济福利就愈大;国民收入分配愈是均等化,社会经济福利就愈大。他认为,经济福利在相当大的程度上取决于国民收入的数量和国民收入在社会成员之间的分配情况。因此,要增加经济福利,在生产方面必须增大国民收入总量,在分配方面必须消除国民收入分配不均的问题等。

依据这一基本原理,庇古对各种转移支付做了详细分析,尤其是关于向穷人转移支付的预期和对国民收入的影响分析得详尽透彻。在从相对富裕者向相对贫穷者直接转移方面,从富人那里转移的预期对国民收入的影响方面,以及向穷人转移的预期对国民收入的影响方面等的分析,应该说都对福利事业以及欧洲福利国家的发展产生了实质性的重大影响。庇古认为,不同形式的转移主要包括"未助长懒散与浪费的差异化转移""中性的转移"以及"助长懒散与浪费的差异化转移"这三种。庇古认为第一种转移是以接受救助者按照公平地代表个人能力的某种规格自行维持生计为条件的转移。向穷人进行这种转移的预期,将会提高而非降低潜在的接受者对增加国民收入所做的贡献。第二种转移是中性转移，第三种转移"助长懒散和浪费的差异化转移"包括了极其重要的贫困文化观点。

**1. 认为助长懒散和浪费的差异化转移，应是社会关注的重点**

在有关第二种转移——中性转移中，庇古认为，中性转移由满足一定条件的各项转移所组成，而且并不以潜在的受益者在经济领域内的主观行为而有所改变。于是，它包括通常的老年抚恤金制度（仅需满足达到某个年龄这一条件）、普遍的抚育基金的发放（仅需满足拥有子女这一事实），或者为满足人们生活需要的某种必需品的普及性的馈赠。迄今为止，这些宽泛的措施尚处于构想阶段。但是，一些较为低调的中性转移方式已经在实际的法律中有所体现。在这些法律下，是否给予救助并不取决于接受者的成就，也不取决于他的成就与估计的能力两者之间的关系，而是取决于估计的能力本身。他写道："沃德康斯（Wode-house）在1872年提交给济贫法案委员会的报告中区分对工资进行的救助和对收入进行的救助时，曾经谈到这种转移的基本理念。对收入进行的救助显然不能脱离场外救助制度。于是，所有的工会都会对身体健康但需抚养子女的寡妇提供救助，并且很明显，所有救助都是通过安置这些寡妇洗衣、做零工或其他类似的工作，帮助她们增加收入来进行的。同样，我所访问过的几乎所有的工会，也都会对年老体弱者提供救助，这些人虽然无法从事常规工作，但是仍然可以完成一些临时性的工作。我认为，对于这两类贫困群体的救助不属于对工资进行救助的体系，后者在现行的《济贫法》实施以前就已经普遍存在了。""战前许多贫民救济委员会向年老体弱的妇女以及抚育多个子女的寡妇提供救助，是更为接近上述理念的实例。人们似乎认为，大多数男工从事的常规工作，对于具有平均能力、能够全职工作并且没有任何拖累的劳工来说，可以提供相当充足的收入，但是对大多数女工从事的工作却不能提供充足的收入。一位具有中等能力的寡妇，即便没有子女，每日长时间地工作，也根本无法获得足够的收入来维持自己的生计，并应对人生中经常发生的变化。"（〔英〕庇古：《福利经济学》，金镝译，华夏出版社，2013年，第587页）据庇古观察的社会现象有："一旦某个妇女被列入（接受场外救助的）名单之内，只要她没有道德问题，也不经常酗酒等等，那么她将永远不会被停止救助。她的收入可能会时而多些时而少些，但是救助却不会发生任何改变。只是在她首次提出救助申请时，会对她的收入进行调查，之后则几乎不会再进行调查了。某位官员将这种普遍存在的情况概括如下：'我们从不费心去考虑妇女们的收入是多少。我们知道她们决不会挣到 10 先令。她们总是找到仅能挣得 2.5 先令的工作机会。'这说明，在并未就这些问题进行认真调查的工会中，即是说在绝大多数工会中——贫困的女工努力工作的积极性并未因此而遭受打击。"（〔英〕庇古：《福利经济学》，金镝译，华夏出版社，2013 年，第 587 页）"1893 年法国的《疾病救助法案》具有类似的性质。该《法案》规定，任何公社均应定期编制有权得到救助的患病人员名册，只要患病人员不具备个人负担医疗费用的能力，就有资格被列入该名册。与此相似，同一原则也体现在英国的强制支付制度中（无论是通过收回贷款的方式还是其他方式），政府将从被判定有能力做出贡献的人那里收缴的款项，对已经获得医药帮助的人或者由政府机构抚养其子女的人进行救助。救助的数额并不等于贫民所获得的实际服务的成本，而仅相当于扣除贫民有能力自行负担的部分之外，期望从他人那里获得救助的估计值。因此，教育部的《552 号通知》主张，当父母无力支付子女的全部餐费时，最好在个人的能力范围之内支付一部分，而不是免交全部餐费。换言之，应该完善政府对于不同家庭的救助工作，使救助的水平取决于被救助家庭自行负担的能力的估计值，并依据估计值进行反向调整。"（〔英〕庇古：《福利经济学》，金镝译，华夏出版社，2013 年，第 587-588 页）

### 2. 有关会产生"助长懒散和浪费的差异化转移"的第三种转移

庇古认为：第三种转移，即"助长懒散和浪费的差异化转移"，意味着给予接受者的帮助越多，他们自食其力的成分越少。所有的济贫制度中几乎都包含这种类型的转移，即确定一个最低的生活标准，不允许任何居民的生活水平低于这一标准。因为政府潜在地承诺，当达到这一水平的所有自食其力的居民的实际收入下降到该水平以下时，都将获得由政府提供的相应补偿。所以，"对于这种差异化转移的预期将大大削弱许多穷人自食其力的动机。因为，不论国家所规定的最低生活标准如何低，不能全部自食其力但是能够自行满足部分需要的人，与完全不能自食其力的人会得到相同的待遇。所以，就个人自食其力与个人对国民收入的贡献相互一致而言，助长依赖心理的差异化转移将严重地损害国民收入。"（〔英〕庇古：《福利经济学》，金镝译，华夏出版社，2013 年，第 571-597 页）

庇古认为，这部分内容是济贫福利制度设计和管理中核心和最关键的部分，也是英国济贫制度长期实践过程中纠结和处理难度最大的内容之一。庇古对此问题分析得十分细致和透彻。庇古分别对这一问题的多种情况进行了分析，也展示了他的明确主张和思想倾向。

一是有关"最低救助保障"问题。

庇古详细分析了第三种转移支付的情况，认为这种转移支付若以最低救助保障的方式实现，其缺陷是巨大的，会严重地削弱许多穷人自食其力的能力，助长依赖心理，最终会损害国民经济。如庇古所分析："第三种转移，即'助长懒散和浪费的差异化转移'，这意味着给予接受者的帮助越多，他们自食其力的成分越少。所有的济贫制度中几乎都包含这种类型的转移，即确定一个最低的生活标准，不允许任何居民的生活水平低于这一标准。因为政府潜在地承诺，当达到这一水平的所有自食其力的居民的实际收入下降到该水平以下时，都将获得由政府提供的相应补偿。所以，对于这种差异化转移的预期将大大削弱许多穷人自食其力的动机。因为，不论国家所规定的最低生活标准如何低，不能全部自食其力但是能够自行满足部分需要的人，与完全不能自食其力的人会得到相同的待遇。所以，就个人的自食其力与个人对国民收入的贡献相互一致而言，助长依赖心理的差异化转移将严重地损害国民收入。"（〔英〕庇古：《福利经济学》，金镝译，华夏出版社，2013年，第591页）

二是有关"普遍养老金"的形式。

庇古的分析认为：普遍的养老金政策的要害是处理好努力劳动的人和不努力劳动的人的待遇结果，处理好自己努力得多和自己努力得少的人的待遇效果问题。庇古分析认为："对这一事实的认识使得许多人开始考虑一些方案，以限制接受这种差异化转移的群体范围。因为每个人都认为，在一个文明的国度里不应该有人忍饥挨饿，这只能通过进一步扩大接受中性转移群体的范围来实现，即不论每个人的收入如何，其基本需求都可以因此而得到实际上的满足。有关这一方面的动态，很好地反映在支持和反对一项普遍性的老年抚恤金方案的争论上。"（在1919年部门委员会《关于老年抚恤金方案的报告》中，清晰地反映出有关争论的情况。大多数委员建议取消领取抚恤金的财产限制，少数人对此持反对意见）"该项方案的支持者认为，如果所有超过一定年龄的人，无论收入如何，均能得到规定的抚恤金的话，就不会出现任何差异以促使某些人到老年时赚取低于其原本能够赚取的收入。然而，如果仅对那些超过一定年龄而且收入低于所规定的最大值的人支付抚恤金，则将导致那些原本能够在该最大值至该最大值外加抚恤金之和之间赚取一定收入的人，只能赚取低于该最大值的收入。"（〔英〕庇古：《福利经济学》，金镝译，华夏出版社，2013 年，第 591 页）庇古认为，同样，浮动抚恤金方案也会产生类似的影响，不过影响程度略低一些。持反对意见的一方指出，根据上一章的推论，以税收的方式获得资金必然会对国民收入带来不利的影响。征收的资金越多，这种不利的影响越大。因为普遍性的老年抚恤金方案的开支必将大于有限性的老年抚恤金方案的开支，所以会遭受到反对意见的攻击。几乎完全相同的争论，仅仅由于对优生问题的考虑而略显复杂。

三是关于学生的免费饮食补助问题。

庇古认为，在对支持初级学校的所有学生提供免费饮食的人，与支持仅对父母无力支付餐费的学生提供免费饮食的人之间，也展开同样的争论。在最后一项争论中，还需要考虑学校在对两类学生进行划分时所造成的社会性尴尬局面，以及在确定学生父母是否具有支付能力时所面临的实际困难。庇古认为："谋求争论中矛盾双方的均衡是一项非常复杂的工作，并不需要在这里说明。不过，如果支持普遍性的抚恤金方案和普遍性的母亲捐助基金的观点——支持国家向每一个人发放最低生活标准，而不论其收入如何，以避免进行差异化转移的观点——本身被广为认同的话，则权衡利弊得失的工作将变得不再复杂。在这些情况下，毫无疑问，上述描述的那种反应将产生很大的作用，从而使国民收入遭受巨大的损失。无论如何，现实的政治家都不会赞同那些不考虑人们的个别需求，而对大范围的群体提供普遍性的救助方案。"（〔英〕庇古：《福利经济学》，金镝译，华夏出版社，2013 年，第 592 页）

四是不劳动者的（收入）保障不能高于正在劳动者的最低收入，否则就会发生负激励问题、道德风险问题。

（1）庇古说："正如我们以上所说，这些转移的预期必将损害国民收入。然而，如果在对接受者提供救助时附带一些限制条件的话，则可能减少这种损害。""为了有利于国民收入，应在何种情况下对国家救助附带限制条件，并且，如若决定附带限制条件，则限制条件采取何种形式最好等问题便应运而生了……事实上，穷人自我供给的主要部分，除去同期工作的所得之外，就是来源于某种形式的保险，尽管通常会被模糊地认作来源于储蓄。于是我们可以得出一般性的结论，由差异化转移对穷人同期工作的所得造成的任何阻碍，如果相应地造成国民收入减少的话，则对穷人工作以外的其他形式的所得造成的任何阻碍所引起的国民收入的减少要小很多。因此，对于无法得到这些收入而由国家提供救助的穷人附带限制条件，将不会产生任何作用。"（〔英〕庇古：《福利经济学》，金镝译，华夏出版社，2013 年，第 593 页）（2）庇古同样赞成"劣等处置原则"，他认为，保证最低收入水平的确十分关键，若是享受生活保障的人"不劳动"比"正在劳动着"的人收入还高，又有保证，那后果是严重的，必然会引发许多负面作用。庇古的理论依据是："对于同期劳动获得较低收入的人，实施有利的差异化转移是一件必须谨慎处理的事情。例如，众所周知，在必要的时候国家会将每个人的收入提高到每周 3 英镑，结果很可能使每个劳动所得低于 3 英镑的人都会变得懒惰起来，并且不获得任何收入将对他更有利。这必将损害国民收入。""当然，其损害的程度将取决于国家所规定的最低标准，以及自己所能获得的收入低于这一标准的人数。如果这一标准高于大多数人自己所能获得的收入，则这种转移所造成的损害必将是非常巨大的。济贫法案委员会在 1832 年所提出的建议中明确指出：能让所有身体健全的贫民的处境，等同于或者看起来等同于社会最底层的独立劳工的处境……那些成年而且健康的普通非技术工人的处境。在那个时期，非技术工人在总人口中占绝大多数。因此，如果保证每个人的待遇都优于这些工人的正常收入，则将促使大量的工人退出生产领域，而这些工人的总产出在国民收入中占有很大的比重，从而将对国家造成严重的威胁。"（〔英〕庇古：《福利经济学》，金镝译，华夏出版社，2013 年，第 593-594 页）

五是认为"现实之中的实际处理方法不尽如人意"。

庇古认为，有许多情况是矛盾和难于处理的。如庇古所指出的："出于区分这两种人的实际困难，以及一般来说并不情愿严格对待前一种人的倾向，使得有关限制条件的安排并不令人满意。于是，形成了一种折中的方案，不是对一类人没有限制却对另一类人严加限制，而是对两类人均适度限制。诚然，这种方案使得无辜的一方免受压制，但却是以另一方受到大庇护为代价的，因此是一种不够充分的限制。不过在若干年之后成立的职业介绍所形成了一种机制，人们通过它可以在一定程度上检验有关失业并非自愿的辩解的真实性。"（〔英〕庇古：《福利经济学》，金镝译，华夏出版社，2013 年，第 594 页）庇古认为："至于这些限制所应采取的形式，可以从英国《济贫法》的实施中得到一些启示。例如，该法明确指出，一定程度上的强制性劳动是非常重要的。在 1832 年递交给皇家委员会的证词中对于这种重要性做出了说明。某位证人在有关利物浦问题的备忘录中指出：劳工的涌入造成住房紧张。有时出现来自普利茅斯的咸肉的供应短缺；当供应短缺时，便意味着穷人蜂拥而至，但是当他们看到门外挂有大量的咸肉时，便很可能在一段时间内再度处于游手好闲的状态。"（〔英〕庇古：《福利经济学》，金镝译，华夏出版社，2013 年，第 595 页）基于同样的考虑，索尔福德市的审计长宣称："为由于就业不足或者失业而申请救济的人寻找工作，已经取得了非常好的成效，当找到的工作与人们过去习惯从事的工作不同时更是如此。在索尔福德，雇用劳工敲碎公路上的石块，在过去的两年中为城市节省了数百英镑。的确，很少有人愿意连续数日从事这项工作，但是对于新手来说，只要提出这项工作他们就会欣然接受。他们会主动找活干，并且在一段时间内不会惹麻烦。虽然存在例外的情况，即在其他人到来之前，如果他们手边的石头已经完全处理完毕的话，则他们会再次提出救济申请，而且政府当局也不得不给予救济。但是只要又有石头运到，他们便会再次主动找活干。"（〔英〕庇古：《福利经济学》，金镝译，华夏出版社，2013 年，第 595 页）

六是对"有劳动能力穷人"的安置、保障中无法回避的困难。

在分析了实际上对"有劳动能力穷人"的安置就业和实施保障的实际工作中所无法回避的困难后，庇古认为：现在，有人强烈建议在英国也采用与欧洲大陆各国所采用的相同的措施。因此，关于流浪者问题的委员会建议："应该通过法律界定习惯性流浪者阶层，而且此阶层应该包括在一定时期内，如一年内，曾经触犯即将实施的有关流浪者的法律条款三次或三次以上的人，这些条款包括诸如露宿街头、乞讨、拒绝从事所安排的临时工作、拒绝或者忽视独立维持生计以及具备缴纳贫民税的能力等等。"如果可行的话，能否以"善待"这些人的观点来安排限制条件呢——结果必将适得其反——这样做是没有道理的。因为对习惯于游手好闲的人来说，这种"善待"，无论是培训、教育还是其他方式，都会像其他任何事物一样遭到限制。因而，采用拘禁措施是必要的。拘禁的采用——能够区分善恶的职业介绍所的发展变得更为可行——将使一种优于英国目前存在的限制有意逃避劳动的制度与国家的救助相互联系。然而，我们不能天真地期望这种制度会变得非常完善，从而消除对于差异化转移的预期在某种程度上降低国民收入水平的负面影响。(〔英〕庇古：《福利经济学》，金镝译，华夏出版社，2013年，第596—597页)

### 3. 主张关注向穷人转移的预期对国民收入的影响

庇古认为，原有的《济贫法》所带来的教训已经使人们忧心忡忡，担心对于公共基金救助的任何预期均会促使穷人变得更加懒散和浪费。我们往往或者起码在战前是这样，听到人们对国家在住房、保险甚至教育等方面进行救助提出质疑，认为这实际上构成了对于工资的补贴，从而成为已被废除的《斯品汉姆兰法》政策的翻版。庇古认为，这种结论源于对相关问题的分析中所存在的缺陷，即在分析中潜在地假定向穷人进行任何一种形式的转移预期，都与其他形式的转移预期一样，将以相同的方式产生作用。实际上，不同形式的转移的预期产生作用的方式是不同的，如果不考虑这一事实的话，就无法得出任何有价值的结论。

庇古在以上细致和具体的分析中，话很多，但可以概括出几个清晰的结论，就是对遭遇困难、实际上成为贫困者的人进行帮助，其最重要的难点是：(1)"最低救助保障"的水平的确定是关键；(2)不劳动者的(收入)保障不能高于正在劳动者的最低收入，否则就会发生负激励问题、道德风险问题；(3)对遭遇收入保障风险的人员所实施的转移支付不能形成"助长懒散和浪费"的社会后果。

## 二、累积英格兰民族 400 年的反贫困思想精华——《少数派报告》

### (一)《少数派报告》显现了反贫困和公共贫困保护文化的历史性进步

19世纪中期，英国政治和社会科学界产生了明星——英国社团"费边社"的主要领导人悉尼·詹姆斯·韦伯(1859—1947年)、玛莎·比阿特丽丝·波特(1858—1943年)，他们志同道合并结成伉俪，后来被称为"韦伯夫妇"。韦伯夫妇将一生精力致力于社会政策研究，调查发现社会问题，提出社会政策解决办法。尤其在社会性贫困问题的解决办法上，韦伯夫妇独树一帜，提出自己的独特见解，在英国以及世界文明史上留下了丰富的思想印记。社会问题研究是他们社会学说的基础，韦伯夫妇认为，当时英国很多社会问题都与贫困息息相关，因此，社会性贫困是他们研究的重点。1923 年韦伯夫妇出版的《资本主义的衰亡》直接指出，资本主义制度是导致普遍贫困、收入不平等和个人自由不平等的根源。20 世纪初，英国实施了几个世纪的《济贫法》仍然面对诸多棘手问题悬而未决。历史的实践已经证明，韦伯夫妇研究的社会性贫困不仅有具体实施的难题，更有如何看待、如何认识贫困的观念以及文化性问题。其中，韦伯夫妇的《少数派报告》对如何看待贫民，如何认识贫困等贫困文化有突出的跨越。在多年社会实践和广泛调查的基础上，韦伯夫妇用 4 年的时间精心打磨，于 1909 年向英政府提交了其济贫改革的纲领性成果《少数派报告》，报告涉及当时英国社会中与贫困相关的种种问题，提出了一系列解决这些社会问题的独特视角与方案，可谓韦伯夫妇社会学说思想的集中体现。报告出版以后，不仅在当时引起了巨大反响，为《济贫法》的最终废除起到了重要的推动作用，其精神更是深入人心，其主要思想、观念还被当时韦伯夫妇的工作助手贝弗里奇引入了以后的由贝弗里奇主笔撰写的《贝弗里奇报告》，为《贝弗里奇报告》的问世奠定了丰富的贫困文化与社会福利理论基础。韦伯夫妇在其《少数派报告》中的核心思想主张是在充分研究贫困问题的基础上，提出其彻底修正济贫法的"劣等处置原则"，并以新的社会福利计划代替实施了长达 400 多年的济贫法。（曹婉莉：《韦伯夫妇研究》，上海社会科学出版社，2012 年，第 167 页）

### （二）公共贫困保护文化激烈碰撞的成果——《少数派报告》与其贫困文化的闪光点

至今为止，从历史的事实见证可见，英国在解决社会性贫困的四个多世纪的探索、实践中，可以清楚地看到人类历史上，贫困文化脚步的沉重。环顾人类近代社会历史，英国政府解决社会性贫困耗时四个多世纪，实践久远，也付出了巨大的时间、历史代价。英国的贫困文化与实践，最早可以追溯到 15 世纪末的 1495 年——都铎王朝时期颁布的第一部解决流浪者的社会性立法。只可惜那是一部以"惩治穷人"为开端的镇压管控立法。之后的几个世纪以来，英国政府在解决社会性贫困立法方面的实践不断，有关贫困文化的纠结、争论也从未停止过。直到 1834 年的新济贫法颁布，都没有能够跨越"惩治穷人"的贫困文化思维定式，都没有能够对济贫问题形成一个更为理性的、展示社会性进步的理想化解决方案。直至 20 世纪之初，英国政府研究济贫法的改革之际所出现的《多数派报告》与《少数派报告》之争的巨大思想分歧，又一次证明了贫困文化的博弈与纠结。

**1.《少数派报告》是公共贫困保护文化的一次深度的考量与认知**

自 20 世纪初，英国废除了实施 400 多年的济贫法。在韦伯夫妇展示的有关贫困文化的观点中，我们可以得到的启示是：受自由主义思想的影响，19 世纪 70 年代以前的英国政府仍然相信"管得最少的政府就是最好的政府"这句名言，政府的视野和主要的兴趣在于外交和国际事务，对国内事务的关注很少。但随着资本主义从自由竞争向国家垄断的过渡，工业化发展使大量的社会管理任务摆到了政府面前。到 19 世纪末，国家对经济、社会实施有效的管理已经势在必行，国家职能也从过去传统的管理政治、军事、外交事务等更多地转向国内。正是在此时期，社会性贫困成为国家突出的社会性问题和全社会关注的焦点。在国家职能上面，韦伯夫妇和费边社会主义者极力倡言："英国所需要的政府，是管得更多的政府，而非管得更少的政府。"（张明贵：《费边社会主义思想》，台北五南图书出版股份有限公司，2003 年，第 383 页）韦伯夫妇强调了传统意义上的国家职能的转变，认为从社会整体观念出发，全社会必须对贫困给予更多的关注，而有能力在全社会范围内进行调控的只有国家，因此他们强调贫困这个巨大的社会问题必须也只能由国家出面控制、管理和协调。"我们必须有一个全国统一的机构来管理济贫问题。"（Drake，Barbara and Cole，Margaret edited，*Our Partnership*，London and New York：Longmans，Green and Co.Ltd，1948，p.358）

韦伯夫妇强调，全社会范围内的贫困协调与解决，只能由国家这个唯一的主体统一地来进行，只有这样，才能保持干预和协调的有序性。为了确保国家的全权干预，他们反对局部的济贫，特别是私人慈善救济。这与查理·布思调查时提出的观点是一致的。比阿特丽丝（韦伯夫人，下同）认为，当年的布思调查中最值得一提的就是反对私人慈善。私人慈善事业不仅没有能够改变穷人的现状，而且"它的害处比益处多，它的效果不明显而且导致别的济贫方式难以实施"。总的来说，私人慈善这种局部济贫最根本的缺点是它"公然藐视国家调控的权威"，（Beatrice Webb，*My Apprenticeship*，London：Pelican Books Limited.，1938，pp.299-300）置全局控制于不顾，实行无序、低效的救济，这不仅是杯水车薪，而且还会干扰大局。

19 世纪中期，整个英国的救济制度仍然有许多棘手的问题尚待解决，工业社会的快速发展和财富的积累，并没有消除大规模的社会性贫困，反而使贫穷变得越来越让人不可忍受，众多社会调查揭示出的贫穷和社会舆论压力使政府不得不面对更加沉重的挑战。正是此种形势之下，1905 年，英国鲍尔弗政府指定了一个皇家济贫调查委员会，"要求调查委员会调查英国济贫管理中出现的问题"。（A.M.McBriar, *Fabian Socialism and English Politics*，1884—1918，London：Cambridge University Press，1962，p.263）由于韦伯夫妇早就享有专家声誉，又由于比阿特丽丝早年在伦敦东区贫困调查中所表现出的杰出才能，比阿特丽丝被选为皇家济贫调查委员会成员之一。但在委员会开始进行调查没多久，比阿特丽丝发现自己在济贫思想、济贫的方式、济贫机关的设置等很多原则性问题上与皇家济贫调查委员会存在严重的分歧。并且，随着调查的深入，比阿特丽丝与委员会的矛盾日益加深，一度曾被济贫委员会主席要求停止调查，但比阿特丽丝坚持自己的看法是正确的，在缺少政府支持的情况下比阿特丽丝坚持要自己进行调查。在悉尼的配合下，比阿特丽丝调动了费边社的人员和他们大批的追随者帮助他们进行独立的济贫调查，最后得出以韦伯夫妇济贫思想为指导的独立的调查报告。比阿特丽丝也因为这份报告与委员会最终分裂。由此，1905 年的英国皇家济贫委员会形成了两份报告，一份是由占大多数的 16 位委员签名的《多数派报告》，另一份是由比阿特丽丝以及另外两位委员签名的《少数派报告》。

### 2.《多数派报告》与《少数派报告》的核心争议是如何看待贫困现象

《多数派报告》受到以济贫委员会主席戴维为首的调查委员会绝大多数成员的认可和支持。戴维是济贫调查中的保守派，他认为济贫委员会的任务是对现有济贫机关的混乱情况进行检查，查找其不足，并对其进行调整和改善，以确保它能重新正常运作。多数派同意从济贫管理的具体措施上做出改革，但不支持观念上的改变。特别突出的是他们坚持沿用原有的《济贫法》核心原则，即1834 年的以"惩贫"为核心形成的"劣等处置原则"。他们认为此原则仍然适应时代的贫困观念，应该作为济贫机关的指导思想，一旦违背这种观念，将会造成济贫政策的失败。

### 3.《少数派报告》主张彻底抛弃《济贫法》

《少数派报告》要求彻底抛弃过时的济贫文化与观念，认为这一贫困文化观念是严重错误的，应当予以废除。同时，《少数派报告》要求彻底废除原有的济贫管理机关，要求对整个英国的济贫现状进行从头到脚的彻底改革。在具体内容上,《少数派报告》有两大主张: 一是彻底废除《济贫法》, 二是提出了《劳动力市场的组织》的基本思路和具体实施办法。这些思想对后来解决社会性贫困的举措和贫困文化观念产生了深远的影响。《少数派报告》也为后世产生的《贝弗里奇报告》提供了丰富厚实的思想基础。关于废除《济贫法》,《少数派报告》回顾和考察了 1834 年以来的《济贫法》, 更多的是关注《济贫法》统管下的社会各阶层的非健全人, 包括老年人、病人、残疾人、儿童和精神病人等, 这些人由于生理特点往往不能自食其力, 他们是《济贫法》关注和管理的主要对象。报告认为现行的《济贫法》及济贫机构的管理混乱不堪, 各种各样需要救助的人都被安放在混合济贫院里。混合济贫院是 19 世纪英国济贫机构的主要类型和典型代表, 但在需要救济的贫民眼里, 那里远非能够为他们提供保障的地方, 济贫院的现实情况是, 不仅环境恶劣, 受助人还备受歧视, 甚至被人称为"穷人的地狱"。在混合济贫院里, 各式各样的人因贫穷而聚集在一起, 食宿都非常糟糕, 更缺乏专门的管理, 这对里面的人的心理和生理都造成了极大的伤害。《少数派报告》从各方面揭露了混合济贫院的情况。他们认为, 从 1834 年开始实行的《济贫法》在济贫原则、济贫观念和方法上都已经严重不符合时代的要求, 而在《济贫法》原则指导下的各级济贫机关也是管理混乱、机构重叠、效率低下。报告认为,"现在的济贫机关对穷人的真正需求视而不见"。( Sidney and Beatrice Webb, *The Break Up of the Poor Law*: *Being the Minority Report of the Poor Law Commission*, Part I, London: Longmans, Green And Co., 1909, p.70 ) 以《济贫法》原则为指导思想的政府和各级济贫机关的错误, 让本已生活很贫困的穷人雪上加霜, 穷人们非到万不得已绝不愿意到济贫院里接受救济,"很多人即使饿死也不愿意", 他们甚至觉得"拒绝救助实际上并没有加深穷人的痛苦"。( Sidney and Beatrice Webb, *The Break Up of the Poor Law*: *Being the Minority Report of the Poor Law Commission*, Part I, London: Longman, Green and Co., 1909, p.70 ) 根据这些现状, 韦伯夫妇最终得出的结论是《济贫法》必须被废除, 代之而起的应该是全新的以防止贫困为重心的社会保障制度。在管理方面,《少数派报告》认为, 应当约束各级济贫机构, 建立新的、更专业、更有效的工作部门。

**4. 提出消除贫困应从消除"健全的懒汉"开始**

《少数派报告》提出《劳动力市场的组织》的方案。在《少数派报告》第二部分的《劳动力市场的组织》中，韦伯夫妇以全新的贫困文化观念为当时英国的济贫管理提供了一个崭新的思考模式和解决方法，其具体内容为：一是有必要在观念文化上实现转变，对"健全的懒汉"赋予新的理解。报告认为，现行的《济贫法》的核心思想观念已经过时，它没有认识到现代工业社会下产生的失业问题的严重性，也不曾对这些问题有所涉及，"现行的《济贫法》只有很少一部分提到了健全人，因为其中的绝大部分是关于非健全人的，如儿童、病人、精神病患者等老弱病残，他们占了济贫机关救济对象的 90% 以上"。（Sidney and Beatrice Webb, *The Break Up of the Poor Law*: *Being the Minority Report of The Poor Law Commission*, Part I, London: Longmans, Green and Co., 1909, p.1）非健全人由于其明显的生理缺陷往往能引起社会的同情和关注，但问题出现在大批身体健康、有工作能力的人沦为失业工人，生活异常困苦，而由于贫穷观念守旧，这些人往往被认为是"健全的懒汉"，遭到人们的唾弃和社会的遗弃。正因如此，"在 19 世纪最后 15 年之前，失业很少被人认为是一个社会问题"。（Edward R.Pease, *The History of The Fabian Society*, London: Fabian Society and George Allen & Unwin Ltd., 1925, p.216）而韦伯夫妇则很早就注意到了"健全的懒汉"这个重大的社会性问题，在他们的《工联主义史》（1894 年出版）一书中一直关注失业问题，并提出要废除失业。韦伯曾经在《费边论丛》中也十分仔细地讨论过解决失业的几种方法，在韦伯夫妇领导下的费边社"在其最初的年代就对失业问题很重视"。（Edward R.Pease, *The History of The Fabian Society*, London: Fabian Society and George Allen &Unwin Ltd., 1925, p.217）解决好健全失业者的处置方法是问题的关键。在《少数派报告》第二部分中韦伯夫妇对失业问题做了一个清晰的思想总结，并且"最终为失业问题找到了答案"。（Edward R.Pease, *The History of The Fabian Society*, London: Fabian Society and George Allen & Unwin Ltd., 1925, p.218）韦伯夫妇指出，在英国的现行体制下，没有机构管理失业，只是把失业工人与其他穷人混合，他们中的一些人与非健全人一样接受救济，根据有关调查，"在伦敦的各个济贫院里有大约 1 万名失业健全人与无工作能力的老弱病残杂处，对没有进入济贫院的失业工人的救济也是偶尔的、带有随意性的，这些人总共有 3 万—4 万"，而且"他们整天无所事事"，（Sidney and Beatrice Webb, *The Public Organization of the Labor Market. Being Part Two of the Minority Report of the Poor Law Commission*,

London：Longmans，Green and Co.，1909，p.331）能够工作却没有工作，更严重的是，他们还不是失业大军的全部，"受失业困扰的人群少则成百上千，在经济危机时多则可达上百万"，而且失业的"痛苦不同于一般的辛苦，它让人遭受身体与精神的双重打击"。（Great Britain，The Royal Commission on the Poor Laws and Relief of Distress，*The British Medical Journal*，1909，p.338）韦伯夫妇认识到了这个问题的严重性，他们认为整个问题急需国家、政府系统地解决。根据韦伯夫妇的研究，他们认为应该把健全的失业工人分为四种典型的形式：长期失业、不连续就业、开工不足、不被雇用。由此，根据各种人不同的情况和条件，分别做出具体的应对措施。他们认为：政府在管理上应当选一名部长专门负责失业问题，直接对议会负责，并在部长下面设 6 个独立机构，分别管理向失业工人提供保险、培训、工作机会等事务，其中最重要的就是国际劳工交换部。韦伯夫妇认为，规范劳动力市场，建立广泛的国内与国际劳动交换与流动体系，是解决国内失业人员就业的长效机制，国家要在其中起主导作用。除此之外，还对童工、女工、铁道工人、煤矿工人等特殊群体和特殊行业工人的工时、报酬、培训、福利等一系列问题提出了建议和意见。这些优秀思想和观念不仅从全新的贫困文化视角下重新看待贫困、失业等重大社会性问题，也为英国济贫法的废止准备了理论条件，更为英国新的社会福利制度的发展奠定了基础，提供了更广阔的视野。

### （三）《少数派报告》展示的全新贫困文化思想、理念

仔细研读韦伯夫妇的《少数派报告》可以看出，其贫困文化的先进性与历史前瞻性。

#### 1. 鲜明地提出"惩贫"思想是十分落后的贫困文化

韦伯夫妇认为，以"惩贫"为基础的济贫观，严重地落后于时代，是以牺牲人格尊严为代价，也为千百万穷人所痛恨。正因如此，联合劳动所（即混合济贫院）被认为是巴士底狱，深受人们的痛恨。（〔英〕肯尼斯·摩根：《牛津英国通史》，王觉非译，商务印书馆，1993 年，第 462 页）韦伯夫妇了解穷人的苦难，他们的工作带有深刻的人文关怀，贯穿他们事业最基本的线索就是对贫困的调查实践和解决问题的思路，他们从理论上和实践上改变了多年以来社会对贫困的某些固有错误与认识偏见。

### 2. 提出全新意义的贫困定义，促使贫困文化有了历史性的进步

在深入调查的基础上，韦伯夫妇对贫困下的定义是："贫困，我们认为是指缺乏生活必需品，致使健康、体力甚至元气受到损害，最终导致生活本身陷入危险的状态，而非仅仅指一种物质状态。实际上，现代社会贫困的一个显著特征是不仅缺乏食品、衣物和住所，而且还在精神上处于一种低迷的状态。"（Drake，Barbara and Cole，Margaret，edited，*Our Partnership*，London and New York：Longmans，Green and Co.Ltd.，1948，p.442）现代贫困已不同于以往单纯的物质缺乏，"经验证明，贫穷在很大程度上，是灵魂的堕落"。（Drake，Barbara and Cole，Margaret edited，*Our Partnership*，London and New York：Longmans，Green and Co.Ltd.，1948，p.442）很多人逃避贫困，只是想在心理上恢复一种自尊自强的精神状态，但《济贫法》指导下的贫困思想是单面的，只注重物质上的补充，完全没有考虑到精神上的匮乏，而且"惩贫"的原则更加深了穷人的这种耻辱感。若以此种贫困文化的眼光看待1834年的《济贫法》则是失败的。正如韦伯夫妇指出的，因为它根植于已经落后于时代的贫困观念和济贫原则，所以济贫机关"要求人们主动自愿地前来，证明自己是'贫穷'的"，承认自己在生理和心理上是卑贱的，而且济贫机关还会对穷人提出的申请作一番严格的考查，整个程序都是对穷人自尊心的践踏。例如，济贫机关要求，一个人如果不是处于什么都没有的赤贫状态，就不能接受救济。提出申请的穷人必须接受调查，有人因为家里仅有的一个破衣柜而被退回了申请，济贫机关给予他的驳回建议是让他把唯一的一件"家具"卖掉，再来申请救济。

### 3. 鲜明地主张穷人也应该有"人格尊严"

韦伯夫妇指出，直至1832年实施的新济贫法为止，济贫机关在观念上根本不认为穷人也是有尊严的人，他们希望通过在济贫院的艰苦劳作，让穷人认识到他们他们自己的"卑贱"。而且，接受救济的人，在济贫院里过着监狱一样的生活，被看守呼来喝去，一天只能保证温饱；他们每天都要长时间地工作，而这些工作有时根本毫无意义，比如说砸石子；济贫院里也缺乏基本的人文关怀，年老体弱的夫妇不能住在一起互相照顾，而是要分至男女不同的房间等。韦伯夫妇在《少数派报告》中呼吁人们对穷人、穷困、济贫等概念进行重新认识，"消除受济者的精神污点，提倡平等。救济者与被救济者不应该有界限"等。韦伯夫妇要求废除《济贫法》，建立新的社会机制，在更充分和更广阔的范围内

调查贫困，了解穷人的需要，并主动给予他们物质上的帮助、精神上的尊重和鼓励。

### 4. 认为贫穷是一种社会病，贫困的解决需要全社会的努力

韦伯夫妇吸收斯宾塞的社会有机论，把社会看作是一个有机整体，认为贫困首先是打击个人，损害社会细胞，进而侵蚀其他社会机体，直至整个社会受到影响。因此，"当社会上出现大量的贫困现象时，说明整个社会机体产生了病变"。（Drake，Barbara and Cole，Margaret edited，*Our Partnership*，London and New York：Longmans，Green and Co.Ltd，1948，p.443）认为贫困滋生罪恶，感染健康的社会机体，"因贫困而产生的酗酒等坏习惯会像坏细胞一样扩散，先破坏家庭，再侵蚀其他健全的社会组成部分"。所以，当穷人正在忍饥挨饿的时候，社会就正在变坏，富翁的日子也不会好过。韦伯夫妇批驳了当时流行的马尔萨斯的观点。马尔萨斯从人口学的角度认为帮助穷人会使他们生更多的孩子，导致更大的贫穷，因此只会越帮越穷，所以应该对贫困放任自流而不是帮助和管理。韦伯夫妇以社会有机论为基础，认为帮助下层贫民，使他们的生活好转，是在治疗社会的创伤，是使整个社会走上良性发展道路的方法，所以应该对贫困现象实行有效的管理。而且，帮助穷人不只是特定社会部门或阶层的义务，而是全社会的责任，建设理想社会必须扫除底层贫困，才能保持整个社会机体不受侵害，健康发展。各个阶层应同心协力，帮助别人，同时也是帮助自己。如果继续坚持落后的观念，弃穷人于不顾，那只会共同走向灭亡。

### 5. 提出国家必须承担救助贫困的主导责任，认为这是国家社会保障存在的理论依据

国家在解决贫困方面要实现重大的转变：提倡国家参与社会调控、社会经济生活具有深远意义，符合 19 世纪末英国社会发展过程中自由放任到国家干预的转型期。这种思想有利于过去以个人和家庭为主的对贫穷负责的传统模式的转变，有利于改变国家对贫困的认识和态度，让国家更多地承接解决贫困的责任，使国家把对贫穷的责任看成是历史发展的必然，不容改变和回避。"对于这个问题，不管政府各部愿意与否，都将被迫去解决。"（〔英〕玛格丽特·柯尔：《费边社史》，杜安夏等译，商务印书馆，1984 年，第 179 页）就算这种责任虽未被完全履行，但已使它不可能被拒绝。关于治理社会性贫困，韦伯夫妇认为核心思路应当是：由被动地应对，转变为主动地预防，即处理贫困须事

前化"减轻贫困"与"预防贫困"。《多数派报告》与《少数派报告》在指导思想上的区别很大，既是全面废除，还是修修补补。多数派承认济贫机关需要改革，但他们与少数派最大的不同在于，他们觉得改革应该在1834年原则的框架下进行，不是废除1834年的原则，而是对它做必要的修改。比阿特丽丝在委员会成立后不久就注意到了这一点。"我所关心的是对英国的济贫机构和贫困做一次真正彻底的调查。"（A M.McBriar, *Fabian Socialism and English Politics*, *1884—1918*, London: Cambridge University Press, 1962, p.323）她甚至要求调查穷人的历史，以了解贫困产生的原因，为的是从源头上阻止贫困的发生，最终达到预防贫困的目的，而济贫委员会的其他成员则只关心"怎样用新方法对付过去已经存在的贫困"。（A M.McBriar, *Fabian Socialism and English Politics*, *1884—1918*, London: Cambridge University Press, 1962, p.323）韦伯夫妇认为，解决贫困的方法不是阻止已经出现的贫穷，而是提前的教育和培训，教会穷人自力更生的手段，才是长久之计。而且，解决贫困不仅要提前对穷人采取措施，还要对可能产生的贫困严加防范，任何与贫穷和济贫有关的人和事都不能放任自流。

## 三、19世纪前后的重要著作、事件及展示的贫困文化

19世纪前后，不乏有大量的引领人类文明和促进经济发展的里程碑式的著作问世，其中涉及和展示了多角度的反贫困思想和贫困文化观点，以下选择部分实例予以展示与分析，以便对其内涵有更多的了解和认知。

### （一）亚当·斯密的《国富论》

#### 1. 古典经济自由主义

1776年英国人亚当·斯密发表《国富论》。它为古典经济自由主义奠定了基础。《国富论》提出了经济的发展是由"看不见的手"——市场来引导的，为此，作为古典自由主义的旗手，亚当·斯密不遗余力地提倡自由竞争，反对政府干预。《国富论》从人的本性——利己动机出发，论述了利己主义是人的一切经济行为的动机。提出劳动分工是提高效率的关键，提出了劳动价值论，第一次明确提出价

值和使用价值的概念。在这部重要的文献中，也隐含了重要的与贫困文化密切相关的——自由竞争与反对政府干预的观点。亚当·斯密认为，一个以个人主义为基石，充分竞争的市场经济制度，将是最有利于人类进步和社会发展的。换言之，只要能够宽厚地对待个人利益，它就能创造出奇迹，在可自由而安全地向前努力时，每个人改善自己境遇的自然努力，是一个如此强大的力量，以至于没有任何帮助，亦能单独地使社会富裕繁荣，而且还能克服无数顽强的障碍。所以，在协调政府与市场关系时他指出：最好将大部分经济事物留给私人处理，而国家如果能够在诸如打赢一场战争、始终维护正义、保障商业活动的秩序等方面获得成功，政府就算尽到了应有的职能。不过，斯密也注意到，某些场合一些人行使天赋自由权会危害整个社会的安全（如在居民区里生产烟花爆竹等），所以也应该受到各种政府法律的限制，并且这种法律并不违背天赋自由权，而是在保护天赋自由权。如斯密认为，政府应该对高利贷加以必要的限制，因为高利息率往往导致贷款人把资金投放到甚至连他们也没有把握的项目上去。

**2. 反对国家干预经济**

斯密主张个人利益和社会利益是能够通过市场经济活动，经过自动化的调节而达到尽善尽美的状况。在他的理论下，人最关心的都是为自己谋取最大的利益，但是每个人又都是社会的人，每个人在谋取自己利益的同时，也客观上促进了社会的利益。"在这场合，像在其他许多场合一样，他受着一只看不见的手的指导，去尽力达到一个并非他本意要达到的目的……他追求自己的利益，往往是他能比在真正出于本意的情况下更有效地促进社会利益。"（〔英〕亚当·斯密：《国民财富的性质和原因的研究》下卷，郭大力、王亚南译，商务出版社，1979 年，p.27）

就经济角度而言，亚当·斯密反对主张由国家干预经济并实行贸易保护的重商主义，认为重商主义只富裕了那些拥有特权的精英分子，而没有顾及广大平民。自由主义试着限制政治权力的界限，以保护个人的自由和财产权。"自由主义"一词后来开始出现分歧。原先的自由主义主张个人自由、经济自由（包括自由市场），和有一定权力限制的代议制政府。到了 19 世纪末，自由主义这层原先代表的意义仅在少数国家仍然完整存在，大多数国家里自由主义一词都已经偏离了最初的轨道（如社会福利、关税、政府对经济的介入和规定、薪水和物价的控制）。在许多国家，自由主义一词大多用以形容处在早期自由主义和美国自由主义（指后来的，20 世纪的）之间的立场，只有少数几个主要政党仍然支持早期自由主义，大多数的自由主义政党都接受了政府对经济进行干预的概念（即由凯尔斯理论所取代）。亚当·斯密最早进行政府与市场关系的分析与论证，是最早分析论证政府与市场关系的人。他主张国家应该有一个廉价的政府，认为政府应该扮演的角色是市场的"守夜人"，尽可能地把政府对社会经济生活的干预降到最低限度。斯密之所以强调廉价政府，主张经济生活里尽可能地减少政府管制，主要是因为他相信自由竞争的市场经济制度的效率。"寻求自身利益的增长的个人将把资源投向能给他带来最大收益的地方，并且作为一个法则，资源也将给社会带来最大的收益"。"自由主义"是 19 世纪最强大的政治术语。甚至于在 19 世纪中期，自由主义仍是一个战斗性的术语。

### 3. 斯密反对政府承担反贫困的责任

基于上述的个人主义、自由主义和政府与社会成员的关系角色的理论，面对社会上的失败者、贫困者，斯密是不主张负责的。他认为政府不应当对穷人施以援手，穷人应当对自己的命运负责。

## （二）政府干预与市场失灵

### 1. 凯恩斯的相关思想

约翰·梅纳德·凯恩斯（1883 年 6 月 5 日—1946 年 4 月 21 日）面对 20 世纪 30 年代的经济危机，相对于亚当·斯密的古典经济自由主义，凯恩斯认为：市场中不存在一个能把私人利益转化为社会利益的看不见的手，资本主义危机和失业不可能消除，只有依靠看得见的手即政府对经济的全面干预，资本主义国家才能摆脱经济萧条和失业问题。为此，凯恩斯主张政府通过收入分配政策刺激有效需求来达到充分就业。为刺激社会投资需求的增加，他主张政府采取扩大公共工程等方面的开支，增加货币供应量，实行赤字预算来刺激国民经济活动，以增加国民收入，实现充分就业。

### 2. 霍布斯的相关思想

传统的经济学认为国家的经济职能只存在于市场失灵的领域，即提供公共产品和服务。霍布斯是较早提出公共产品思想的人。他的《利维坦》一书对公共产品理论产生了两点主要影响：一是社会契约论；二是利益赋税论。之后，休谟在《人性论》中认为，人们具有只追求眼前利益而不顾长远危害的弱点，这只有依靠执行正义的政府的作用才能够克服。他举了一个公共牧地排水的例子来说明：在公共产品的供给及费用承担中，人们都会存在一种"搭便车"即坐享其成的心理，结果就是无人提供公共产品而只有依靠政府。

### 3. 亚当·斯密的相关思想

1776 年，亚当·斯密出版了他的名著《国民财富的性质和原因的研究》。他在著作中提出的"看不见的手"定理认为：在竞争条件下，利润和效用最大化行为通过市场力量，将会使千百万经济主体的活动转化为社会最优状态。由此可见，他是反对国家对经济活动进行过多干预的。但是斯密又指出，本性自由的市场经济制度需要君主去执行三个基本的职责和功能，即：（1）保护社会不受别国社会的破坏和侵犯的职责；（2）尽可能地保护每个社会成员不受其他成员的侵害或压迫的职责；（3）维修某些公共工程和公共设施的职责。

斯密明确地从市场失效的角度来论述公共产品，他认为："建设并维持某些公共事业及某些公共设施（其建设与维持绝不是为着任何个人或任何少数人的利益），这种事业与设施，在由大社会经营时，其利润常能补偿所费而有余，但若由个人或少数人经营，就绝不能补偿所费。"这表明斯密已经认识到市场在某些领域是无法有效地配置资源的。

### 4. 萨伊的相关思想

萨伊认为自由竞争机制具有自动调节的作用，同时竭力反对国家干预经济生活。他断言："在以产品换钱、钱换产品的两道交换过程中，货币只一瞬间起作用。当交易最后结束时，我们将发觉交易总是以一种货物交换另一种货物。"但是尽管如此，他也联系财政问题分析考虑了政府的职能。萨伊在《实用政治经济学教程》中详细地列举了政府的种种正当职能。他认为对诸如公用建筑、桥梁、运河、船坞等公共工程，虽然它们的收入不足以抵偿利息和维持费用，但只要它们能够构成很大的公共利益，其费用应由整个社会偿付。同时他还主张公办教育和国家对技术研究进行资助。

### 5. 庇古认为的政府失灵

庇古在《福利经济学》中也认为，亚当·斯密的"看不见的手"的原理虽然正确，但并不是无条件的。他认为，只有在不存在一点外部性的条件下，市场才能使社会资源得到最优配置，消费者才能得到最大效用，即"帕累托最优"状态。如果存在外部性，就无法实现帕累托最优状态。不幸的是外部性是广泛存在的，因此国家就要对经济进行干预，以消除外部性对经济的影响，从而使资源配置达到最有效率的状态。庇古还研究了收入分配的问题。他认为，由于边际效用递减规律的存在，一个人所得收入越多，则其在总收入中用于消费的比例就越小。因此，若把相对富裕者的部分收入转移给穷人，必会使穷人增加的满足程度大于富人减少满足的损失，从而有利于社会总福利的增加。基于此，庇古认为国家应该加强对收入分配的干预，通过收入分配政策来增加经济福利。

### 6.个人和集体的辩证的和统一的责任、义务关系

在个人和社会、集体和国家的责任、义务关系方面，新、旧自由主义的思想有许多不同之处。

新自由主义主张一种新的社会与个人的关系，即社会与个人之间应该有一种互换的责任和义务：个人有勤奋工作的义务，社会则有为他提供获得文明生活实现条件的责任。这样个人自由、个人主义与集体和社会就协调起来了。这样就与旧自由主义的与国家特有的高度戒备的观点划清了界线。英国前首相丘吉尔曾经对个人和社会、集体和国家的关系做了个通俗的解释，丘吉尔说："没有人是绝对的集体主义者或个人主义者。人具有双重本质，人类社会组织也具有这种双重特性。人是奇特的群居动物，为了某些目的，他必须是集体主义者，而为了其他目的，他将在所有的时间里都仍然是一个个人主义者……我们集体地建立了陆军、海军和文官系统，我们集体建立了邮局、警察和政府，我们集体地管理街道的照明、城市的自来水……但我们并不集体做爱，女士们并不与我们集体结婚，我们并不集体吃饭，也不集体死亡，或是集体地分享痛苦和希望……"（陈晓律：《英国福利制度的由来与发展》，南京大学出版社，1996年，p.78）因此，个人和社会、集体和国家的责任及义务关系是一个辩证的和统一的关系，最核心的应该是社会与个人之间的互为责任和义务的关系，个人有勤奋工作的义务，社会则有为他提供获得文明生活实现条件的责任。在反贫困、实施公共贫困保护责任问题上，尤其如此。

## （三）政府干预与公共贫困保护

### 1.政府干预思想的深远影响力

对于凯恩斯的《就业、利息和货币通论》而言，公共贫困保护的最大关联是"国家干预主义"及由此产生的社会公共物品思想，如美国的社会保障法，

英国的《贝弗里奇报告》和欧洲引申发展的"福利国家"框架。至今为止，这些重大的公共物品制度方案的出现和运行，可以说明凯恩斯是现代西方经济学最有影响力的经济学家之一。凯恩斯的《就业、利息和货币通论》标志着经济自由主义的终结和现代国家干预主义的开端。从这个角度说现代社会保障应当是国家干预主义的最重大的社会公共政策产物之一。正是在国家干预主义思路下运用"社会保障"这种重要的公共政策成功地为全球绝大多数国家政府调控和干预经济运行、解决社会性贫困、保障弱势群体基本生活，提供了普遍性形式和基本的政策框架。设计、调控和运行社会保障成为全球绝大多数国家政府的一项基本职能。凯恩斯主张政府应积极扮演经济舵手的角色，透过财政与货币政策来对抗经济衰退乃至于经济萧条。凯恩斯的思想不仅是书本里的学说，也是 20 世纪 30 年代世界性经济萧条时的有效对策，以及构筑起 20 世纪 50 年代至 60 年代许多西方国家社会繁荣期的政策思维支撑。

凯恩斯在《总论》中提出了政府干预的必要性和重要性。政府可以通过建设桥梁、大坝等公共项目，雇用失业人员。这批人就业后用领取的工资购买食品等货物，从而刺激了对这些货物的需求，生产这些货物的厂家又会雇用更多的人。这些就业人员又刺激了另一轮的需求，增加了另一些人的就业。1998 年的美国经济学会年会上，在 150 名经济学家的投票中，凯恩斯被评为 20 世纪"最有影响力"的经济学家。以凯恩斯的理论为基础而形成的"凯恩斯主义"也是 20 世纪西方经济思潮中最大的一个流派，不论是对西方经济学说，还是对世界各国的经济政策，都有重大影响。他的《就业、利息和货币通论》一出版就引起了西方经济学界的轰动，有人把他的理论誉为一场像"哥白尼在天文学上，达尔文在生物学上，爱因斯坦在物理学上一样的革命"。从经济学角度上说，该书的出版是开创性的，也是随后宏观经济学得以发展的主要思想源泉。凯恩斯的思想后来形成了资本主义改良性质发展方向的主要思想体系，即凯恩斯主义及其流派，凯恩斯学派（Keynesian School），其追随者也随后被称为凯恩斯主义者。

### 2. 一个重大的，至今没有全解的课题——政府与市场的关系

可以说，20 世纪 30 年代以后，几乎所有的经济学说、所有的世俗政府都无法回避一个基本的思考框架——"政府与市场的关系"这一重大的理论与实践题目，而这个题目也与反贫困和相关的贫困文化有密切的关系。

政府与市场的关系是两个关键的和宏大的问题。凯恩斯认为政府应采取积

极的财政政策以消除失业和克服萧条。在其《就业、利息和货币通论》（以下简称《通论》）中，凯恩斯摒弃了他以前的西方经济学关于自动恢复资本主义经济均衡机制的学说，他明确地提出政府调节经济的主张，认为没有国家的积极干预，资本主义就会灭亡。《通论》反映了 20 世纪 30 年代经济大危机时期充分暴露出来的某些实际情况，如失业严重、资本产品大量过剩等，并提出了缓解这些矛盾的对策，为当时束手无策的资本主义世界指出了一条摆脱困境的出路。在很长时期里，西方经济社会都是以"有没有读过凯恩斯的《就业、利息和货币通论》"作为"有没有头脑"的衡量标准。在《通论》中，凯恩斯否定了传统经济学中的有关就业与均衡这一基本的观点，他认为，以往传统经济学中所谓的均衡，是建立在供给本身创造需求这一错误理论基础上的充分就业均衡。他说，这只适合于特殊情况，而通常情况下则是小于充分就业的均衡，因而他自称他的就业理论才是一般理论，即"通论"，既可解释充分就业的情况，也可解释小于充分就业的情况。凯恩斯认为，资本主义不存在自动达到充分就业均衡的机制，因而必须实施政府干预经济，通过政府的政策、特别是财政政策来刺激消费和增加投资，以实现充分就业。消费倾向在短期内是相对稳定的，因而要实现充分就业就必须从增加投资需求着手。凯恩斯指出，投资的变动会使收入和产出的变动产生一种乘数效应，因而他更主张政府投资，以促使国民收入成倍地增长。为此，他主张扩大政府机能对经济进行干预，并认为这是可以使现行经济制度免于"全部崩溃"的唯一办法；在经济政策的具体运用上，他提出了膨胀性的财政政策，扩大政府支出，赤字预算和举债花费，举办公共工程，鼓励投资和消费，扩大社会总需求，实现充分就业，同时使原来居首要地位的货币政策居于次要地位。以凯恩斯经济学说为代表的凯恩斯主义在战后资本主义社会经济复苏和发展中起了非常重要的作用，正是在凯恩斯的国家干预经济学说框架下，美国从罗斯福新政改革开始，开创了美国社会保障事业的新纪元，自此之后，几乎历届总统都是凯恩斯主义者。欧洲各国也是自此开始了贝弗里奇的思想时代，开始了福利国家的新纪元。

### 3. 政府干预与自由放任的半个世纪的思路博弈

就全球而言，排除意识形态的争论，世界无法回避两种前途的博弈，一种是共同富裕的人类命运共同体；另一种是寡头垄断资本统治的独富社会。这两种世界前途是截然不同的。人类命运共同体维护的是绝大多数人的共同利益；

独富社会维护的是极少数人的利益。从短期来看，极少数人组成的利益集团、资本联合资本、资本联合权力、资本联合智力等，占据着世界统治的主导权；从长期来看，极少数人的独富模式是不可持续的，只有绝大多数人共富的社会模式是可持续的，这就决定了世界的前途必定是共同富裕的人类命运共同体。

新自由主义的第一号代表人物是哈耶克，哈耶克是极端的抵制社会主义者。里根与撒切尔夫人，都推崇哈耶克的新自由主义，哈耶克是他们捧起来的旗帜。美国在里根之前，奉行的是美国学派保护主义。里根奉行新自由主义，一是基于美国已经具备了足够的自由市场竞争能力；二是美国需要用新自由主义在全球进行经济扩张和经济颠覆。而且，即使是在里根时代，美国口头上喊着自由主义，而对于战略安全产业暗中还是实行保护主义，外国资本依然无法染指。里根奉行新自由主义，其最重要的成果是让苏联接受了新自由主义。通过新自由主义，颠覆苏联，并进一步通过休克疗法让俄罗斯金融崩溃，其推进的顺利程度，其破坏力之强，远远超过了美国为首的垄断资本集团的预设。

1929 年美国股市崩盘引发经济大萧条后，如何帮助糟糕的世界经济走出困境、恢复健康？凯恩斯和哈耶克给出了南辕北辙的意见。凯恩斯与哈耶克的经济走向之争也引发了长达半个世纪的思想争论——是政府干预还是自由放任？在众多国家的执政党中亦形成自由主义和保守主义党派之争。弗里德里希·哈耶克（Friedrich August Von Hayek，1899—1992 年）在他的《通往奴役之路》发表 30 年后，才迎来了新自由主义思想闪光的时刻：1974 年诺贝尔经济学奖项发给了他——哈耶克。

1944 年 3 月 10 日在英国由 Routledge Press 出版了《通往奴役之路》。哈耶克认为，实行中央计划的经济体制必须有一个小团体（统治阶级）决定资源和产品的分配和发放，由于没有市场机制和自由价格机制，这个小团体无从得知正确的情报，也因此根本无法做出正确的决策来分配资源和产品。对于经济计划在实践上的不同意见，加上中央计划者在分配物资上的不断失败，最后将导致计划者开始运用高压的强迫力量以维持计划的实行。哈耶克进一步主张，社会大众会感觉计划的失败是因为国家权力不够、无法有效推行目标所造成的，这样的感觉会使大众开始投票支持中央集权，并会支持那些看似"可以让计划付诸实现"的"强人"攫取政治权力。哈耶克主张，在经过这一连串的恶化后，一个国家将会无可避免地转变为极权主义。对哈耶克而言，《通往奴役之路》代表了国家进行中央计划的开端，随着自由市场制度的瓦解，所有个人的经济自由和人身自由都将化为乌有。

哈耶克认为实行社会主义制度的代价是极其昂贵的。这包括两个方面，首先是效率方面的损失，在科学技术远没有发达到使中央计划部门可以估计各种产品或劳务对于不同社会成员在各个时刻和场合下的"效用"之前，中央计划部门是不可能替所有的人做出"生产什么"和"怎样消费"的正确决策的，这样的决策过程会造成很大浪费，也就是说，有相当多的产品将无法实现自身的价值。在计划经济体制下，计划官员得不到足够的"激励"去获取每一个公民对各种消费品的"评价"。而在生产受到中央计划控制的体制中，如哈耶克在书中指出的，即便消费者有权选择买什么和不买什么，消费品的价格也将是严重扭曲的。这就是兰格的"计算机社会主义"理论没有提供答案的所谓"激励问题"和"信息问题"。哈耶克认为在人类发展的现阶段和可以预见的将来，只有建立在"个人主义"基础上的经济制度才能够解决激励与信息问题。哈耶克把"个人主义"同"自私自利"加以区分，他所说的个人主义对"有效率的生产"和"有效率的消费"而言，仅仅是指社会尊重个人独立做出消费和生产决策的权利，并实行相应于此种权利的经济制度。"效率损失"并不是哈耶克抨击社会主义制度的主要依据。30年代资本主义经济危机使许多人相信：资本主义"盲目生产"所造成的浪费不一定比社会主义"计划失误"所造成的浪费小。哈耶克在书中表达了类似的看法。他提出的命题是：彻底的计划经济和彻底的竞争经济，如果可能实现的话，都是有效率的。然而这两者的混合注定是效率低下的，除非"计划"是为了加强和改善而不是为了排斥"竞争"。张伯伦在为哈耶克这本书作的序中感叹："哈耶克的《通往奴役之路》在这个彷徨的时代无异于一声呐喊，一声悲泣。它先是对着英国人，而后又对着美国人说：停一停吧。张开眼睛看看事实，倾听良知的呼吁！"

### 4. 20世纪70年代的新情况

20世纪70年代世界石油危机爆发后，福利国家体制开始出现裂缝，战后资本主义积累策略和积累体制下产生的被称之为福特主义的流水线生产模式，建立在由许多半熟练工人操作流水线技术基础上的生产刚性，高生产率、高工资水平，有效促进经济的增长、维持其有效的运行。社会组织样式的福特主义生产方式下，工人依赖于较高的工资和社会福利支撑，国家机器则必须服务于满足他们从摇篮到坟墓的福利体系的需要；官僚国家则必须提供标准化的、不断增长的公共物品和服务，支撑着西方工业化国家 30 余年的经济快速增长。

20 世纪 70 年代之前，凯恩斯主义福利国家的政治、经济干预，在一定程度上缓解了经济危机，甚至在一个时期还成为促进经济快速发展的动力。

但是从 20 世纪 70 年代开始，福利国家的危机开始显现。福利国家危机的根源是福特主义生产范式本身的衰竭和危机，但凯恩斯主义福利国家深受福特主义生产范式结构的限制。因此从宏观的角度说，问题不在于福利国家的危机，而在于产生这种福利国家的生产范式本身的危机。在战后，资本主义福利国家成为整个社会系统的中心，一方面要维系资本主义市场经济关系的运转，另一方面又要通过福利保障和福利供给，维系民族大众对国家的合法性支持。这种困境不可能在资本主义制度中得到避免和解决。由于商品交换形式是资本主义经济运作的根本原则，劳动力的商品化是市场关系的根本保障；国家必须维持商品化，而福利体制本身却必须以劳动力的"去商品化"为基础，因此资本主义国家的福利供给必然要破坏资本主义经济的商品交换关系。福利国家徘徊于"去商品化"和"行政再商品化"之间，在一定角度上，福利国家又无可奈何地使其陷入"奥菲悖论"："尽管资本主义不能与福利国家共存，但是资本主义又不能没有福利国家。"（〔德〕克劳斯·奥菲：《福利国家的矛盾》，郭忠华译，吉林人民出版社，2006 年，第 256 页）解决危机的手段只能在经济领域即积累体制的变迁中寻找。相比于福利国家的危机及其替代性的左、右不同方案，吉登斯又推出了走"第三条道路"的思想，既反对完全取消福利国家的右翼，又反对坚持传统福利国家模式的左派。吉登斯主张："走第三条道路，应当接受右派对福利国家提出的某些批评……某些类型的福利机构是官僚化的、脱离群众的、没有效率的，而且，福利经济有可能导致违反设计制度之初衷的不合理结果。但是，第三条道路政治并不把这些问题看成是应剔除福利国家的信号，而把它们视为重建福利国家的理由。"（何子英：《从凯恩斯主义福利民族国家理论到熊彼特主义竞争国家理论——杰索普论福利国家的危机及其出路》，政治论文网，《论文资料库》，http://lwzaizhibhi.com）由此吉登斯提出以积极的福利取代消极的福利，让市场和社会在福利政策和福利供给上发挥更大的作用。

### 5. 长达半个多世纪的政府干预与自由放任之争

哈耶克与比他大 16 岁的凯恩斯关于"政府干预还是自由放任"未来经济走向之争起始于 1931 年哈耶克在伦敦进行的四场讲座。哈耶克演讲的主题都是批判凯恩斯刚刚萌芽的经济学思想。之后哈耶克又整理和发表了一篇对凯恩斯《货币论》猛烈批评的文章。此文章激怒了凯恩斯，在回应哈耶克的批判中，凯恩斯将几年前哈耶克的《价格与生产》批了个体无完肤。这个初步论战产生的影响是当时的哈耶克和凯恩斯谁都没有想到的——为经济学论战，两位思想巨人都各自埋头著述了自己对后世影响巨大的著作：凯恩斯写出《就业、利息与货币通论》；哈耶克完成《通往奴役之路》。今天看来，两部著作和两种主流思想之争已经长达半个多世纪，至20世纪80年代才初见分晓。20世纪30年代的经济大危机使凯恩斯的"政府干预"思想得到空前大发展的机遇；1935年的罗斯福新政，特别是美国社会保障法的顺利颁布，是突出的政府干预思路的代表，其后的《贝弗里奇报告》及福利国家思想框架问世，引发了福利国家的潮流。但20世纪70年代之后，政府干预补药过多的后果开始在西方经济中显现。20世纪70年代后期，西方经济开始出现滞胀，反对政府干预的思想开始再度占领上风。当时的英国首相撒切尔和时任美国总统的里根大刀阔斧地缩减福利，反对政府干预、推进私有化。英国首相撒切尔将哈耶克奉为精神导师，声称上大学的时候就读过哈耶克的书。这股反对政府干预思潮的最大社会后果是导致了20世纪90年代后的苏联、东欧的解体，一大批计划经济的国家纷纷转向市场经济。这一思想也导致了社会保障领域中的新探索。南美洲的智利的社会保障从传统的政府行为模式转向市场模式为主。阿根廷的社会保障从传统政府模式转向市场模式后，又于2008年11月7日对法案做出修改；11月20日，经过辩论，国会参议院通过法案，总统签署《阿根廷统一养老金法》，于2009年1月开始重新转回政府社会保障模式。

从凯恩斯与哈耶克的论战看，经历了近半个多世纪的大轮回，20世纪30年代、70年代围绕着政府还是市场，这一核心发展引擎的作用，凯恩斯与哈耶克所进行的长达半个世纪的争论与论战，对各国政府决策者所掌控的经济发展方向的选择，产生巨大和深远的影响，凯恩斯与哈耶克的争论与论战也常常使政府决策者在两位学者的想法之间摇摆不定，影响着世界经济的起起落落，影响着数以亿计人口的命运和生计。最重要的，"是政府还是市场"这一核心经济决策的方向，还不可避免地直接影响着政府解决社会性贫困问题的大思路决策，影响着贫困文化发展的方向。正是1929—1933年的世界性经济危机，使得以"罗斯福新政"为代表的凯恩斯主义得以普遍实行，而罗斯福新政的重要内容之一就是实施社会保障，政府直接干预社会性贫困问题。在政府还是市场这一核心发挥作用方面，似乎是凯恩斯赢了哈耶克。可是 20 世纪 70 年代石油危机让世界经济陷入"滞胀"困境后，又使得以"华盛顿共识"为标志的新自由主义思潮成为制定经济社会政策的主流价值观念，哈耶克似乎打了一个翻身仗。20世纪末，在拉美、俄罗斯、东南亚、东欧等地区，新自由主义的经济政策失败，加上 2008 年世界性金融危机的影响，凯恩斯主义似乎又有卷土重来之势。

### 6. 长远来看，政府干预与自由放任之争无解

纵观历史，似乎给世人以暗示：在政策实践上，凯恩斯主义和新自由主义思潮之争可能还会继续，无法定论谁赢谁输。由于诺贝尔经济学奖始于 1968 年，早逝的凯恩斯自然无缘；哈耶克则在 1974 年获得此奖。在 20 世纪 70 年代至 20 世纪 80 年代，新自由主义思想张扬的时候，弗里德曼、罗伯特·卢卡斯、基德兰德、普雷斯科特等也纷纷获奖。但其后，继承了凯恩斯遗产的"新凯恩斯主义者"斯蒂格利茨、彼得·戴蒙德等也纷纷获奖。2012 年，新自由主义思潮"逆袭"成功，埃尔文·罗斯和伊德·沙普利又拿走了诺贝尔经济学奖。其实，凯恩斯和哈耶克的论争，在分歧面前也有同样的追求。他们研究的对象是一样的，都是从第一次世界大战的废墟之上，研究商业繁荣和萧条的周期问题，都试图建立一种真实的和货币现象相互融合的理论框架，以期解释经济，特别是解释经济周期的动态性，他们在坚持自由、民主、法治的市场经济社会这一基本理念上也是出奇地一致。他们各自的理论结论和政策主张，如果单从逻辑推理，都可以比较完美地解释经济衰退的原因，都可以作为解决之道的思想。历史实践给出的选择，实际上解释了他们产生分歧的根本原因，他们都是经济理论家，都有各自的模型，分歧的关键点在于实际经验与预测及实际发展的不确定性。

半个世纪之后，政府还是市场这一核心论题继续在凯恩斯与哈耶克的第一代弟子之间继续论战。凯恩斯和哈耶克的论争，在观点上隔着一道巨大的鸿沟，终其余生，两人始终都无法认同对方的观点，后又通过他们热心的弟子约翰·肯尼思·加尔布雷思和米尔顿·弗里德曼代为辩论。基于凯恩斯和哈耶克这两位 20世纪经济学思想巨擘在经济学理论和政策主张上的巨大差异，可以观察到在哈耶克与凯恩斯之间的论战实际影响了 20 世纪经济学发展路径和各国经济政策制定，乃至影响到了有上十亿人口的前中央计划经济国家的体制改革。2002 年英国剑桥大学的两位财经作家丹尼尔·叶尔金（Daniel Yergin）和约瑟夫·斯坦尼斯劳

(Joseph Stanislaw) 在 2002 年曾出版了 500 多页的皇皇巨制《制高点：世界经济争夺战》(*The Commanding Heights：The Battle for the World Economy*)。《制高点》的中心思想是，20 世纪是人类社会争夺"思想制高点"的一场激烈争夺战，而哈耶克经济社会思想与凯恩斯的经济理论，则是这场人类思想制高点争夺战的两支主力军。按照《制高点》作者的判断，从 20 世纪初到 20 世纪 30 年代，自由市场理念曾在世界各国占据支配地位，控制着"制高点"。从 20 世纪 40 年代直到 70 年代初，凯恩斯主义的政府干预政策则夺得了全世界的"思想制高点"。从 80 年代英国撒切尔夫人私有化改革和美国里根总统的自由市场经济政策的推行，尤其是随着 80 年代中后期中央计划经济国家的经济改革深入推进，以及 20 世纪 90 年代以来世界经济全球化的加速进行，以哈耶克以及以弗里德曼所代表的芝加哥学派的经济自由主义又夺回世界思想的统治地位。

### （四）政府干预与自由放任争论影响着公共贫困保护的发展方向

不得不承认，凯恩斯和哈耶克这两位 20 世纪经济学思想巨擘在经济学理论和政策主张上的争论，不仅影响着各国经济发展，也在很大程度和深度上影响着各国贫困问题的解决方向，影响着贫困文化的发展方向。

20 世纪 70 年代后，在政府干预与自由放任的思想博弈、碰撞中，经济与社会事业发展、公共贫困保护观念、理念、实践都发生了巨大的调整。这些可从英、美两个主要发达国家的实践内容看出基本的概貌。

公共贫困保护的总体思路是缩减政府的职责，寻求政府以外的力量承担更多的公共贫困保护、社会保障的责任。例如英国的撒切尔实施在政府和市场间、国家和个人间的责任调整，依据了凯恩斯的思想，当"看不见的手"失灵时，政府应实施扩张的财政政策，即减少税收、扩大政府支出，保证居民的基本消费，并刺激投资，以阻止经济的进一步衰退。但英国出现了巨大的财政赤字，有实行紧缩福利支出的必要性。到底是保证穷人生活、促进经济发展，还是化解政府债务危机，是一个两难选择。英、美两个发达国家都将养老金这个主要社会保障项目作为调整的重点，将解决国家与个人公共贫困保护责任的调整作为重要领域。

#### 1. 英国撒切尔政府时期的社会保障制度调整

英国是福利制度起步较早的国家之一，但直到 1979 年养老金私有化改革前夕，才基本形成了覆盖范围较广、待遇较慷慨的养老金体系。这一体系主要包括缴费型的国家养老金和非缴费型的国家养老金。其中缴费型的国家养老金包括国家基本养老金（BSP）以及国家收入关联型养老金（SERPS）。非缴费型的国家养老金主要指最低养老金保障计划（MIG）。1979 年，以撒切尔为首的英国保守党上台执政，英国进入 20 世纪末最重要的改革时代。保守党政府改革的基本理论依据体现出了鲜明的新保守主义特点，后称"撒切尔主义"。撒切尔主张减少国家对经济的干预，强调市场的自我调节，大规模实施私有化。在社会保障制度方面主张降低社会福利支出，减轻政府在社会保障方面的负担和责任，强调个人责任与国家责任的基本平衡，强调社会保障制度要与社会经济的发展相适应。撒切尔政府在养老金制度的改革包括：（1）将依据收入水平和物价水平确定国家基本养老金（BSP）的津贴水平，改为仅仅依据物价水平发放养老金。原先英国的国家基本养老金津贴水平主要依据收入水平和物价水平，取两者较高的作为发放标准。而通常情况下，收入的增长往往快于物价的上涨。依据物价上涨提高养老金水平，意味着不仅养老金领取者仍然分享到了经济增长的好处，同时政府也以低廉的政治代价获得了长期的好处。（2）大幅度降低国家收入关联型养老金（SERPS）的福利，鼓励职工从收入关联型养老金中"协议退出"，促进私人养老金计划的发展。这意味着政府将提供养老金的责任和负担转移给私人部门来支付。其中，职业养老金计划被允许弹性增长，雇员也可以退出职业养老金计划选择建立个人养老金计划。为鼓励私人养老金的发展，政府还实施从 1986 年始，在基本折扣的基础上，再为新近加入私人养老金计划的雇员增加额外的相当于收入 2％的折扣，有效期至 1993 年。这种新的制度安排大大提高了私营部门的吸引力，降低了政府在"收入关联型养老金"的地位，将提高退休收入的努力逐步转嫁到私营部门。

**2. 美国里根时期的社会保障制度调整**

里根总统上台之前，美国面临着半个世纪以来社会保障的扩张所带来的整个社会形势的重大变化。诸如，信托基金赤字带来的严重的联邦财政负担；人口结构的老龄化加重福利负担。再如，尽管社会保障的开支增加，美国的社会贫富差距仍然加大，工资和收入分配两极化，"中产阶级"人口开始衰退，美国成为"新的不平等"的代表。里根总统的福利改革思想则来源于传统的共和主义福利主张和保守主义思想，主张推行新联邦主义政策，改革社会保障制度，缩小联邦政府干预社会福利的规模，克服过度福利带来的种种弊端，强调州、地方政府和社会团体应当更多地担负起社会保障的责任。

在缩减政府责任方面，1983 年 3 月国会通过一揽子调整方案，削减一些社会保障项目，尤其是"随意性"的社会福利开支，用以解决当时出现的联邦政府承担社会福利的过重负担。但其前提是不彻底改变美国社会保障制度的基本结构和方针。几项重大举措是：（1）提高社会保障税，以使联邦政府的老年、遗嘱、残疾保险信托基金在以后的七年里增加 1690 亿美元；（2）将社会保障金随生活物价指数变动而相应调整的规定冻结半年；（3）对因领取社会保障金而收入过多者需征收所得税，所征税额归该项保险基金；（4）防止"婴儿潮"时期人口在下世纪进入退休期所带来的冲击波，从 2009 年开始将退休年龄由 65 岁延至 66 岁，到 2027 年再提高到 67 岁；（5）从 1990 年开始，将领取津贴条件由现行 10 年纳社会保障税工龄时限，改为 20 年纳社会保障税工龄时限。

在福利保障立法方面，构建新的福利契约。1982 年美国全国社会保障改革委员会提出社会保险改革建议，经国会修改和补充于 1983 年形成统一的社会保险改革方案。通过提高社会保险税率和税基、延长退休年龄以及暂时取消生活成本消费指数调节方式，暂缓了美国养老保险近期的经费困难。在强调州和地方政府承担起更多的社会保障责任方面：里根政府实行的"新联邦主义"计划使福利保障事业由联邦中央政府责任更多转入州和地方政府责任。把社会福利的政策制定权和社会服务的开支都更多地交由地方政府掌握，扩大州和地方政府的自主权和责任，加强了地方政府实施社会福利政策的灵活性和针对性，有利于消除福利项目管理上的官僚主义，实行管理权的分散化和提高社会保障的效率，更好地对选民负责。

在促进私人和社区福利发展方面，里根强调调动私营保险业的积极性，给予私人养老金计划以更多的税收优惠，并使更多的人参加个人退休储蓄账户。两个政府福利紧缩政策的一个共同特点是：紧缩是无奈的，紧缩不得人心，但紧缩必须进行。

### 3. 里根和撒切尔的改革大思路和效果

可从三个角度印证：（1）两国要推行社会福利紧缩政策，必须通过一定的微调方式，缓解调整带来的引发社会不稳定的代价，掩盖削减的范围和幅度。指数化规则使 1％ 或 2％ 的减少额在未来形成积聚效应，从而随着时间的推移实现社会福利支出的大幅减少。撒切尔政府所实施的，依据收入水平和物价水平确定国家基本养老金的津贴水平改为依据物价水平发放养老金，和里根政的提高社会保险税率和税基、延长退休年龄、冻结生活成本消费指数调节半年的政策，都较大地减少了社会福利开支。

（2）在普遍性原则和选择性原则的抉择上，依据英国社会政策的鼻祖，现代社会政策理论的创始人理查德·蒂特马斯（Richard Titmuss，1907—1973 年）关于"制度性"福利国家和"剩余性"福利国家的区分，里根和撒切尔都选择了剩余性福利国家思路，从普遍性原则过渡到选择性原则，倾向于对某些项目、某些群体实行重点的福利补贴，而改变普遍的广泛性的项目覆盖。在福利国家遭遇困境的时代，两者都一改黄金时代的公平优先，转向了效率优先，缓解了财政负担。所谓项目性紧缩，是指支出削减或项目结构重新调整的结果。这方面在上述两点中皆有显示。制度性紧缩，是指政策的变化所带来的政治经济学、福利国家政治学的改变，从而改变未来的支出决策。两国在制度性紧缩上存在着许多政策形式上的差异：

里根的举措是通过限制财政收入流向方式，停止资助福利国家，从而达到紧缩效果。正如里根指出的，大政府就像一个不受管束的孩子，要规训孩子的"肆无忌惮"采用"减少零花钱"这样的简单办法就行了。具体举措就是——消除税级攀升趋势，在不制造政治抗议的同时减少财政收入，断掉社会福利支出的源头。里根政府还采取调整公共贫困保护责任分担的方式，把制定社会福利政策的权力下放给地方政府。这样各个地方政府必须根据本地区的经济实力制定福利政策，通过成本—效益分析，减少那些成本高、效益差的福利开支，并且能够通过公民投票、听证等形式制定福利政策。这也会由于地方政府之间的经济实力差异，加剧各地区间贫富差距。

（3）撒切尔政府是采用直接削减公共项目的支出，转向通过鼓励私营社会项目和通过其他私有化议案，扩大公共贫困保护的责任分担。将退休金的责任从公共部门转移到私营部门，从而削减公共福利支出。撒切尔政府在社会福利改革的力度是大的，尤其是在养老金改革中，直接将责任转移给私营部门，可谓是激进变革的少有行动。虽然在改革过程中困难重重，但影响却十分深远。相比里根政府的政策修修补补，有很大的区别。

这样的情况与两国社会福利制度本身有关：英国的社会福利制度更为碎片化，不仅种类繁多，而且享受条件也复杂，因公民的年龄、收入、在"与收入有关的国民养老金计划"中的地位不同而不同。因此，这种较为不成熟的背景，更有利于撒切尔政府模糊公共领域的紧缩程度与新的制度的界线。而美国有着成熟的社会保险制度和坚实的政治基础、强有力的利益集团，要想进行根本性的改革显然难度更大。

**4. 欧洲的福利制度调整与代价**

欧洲国家 20 世纪 50 年代所普遍建立的普惠性社会福利制度，在促进社会公平、稳定社会秩序等方面发挥了积极作用，但随着经济社会情况的变化，高成本问题日益突出，人口老龄化等问题加剧，经济危机和难民危机冲击，其福利的结构性缺陷不断显现，负激励现象明显。高福利已成为经济发展的不利因素。高福利赖以维系的高税收也受到极大冲击。经合组织的瑞典、丹麦、芬兰等税收占比占到了国内生产总值的 40% 以上，位居世界税收最高国家前列。较低的挪威和冰岛税收占比也接近 40%。调整福利成为一条别无选择的不二之路。但改革、缩减福利谈何容易，谁改革，谁下台，几乎成为一种铁律。最突出的实例就是德国的施罗德总理的经历。

德国被认为是现代西方福利制度的发源地。然而，进入 21 世纪之后，高福利制度成了拖累德国经济发展的包袱。直至德国政府 2003 年推出"2010 议程"，削减了过重的社会福利，德国经济和社会发展才重新走上正轨。"与懒汉没有道理可讲。" 2003 年，时任德国总理施罗德力排众议，推出了"2010 议程"一揽子结构性改革。改革中相继推出的 4 部《哈茨法案》，对社会福利进行了大幅削减，如下调就业与失业者的福利补贴，强制失业者接受职业培训并尽快再就业。同时，法案还包括推迟退休年龄、减少政府法定退休金支付比例等内容。德国总理默克尔曾表示，正是施罗德和"2010 议程"让德国将超负荷高福利重新扳回正轨。为推行"2010 议程"，施罗德和他所领导的社民党付出了巨大代价。由于削减福利引发选民和党内不满，施罗德被迫于 2005 年提前辞职，随后又宣布退出政坛。社民党的力量也受到很大削弱。

**5. 在触动社会成员的切身利益方面进行实质性的调整是要付出代价的**

英国中高收入阶层大多对前首相撒切尔夫人改革经济顽疾和大力推行新自由主义市场化表示赞许，因为这些改革"铁"政将有利于进一步夯实英国现代经济的基础。因此当联合政府想要进一步改革福利制度的时候，英国这部分人士难免会希望现任政府能够更加强硬一些。

撒切尔被冠以"铁娘子"称号，不仅在于其外交和军事上的强硬政策，更是因为她在内政方面，特别是经济制度上实施了一系列个性鲜明的改革举措，这包括削弱工会对经济社会的垄断力量，使得劳动力市场更加灵活高效；对国有企业实行全面私有化，注重经济体的长期效率等。20世纪70年代末，在工党领导下，大面积的国有化和工会力量的不断壮大，使得英国经济效率低下，成为限制市场效率充分发挥的桎梏。对此，撒切尔表现出了务实精神和改革韧性。前者表现在她重新定义了效率和公平，认为在低效率的经济制度下，当经济个体膨胀的福利需求已经严重限制市场效率的发挥时，那么改革便成为题中之义，也是突破瓶颈的必经阶段，于是她选择了在短期内效率优先、市场优先，公平让步于效率；后者则表现在尽管面对的是最难啃的骨头如工会和国企，但是撒切尔仍然迎难而上，不顾在野党的反对，坚决地将改革贯彻到底，并最终以10年努力，缔造了一个新生的英国经济。但经历了一番大的福利调整后，反对、不欢迎撒切尔的英国国民也是大有人在，改革是要付出代价的，尤其是福利调整的领军人。

第四篇

19世纪前后人类文明审视的贫困现象与贫困文化碰撞（下）

————————————— ❧❧❧ —————————————

　　19世纪前后，世界经济与社会发展加快，社会科学思想日益丰富和发展，争取社会进步的努力此起彼伏、风起云涌。19世纪前后，人类社会性贫困问题矛盾激化，社会性贫困引发了社会方方面面的思考。19世纪前后，反贫困的社会实践日益活跃，人类文明审视的贫困现象和贫困文化的思想亦随之活跃，展示了多种贫困文化的碰撞与博弈。《贝弗里奇报告》的产生与防范社会性贫困的国家方案《福利国家制度》的问世，激活了保障目标，防范了福利依赖；贫困者的保护——选择制还是普惠制方式选择的挑战等重大问题亟待解决。

————————————— ❧❧❧ —————————————

1942 年威廉·贝弗里奇发表《社会保险及相关服务》，也称《贝弗里奇报告》，提出建立"社会权利"新制度，包括失业及无生活能力之公民权、退休金、教育及健康保障等全新理念。这是影响整个世界社会保障制度发展的经典著作，也是一部人类文明史上从全新角度审视和防范社会性贫困的著作。《贝弗里奇报告》是曾影响了英国、欧洲乃至整个世界大多数世俗政府社会保障发展进程的行动方案。

## 一、防范社会性贫困手段的成型方案——《贝弗里奇报告》

### （一）《贝弗里奇报告》制度框架、思路与贫困文化概述

威廉·贝弗里奇（William Beveridge，1879—1963 年）是英国驻印度文官之子，在牛津巴里奥学院受教育，1909—1916 年任劳工介绍所所长，1919 年任伦敦经济学院院长，1937 年成为伦敦大学校长，是福利国家的理论建构者之一，他于 1942 年发表《社会保险及相关服务》，也称《贝弗里奇报告》，提出建立"社会权利"新制度，包括失业及无生活能力之公民权、退休金、教育及健康保障等理念。他是自由主义者，主张市场经济。他于 1944 年发表《自由社会的全面就业》一书，主张由国家及市场导向的私人企业来联合运作，对当代社会福利政策及保障制度深具影响。贝弗里奇对社会事务的关心和兴趣是在牛津大学时培养起来的，和许多与他同一时代的青年一样，他也进入了伦敦东部的汤比恩馆学习。汤比恩馆建立于 1884 年，是为了让那些有着社会意识，关心社会事务的年轻人发现关于贫穷的第一手资料，汤比恩馆也为他们提供了一些到真正环境中实习的机会。这种在东部早期的与贫困的直接面对，使贝弗里奇对解决失业问题和给那些由于上了年纪或者没有工作的人某种形式的收入，从而维持生活这两个问题产生了浓厚的兴趣。这个兴趣影响了他的一生。他对 19 世纪末和 20 世纪初以税收为来源作为老年人的养老金持否定态度。德国之行使他看到了捐助政策的优点。贝弗里奇对这一原则持坚定不移的态度。在 1911 年的失业保障法案的制定中，他起了非常重要的作用。贝弗里奇于 1924 年著述的一本《为一切保障》的小册子中，包含了绝大部分后来出现在他 1942 年所作《贝

弗里奇报告》中的基本观点。

### 1.《贝弗里奇报告》的问世

《贝弗里奇报告》思想来源非常丰富，是多方面优秀思想的集大成。其一，从英国制定《贝弗里奇报告》的时代社会背景看，当时的二战已经接近尾声，为了赢得战争，英国人民做出了巨大的牺牲，英国在任首相丘吉尔全力团结了当时英国的三个政党：保守党、自由党和劳工党，更多地将国家权力、国家力量集中在政府手中，政府也以对人民施予更多的照顾为目标，鼓励人民为抗击纳粹德国而战。丘吉尔政府承诺进行改革，建立更平等的社会，让每一个人都能平等地享有公民权利。这些社会发展目标成为英国国民的一个期盼的愿景。其二，是英国几百年来的反贫困正、反两方面经验、教训的总结和提升。从1495 年的都铎王朝开始正式关注贫困问题，处理流浪汉立法到伊丽莎白济贫法、1834 年的新济贫法，再到 1905—1909 年韦伯夫妇参与英国皇家济贫调查委员会的调查所提出的《少数派报告》都为《贝弗里奇报告》的思路框架奠定了基础。其三，是国家干预主义的兴起，当时的英国已经由资本主义发展到垄断阶段，国家干预主义思潮开始兴起，亚当·斯密的经济自由主义受到费边社会主义和新自由主义的挑战，而凯恩斯主义经济学更是从经济学的角度将国家干预主义进一步理论化。这些重大的经济、政治变化为《贝弗里奇报告》提供了理论支持，加之贝弗里奇本人的勤奋思考、博览众精英的宝贵思想，由此，《贝弗里奇报告》形成了一个全方位的、立足于现实、行之有效、载入史册的公共贫困保护"艳丽之花"。

### 2.《贝弗里奇报告》展示的反贫困思路

《贝弗里奇报告——社会保险和相关服务》分析了英国社会保障制度现状、问题，对以往提供的各种福利进行了反思，并系统勾画了战后社会保障计划的宏伟蓝图。重点讨论待遇标准和房租问题、老年问题以及关于伤残赔偿的途径问题。在大量调查统计数据的基础上，《贝弗里奇报告》详细分析了劳动年龄人口、老年人、供养子女等不同群体对房租、食品、衣着、燃料等生活必需品的需求，由此得出战后满足人们基本生活最低需要所需的保险待遇标准；根据英国人口老龄化现状及当前养老金制度存在的问题，提出提高养老金标准、改革养老金制度的建议，并提出在 20 年时间内将旧制度逐步过渡到新制度的具体设想，以及把退休作为享受养老金必要条件的意见。在社会保障和社会政策部分，

《贝弗里奇报告》详细讨论了子女补贴、全方位医疗康复服务和维持就业问题，提出把消除贫困作为战后的基本目标，即社会保障计划的目标是：确保每个公民只要尽其所能，在任何时候都有足够的收入尽自己的抚养责任，满足基本的生活需要。

### 3. 贝弗里奇设计的社会保障三原则

贝弗里奇在勾画社会保障计划时遵循了三条指导原则：其一，既要充分运用过去积累的丰富经验，又不拘泥于这些经验，不被经验积累过程中形成的部门利益所限制和驱动；其二，把社会保险作为提供收入保障、消除贫困的一项基本社会政策内容；其三，确定了国家提供福利的原则是基于国家利益而不是某些群体的局部利益，社会保障必须由国家和个人共同承担责任，通过国家和个人共同的合作来实现。具体体现是，一方面在国家承担相应责任的同时，不应扼杀和替代个人在社会保障中的责任；另一方面，国家提供的基本生活保障水平不宜过高，而应给个人参加自愿保险和储蓄留出一定的空间。

## （二）《贝弗里奇报告》展示的公共贫困保护观点、观念

### 1. 保险缴费制的思路设计

采用保险缴费制的思路设计，无疑在很大力度上，有利于克服英国长期济贫法形成的"接受救济等同耻辱"的文化心理。因为，"接受救济等同耻辱"的扭曲心理是长期形成的、根深蒂固的。所以，保险缴费制是《贝弗里奇报告》方案设计的生命线，是社会保障计划的基石，也是防范整个社会保障体系避免成为空中楼阁，保证制度的可持续性的关键。

### 2. 统一费率的思路设计

统一费率不仅仅是技术上的操作简化目的，其内涵上更加具有平抑贫富差距的作用；统一费率的思想，除旨在统一保险缴费费率外，还有统一费率津贴，即所有参保人的保险津贴（工伤津贴除外）水平是一致的，不考虑因失业、伤残或退休而中断的原收入是多少。统一费率津贴水平取决于国民最低生活标准的高低，是与保障基本生活思想相辅相成、紧密相连的。统一费率津贴思路也是贝弗里奇以自由主义思想为信条的体现。他认为国家应该为每个人提供社会保障，但是"如果国家提供的保险津贴低于维持最低生活所需要的水平，贫困便不能消除，相反为之，便会超出国家最基本的职能范围，导致其他公民的财富被贫

困者浪费掉。因此，统一费率津贴是国家责任和公民权利的最佳平衡点"。

从贫困文化的角度看，统一的费率还将最大限度地有利于防止伤害人们的进取心。贝弗里奇认为，统一的费率津贴能够防止阻碍人们的进取心，因为人不同于动物，人类是有精神的，人类的进取心和需求是没有上限的，人们会通过自愿行动来弥补超出基本需求的额外需求。由此，贝弗里奇认为，坚持统一的费率是一个原则，任何时候都不能妥协。

### 3.缴费回报的心理效果

追求享受待遇是一种缴费回报的心理效果。除了防止产生接受救济有耻辱感外，相对于英国长期的济贫历史而言，参保者可把得到的保险津贴，理所当然地视为其缴费应得的回报，有助于大众维护制度的积极性的社会效果。

### 4.集众优秀思想的提升和运用

贝弗里奇接触韦伯夫妇，进入费边社，深受费边社、韦伯夫妇思想的影响，《贝弗里奇报告》是其优秀思想的提炼和升华。

1948年，英国艾里德政府宣布第一个建成人类社会的"福利国家"，其制度模式与主要思路中显现着"新自由主义思想""少数派报告"观念及观点的光辉，是英格兰民族400余年的反贫困实践，济贫法立法活动试验、实践的总结和精华的提升，是对英国400年的反贫困中的"惩贫"心理阴影的感受、感悟、反省和矫正。

## （三）《贝弗里奇报告》告别"惩贫"文化观，彻底否定济贫法的几大缺陷

贝弗里奇的保险思路设计有几点核心思路：必须缴费的思路、保障基本生活的思路、统一费率的思路，这几点是他指导整个《贝弗里奇报告》的设计灵魂。

### 1.坚定不移地告别"惩贫"文化观

《贝弗里奇报告》彻底否定济贫法，是英国反贫困努力的历史性进步。《贝弗里奇报告》明确和继承了韦伯夫妇的贫困文化观念。《贝弗里奇报告》的作者贝弗里奇当年曾经是韦伯夫妇的工作助手，他在起草《贝弗里奇报告》时吸收了当年韦伯夫妇《少数派报告》中的许多优秀思想，其中最重要的是贫困文化观念的重大改变，坚决摒弃了1601年和1834年以来在看待贫困现象中一直坚持的一个错误观念——贫困是个人懒惰所致，贫困是卑贱和侮辱性的标志，改

变了贫困就应该受到惩治的贫困文化观。确认了"惩贫"是落后的，是以牺牲人的尊严为代价的价值观理念，因此提出这种贫困文化毫不犹豫地应当废除。

### 2. 运用"普惠性"思想——解决"保护目标"

在英国几百年的济贫立法实践中，区别"值得救济的穷人"和"不值得救济的穷人"以便达到寻找和确认合适的"保护目标"的努力是经历了长时间的反复的认识过程的。在区别"值得救济的穷人"和"不值得救济的穷人"的过程中，由于认识的角度、评价的出发点、文化的层次等的差别，期间充满了文化纠结与思想碰撞。其"选择方法"深刻的影响左右着、制约着济贫法立法的发展方向，影响着优化的反贫困手段的形成。运用"普惠性"思想的设计思路就较好地克服了原有的"保护目标"确定方法的缺陷。

### 3. 以缴费换取获取福利或救助的权利

在反贫困的实践中，如何获得福利保障或救助的权利？有一个重大的环节——采用什么限制条件进行筛选？设计什么样的限制条件更有效？《贝弗里奇报告》设计了以缴费的社会保险＋津贴形式的方案，以缴费的实质形式，解决获取待遇的权利—义务关系。方案中最突出的思想是——以缴费解决获得制度保护的基本权利，以此来克服几百年来英国人在济贫法中深刻的、刻骨铭心的资格审查和"济贫院检验"等的"有失人格"尊严的心理阴影。

### 4. 寻求基本的、万众如一、平等的公共贫困保护方法

如何解决基本的、万众如一、平等的公共贫困保护方法，《贝弗里奇报告》创造性地运用"国民最低工资"＋"津贴"的方式，解决基本的、最底限的公共贫困保护的平等性，解决平等对待每一个公民、社会成员的公共贫困保护问题。这个思路的最大特色，一是运作上的简便，避免了许多管理上不必要的意见、分歧、争议；二是解决最基本的生活保障所必需的问题，减少了国家、政府的资金筹措压力，节约了必要的资源，防止更多的依赖与负激励问题。

## （四）《贝弗里奇报告》思路是之后的"福利国家"方案的"预演版"

《贝弗里奇报告》是战后英国社会保障制度改革与发展的纲领性文件。二战结束后，英国工党政府采纳了《贝弗里奇报告》的总体设计和其中的大部分建议，在此基础上，建成了"福利国家"。《贝弗里奇报告》较为全面地分析了英国现有社会保障制度的状况和重大缺陷，在此基础上提出建立战后英国新型

社会保障制度的一整套方案，包括改革的基本原则与方法、社会保障制度发展的基础、社会保障制度的目标以及社会保障制度管理方面的若干问题。实际上《贝弗里奇报告》描绘了战后英国社会保障制度改革与发展的基本蓝图。

《贝弗里奇报告》的主要框架：现代社会保障体系框架应由社会保险、国民救助和自愿保险三个层次构成，设计了一整套"从摇篮到坟墓"的社会保障制度。其中，社会保险是满足基本的需要；国民救助是解决特殊情况的需要；自愿保险则是用于满足超出基本需要的额外需要。社会保险是收入保障的主要手段，是社会保障计划的核心，国民救助和自愿保险是补充。（〔英〕威廉姆·贝弗里奇：《贝弗里奇报告——社会保险和相关服务》，劳动和社会保障部社会保险研究所译，中国劳动社会保障出版社，2004年，第135-136页）社会保险是参保人在自己或雇主事先强制缴费的前提下，获得的现金给付，而不考虑支付时个人是否需要。（〔英〕威廉姆·贝弗里奇：《贝弗里奇报告——社会保险和相关服务》，劳动和社会保障部社会保险研究所译，中国劳动社会保障出版社，2004年，第135-135页）

社会保险是以缴费义务换取权利。社会保险的实质是在社会风险发生之前做好资金上的准备，以便在风险发生之后将风险分配给全体社会成员；是一种风险共同分担的内涵。这种"事后风险分配制"的化解方法与英国最初的济贫制度相比，具有明显的预见性和优越性，但属于"预后关怀"的范畴。国民救助在享受时只要经证明确实需要，就可以得到现金给付，不需要事先缴费，并且待遇随个人情况而调整、变动，所需资金由国家财政提供。

## （五）《贝弗里奇报告》的不足和需要思考的问题

像任何事物一样，《贝弗里奇报告》也有其突出的、经实践检验证实其不足和需要思考的问题。审视历史实践，《贝弗里奇报告》也并不是无懈可击，也是有缺陷的。例如，保障基本生活思想是《贝弗里奇报告》制度框架的最终社会目标，这个思想源自费边社会主义的思想体系。这个思想最早由韦伯夫妇在1897年提出，主张国家应尽公共贫困保护的基本责任，但《贝弗里奇报告》所设计的缴费制有一个明显的缺陷，就是难免导致产生性别的不平等，由此导致统一费率思想与保障基本生活思想互不兼容。从文化争议角度看：

**1.《贝弗里奇报告》是政治妥协的结果**

历史事实显示,《贝弗里奇报告》框架和思想体系的产生以及被接受,首先是政治妥协的结果。该报告代表了贝弗里奇新自由主义的观念,显示了贝弗里奇主张用社会保险作为消除贫困的主要手段这一思想;显示了主张国家和个人合作的建设性思路。而这些框架蓝图激发了当时英国社会福利中的福利改革意识,在促成英国工党认为与自己的"社会主义"有可容纳的一面而做出了积极反应。其后,工党也从英国全局性发展得到了受益,这其中不乏与工党重视民生,将解决社会性贫困和国民福利问题作为重大策略有关。

**2. 贝弗里奇被认为是"一个要赠送他人钱财的险恶老人"**

《贝弗里奇报告》发布时,文化冲突也是有的,当时追随丘吉尔的保守党议员曾经将《贝弗里奇报告》的作者贝弗里奇,称之为"一个要赠送他人钱财的险恶老人"。(〔英〕布莱尔·布里瓦提、〔英〕理查德·赫弗曼:《劳工党,一个世纪的历史》,迈克米兰印刷出版,2000 年)总体上,英国工党受益于《贝弗里奇报告》体系,之后,保守党也接受了该体系,使英国成为解决社会性贫困、发展国民福利的领先国家。

当然,《贝弗里奇报告》涉及的一些重大问题不可能一步到位地完全解决,后来的历史实践也证明了《贝弗里奇报告》中所隐含的福利和公平、社会保障再分配与劳动报酬、政府作用与市场机制的关系等一系列重大的问题在其实践中的矛盾与纠结,文化冲突与博弈从未完美解决好。这些重大的矛盾关系体一直是经济学家、社会学家、执政领袖不断思考的重大课题,至今仍然如此。

**3.《贝弗里奇报告》中的文化冲突**

缴费制保险方案与传统家庭观密不可分,由此就强化了原有的性别角色和关系,但与战后英国和世界发达国家普遍的文化发展趋势不是十分一致,导致对妇女权益难以兼顾。正因如此,有学者把福利国家的建立看作是"秘密的"父权制向"公开的"父权制的转变,强化了原有的性别角色和关系。(马红利:《试论贝弗里奇社会保障思想的缺陷性》,《学理论》,2014 年第 35 期)为此,女权主义者也对《贝弗里奇报告》的社会效果给予严重批评,认为这样做低估了已婚妇女工作者的社会价值,抑制了妇女工作者在社会中以独立人格的身份健康发展的机会。缴费型保险实质上抑制了妇女进入劳动力市场,强化了妇女的传统角色。因此,费昂娜·威廉姆斯说:"在女权主义者的著作中,贝弗里奇被

塑造成十恶不赦之人。"（马红利：《试论贝弗里奇社会保障思想的缺陷性》,《学理说》,2014 年第 35 期）

**4. 国民最低生活标准与统一费率津贴的互相不兼容**

缴费制废除了济贫法时期的享受待遇要经过财产审查的政策，但国民最低生活标准又是一个变量，各地区之间的差别很大，朗特里曾经建议统一费率津贴附加实际房租补贴。但是房租补贴又要实施各个家庭的财产审查，这样又违背了社会保险废除财产调查的原则。最后贝弗里奇只能是牺牲国民最低生活标准，保证统一费率的原则。

## 二、防范社会性贫困的政府形式——"福利国家"及其贫困文化博弈

至 20 世纪 80 年代，经历了三四十年的实际运行，福利国家制度所隐含的一些缺陷日渐显现。1980 年，经济合作与发展组织（OECD）在巴黎举行会议，讨论了 80 年代的社会保障运行的各种困难与对策的议题，会后发表了题为《福利国家在危机中》的专题报告，自此惊呼并提出"福利国家危机"的警告。

### （一）"激活"保障目标，防止"福利依赖"是一个重大题目

#### 1. 千百年来贫困文化的老话题

福利国家危机反映的仍是千百年来的老话题：勤奋—依赖—懒惰关系的文化博弈再现。应该说，福利国家的建立是人类历史上的重要事件之一，曾经被誉为一场"静悄悄的革命"，"激活"保障目标，防止"福利依赖"是福利国家制度面对的重要话题。以 19 世纪晚期德国各类社会保险制度的建立为开端，在二战后，福利国家进入快速发展的"黄金时期"。1948 年，英国第一届工党政府首相艾德礼宣布英国建成"福利国家"。其后西北欧各国纷纷你追我赶地以福利国家制度为本国的基本国策。而在 20 世纪 70 年代石油危机爆发后福利国家制度开始陷入多重困境，并进入漫长的调整改革时期；2008 年新一轮金融危机后，福利国家改革再度成为全球瞩目的焦点和难点。这其中显现的仍然是千百年来贫困文化的老话题：勤奋、懒惰与福利依赖的博弈与纠结问题。

20 世纪中后期，福利国家面临深刻危机，德国洪堡大学克劳斯·奥菲（Claus Offe）教授出版了一本专著《福利国家的矛盾》，他以法兰克福学派的社会批判传统为基础，把马克思对资本主义的分析与社会学功能主义、系统论等研究方法结合在一起，对福利国家的危机进行了剖析，提出了"危机管理的危机"理论。"危机管理的危机"是福利国家政府管理的特征，也是奥菲旨在超越传统"经济危机理论"的尝试，在西方有着广泛的影响。自 20 世纪 40 年代后，西方发达国家普遍建立了所谓"从摇篮到坟墓"的"福利国家"制度。在一些国家，如德国，失业工人享受的福利待遇甚至超过正常工作的低收入者，使得过多的公民宁愿领取社会福利金而不去工作。在希腊，公务员的未婚或离婚女儿，仍然可以在父母死后继续领取他们的退休金。很多国家的社会福利支出是其财政总支出中的最大项目，一般在 30% 以上，德国甚至达到71.49%。

### 2. 高福利与制度维持的矛盾

在社会保障福利待遇很高的瑞典，以福利为例，如若妻子生孩子，丈夫可以休 9 个月的全薪"产假"。在孩子年满 16 岁以前，父母均可获得生活津贴；年满 16 岁以后，完成 9 年义务教育的青年，如继续读大学，可以领取教育津贴，相当于上学几乎是免费的。在法国，公民从出生到死亡可享受 400 多种福利。法国社会福利的特点是：不管国籍，只要在法国有合法居留身份就可享受。在医疗保险方面，根据个人收入情况，每个法国公民每年仅交几百欧元的参保费，大致相当于一个星期的最低工资，失业者则免交此费。家庭里如果只有一人工作，可将其配偶及子女纳入自己的保险中，而参保费用不变。

自 20 世纪 90 年代以来，许多福利国家遭遇了前所未有的严峻挑战。由于出生率不断下降，出现老龄化趋势，使社会福利制度的包袱日益沉重。高福利制度也制造了一批依靠社会福利过日子的社会"寄生虫"；一些人宁愿躺在高福利制度上睡觉，也不愿工作。创造财富的人在减少，而通过福利制度分享财富的人却在不断增加。德国（2005 年）的一个四口之家，如果依靠国家救济，每月西部可收入约 1560 欧元，东部约 1421 欧元，全德国的平均水平约为 1539 欧元，高于平均最低工资收入（包括部分时间工作）的 1465 欧元。

当前全球经济复苏缓慢，欧美国家经济危机愈演愈烈，高福利制度已使很多国家债务压力沉重。在习惯了少劳动、多获得的"美好"生活后，再要养尊处优的人去过节衣缩食的日子——哪怕只是稍减油盐，都已变得难以容忍。希腊近些年来实际上一直是在靠举债过着好日子，财务状况确是债台高筑。债务危机爆发后，希腊政府决心压缩公共开支，迎来的却是成千上万希腊人的街头抗议。希腊人把一切都推给了"政府腐败"，却不去想即使政府清廉，希腊人的普遍少劳动、50多岁便可提前退休，哪来足够的财富可供他们任意挥霍。

### 3. 削减福利与政治稳定相悖

但这些国家的各政党发现，选票才是硬道理，执政地位与福利问题关系密切，高福利承诺是获得选民支持的有力武器，反对社会福利很可能会失去选票。为了取悦选民，维护执政地位，多数政府不但难以对现有的福利体制大刀阔斧地动手术，还罔顾偿还能力大肆举债，直接导致国家财政负担越来越重，直到主权债务危机把国民经济拉到崩溃的边缘。为避免国家破产，政府不得不向外界求助，而国际货币基金组织等国际金融机构救援的条件是相关国家政府必须在规定期限内有效紧缩财政，压缩赤字。这意味着不得不削减公共服务、减少福利、降低工资，而这会引起选民的不满，无异于执政党的政治失败。欧洲福利国家陷入了两难境地。债务重压不仅让这些国家没有可以调动的公共财政资源刺激经济的复苏，福利的直线下跌更引发了严重的社会危机，大范围的罢工抗议在欧洲各地此起彼伏。欧债危机让福利国家久已潜伏的危机以很极端的方式暴露出来，而深陷泥潭的政府即使面对汹涌的抗议浪潮也别无选择。

一些福利国家为了应对来自外部或内部的挑战，已经积极展开内部体制的改革，但改革的争议和阻力是前所未有的。欧洲福利国家的出路是一大待解的课题。

## （二）寻求福利的恰当平衡

20世纪70年代起，改革福利制度的呼声逐渐高涨，如联邦德国的前总理科尔所说：我们太贵了，这些既得利益现在都需要打破。在福利国家的体制下，失业福利待遇甚至超过正常工作的低收入者，使得过多的公民宁愿领取社会福利金而不去工作。公务员的未婚或离婚女儿，仍然可以在父母死后继续领取他们的退休金。而这种现象正是又回到1832年英国的查德威克在改革济贫法时所一再强调的"不工作的人的待遇不能高于正在工作人群的最低收入水平"的观点，所谓的"劣等处置原则"正是在这个观点之下产生的。改革阻力大，降低待遇不受欢迎。

### 1. 撒切尔夫人执意缩减福利

1979 年到 1990 年撒切尔夫人任英国首相。20 世纪 80、90 年代的英国在历史的打击下，已经远远地丧失了以往日不落帝国的辉煌和梦想。撒切尔夫人上任后毫不妥协地进行了改革，在经济上，推行新自由主义，打破福利国家格局；在政治上，缔造英美联盟，反对欧洲一体化；在军事上，赢得马岛战争。所有这些激进且争议巨大的政策被称为"铁娘子"、"撒切尔主义"。支持者认为她带领英国走出困境，找回昔日的荣耀；反对者则认为她是一个不折不扣的"独裁者"，几乎毁掉了英国的福利制度。无论历史的评价如何，撒切尔夫人的功过成败正如她自己所说：你可以改变立场，但我决不妥协。2013 年 4 月 8 日英国前首相撒切尔因中风逝世，很多民众在灵柩经过的街道两旁用掌声为这位英国历史上唯一的女首相送行。也有些人在路边大声表示抗议。英国下议院发言人称，由于举行撒切尔夫人的葬礼，"大本钟"和威斯敏斯特大教堂的钟都会在当天暂停报时。在 1965 年温斯顿·丘吉尔的葬礼上，大钟也曾暂停报时，传达对首相的默哀。而当时的工党议员约翰·曼恩却对暂停报时强烈反对："我想撒切尔夫人不会高兴的。德国空军都无法使大本钟沉默，所以我无法想象她会赞成这个主意。"

### 2. 福利待遇不可逆，上升容易、下降难

建于二战后的欧洲福利国家，到 20 世纪 70 年代已经高度发达。以高福利为特色的社会保障制度包括儿童津贴、病假补助、医疗、教育、住房、失业救济、养老保险、殡葬补助等各类"子制度"，涵盖社会生活的各个方面。这种福利制度一度被称作是"均富社会和避免冲突的理想模式"，让世界为之艳羡不已，让欧洲人长期处于自我满足的陶醉之中，将之视为"欧洲软实力强大的重要标签"。

世人瞩目的欧洲发达国家的高福利，确实令人羡慕：从小学到大学免学费或低学费，看病医疗费用全包，失业可以领救济金，甚至妻子生孩子丈夫都有补贴……这样的福利保障，基本涵盖了一个人从"摇篮"到"坟墓"的全过程。其中"欧洲模式"曾被很多人视为理想的社会发展模板。而 80、90 年代后，福利国家问题开始显现，欧洲一直在谨慎地缩减福利国家的水平，但上升

容易，缩减难。法国面临的一是缩减养老金的任务，二是学生失业问题。朱佩、拉法兰等政府都无力有效地推进改革。在希拉克总统任内，1995年的朱佩总理，2004年的拉法兰总理都曾致力于退休金制度改革，但都因为阻力太大，无法推行改革方案而黯然下台。

德国施密特的改革调整，后果也是一样的经历和下场。德国的养老金一是缺口，二是贫富差，德国养老金替代率是70%，美国是40%。明显的规律性结论是，谁改革，谁下台。

### （三）改革社会福利必然要付出代价

回顾历史，自20世纪80年代以来，西、北欧国家纷纷改革福利制度，但步履维艰，每一次福利制度改革都会引发民众的抗议怒潮，发生大规模的罢工和示威游行活动。法国政府的多次更迭，伦敦的暴力示威，法国和雅典的罢工，巴塞罗那的抗议，无一不令福利欧洲倍显尴尬。德国的前总理科尔就是动了国民福利的奶酪，被人民赶下台的；当年的继任者施罗德是靠"绝不改革社会福利"的承诺上台的，但不改革社会福利，经济发展就只能是纸上谈兵。这个难题使得施罗德任期内德国的经济发展如履薄冰。而当施罗德迫不得已地对福利下手时，他也很快迎来了自己的政治末日。

法国的实例也证明了上述规律：1995年法国讨论改革法国铁路工人的退休制度未果，结果是当时的朱佩政府下台；2005年时任总理拉法兰企图推动教育和退休制度改革，直接导致拉法兰下台；2006年法国时任总理德维尔潘试图推动就业制度改革，于是支持率大跌，最终在2008年5月下台。这些历史的事实说明，如何处理劳动者、社会弱者的利益问题是一个两难的贫困文化的博弈与纠结的大命题。上台之前不得不承诺保证福利，上台之后发现"不当家不知道油米贵"。为了迎合选民，争取选票，任何政党都不愿或无法采取真正的增税收、降福利、消赤字的改革办法来实施根本的治国良策。

高福利天堂遇到最严峻的考验，欧洲各国普遍削减福利。自金融危机爆发以来，由于各国财政难以承担福利国家的豪华福利重负，欧洲多国迫不得已进行福利制度调整缩减计划：或推迟退休年限，或冻结养老金支付，或降低公务员的薪酬……而因此遭遇全国大范围的抗议和罢工浪潮。"豪华福利"的弊端愈发明显。

"从摇篮到坟墓"的高福利制度是二战后欧洲社会经济发展的一个重要标签——一年有 6 周假期，60 岁退休，生一个孩子可以得到数千欧元的补助，失业工资比工作时少不了多少，上学学费很低，医疗服务也是物美价廉。

"高福利依赖症"的现实严峻。很多欧洲人都患上了"高福利依赖症"，由此还形成了一个"恶性循环"：不少失业者甘于现状并情愿靠领救济生活，使得因为出生率下降而导致的老龄化严重的欧洲面临劳动力短缺的难题，而为了维持高福利，政府难以把更多的资金用于经济增长，又导致欧洲与新兴的亚洲相比，经济越来越缺乏活力。有分析称，一方面，经济增长慢，税收涨得少，政府财政增收也就难；另一方面，老龄化导致政府财政在养老、医保等方面的福利支出快速增长。收支之间的落差被越拉越大，一味地借债无异于饮鸩止渴，只会让政府财政赤字像滚雪球一般。欧洲的高福利制度面临着难以为继的严峻挑战。

削减福利成为基本主旋律。放眼欧洲，试图削减曾经的"豪华福利"，以便通过财政紧缩措施缓解赤字危机的政府无一不面临民意的巨大考验。英国宣布取消强制退休规定后，德国、葡萄牙、荷兰等许多国家则相继减少对社会福利、医保和教育的投入等。对于享惯了高福利清福的欧洲人来说，这意味着他们要工作更长的时间，要领取更少的养老金，生活质量将大大下降，生活方式被迫调整。这种情形是他们所不愿意面对和承受的。因此，与欧洲各国削减高福利的举措一直相伴相随的是罢工潮在各国风起云涌。在卷入罢工潮的欧洲国家中，不仅有几年来罢工、示威已成家常便饭的希腊、法国和比利时，还有 8 年来从未爆发大规模罢工的西班牙，就连塞尔维亚这样的非欧盟国家也卷入其中。英国《金融时报》的专栏作家吉迪恩·拉赫曼曾这样评论，他一度以为欧洲找到了正确的道路——不是军事超级大国，也不是经济超级大国，而是生活方式的超级大国，但现在忽然发现了这一战略的巨大缺陷——欧洲负担不了如此舒适的"退休生活"。让拉赫曼以及众多欧洲国家忽然发现"巨大缺陷"的是债务危机在希腊等欧洲国家的爆发。拉赫曼说，政府过度举债以及高福利模式所带来的政府财政负担过重正是导致这场债务危机的直接原因。虽然抗议声和罢工潮此起彼伏，但欧洲"豪华福利"的削减，将成为难以扭转的大势。在"开源"方面拿不出得力的办法，只有在"节流"方面做文章，各国只能出台"勒紧裤腰带过日子"的计划。

## 三、20世纪中后期的贫困文化博弈

### （一）里根、撒切尔的紧缩经济行动

20世纪90年代，西方国家经济技术得到快速发展，美国等发达国家通过促进科技进步、发展信息产业与调整社会生产关系，使得生产力发展水平有了较大提高。一些东西方政治家和学者将这种变化看作是自由市场经济发展的一个结果，因而主张发展中国家的经济也需要通过实现自由市场经济这一途径来实现经济社会的快速发展。

里根、撒切尔是紧缩经济行动带头人，是华盛顿共识的创造者。20世纪80年代以来位于华盛顿的三大机构——国际货币基金组织、世界银行和美国政府，根据20世纪80年代拉美国家减少政府干预，促进贸易和金融自由化经验提炼形成了一系列政策主张的文献。以里根执政为标志，"芝加哥学派"成为美国的主流经济学理论之一。在里根和撒切尔的鼓动下，新自由主义在美国乃至经合组织国家中占据了统治地位。

美国著名学者诺姆·乔姆斯基明确指出："新自由主义的华盛顿共识指的是以市场经济为导向的一系列理论，它们由美国政府及其控制的国际经济组织所制定，并由它们通过各种方式进行实施。"该共识包括十个方面：①加强财政纪律，压缩财政赤字，降低通货膨胀率，稳定宏观经济形势；②把政府开支的重点转向经济效益高的领域和有利于改善收入分配的领域（如文教卫生和基础设施）；③开展税制改革，降低边际税率，扩大税基；④实施利率市场化；⑤采用一种具有竞争力的汇率制度；⑥实施贸易自由化，开放市场；⑦放松对外资的限制；⑧对国有企业实施私有化；⑨放松政府的管制；⑩保护私人财产权。

"华盛顿共识"虽然成为全球主流的发展理念，但仍不免遭遇其他思想的挑战。主要的挑战来自两个方面：一是"欧洲价值观"，二是"后华盛顿共识"。"欧洲价值观"基于欧洲传统的社会民主主义价值理念，在强调经济增长的同时，倡导人权、环保、社会保障和公平分配。但是，近二十年来，欧洲福利的社会型资本主义在与美英自由市场资本主义的竞争中处于劣势，欧洲国家在政策导向上整体向"华盛顿共识"靠拢，因此"欧洲价值观"对"华盛顿共识"的挑战是软弱乏力的。更加有力的对"华盛顿共识"的挑战是以美国经济学家

斯蒂格利茨为代表的一批西方学者提出的"后华盛顿共识"。"后华盛顿共识"强调与发展相关的制度因素,认为发展不仅是经济增长,而且是社会的全面改造。因此,"后华盛顿共识"不仅关注增长,还关注贫困、收入分配、环境可持续性等问题,它还从信息不对称出发,指出市场力量不能自动实现资源的最优配置,承认政府在促进发展中的积极作用,批评国际货币基金组织在亚洲金融危机前后倡导的私有化、资本账户开放和经济紧缩政策。

### (二)维多利亚福利原则与撒切尔改革思想

撒切尔的改革思想主线是改变社会价值观,使英国国民重新接受了强调"个人责任"和"选择权"的自由主义价值观。撒切尔采取了分步实施的方法,在第一个任期内由于经济困难严重,致使小幅度地提高了公费医疗处方费,削减了几项社会福利津贴。而在撒切尔的后两个任期内,国内经济形势好转,人们普遍地开始接受新自由主义的改革思路,在社会福利的价值选择上强调追求社会公平的同时,注重提高经济效益,改变普遍性福利为"有选择性"的原则;严格控制不积极工作的失业者申请补助。倡导社会福利私有化,使英国的社会福利转型又一次地走在了多数西欧国家的前面。

#### 1. 英格兰人历史文化的根深蒂固与留恋

1979 年 5 月撒切尔上台执政,提出"回到维多利亚时代"的口号和"自由经济富强国家"的目标。在福利制度方面,撒切尔提出,用维多利亚时代的福利原则代替贝弗里奇的福利原则,即强调自主和个人责任的原则。所谓维多利亚精神,即工作、节俭、自助与受人尊重。也就是资源是来自于勤奋的工作,节俭又会使资源更有利于发展,工作与节俭又会显示出一种令人尊重的工作、生活美德。维多利亚精神的核心是自助。赫伯特·斯宾塞从社会达尔文主义的角度分析说,个人行动自由,竞争和适者生存原则都为社会发展所必须。斯宾塞反对帮助穷人的立法,而且也反对国家对社会生活的任何干预。他认为从生物学的角度看,"集体主义原则"是有害的,从心理学的角度看也是荒谬的,认为这个原则"鼓励坏人依赖好人为生"。(Hebert Spanser, *Autobiograph*, London, 1926, Vol. 2, p.691)另外,从民族历史与发展看,英国的个人主义文化浓重,美国亦是如此,因此,削减社会福利的行动比起其他国家,更容易被社会公众所接受。20 世纪 80 年代以撒切尔夫人为首的保守党对英国进行了长达

16 年的新自由主义改革，幅度大，效果明显，被人们称为"撒切尔革命"，创造了英国 80 年代经济持续增长的"撒切尔奇迹"。"撒切尔革命"对政府财政难以为继的社会保障制度进行了重要改革，重新调整了方向，用英国评论界的话说就是"她对破坏性的、过度的福利制度提出了最勇敢的挑战"，促使英国的福利国家制度发生重大转型。20 世纪 70 年代在世界经济危机的影响下，英国经济跌入深渊。英国的经济增长速度和人均国内生产总值均已降到西方发达国家的最低水平。1971—1979 年，政府财政赤字总额达到支出总额的 10.3%，达到同期国民生产总值的 5%，通货膨胀最高时曾经达到 25%，国债规模也急剧扩大。（顾俊礼：《福利国家论析——以欧洲为背景的比较研究》，经济管理出版社，2002 年，第 138、142、144 页）"英国病"一时成为人们议论的话题，"福利国家不能再按它的尺度维持下去了"。（〔英〕彼得·詹金斯：《撒切尔夫人的革命》，新华出版社，1990 年，第 18、264、124 页）二战后由《贝弗里奇报告》设计的以国民保险制为核心的英国社会保障制度面临重大挑战。

**2. 撒切尔与新保守主义**

20 世纪 80 年代撒切尔夫人领导的保守党进行的社会保障改革，是以新保守主义理论为理论基础。新保守主义的杰出代表哈耶克积极倡导发挥市场作用和个人责任，他指出，在社会经济领域引入一定程度的计划性是必要的，但是这种计划性不能代替竞争占据资本主义经济调节手段的主导地位，因为依靠单一计划指导各种经济活动必将引起无数问题。（〔英〕哈耶克：《通往奴役之路》，王明毅等译，中国社会科学出版社，1997 年，第 61—91 页）这一观点顺应了 20 世纪 80 年代英国社会保障改革和发展的需要。第二次世界大战后，英国社会保障制度作为"社会安全阀"，很大程度上缓和了劳资关系和阶级矛盾，使英国的政局、社会长期以来保持相对稳定。但是，由于英国社会保障制度本身存在的一些缺陷，20 世纪 70 年代以来，社会保障制度对英国经济和社会生活的消极影响日渐突出，严重制约了英国社会经济的进一步发展。主要表现为：首先，社会福利开支居高不下，国家财政不堪重负。1950 年，英国用于社会保障方面的支出为 6.571 亿英镑，1970 年增至 39.27 亿英镑，1980 年猛增至 235.08 亿英镑。（A. H. Halsey, *British Social Trends since 1900*, London: Macmillan, 1988, pp.495-501）社会保障的巨额开支，使英国经济背上沉重包袱。社会福利开支居高不下、财政负担加重，同时又削弱了国家调节经济的能力。1982 年，英国国债已达 1000 亿英镑，占当年国民收入的一半以上，仅国债利息就高达 60 亿英镑。因此，英国也被人们讥讽为"靠借债度日的安乐国"；其次，英国税收制度和社会保障制度的相互作用，一方面使工人的基本生活需要得到了保障，但另一方面也削弱了劳动力市场上竞争机制的自发调节作用，一定程度上影响了就业形势的好转。更多的工人宁愿选择休息，而不选择工作。高福利的代价是高税收，维护高福利，必须有较高的个人所得税。英国的个人所得税实行累进税制，随工资收入增加而提高。因此，名义工资的增加部分往往被个人所得税抵消，这在很大程度上影响了从业人员的工作积极性，大批专业人才外流；再次，办事机构臃肿，社会救助管理效率低下。英国的社会福利与保障由国家健康与社会保障部负责。该部是政府部门中最大的机关，直接或间接受雇于该部的职工有 100 万人以上。如此庞大的机构要正常运转，必然耗费巨额财政开支，其管理费用每年高达 18 亿~20 亿英镑。由于社会保障的某些规章制度不严、管理不善，造成巨大浪费和效率低下。社会保障制度日益突出的消极影响，不能不说是战后英国经济增长明显落后于其他西方国家的重要原因。很多有识之士开始反思战后工党迅速建立"福利国家"的后果。国家应该担负社会保障和促进人民福利的任务，这是毫无疑问的。然而，社会福利的范围不应超越社会发展水平，否则本来有益的政策会带来严重的副作用。

### 3. 推行"新自由主义"改革社会保障

撒切尔夫人力行"新自由主义"的"撒切尔革命"，大刀阔斧改革英国社会保障。她的"新自由主义"思想在这句话中得到了鲜明的体现："我竭尽全力所要造就的正是这样一种状况，让人人都成为或者有机会成为有产者。"（〔英〕彼得·詹金斯：《撒切尔夫人的革命》，李云飞等译，新华出版社，1990 年，第18、264、124 页）她还把对"英国病"的批判上升到道德的高度，认为"福利主义"依赖心理导致了道德堕落。她强调个人责任、鼓励竞争和发挥人们的潜能，由此开始了英国近 20 年的社会保障制度的改革。撒切尔政府的社会保障制度改革，在指导思想上明确社会保障必须通过国家和个人的共同努力才能获得成功。国家应为劳动者提供保障，在建立国家最低保障的同时，应鼓励个人追求本人和家庭更高的社会水平，应给个人留有余地。1985 年英国政府提出的《社会保障的改革》绿皮书，其改革的基本原则有六条：一是补助金着重发给最需要的人；二是最大限度地减少依赖性；三是尽可能简化、易于解释和被人们理解、接受；四是体制必须适应服务对象，社会保障体制要适应社会习惯，不同的对象要有不同的体制；五是减少舞弊和滥用，尤其对基金管理要严格；六是鼓励树立个人责任感，强调个人自我保障，自己为自己养老做储备。

### 4.削减公共开支、探索社会福利的私有化

基于上述改革原则，撒切尔政府一直把削减公共开支当作最重要的目标，认为"公共开支是当时英国经济困难的核心"。(王振华、刘绯：《转变中的英国》，文献出版社，1996 年；《当代英国社会保障制度的系统分析与理论思考》，学林出版社，2006 年) 撒切尔政府改革的"第一刀"是年金制度。英国的年金可以分成"基本年金"和"附加年金"两个部分。前者采用统一标准，只要投保人按规定缴纳保费，到退休时就可以领取年金；后者是和投保人的收入挂钩的，投保人缴纳的保费越高，收益也就越高，根据 1975 年工党政府的年金法，附加年金最高可达投保人年收入的 25%。撒切尔政府认为，由于人口老龄化日益严重，如果不限制年金开支，将会给政府和国民造成沉重的负担。撒切尔政府在基本年金保持不变的情况下降低"附加年金"的数额，即把原来规定的以投保人一生中收入最高 20 年的年均收入为标准计算附加年金，改为按一生的平均收入为标准计算，这样附加年金数额就会从年收入的 25% 降到 20% 左右。同时，英国政府也将病人、失业者以及失去工作能力者的短期津贴降低了 5%。从 1963 年开始，已经建立职业年金制度的企业可以"协约退出"国民年金体系，用职业年金替代国民年金，但水平不得低于后者；雇员自愿参加，不受强制；国家有责任在职业年金发生特殊困难时向参加者提供国民基本年金。由于这项改革设计得比较合理，第二年就有 67% 的退休人员加入了职业年金体系。改革的"第二刀"是社会福利。撒切尔政府认为社会保障制度必须与国家整个经济目标保持一致。社会保障支出构成英国政府支出的重要部分，而财政的取得又主要以税收为基础。社会保障负担的加重已经损害了经济发展中的效率。因此，社会保障制度的发展必须与社会经济发展相适应。改变社会救助的"普遍性原则"，实施"选择性原则"，让社会福利真正起到帮助穷人的作用，而不是平均分配。英国社会保障制度的平均主义色彩非常浓厚，很多社会开支实际上流向了并不需要的阶层，造成了社会福利资源的浪费。撒切尔政府用"家庭信贷"取代了"家庭收入津贴"，用"额外资助"取代了"附加津贴"，使资助的对象仅限于低收入、丧失工作能力和有子女的贫困家庭，以及单亲家庭、青年失业

者等社会最贫困的人群。

在进行社会福利私有化的探索方面，将社会福利领域加入市场经济成分，使政府从福利领域"淡出"，如住房私有化的改革，以优惠的价格将公房出售给住户，同时减少住房津贴，规定即使最贫困的家庭也必须负担房租的 20%，不能"公费租房"。据统计，从 1980—1986 年，有 100 万套公房被卖给了住户，达到全部公房的 65%。这方面的改革有效地降低了政府用于住房方面的公共开支，成为英国社会保障制度改革中取得的最大成效。（顾俊礼：《福利国家论析——以欧洲为背景的比较研究》，经济管理出版社，2002 年，第 138、142、144 页）同时，撒切尔政府在国民健康服务和个人社会服务方面也进行了一些私有化试验，增强个人责任，扩大选择余地。

在医疗保险方面，政府鼓励个人购买私人医疗保险，以提高自己在国民健康服务内可以享受的待遇。有学者评价"撒切尔革命"获得巨大成功的结果是："以后的政府是否将不得不适应她确立的新秩序，就像 1951 年丘吉尔保守党政府不得不适应战后的秩序一样。""'撒切尔革命'已经在若干方面得到了巩固。它已经把私有制扩散到如此地步，以至于任何一个有志于当政的政党都不再把国有化作为一项切实可行的政策。"（〔英〕彼得·詹金斯：《撒切尔夫人的革命》，李云飞等译，新华出版社，1990 年，第 18、264、124 页）"撒切尔革命"基本上制止了英国的颓势，创造了经济奇迹。撒切尔夫人当政期间，英国国民生产总值平均增长达到 2% 以上，其中 1982—1988 年均在 3% 以上；通货膨胀得到有效的控制，公共开支水平有所下降。与此同时，撒切尔政府进行了具有新权威主义性质的社会政治改革，限制了工会的政治影响，削弱了地方分权的趋势，强化了中央政府的权力。

### 5. "撒切尔革命"的影响

"撒切尔革命"无论是对英国福利国家转型还是对人们思想观念转变都产生了深远的影响。首先，改变社会价值观念。在"撒切尔革命"影响下，英国社会价值观念发生了微妙变化，人们重新接受了强调"个人责任"与"选择权"的自由主义价值观，普遍开始接受新自由主义改革思路。在社会福利价值选择上，强调追求社会公平的同时注重提高经济效益。其次，政府调控社会福利事业的方式转变。通过撒切尔政府的改革，英国的社会福利发展逐渐与经济增长相协调，福利过快增长的势头得到抑制，实现了政府的管理重心从发放社会津

第四篇 19 世纪前后人类文明审视的贫困现象与贫困文化碰撞（下）

贴到提供优质社会服务的转变。英国结束了福利国家的"黄金时代",政府开始调整自己的角色,从社会经济生活中逐步"淡出",社会保障制度开始向"基本安全网"方向转化,不再承诺公民生活水平的提高,只负责解决少数人的特殊困难,使社会上的失败者和弱势群体无冻饿之险;加快社会保障基金的运营与管理,防止基金被侵吞;采取严厉的控制措施防止"不积极寻找工作"的失业者申请补助;对传统的福利"普遍性原则"进行纠正,引进"有选择性"原则,从而把社会福利与国家的就业政策联系起来,把基本生活保障与发展国家经济联系起来。再次,大力推行社会福利私有化,倡导自由市场和竞争。无疑,这些对英国福利国家制度的转型过程产生重要的影响,使得英国在福利国家转型方面又一次走在了多数西欧国家的前面。最后,任何改革都是有利有弊的。"撒切尔革命"如同对"英国病"下了一贴猛药,尽管使病人起死回生,但也产生了严重的副作用,如:加重了失业问题,拉大了贫富差距,牺牲了平等。但总体而言,使英国摆脱了"英国病",使英国的经济得到持续的发展。

### (三)马歇尔的福利权利、自由裁量思想综述

在社会成员面对的社会风险方面,有一个国家社会保障保护的问题。在福利国家理论下,每一个公民或社会成员都有一个自然而然地获得保护的资格(权利),经过 T.H. 马歇尔的总结和表述,形成了较为清晰的公民权理论。

#### 1. 有关福利、福利权利问题

马歇尔从广义上对福利这个概念加以理解,他认为福利是物质手段和精神手段的结合体。马歇尔把社会福利看作是公民的一种权利,这种权利具有道德和法律双重性质,他关注得更多的是法律权利这一层面,应该说,社会成员的主体性的保障,不仅在于道德的权利,更在于现实生活法律权利的实现。法律权利不仅具有国家保障的强制力,具有可诉性,更重要的是,他的权利的实现具备了明确的义务主体。因而,社会福利的权利除了具有道德权利的性质外,也是一项法律的权利,而且其在当代社会也必须体现为一项法律的权利。

作为对这种广义观点的补充,马歇尔提出个人性的福利权利无疑也是一种法律权利,对个人福利权利的认可和保证,意味着国家运作的公正和良好,意味着平安盛世、国泰民安。

马歇尔认为,首先的问题是公民福利权的保证问题。公民福利权是否存

在？这种权利观念或者说这种立法合不合理？马歇尔以一个例子说明：美国某州的宪法规定，应尽可能给那些因为年老、疾病以及遭受其他不幸的居民制定相关条款，实现他们具有获得社会同情和救济的权利。实际上这是给社会强加了照顾贫困成员的义务，而且是无条件的，因为法律预设了这些人有获得救济的权利。这种规定是否合理？如同天上掉下的馅饼一样，不用花钱，不用付出，就能获得一种保障。对比英国，《济贫法》对穷人给予救济并不是因为穷人有获得救济的权利，而是这种救济是以放弃公民权利为代价的，即穷人以牺牲了他（她）自己的公民权利换来了社会大众救济他的义务，当然就穷人自身而言，实际上他已经失去了公民身份，所以他也没有必须采取行动来减轻其贫困的义务。这里就提出一个很严肃的涉及法律权利、义务关系的问题。

对比北欧诸国，习惯上将对穷人的援助分为强制性的援助和选择性援助（强制性范围以外的），前者意味着在强制性援助范围内，穷人无论因为何种原因而贫穷都可以获得救济。但是这种权利（包括美国的救济权利）并非法律权利，因为当这种权利受到侵犯时，穷人不能诉诸法庭，通过法律裁决，而只能"上诉"，这里的上诉实际上是上诉到同一权威系统的更高层面，由行政人员作出裁决，最终决定事情的结果。

在美国，也有这样的问题。即相关的济贫法中赋予穷人具有的救济权，美国每一部济贫法都赋予了穷人"具有获得救济的权利"，这一权利是不是"法律"权利，仍然存在很大争议，尽管权利是法律诉讼的永恒主题，但结论似乎证明，获得救济并不是一项法律权利。

### 2. 有关"自由裁量"问题

马歇尔论及的另一个问题是，如何看待"自由裁量"给予救济，即通过法院的司法判决给予的救济。因为穷人获得救济似乎应该是无条件的，而应由行政机关负责救济的具体事项。如果救济的取得是取决于某些权威的判断、决策，它就不是一项必须给予的权利，而是一种恩赐了。也就是说，获得救济必须是一项法律赋予的权利。

在贝弗里奇看来，通过自由裁量的方式给予的救济更像是一种帮助（恩赐）而非救济，且其地位低于一般意义上的救济。贝弗里奇强调国家的社会福利职能，认为政府有能力也有责任提高国家效率、减少浪费、降低人民的不满，而可以通过行政和组织的方式来实现这个目标。

马歇尔对贝弗里奇的观点持否定的态度，他认为自由裁量观念并非一种消极的手段，而是一种积极的政策，通过自由裁量可以给予迫切需要救济的人更多的津贴或帮助。马歇尔同时指出，任何满足特定个体需要的好处或服务都必然包含自由裁量的因素。

马歇尔从权利义务角度进一步论证自由裁量给予救助的合理性：如果承认穷人享有完全的、无条件的救济的权利，那又如何否认其成为穷人的权利呢？即如果没有自由裁量，会助长懒惰之风。有自由裁量就可以拒绝或不予懒汉救济，从而促使其努力工作，而不是自愿沉溺于贫困。

马歇尔得出结论：只有在存有积极的、仁慈的自由裁量权的社会，且公众、政治家和政府完全接受这种权利的合法性，并赋予他们高度优先权的情况下，权利才会有相应的法律补救方法，福利权利（获得救助）才能成为一项法律权利。自由裁量权的存在可能会比法律所准确规定的权利产生更加珍贵的价值。

### 3. 权利、义务相辅相成

在马歇尔看来权利和义务是相辅相成的，穷人有获得救济的权利，即无论是否认可其为一项法律权利，他都有尽量不使自己成为穷人的义务。应该说，马歇尔对社会权利领域的权利义务关系有很独特的见解，在他看来，公民接受教育既是一种权利，也负有义务，这种义务就是回报社会；健康权也一样，公民有义务小心谨慎地照顾好自己的身体，因为这身体也是全社会资产的一部分，如果经常生病，生大病，将会导致社会为此付出不必要的代价，收入减少还会传播疾病。所以，社会需要健康的受过教育的人。

相对于给社会的老人、残疾人获得公共贫困保护、必要的关注，则是社会的义务，是一代人与一代人的一种社会协议。马歇尔所著《福利的权利的再思考》是针对 70 年代福利国家制度接近崩溃所作的，是对其福利权利理论的一次修正，本质上是针对自由裁量理论的一次重构。70 年代，由于自由裁量救济的范围不断扩展，产生了一系列的问题，包括社会阶层之间、阶层内部之间的冲突等，新右派认为，福利国家是在陌生人之间进行强制谈判，进而剥夺富人的和穷人的自由，同时使穷人幼稚化，认为福利国家导致穷人被动消极并没有改善生活机会，却产生"依赖文化"等。

### 4. 出路的纠结

马歇尔提出很多建设性的意见，希望挽救福利国家的制度。总的思路是减少整个运作的规模和复杂程度，也就是缩小自由裁量权的适用范围，这个思路和吉登斯的意见相同：西方国家的发展已经由"简单的现代化"阶段进入到"反思现代化"阶段，人为的风险性增加，从而加大了社会的风险性程度。最重要的是：过去在福利问题上的共识已经不复存在，"普遍的倾向是对公民所享有的福利权利范围的缩减"。但是他自己也承认，现实情况并没有理论上讲的那么简单，即便他的建议能够付诸实施，也无法从根本上解决如何在自由市场和福利保障之间达到平衡。笔者认为，这个问题又回到了一个重要的、核心问题上，即国家干预与自由放任、政府与市场这个老问题上来。

滥用福利、福利依赖；公共贫困保护资源紧缺，负担加重；社会福利紧缩，重新考虑选择性、普惠性？英国的吉登斯、撒切尔都是这个大思路；美国的里根、克林顿等也都是无奈地在这个思路框架内寻找出路。

### （四）《公民权与福利国家的理论基础：T.H. 马歇尔福利思想综述》要点展示

T.H. 马歇尔（T.H.Marshall，1893—1981 年）是世界著名经济史家、社会学家、社会政策大师、社会福利理论创始人之一和公民权理论的奠基人。在英国人罗伯特·平克所著，刘继同所译的《公民权与福利国家的理论基础：T.H. 马歇尔福利思想综述》一文中，有一些与贫困文化相关的论点，展示如下：

#### 1. T.H. 马歇尔的公民权理论——享有权利的同时应为社会尽义务

马歇尔认为："公民权赋予了人们在一个共同体内正式成员的地位，所有拥有这种地位的人在权利和义务上是一律平等的，这种权利和义务是该地位所赋予的。"马歇尔注重阐述公民权的权利方面，并将公民权按照历史的分析划分为三个部分：公民权利、政治权利和社会权利，并提出争取公民权的权利是贯穿于整个西方文明的一根主线。

公民权利指的是保障个人自由的权利，政治权利是指参政权和选择权，社会权利是指"公民从获得少量的经济福利和社会保障的权利，到分享充分社会遗产以及按照社会一般标准享有文明生存的生活权利"。

**其一，三要素独立发展，相辅相成。**中世纪时，这三种要素及其所对应的法律体系与国家机构混杂在一起，三要素交成一根单线。而伴随封建主义的消亡，三要素分离和各自独立发展。公民资格的演变过程是地理上的融合和功能上的分裂的双向过程。从英国资本主义发展的历史脉络出发，大致可以断定18世纪为公民权利建立、19世纪为政治权利确立以及20世纪为社会权利奠定的三个时期。确立于18世纪的公民权利主要是由相关法律的制定而体现的，主要体现在法律的制定领域和经济领域。这一阶段法律制定的突出表现是《改革法》的制定。在经济领域，公民权利主要体现在公民的工作权利，这主要体现在公民接受培训的权利和自愿选择职业的权利。划分到19世纪的政治权利事实上是有经济条件限制的政治权利，它在一定程度上肯定了公民的参与权利，虽然这种参与需要建立在获得经济地位的基础上再获得。

**其二，没有无权利之义务，也没有无义务之权利，权利和义务是相辅相成、对立统一的辩证关系。**马歇尔指出："如果公民的资格是用来捍卫权利的话，那就不能忽视与公民资格相应的义务。"公民要履行遵守法律、参与民主、效忠国家、纳税和服兵役的义务，公民最重要的义务是工作。不同的社会给公民地位赋予不同的权利和义务，并不存在普遍适用的权利和义务原则；权利和义务之间是一种变化中的平衡。

**其三，社会权利起源于社会上盛行的《济贫法》。**《济贫法》的确在短时间内成为公民为自己的权利而斗争的武器，但是它事实上不过是伊丽莎白时代为了维持当时现状的一种保护性措施，而不是真正地为了保护公民的社会地位而设计的公民社会权利保障法案，因此将其延续也是会存在一定的问题的。在民众看来，《济贫法》在某种程度上将患病者和正常的公民区分开，提供的是怜悯而不是尊严，这本质上是用自己的公民资格与救济的一种替换，而不是对公民资格本身的一种保障。马歇尔结合英国资本主义发展史将公民权理论细分为公民权利、政治权利和社会权利，进行了制度化联系并对其进行了详细的论述，完整地再现了英国公民资格变迁的全过程，使"公民权"概念的界定具体和实在，为解决自由市场环境下缓和民主和社会发展带来的社会矛盾关系提供了可行的思路。马歇尔将公民权利划分为三类，但是在承认公民具有权利的同时，也坚持公民应该具有相应的义务和社会责任感。即使是受到福利帮助的穷人、残障人士也有摆脱不尽的义务，所以每一个人在社会中享有权利的同时，应为社会尽自己的义务。

**其四，公民权理论与社会人群的关系**

在马歇尔公民资格理论中，最重要的部分是论述公民权和社会人群之间冲突的相互关系。马歇尔注意到，现代资本主义社会中有两种基本结构：一是社会阶级结构，一是公民资格以及相关的制度结构。

首先，国家应该调整和改善较低阶层的生存条件，任何一个共同体都有责任为弱势群体提供维持最基本生存的义务和责任。其次，表面上福利政策所体现的社会权利与市场原则是对立的，但这种对立不是根本性的和不相容的对立。事实上，两者可以联合发挥互补作用，以促进同一结果。公民资格旨在通过直接与间接的制度化和再分配，改善长期的发展。公民资格既不是发挥类似市场的功能，也不能代替市场。公民资格旨在纠正市场的弊病。再次，强调公民受教育的机会平等的权利。这种"隐藏的平等"将让贫苦的孩童显示他们与富人子弟有着同样的聪明才智，为人们的向上垂直流动提供平等的机会。公民资格不是反对不平等本身，而是反对不合法的不平等，反对那些不能在平等的公民资格权利的基础上获得法律依据的不平等，在某些方面公民资格本身已成为合法的社会不平等的缔造者。最后，马歇尔肯定社会价值观和共同的历史对规范社会行为的作用。公民资格需要建立在忠于共同拥有的文明基础上的共同体成员的直接感觉，这种共同文明的直接感觉起着社会纽带的作用。

### 2. 如何设计一个普遍性申请但却是选择性运作的服务计划

在《二十世纪社会政策》一书中，马歇尔集中在三件事情上：一是他称之为在社会保险中的资助津贴水平与那些补充津贴中选择性资助水平之间的"差距上的两难选择"；二是"贫困陷阱"的畸形反常；三是表现在"工资终止"中的"经济价值观与福利价值观之间的差异之处"。马歇尔的结论是，"我们可能得到这两个世界中最坏的结果"：这是一种无效率和制造混乱的选择性政策网络与普及性服务，假如它们是经济节俭的话，这是不适宜的；假如它们还是奢侈浪费的话，那么只能成为适宜的服务。马歇尔寻求的解决办法是实用主义的："如何设计一个普遍性申请但却是选择性运作的服务计划，如何将收入税制度与收入维持制度结合起来"。马歇尔的结论是，人类需要的变化多端和特异性质达到如此的程度，以致酌情区分与选择的角色总是基本性的。无论怎样，酌情区分与选择应该在蒂特马斯类型的普及主义基础结构中进行，而且必要的酌情区分不应该使人感到羞辱丢脸。在他的《对福利的权利》一文中，马歇尔重新回到权利和酌情区分之间的联系议题上。马歇尔认为，"从完整的意义上说，这里并不存在对属于酌情区分的津贴给予奖赏的法律权利"，但是马歇尔探询到，为什么酌情区分的援助是按照较低的地位来给予，而不是按照作为一种权利的津贴来给予。马歇尔指出，收入审查可以按照需要审查的精神来管理，而且他还指出，"要说这种积极的、个人的和宽厚仁慈的酌情区分的理念，只有在一个'福利社会'中才能实现的话，这将更接近真理……福利社会承认其集体的责任，以便寻求获得福利，而不仅仅是救济穷人或者是消除赤贫"。（〔英〕罗伯特·平克：《公民权与福利国家的理论基础：T.H.马歇尔福利思想综述》，刘继同译，《社会福利》理论版，2013年第1期）

### 3. 关于国家的反贫困责任

马歇尔在《福利——资本主义的价值问题》一文对社会政策目的的讨论中，将消除贫困与消除不平等区分开来。他认为"贫困是一个应该被切除的肿瘤，而且理论上可以做到。不平等是一个功能性坏死的关键性组织器官"。而且马歇尔明确无疑地指出，"要从我们'理想类型'的社会中消除贫困的工作，必须由福利与资本主义联合起来进行，这里并没有其他路可走"。（笔者认为，马歇尔的"必须由福利与资本主义联合起来进行"，其"资本主义"的含义若换成"市场"更加明确。）

T.H.马歇尔认为国家在控制垄断、解决穷人住房问题、处理贫困问题等方面，可以发挥潜在的积极作用，但是在管理企业方面则是弱项。马歇尔认为官僚主义的管理既是低效率的，也是高成本的。依据马歇尔关于政府在控制垄断、解决穷人住房问题、处理贫困问题等方面能够发挥其潜在积极作用的观点，有关分析表明，在通行市场原则的经济社会里，在如下几个方面政府实施干预是可行的：（1）公共产品的特殊性质决定了市场不能保证对公共产品的有效供给，而在社会不能缺少公共产品的情况下，政府就必然要承担集中地提供公共产品的任务。当然在这个公共产品中，诸如福利、最低收入保障等公共贫困保护产品是最典型的，必须由政府组织实现；（2）自由竞争过程不可避免地导致社会成员之间出现收入分配的两极分化，这与公平概念相悖，政府干预有可能在不损害经济效率的同时，改善收入分配不合理状况也是必不可少的内容；（3）市场的不完全、信息的不完备，以及其他一些客观的无法克服的原因，会导致资源配置上出现市场失灵，产生诸如资源非充分利用、劳动失业、经济结构失调等问题，政府有选择地进行干预，会有助于在较短时期内，对市场经济的矫正和调整，以恢复正常运行状态；（4）在经济运行过程中，某些情况下对个人或企业而言的经济效率进行特定的政府干预，目的是协调个人利益与社会利益，即政府对经济生活进行必要的干预，直接体现了政府职能的具体化，其市场干预的意义在于克服市场的缺陷，而不是替代市场本身。（〔英〕罗伯特·平克：《公民权与福利国家的理论基础：T.H. 马歇尔福利思想综述》，刘继同译，《社会福利》理论版，2013 年第 1 期）

### 4. 关于权利与福利依赖

关于社会政策的主题，如需要、权利和酌情区分间的联系，贫困与不平等间的因果联系，似乎正如看来的那样，假如政府打碎了英国福利国家所留下的普及主义框架的话，那么无法确保未来的工党政府将具有这样的意愿，即再度将资源或政治授权重新放在一起。不像贝弗里奇，马歇尔并未明确无疑地侧重于强调以保险权利为基础津贴的优越性，而是强调行使那些来源于作为一种感觉到代表社会去满足需要义务所表达的酌情区分的权利，而不论法律权利如何。按照马歇尔的看法，公民权的地位使得这种形式的"权利"是一种真实的权利。在他晚年被政策趋势和开始驱使越来越多的人们进入福利依赖状况的失业飙升困扰之时，马歇尔悲叹经济的增长无力满足其社会义务，而且马歇尔担心最终的结果将会是"福利原则的逐渐退化"。经济衰退、高水平的失业率、缩减福利开支和人口统计学的压力结合在一起，不仅检验了民主福利—资本主义的概念性与制度性的可靠性，而且检验了其他像"民主—市场社会主义"一样的连字符关系。这种覆盖西方世界的危机状况，一部分是由于作为一种财富创造制度的资本主义市场的周期性失败，一部分是由于各式各样形式的社会主义的较为全面性的失败，民主和可操作都满足了福利的期望。作为这些问题的一种结果，假如正规的社会服务变为剩余性的话，而且假如普及性福利让位于选择性福利的话，只有当这些权利被赋予某些形式制度性地位的时候，马歇尔式的社会公民权概念才能够生存下来。没有这种强化性措施，普及性公民权的概念与福利权利之间的制度性联系，无论在什么层次上都将土崩瓦解。（〔英〕罗伯特·平克：《公民权与福利国家的理论基础：T.H. 马歇尔福利思想综述》，刘继同译，《社会福利》理论版，2013 年第 1 期）

从以上引用的英国罗伯特·平克著，刘继同译的文章《公民权与福利国家的理论基础：T.H. 马歇尔福利思想综述》所见，有关的贫困文化观点还是很清晰的。一是，在现代社会理念下，毫无疑问，获得最基本的相关的社会福利和公共贫困保护是公民和社会成员的一项基本权利。二是，这种获得最基本的相关的社会福利和公共贫困保护权利，有一个权利与义务关系问题。每一个获得最基本的相关的社会福利和公共贫困保护权利之人，都有一个相辅相成的应尽义务的责任。三是，对于英国而言，公民和社会成员获得福利和公共贫困保护"权利"的具体实现方法采用了"济贫法"这个形式，英国用济贫法这个形式进行了长时间的历史性试验。从 1495 年开始的几百年的规模化反贫困与公共贫困保护的试验、探索，以期寻找到其优化的方案、有效的管理手段、优化的管理办法等。四是，世俗政府的反贫困计划的推进和弱势群体保护的实现过程中，有一个防范依赖思想、防止产生道德风险和负激励的问题，对此，需要给予必要的警惕。五是，政府对实现公民和社会成员的基本社会福利和公共贫困保护，有一个不可推卸的责任，这是政府的基本职责。特别是在市场经济占主导地位的情况下，市场失灵的情况难以避免，只有依靠政府才能较好地解决市场失灵的问题，在反贫困问题上尤其如此。

### （五）蒂特马斯的社会福利理论

理查德．M．蒂特马斯（1907—1973 年）是 20 世纪对英国及整个工业化国家社会福利思想产生深远影响的思想家。他曾从事英国社会福利行政的重要管理工作，曾是英国补充津贴委员会代理主席和国民保险咨询委员会成员，对社会保障建设发挥了重要的作用。

#### 1. 集社会福利理论、社会政策学科于一身，著述颇丰

考察历史，蒂特马斯对发展社会福利理论和建立社会政策学科所做的贡献，远远超过他所参加的社会福利行政工作。他既是英国和欧美国家社会政策体系与福利理论的奠基人，又是经验社会福利政策研究的开创人；其思想、理论体系非常实际又富有哲理。

蒂特马斯从 1950 年起任伦敦经济学院社会行政教授，至 1973 年逝世。在他的推动下，社会政策和社会行政得以成为一个科学学科，在社会科学领域中赢得了一席之地。1979 年英国首次将蒂特马斯思想与理论体系称为"蒂特马斯典范"。蒂特马斯还以英国政府顾问的角色，直接推动英国福利国家的制度建设。他同时也是一位有着国际影响力的社会政策思想家，其著作涉及了广泛的领域，诸如社会不平等、民主、收入分配和社会变迁等。

蒂特马斯的主要著述有《贫穷和人口》（1938）、《社会政策问题》（1942）、《收入分配和社会变迁》（1958）、《福利责任》（1968）等。

### 2. 蒂特马斯是费边社会主义思想的集大成者

费边社会主义起源于自由放任时代的英国社会，其基本特征是提倡以民主渐近的方式，改良社会和精英主义的倾向。蒂特马斯是费边社会主义思想的集大成者，赞成并充实了费边社会主义思想。

### 3. 关于个人需求和社会需求的矛盾

个人需求和社会需求的矛盾，是英国自《济贫法》以来就力图解决的问题，而隐藏在此问题背后的则是一个"公平和正义"的问题。个人的需求如何获得，社会为什么有义务满足个人的需求，这是影响社会政策制定的最基本的问题。蒂特马斯对此问题给予了极大的关注。20世纪40年代后期，英国初步建成福利国家制度。福利国家制度延续了《济贫法》的基本理念，通过财富再分配缩小贫富差距，推动社会公平的实现。从《济贫法》到福利国家，直接受益者都是社会下层的人，而这意味着下层人获得的社会照顾，其资源是源自社会中上阶层。所以社会福利也常被指为"劫富济贫"的制度。为此，福利国家的建立受到一些人的质疑。当时具有代表性的观点认为：福利国家从中产阶级那里拿走了太多资源，而社会服务只应该提供给那些入不敷出的人。除非有必要，否则没有人有理由依靠别人的纳税而生活。甚至有社会理论家认为国民福祉已经受到财富再分配的威胁。

对此，蒂特马斯认为，需求可以被看作是社会性的和个人性的，二者相辅相成，并成为决定个人整体持续存在的要素。它随着个人和家庭需求的周期循环而发生变化，并且取决于构成需要的主流认识及所处的环境。蒂特马斯主张的解决办法是，寻求个人需求和社会需求的动态平衡。鉴于个人与集体有微妙的关系，满足个人需求也是社会作为整体持续存在的基础，但社会能提供给个人的服务是有限的，必须有一个明确的范围。同时，个人需求与社会需求是相辅相成的，个人需求既具有"社会性"，也具有"个人性"。满足个人需求，也同时是在满足社会的需求。蒂特马斯满足个人需求的前提是明确界定社会所能和所应提供的服务。这是一个理智的思想者所必须考虑的问题。总体而言，社会满足个人需求的能力是有限的，而个人需求不能无限膨胀，否则将会威胁到社会的安全，必须求得一种社会需求和个人需求间的动态平衡。当个人需求得到社会认可时，社会就尽可能地满足其需求。

### 4. 个人需求和社会需求的内容

蒂特马斯认为，满足个人需求和社会需求包括社会服务、财政福利和职业福利三个方面。他还特别指出，不能将社会服务看作是财富从一个收入群体向另一个收入群体的转移，他认为那是危险的。他认为财富转移只是一个外在过程，而这个过程实质是对社会平等的追求。而保证社会服务平等原则的措施是准确界定社会服务的范围。准确地界定了社会服务的范围，就能保证社会服务的公平性，避免"劫富济贫"式社会服务。蒂特马斯依据英国情况列举的社会服务内容，更多是将满足个人需求界定为社会的责任。而满足个人需求与社会需求是相辅相成的，由社会所界定的个人需求获得满足，其实质上也是满足社会的需求，其中的基本原则在于社会不能超出自己的能力范围来无限地满足个人的需求，否则，也必将会危害社会本身的安全。蒂特马斯所追求的平等也是有条件的，国家只能在一定范围内提供免费的福利，这是促进社会平等的基本手段。

### 5. 反对自由放任主义，看重国家福利的作用

蒂特马斯对自由放任主义持批判观点，认为自由放任主义者将个人和社会简化了，认为人仅仅被看作是"经济人"，社会则被简化为单纯的经济活动的观点是不妥的。蒂特马斯认为，事实上社会是复杂的，人也是复杂的。无论社会还是人，都不可能按照预定的假设去生活，更不可能单纯地遵循经济规则活动。市场并不能满足个人与社会的全部需求，市场会更加关注利润而非个人福利。更重要的是，面对市场并不是每个人都有平等机会。蒂特马斯认为市场也有失灵的时刻。蒂特马斯看重国家福利的作用，他认为现代工业社会需要建立一套系统而有效的国家福利体系。这套体系是对市场机制所产生的对人们福利有所破坏的纠正，是对市场所削弱了的、对人的社会责任和人们对社会的义务的恢复。建立国家福利制度，有助于帮助人们克服利己主义，发展利他主义。国家有责任对在市场经济中受到的不公正予以补偿。他认为，国家对市场的干预和由国家为人民提供的福利，是对工业社会经济与社会变迁过程的适应和积极回应。因此，蒂特马斯认为，政府不仅应该提供国家福利，而且应该提供普及性而非剩余性的社会福利。

### 6. 关于社会福利构成和所承担的责任

蒂特马斯将社会福利分为三类，即社会或公共福利、财政福利和职业福利。

三个系统的相似性大于差异性。社会福利的界定应该以目标为依据，而不以管理方法及实现目标的制度性安排为依据。

其一，关于公共福利（社会服务），蒂特马斯认为，在工业社会里，"依赖"更多的是集体责任。他将工业社会中的依赖分为两类，一类是所谓的"天然的"依赖，这通常是指儿童、高龄老人及儿童抚养者，也包括身心残疾者。蒂特马斯认为，在一定程度上这些依赖是文化所决定的，甚至是由社会和文化预先决定的。另一类是"人为制造的"的依赖，指除了工伤、疾病及先天性障碍，还包括失业、强制性退休、尚未进入劳动力市场的年轻人等。所有这些依赖都可能降低个人获得劳动报酬的能力。更重要的是劳动报酬能力的降低，会进一步殃及他的亲属，发生"继发依赖"。

其二，关于财政福利。所谓财政福利是指在分别管理的社会保障体系下，直接支付现金以满足应该由集体负责的特殊需求。由于这些现金来源于政府的直接中央账户，所以亦被看作是"社会服务支出"。来自所得税的津贴和救济虽然具有与社会服务相似的社会意图，但是并不被看作是社会服务支出。蒂特马斯认为二者的差别在于管理上的不同。前者是通过账户进行管理的转移支付，后者则是直接的现金支付。作为集体应对依赖状态的措施，二者的目标以及对购买力的影响没有实质性差别，都是对社会政策目标人群所提供的帮助。这也反映了公众对国家、个人和家庭之间关系认识的转变。社会福利借助财政体系发放，成为所谓的财政福利。

其三，关于职业福利。职业福利是指以货币工资以外的各种与职业相关的福利提供。职业福利增长直接的结果是工人工资的大部分将以不是货币也不是可以转化为货币的形式出现。这实际上是从管理措施上来保证工人基本生活需求，直接规定工人所得到的职业福利的具体用途。从某种程度上避免了用于工人生活基本需求的资金被挪用的状况。蒂特马斯认为，三个社会福利体系应该是统一的，各个系统间彼此相互联系。

### 7. 社会福利制度的责任

蒂特马斯认为社会福利体系应该承担六个方面的责任：

第一，社会服务具有分配与再分配的作用。社会服务、社会保障体系无论是否明确声明，都终将影响收入的分配。许多社会服务本身的目标就是解决由市场所带来的需求不满足的问题。蒂特马斯把社会福利体系看作是实现社会平等的重要机制。第二，促进社会整合和协调。蒂特马斯说社会政策的目标是"增强社区意识和参与，防止疏离；将不同少数民族、不同种族及不同的民族文化整合到社会中来"。这也是社会政策不同于经济政策的最显著特征。第三，蒂特马斯强调在经济与社会变迁时代，社会服务更应该承担起对那些在变迁中"去福利"问题进行补偿。例如失业、劳动力过剩、技能退化、计划失败、污染等。在一个积极的社会中，这些问题不能容忍，社会有责任给受害的个人做出补偿。第四，社会福利最主要的目标还在于增进个人和社会的福祉。通过提供免费的服务提高人们的生活质量。蒂特马斯说社会保险是 20 世纪一项最伟大的发明，因为它可以减少人们的痛苦，维护人们的尊严。第五，蒂特马斯强调社会服务支出是一种投资，而非单纯的消费。例如医疗或教育支出应该被看作是医疗或教育投资。而国家在社会福利方面的支出能够积极有效地促进国家的收益。第六，最后一个责任是弘扬利他主义精神。他认为，"给予"是现代社会一个最重要的元素，认为良好的社会可以通过再分配政策促进利他主义。

### （六）阿罗的道德风险防范理论

肯尼斯·约瑟夫·阿罗（1921—2017 年）在保险经济学的道德风险防范方面是毫无疑问的领军人物。阿罗与希克斯因在一般均衡论和社会福利经济学方面的成就，一同获得了 1972 年诺贝尔经济学奖。阿罗在微观经济学、社会选择等方面卓有成就，被认为是战后新古典经济学的开创者之一。除了在一般均衡领域的成就之外，阿罗突出的贡献是在风险决策、组织经济学、信息经济学、福利经济学和政治民主理论方面的创造性工作。阿罗是保险经济学发展的先驱，一般意义上讲，他是不确定性经济学、信息经济学和沟通经济学发展的先驱。

#### 1. 在信息经济学方面

1963 年阿罗首先观察到并从理论方面提出了信息不对称理论。信息不对称现象是指市场经济活动中各类人员对相关信息的了解是存在差异的。对信息了解更多的人较信息缺乏的人会处于更有利的地位。信息不对称现象和理论是现代信息经济学的核心，同时期的乔治·卡尔洛夫、约瑟夫·斯蒂格利茨和迈克尔·斯彭斯也对此进行了研究。他们与肯尼斯·约瑟夫·阿罗一同获得了 2001 年的诺贝尔经济学奖。信息不对称理论的观点认为，市场经济活动中的卖方比买方更了解商品的相关信息，对信息了解更多的一方可以通过向信息缺乏的一方传递可靠信息而获益；交易双方中对信息了解较少的一方会尽力从另一方获取有关信息；市场信号显示在一定程度上可以弥补信息不对称的问题。这一理论为许多市场现象如资本市场、劳动力就业、企业融资、市场销售等提供了理论依据和现实解释，是目前现代信息经济学的核心，在各种市场领域得到了广泛应用。逆向选择是指市场交易双方因信息不对称和市场价格下降而产生劣质品驱逐优质品，进而产生交易产品平均质量下降的现象。1970年阿克尔洛夫发表《"柠檬"市场：品质不确定性与市场机制》，他通过对美国旧车市场的研究，得出了"柠檬原理"：旧车市场中的既有卖方和希望了解旧车质量的买方之间存在信息不对称，卖方了解车的真实质量，而买方并不了解质量如何，因此，在卖家不能确定告知车辆质量的条件下，买方能接受的价格只能是全部旧车的价值按概率加权计算的平均值，因此买方只愿意按该平均值来支付买价，从而导致质量高于平均值的旧车只能退出市场，只有质量低于平均值的车辆能进入市场。这一过程的不断发生，最终使低质量车辆将高质量车辆驱逐出市场。阿克尔洛夫通过这个现象，很好地解释了为何即使是只使用过一次的"新"车，在柠檬市场上也难以卖到符合其价值的高价，因为这是"逆向选择"现象的必然结果，即买家因所处的信息不对称劣势地位而被迫做出的反向选择。道德风险（moral hazard）是指市场交易双方在信息不对称条件下，其中一方因不能了解或监督另一方的行为，或者了解或监督的成本过高时，一方行为的变动导致另一方利益受损。斯蒂格里茨通过保险市场研究道德风险问题时，举了一个经典案例：某大学校园中自行车被盗概率为10%左右，几个学生发起并设计了一个保险方案，对自行车进行保险，保费为保险标的物的15%，正常情况下，这几个学生应该可以取得大约5%的利润。但经过一段时间运作，他们发现，校园里的自行车被盗率，快速升高到15%以上。经过调查，他们发现，这是由于投保的学生减少了对自行车的安全措施所导致的。此案例中，投保学生由于不用承担自行车被盗所带来的风险，因此对自行车的安全采取了不作为。而这种不作为的行为，就是道德风险。可以说只要有市场经济的存在，道德风险就无可避免。

### 2. 在社会选择理论方面

1951年肯尼斯·阿罗出版了他最主要的著作《社会选择和个人价值》。肯尼斯·阿罗运用当时经济学家们尚未熟悉的符号逻辑的记号体系，对政治学中一个从未被经济学家和很少被政治学家提出的问题求解，独立地创造了社会选择的规范理论。他研究了个人与社会之间的关系，通过对"不可能性定理"的阐述，为现代社会选择理论提供了最重要的理论基础：

其一，阿罗认为，人们根据偏好决定效用，又根据效用决定个人的选择。由于效用不具有人际间的直接可比性，所以要通过某种统一的尺度来进行间接衡量。在社会成员个人偏好的次序已知的情况下，通过一定的程序，把各种个人偏好次序归纳为单一的社会偏好次序，然后才能从中确定什么才是最优的社会位置。其二，阿罗认为，如果我们找到了一个社会福利函数，它能做出有助于社会选择的明确的社会排序，那么这个函数必须同时满足 5 个相互独立的条件：广泛性、一致性、独立性、非强加性、非独裁性。（1）社会选择是完备的，即对应任一种全部个人的排序，都能产生社会排序，且至少有三种社会状态可供选择。（2）某备选状态在所有个人排序中位置提高或不变时，其在社会排序中的位置应有同向的调整，即提高或不变，总之不应下降。这实际上是个较弱形式的帕累托原则。（3）社会对任意两种备选状态的排序不受其他无关备选状态变化的影响。这一条尤为重要。（4）社会对任意两种备选状态的排序都不是强加的，或者说，不能完全不受所有个人排序影响。（5）社会对任意两种备选状态的排序不是独裁的，即不能是不受到除某一人之外所有其他个人排序影响的。他证明了，只有同时满足上述 5 个条件，才能使个人偏好与社会偏好达到协调一致。阿罗通过进一步的研究表明，要构造能同时满足这些条件的社会福利函数是极其困难的。阿罗利用集合论的工具，严密地证明了这一著名的"不可能性定理"。其三，阿罗论证了这样一个结论：他表明，导致这种不可能性的本质原因在于条件 1—5 之间存在着互相矛盾，因此不可能达到完全的一致。破碎的地基上当然不能建立起坚实的社会福利函数大厦。阿罗在严密的数理逻辑基础上进一步推导出了一个尖锐的社会性结论：如果消费者的价值观能由相当广泛的个体排序表示出来的话，那么公民主权学说和集体理性学说就是相互矛盾的。阿罗认为，投票僵局不仅会在以多数规则为基础的制度下发生，而且还会在除独裁制度以外的任一种可设想的制度下发生。因此，在逻辑上是不可能把个人的选择累加或间接地通过政党和国会议员来操纵"制度"，即便是把所有的备选方案限于两个备选对象。这样，寻找合理的社会选择机制的努力就似乎陷入了困境。其四，为了解释造成这种困境的内在机理，阿罗转而对个人偏好的出发点——个人主义进行了考察。他的研究表明：构造一个社会福利函数的困难来源于由个人主义假设所带来的差异社会态度。因而，社会福利判断的可能性，依赖于个体对备选社会状态的态度之异同性。既然个体判别如此千差万别，社会福利的判断与选择不易统一也就是当然的事了。这个理论证明，在社会实践之中，任何一种社会福利政策的民众投票表态的结论的判断都有难度。阿罗的"不可能性定理"，打破了一些被人们认为是真理的观点。该定理表明了"少数服从多数"的社会选择方式不能满足前述的"阿罗5条件"。因此，民主并不足以保证达到"公共意志"，它最大的积极之处是可以防止"最坏"情况的发生。1971年，阿罗与剑桥大学的经济学家弗兰克·哈恩合著的《一般竞争分析》，完成了这一任务。阿罗进一步研究了现实经济生活中如何处理市场不稳定和风险问题，使之达到"一般均衡"。他提出的关于"风险"和"不稳定"的新理论被西方经济学界认为是对企业决策理论做出的重要贡献。这一理论也说明了任何社会福利政策都不会具有完全的适应性，难以找到对所有的人群都适应的都具有积极意义的社会福利政策。不仅如此，社会福利政策还会有负激励问题和道德风险问题，需要设计者的高度重视。

### （七）普惠性的可持续性与挑战

#### 1. 哈耶克思想的展现机会来临

弗里德里希·奥古斯特·冯·哈耶克是20世纪西方著名的经济学家和政治哲学家，当代新自由主义思潮的代表人物，原籍奥地利，后于1931年迁居英国，并于1938年获得英国国籍。他一生从事教学和著述，先后执教于奥地利维也纳大学、英国伦敦经济学院、美国芝加哥大学和西德弗莱堡大学等著名学府。

哈耶克思想的代表作《通往奴役之路》首次出版于1944年。该书论证到，国家计划经济制度建设的福利国家并不是为了实现个人自由，而是向专制、奴役人民的方向迈进。他坚持古典自由主义的立场，认为市场和其他主观设计的制度具有"自发秩序"的功能，自由市场能够促进竞争、优化资源配置；而计划经济、国家干预则可能导致人治的问题，该思想受到计划经济阵营的唾弃。哈耶克的思想沉寂了近半个世纪，终于出现被认可的时机，于20世纪80年代成为启发英国政府重返市场经济执政的思路。

对于福利国家方向而言，哈耶克认为，当时正在计划中的福利国家不是为个人自由的战斗在和平时期的继续，倒是朝着专制的方向迈出了一步。他认为追求计划经济，其无疑必然是极权主义。为了反对这种计划经济，哈耶克重申他一贯坚持的古典自由主义观点，同时，也允许适度的政府活动，但这仅限于符合他的法治概念的那些活动形式。应该承认，哈耶克主张，自由主义的这些制度只能是人的自发行动的后果，而不能是人设计的结果。这一论点是从休谟、亚当·斯密和苏格兰历史学派那里继承过来的，它在哈耶克的思想中占据了重要位置。由此出发，哈耶克认为，良好的社会不是简单地依赖于在政府所提供的法律框架内追求私利，相反，它应依赖于一套复杂的法律、道义传统和行为规则的框架，这套框架的特点应该为大多数社会成员所理解和认同。

这部著作从问世直到今天，一直在学术界中存有争议。其中，一个重要原因在于这本书本身的内在悖论。哈耶克观点来源于市场和其他非主观设计的制度所具有的"自发秩序"的特性的思想。这种思想使哈耶克遇到一些难以解决的问题，使他不可避免地陷于社会进化和团体选择的争端之中。他对选择机制特点的论述与自由主义的关系并不是清楚的。这些论点的非理性特征与其高度理性的几近乌托邦的新自由主义思想形成鲜明的对照。《通往奴役之路》一书所存在的这种缺陷，日后也为作者本人意识到，他在后来出版的《自由宪章》和《法律、立法和自由》三部曲中，多处涉及这个难题，试图将古典自由主义与"进化"的主题结合起来。哈耶克及其著作无疑对学术界产生了重要影响，并对政治思想领域中古典自由主义的复兴发挥了极大的作用。

**2. 安东尼·吉登斯的贫困文化与福利观**

20 世纪中后期，以安东尼·吉登斯等为代表的学者、经济学家、世俗政府首脑陆续进行了促进经济发展的有效尝试，也引发了新一轮贫困文化方面的进步与调整。1998 年之后，布莱尔、克林顿、施罗德、达伽马、若斯潘等西方国家领导人纷纷标榜"第三条道路"的政治主张，欧洲一时间变成了所谓"粉红色的欧洲"，吉登斯也由此被誉为布莱尔的"精神导师"。

（1）吉登斯积极社会福利思想的核心——无责任即无权利。安东尼·吉登斯（Anthony Giddens）自 20 世纪 70 年代初以来，对马克思、韦伯、涂尔干等经典作家的诠释一直走在社会学研究的最前沿，提出了著名的"结构化理论"，还将"现代性""全球化""第三条道路"的研究推向全球学术研究的中心。他著述颇丰，主要代表作有"历史唯物主义三部曲"，即《历史唯物主义的当代批判》《民族——国家与暴力》《超越左与右》。吉登斯对传统福利观的批判性考察——"第三条道路"流派以安东尼·吉登斯为代表，对 20 世纪 70 年代后期新科技产业革命以来欧洲社会福利国家模式进行了详尽的剖析与反思，将凯恩斯主义和新自由主义在不同方向上做了深刻的比较，主张走第三条道路，提出了一系列福利改革新观念。吉登斯认为，凯恩斯主义赞成政府适度干预经济，有着对过去的依恋和对未来的期望；而新自由主义则认为，市场创造了个人自由的基本条件，对民主制度的重要意义超过国家制度本身。这些思想对日益走入困境的福利制度不愧是一种出路的展望。针对福利国家危机，多方的政治学家、社会学家积极寻求改革和解决方案。吉登斯提出了一条重要的社会福利思想和文化，这就是：无责任即无权利。（2）认为《贝弗里奇报告》是一种消极福利制度。在社会福利问题的认识上，吉登斯认为，贝弗里奇所创立的英国模式的社会福利制度，实际上是一种消极的福利制度，如吉登斯在他的著作《第三条道路——社会民主主义的复兴》中所说："贝弗里奇在他于 1942 年撰写的《社会保险和相关服务报告》中，公开向匮乏、疾病、无知、肮脏和懒惰宣战，此举使他名气大振。这就是说，他侧重关注的几乎完全是否定性的方面。今天我们应当倡导一种积极的福利，公民个人和政府以外的其他机构也应当为这种福利做出贡献。"（〔英〕安东尼·吉登斯：《第三条道路——社会民主主义的复兴》，郑戈译，北京大学出版社，2000 年，第 121 页）吉登斯"积极的福利思想就是要把贝弗里奇所提出的每一个消极的概念都置换成为积极的概念，变匮乏为自主，变疾病为积极的健康，变无知为一生中不断持续的教育，变悲惨为幸福，变懒惰为创造"。（〔英〕安东尼·吉登斯：《第三条道路——社会民主主义的复兴》，郑戈译，北京大学出版社，2000 年，第 132 页）关于什么是积极的福利，吉登斯的解释是："被理解为'积极福利'的福利开支将不再完全是由政府来创造和分配，而是由政府与其他机构（包括企业）一起通过合作来提供。这里的福利社会不仅是国家，它还延伸到国家之上和国家之下……在积极的福利社会中，个人与政府之间的契约发生了转变，因为致力于自我发展，这些都是扩大个人责任范围的中介，将成为重中之重。积极的福利不仅关注富人，而且也将关注穷人。"（〔英〕安东尼·吉登斯：《第三条道路——社会民主主义的复兴》，郑戈译，北京大学出版社，2000年，第68页）吉登斯提出"无责任即无权利"，认为作为一项伦理原则，"无责任即无权利"必须不仅仅适用于福利的受益者，而且也适用于每一个人。（〔英〕安东尼·吉登斯：《第三条道路——社会民主主义的复兴》，郑戈译，北京大学出版社，2000年，第68页）（3）由国家干预主义到新自由主义再到第三条道路的积极福利思想。西方福利国家自产生到变革经历了国家干预主义到新自由主义，再到第三条道路的理论演变，其中积极社会福利思想是第三条道路的核心思想。吉登斯从三个角度论述了对西方社会福利思想的批判性考察，分析了传统左派与右派的分歧，对"福利国家"的结构性来源界定进行了分析，最后从风险的角度对福利国家危机的实质提出了自己的见解。（4）无"责任"，即无"权利"。当传统的福利国家模式面临困境之时吉登斯提出了第三条道路的思想——从消极福利到积极福利；社会投资国家"无责任即无权利"等积极社会福利思想。其思想对英国的政治家布莱尔政府的"第二代福利"改革实践产生重要的影响。布莱尔倡导公民的权利和义务相结合，强调个人承担责任，鼓励"自助"而不是一味地依赖福利。政府通过改善福利和就业之间的关系，鼓励人们参加工作。传统的福利政策主要是为外部风险服务，用来解决已经发生的事情，是一种被动的维持人的生存状态的消极福利政策。吉登斯认为：其一，传统福利国家模式出现的结构性根源源于工业化阶段，雇用的有偿劳动结构特征。国家建立福利制度无一例外地是为应付外部风险而采取的事后补偿制。传统工业社会中，人们面对的风险都是可预见的、呈现一定时间规律或具有自然发生特征的外部风险，如生育、养老、工伤、疾病等，它们都可以以保险的方法加以解决。其二，传统福利政策，一般对外部风险采取事后风险分配的制度，"实际上，大部分福利措施的目的是解决已经发生的事，而不是切断事情发生的根源，这是国家失效的主要原因"。（〔英〕安东尼·吉登斯：《超越左和右——激进政治的未来》，李惠斌译，中国社会科学出版社，2000年）其三，重点强调国家、政府对于其他公民和其他人负有一系列责任，包括对弱者的保护，具有积极合理成分，但将权利作为不附带任何条件的要求无疑会给国家、政府带来庞大的负担，并给社会公正带来巨大的伤害。其四，吉登斯认为风险性质的变化是导致传统福利制度发生危机的根本。全球化发展到今天，我们面临的风险更加难以预料，吉登斯称之为人为风险的是指："我们在以一种反思的方式组织起来的行动框架中要积极面对的风险。"（〔英〕安东尼·吉登斯：《超越左和右——激进政治的未来》，李惠斌译，中国社会科学出版社，2000 年）这是在我们没有多少历史经验下产生的风险。相对于外部风险，人为风险是现代制度长期成熟的结果，"传统福利国家体现的是生产主义、外部风险、传统的家庭分工等观念，但随着社会经济的变化，福利国家失去了原先的基础，而解决外部风险的手段无法解决人为风险。"（〔英〕安东尼·吉登斯：《超越左和右——激进政治的未来》，李惠斌译，中国社会科学出版社，2000 年）其五，正是因为风险性质的改变导致了传统福利制度危机四伏，这种危机不再是简单的国家在福利供给上的财政危机，而是风险管理上的危机。在危机发生变化的背景下，安东尼·吉登斯提出了他的积极福利政策。积极的福利政策认为应对风险应采取"事先预防"的方法，即在风险出现或可能出现时采取防范措施。积极福利政策的实施通常要求国家的干预，甚至是国际或全球范围的合作。（5）积极福利观与社会投资型国家。一是观念的调整。国家自上而下的包办在相当程度上造成了依赖、道德风险及官僚主义，使权利和机会变成了自私和贪婪的动力，把享受个人和集体带来的好处看作是理所当然，而承担责任和义务却是额外的。吉登斯提出的福利改革方向是不承担责任就没有权利。这是第三条道路最鲜明的特征之一。吉登斯主张在"个人主义不断扩张的同时，个人义务也应当延伸。作为一项伦理原则，'无责任即无权利'必须不仅仅适用于福利的受益者，而且也适用于每一个人"。（〔英〕安东尼·吉登斯：《第三条道路——社会民主主义的复兴》，郑戈译，北京大学出版社和三联书店，2001 年）二是责任是基石，对自己负责和意识独立。第三条道路重点致力于个人对自己负责的精神和独立意识的培养，个人应将自己对社会关爱的回报发挥到最大化，为他人和社会承担义务，应该"有予有求"，实现社会的真正公正，即机会权利共享，风险义务共担。吉登斯认为，公正意味着每个人无论如何都享有平等的人权，不论经济上是否成功都能够获得有尊严的物质保障，而且它还应成为促进个人发展的动力因素。第三条道路的福利观恰恰能够积极处理哈耶克所谓的国家干预与社会公正的关系问题。三是平等不仅是公民资格和相应权利、义务，还意味着机会均等和参与公共决策。吉登斯建议实行一种"广泛包容"的平等政策，"包容性"意味着公民资格，意味着一个社会的所有成员不仅在形式上，而且在其生活的现实中所拥有的民事权利、政治权利以及相应的义务。它还意味着机会以及在公共空间中的参与。（〔英〕安东尼·吉登斯：《第三条道路——社会民主主义的复兴》，郑戈译，北京大学出版社和三联书店，2001 年）吉登斯建立社会投资型国家的具体主张有以下几方面。一是变被动的恩惠式福利为主动的进取式福利，变事后补偿性福利为事前预防性福利，就是强调福利国家应积极进行"培训和教育性的社会投资"，不再是简单发放救济金，提供失业保障，而是促使当事人通过培训掌握技能，提高就业能力，减弱对福利的依赖。同时，在贫困国家的援助问题上，吉登斯主张应结合贫困地区实际，提高贫困地区抗贫困的能力。纯粹的经济援助只会引起贫困国家对富裕国家的依赖。提出"可供替代的发展方案"促使公民学习新技能，接受新工作和提高冒险创业的精神和能力，帮助弱者自强，变"授人以鱼"为"授人以渔"，变社会福利国家为社会投资国家。二是主张风险性质转变，则具体政策应随之变化。例如老龄问题其实是貌似旧风险的新风险。他认为，"从 65 岁开始算老龄纯粹是福利国家的一种创造"。（〔英〕安东尼·吉登斯：《超越左和右——激进政治的未来》，李惠斌译，中国社会科学出版社，2000 年）它始于1889 年俾斯麦第一次确定的官方退休年龄。养老金也是福利国家的发明，实质是一种储蓄形式。这种人为划定退休年龄的办法具有一定弊端：首先会使老年人处于被动接受地位并成为负担；其次这种划分方法无视老年人身体和心理状况的差异，一刀切，造成人力资源的浪费。吉登斯认为，正确解决老龄问题首要的是必须调动老年人的能动性，"老年人不需要被看作在身体上和经济上要依赖社会其他部分"。（〔英〕安东尼·吉登斯：《超越左和右——激进政治的未来》，李惠斌译，中国社会科学出版社，2000 年）必须要使老年人的才华和技术有用武之地。为此，首先就应该取消按年龄强制退休的规定，这在一部分国家已经实现。其次，老年人应有法定的劳动权利，应自己养活自己。这样有利于社会各阶层的人享受更大的幸福。三是从减少社会排斥着手解决不平等问题。"平等和不平等的分界线是自我实现。"（〔英〕安东尼·吉登斯：《第三条道路及其批评》，孙相东译，中共中央党校出版社，2002 年）重点在提高被排斥者的社会能力，包括限制精英的志愿排斥和提高社会底层人民的抗排斥能力。吉登斯主张主要解决方法为：重建公共领域，增加上层下层的对话，营造公共的生活环境，利用福利制度调节再分配，加强教育和培训。（6）国家干预和社会公正。吉登斯认为，第三条道路致力于个人对自己负责的精神和独立意识的培养，认为责任是健全社会的基石。在个人主义不断扩张的同时，个人义务也应当延伸。作为一项伦理原则，"无责任即无权利"必须不仅仅适用于福利的受益者，而且也适用于每一个人。国家自上而下的包办在相当程度上造成了依赖、道德风险及官僚主义，使权利和机会变成了自私和贪婪的动力，把享受个人和集体带来的好处看作是理所当然，而承担责任和义务却是额外的。关于国家干预和社会公正，吉登斯认为，公正意味着每个人无论如何都享有平等的人权，不论经济上是否成功，都应该获得有尊严的物质保障，而且它还应成为促进个人发展的动力因素。他认为第三条道路的福利观恰恰能够积极处理好哈耶克所谓的国家干预与社会公正的关系问题。强调平等除了意味着公民资格和相应的权利、义务外，还意味着机会均等和参与公共决策，使个人自由扩大。

### （八）英国社会保障改革绿皮书

1985 年 6 月出版的英国社会保障改革绿皮书认为——对社会保障进行批评的问题有三个：（1）社会保障制度的复杂性和非有效性；（2）社会保障的费用负担过重；（3）个人过度地依赖国家和社会保障。

托尼·布莱尔（Tony Blair）1953 年 5 月 6 日出生于苏格兰的爱丁堡，父亲是律师，母亲是教员，他童年的大部分时间是在杜伦（Durham）度过的。布莱尔在有"苏格兰的伊顿"之称的费茨中学接受教育，后来又在牛津大学圣约翰学院学习法律，并获得学位。布莱尔先后担任工党党魁、枢密院成员、财政副发言人、贸工副发言人、能源和就业事务副发言人、英国首相、议员、中东问题特使，现任哈萨克斯坦总统经济顾问。布莱尔对法律、工会、税收、贸易、能源、就业、犯罪等问题感兴趣；喜欢读书，爱好网球和音乐；著有《新英国，我眼中的年轻国家》等书。布莱尔的第二代福利观的核心思想——无责任即无权利。布莱尔（1998）通过对新工党转型后执政理念的大量对比分析，详细介绍了自己在教育、医疗、妇女地位、养老金改革等方面的第二代福利观。（〔英〕**托尼·布莱尔：《新英国，我对一个年轻国家的展望》，曹振寰等译，世界知识出版社，1998 年**）——新工党的社会福利改革遵循的主导思想是以社会投资来改革传统的福利国家模式，改革实际上是两个方向：一是改变政府的角色，布莱尔强调，未来的政府角色不必提供所有的社会保护，而是为其提供组织和规范；二是福利对象和方式的改变，由单纯的穷人受益转变为普遍受益，鼓励工作者，促使人们去挣钱，减少失业开发对纳税人的负担，把削减的税收用于公众和就业。布莱尔还强调，改变福利的基本方式，其指导思想是为穷人提供一种辅助而不是施舍。

### （九）克林顿的福利改革

比尔·克林顿在 1992 年的总统竞选中说道："我们必须采取的变革既不是自由主义式的，也不是保守主义式的。它是两者的结合，而且与两者截然不同……政府的责任是创造更多的机会，人民的责任是充分利用这机会。"（杨雪冬、薛晓源：《"第三条道路"和新的理论》，中国社会科学出版社，2000 年）（此部分内容从略，详见下一篇：美国的贫困文化）

## 第五篇

美国的贫困文化

美国对贫困文化的研究起步较早，美国文化与美国贫困文化密不可分，美国理念、文化主基调的形成又与美利坚 200 多年的民族历史有直接关联。并不漫长的美利坚民族的开国祖先是在 17、18 世纪间，因为异教分歧和经济原因，毅然放弃欧洲正统的母教、贵族政权文化，以难民的身份移居北美荒原的。美利坚以多国文化融合，以基督教新教思想占主导地位，所形成的文化与贫困文化独具特色。

现代美国对解决社会性贫困问题的投入较高，福利性与规避道德风险的警惕性、矛盾心态长期博弈、碰撞。美国的文化观念认为：美国社会给每个勤劳的人机会是应该的，但对穷人给予必要的帮助，不等于奖励"失败"。这是美国人对政府帮助穷人所充当的角色归根到底持有保守态度的根本原因，尤其是对那些有可能损伤穷人个人努力责任感和自尊心的帮助，持有极其怀疑态度的根本原因。美国人比其他民主国家更不愿意相信政府，他们担心的是政府对贫困的资助会腐蚀美国的核心价值观，从而造成一个依赖阶层。

将美国的贫困文化单独成篇是出于几个原因。一是美国的贫困文化与美国文化密切相关。美国又是一个以宗教建国的国家，宗教文化，特别是新教文化对美国文化有着极其重大的影响。由此也形成了具有一定特色的与众不同的美国文化与美国贫困文化。二是美国对贫困问题的关注和研究起步较早，规模性的社会关注可以追溯到 20 世纪 60 年代。对贫困问题的关注和研究倍受重视，并形成一定的理论和较为丰富的贫困文化成果。三是美国的文化与贫困文化的形成还与一个重要的特殊背景有关，这就是美国历史的特殊性。当年英国人发现北美大陆时的当地主人——印第安人的社会，其社会形态从来没有经历过奴隶制阶段，更没有经历封建制的社会阶段。现代美国的起步可以说就是英国资本主义的直接移植，几乎没有封建主义的经济、政治、思想文化的根深蒂固的影响，这一特殊历史背景对理解美国文化、美国贫困文化十分必要。

## 一、独特风格与内涵的美国文化

从整体角度看，美国贫困文化直接受制于美国文化，而美国文化又受多方影响——最重要的是受到了欧洲文化，特别是英格兰文化的深刻影响；除此之外，还有北美印第安文化、非洲黑人文化、亚洲文化、拉丁文化（主要是墨西哥文化）以及犹太文化的影响。其中英格兰文化、欧洲文化是核心。特别是欧洲清教主义、自由主义和个人主义思想伴随移民历史而进入北美新大陆，对美国文化、美国贫困文化的影响是根源性和深刻的。

### （一）高度发达，但贫富差距也很大

贫富分化问题是美国一大社会痼疾。据相关数据显示，近 100 年来，美国的贫富差距从未像现在这样严重：一边是占总人口 1% 的超级富翁，另一边是占总人口 99% 的那些人。贫富差距的证据是如此确凿：到 21 世纪初叶，400 个最富的美国人占有的财富超过 1.5 亿底层美国人占有的财富总和。（《外国人看经济危机：美国贫富差距史无前例》，http://epaper.gmw.cn/ 光明网－《光明日报》，2011-12-29）2008 年，收入最高的 10% 美国人年均收入为 11.4 万美元，比收入最低的 10% 美国人（平均收入 7800 美元）高约 15 倍，而在 20 世纪 90 年代时为 12 倍，

在 80 年代则为 10 倍。从 1980 年到 2008 年，占全美人口 1% 的最富者的收入占国家财富的比例翻了一番还多，从 8% 升至 18%，其年均税后收入在 130 万美元以上，而占人口 20% 的最穷美国人的年均收入仅为 1.77 万美元。期间，最高边际所得税率却从 1981 年的 70% 降至 2010 年的 35%。（刘丽娜：《美国贫富差距日益扩大》，《中国证券报》，2011-12-17）

2011 年"占领华尔街"者就喊出"我们是 99%"的口号。时至今日，尽管经历了历史上最长时间的经济增长周期，美国的收入差距反而提升至半个世纪以来的最高点。根据美联储的数据，美国最富 1% 的家庭现在控制着美国上市公司和私营企业一半以上的股权。众多普通美国民众发现，自己没有分享到经济增长的果实。（袁源：《美国贫富差距创新高 征收"富人税"是分享成果还是政府明抢》，《国际金融报》，2019-11-13）有数据显示，截至 2019 年第二季度末，美国最富 1% 的家庭拥有约 35.4 万亿美元资产，几乎与美国整个中产和中产以上阶层所拥有的财富总额相同，这些占美国 50% ～90% 的几千万人口所持有的总资产为 36.9 万亿美元左右。（袁源：《美国贫富差距创新高 征收"富人税"是分享成果还是政府明抢》，《国际金融报》，2019-11-13）

目前，贫富差距过大，提高富人税率逐渐成为 2020 年美国大选最关键的议题之一。2019 年，民主党重新获得众议院控制权，更多议员开始呼吁征收"富人税"。民主党总统候选人伊丽莎白·沃伦（Elizabeth Warren）和伯尼·桑德斯（Bernie Sanders）持续呼吁对最富有的美国人增税，以缩小贫富差距。

2014 年 9 月 14 日，在白宫东北侧不远处的美国最有影响力工会组织劳联—产联总部的一间会议室里，经济合作与发展组织（OECD）就业、劳工与社会事务部主任约翰·马丁发布了一份新报告，报告陈述了全球 29 个发达国家的收入不平等状况，但实际上重点在美国。根据这份名为《分立：现在就应对日益加大的不平等》的报告，美国在 29 个发达国家中的收入不平等水平位居第四，仅次于智利、墨西哥和土耳其，自 1980 年以来，美国工薪阶层的收入不平等情况稳步上升。

**（二）宗教性文化特色突出**

追溯历史可以看到，美洲殖民地的形成和建设、美国的建国、美国文化的形成，都可以溯源于基督教新教文化，特别是清教徒文化的深刻影响。美国的宗教主流文化来源于以清教徒为主的新教移民文化。现代美国仍然保持着强烈的宗教性。追根溯源，其原因在于美国这个国家根本就不是一个自然形成的国家，而是因为宗教原因迁移北美大陆的新教徒所创建的宗教国家，这些新教徒建国的目的是在新大陆实践新教理想，在新大陆实现新教的宗教目标。美国以宗教建国，突出新教文化所筑塑的美国贫困文化必然带有独特的美国文化风格。在宗教方面，其一，美国直接引自英国的文化要素随着殖民的渗入，在美国生根发芽，它秉承了希伯来人追寻上帝之光的文化精神，并按照上帝的旨意来处理人们内心的困惑与不安。美国宗教文化以当年的卡尔文清教徒思想为主流，富有使命感，要在美洲新大陆建立新的耶路撒冷。其二，美国是一个表面上看起来很世俗化，但实质上是一个非常宗教化的国家，美国人至今仍然抱有"美国是上帝祝福的国度"的心态。美国的宗教性可以从下列许多社会事件展现的现象略见一斑：德国的尼采说："上帝死了。"而美国的地铁中的涂鸦则针锋相对地写道："上帝说，尼采死了。"法国著名作家、政治家托克维尔说："世界上没有任何国家像美国那样，基督教对人的心灵保持如此巨大的影响。"美国的货币上至今仍然印有"我们坚信上帝（IN GOD WE TRUST）"的字样。美国的"爱国誓词"也说："我宣誓效忠美利坚合众国的旗帜以及它所代表的共和国，一个国家，归上帝主宰。"在美国的总统就职仪式上，新任美国总统也必须手按《圣经》，向《圣经》宣誓，而这一过程要有牧师在场等。甚至，在法庭作证，证人也要举手向上帝宣誓所言不虚。在庄重仪式上都不会忘记说一声"God bless America"（上帝庇佑美国）。这些做法，在当今各个国家世俗化成为主流的今天已经很少见到，可能全世界内也就美国独一份，这反映着美国人强烈的宗教情绪。（于歌：《美国的本质——基督新教支配的国家和外交》，当代中国出版社，2012 年，第 3 页）其三，美国人的处事原则、相互关系都可以从一些微不足道的小事中隐约看见基督教信徒的影子。在小城市，你若在小路上一人行走，可能就会有路上的私家车停下来问你：Hi, do you need help？（你好，需要帮助吗？）特别是对乞讨人员，总会有人伸出援助之手。因为，帮助有困难的"兄弟"是教徒的基本准则。

### （三）美国文化的源与流

#### 1."五月花号"非同寻常的人类之旅——美国文化的发端

公元 1620 年，一艘普通的渔船"五月花号"启程前往美洲大陆，完成一次非同寻常的人类之旅，这条渔船的航行事件及其成功意味着一个新国家的诞生，一种新文化的开始。美国学者奥尔森讲述新教徒大量涌入北美的历史时说，"当清教徒在 17 世纪自动离开英国的时候，他们寻找的是一个新世界，可以不受不虔诚的皇权和不纯洁的国家教会的阻挡，在那里建立这种基督教联邦。他们认为北美是应许之地，所以为了神与神的国度，他们要占领北美"。（于歌：《美国的本质——基督新教支配的国家和外交》，当代中国出版社，2012 年，第 3 页）1620 年 9 月 23 日，"五月花号"，一条本用来捕鱼的小船悄然离开了英国港口，驶向了大洋彼岸的新大陆。事实上，当他们离开港口时，许多老水手都曾怀疑他们是否能顺利到达彼岸，因为这是条小船，此时又不是航海的好季节。但他们必须马上扬帆启程的原因是他们中间除了有受宗教迫害的清教徒之外，还有着因种种原因必须马上离开不列颠的人们，包括破产者、流浪者等，以及因各种原因在旧世界的游戏规则中找不到自己定位，或无法实现自己梦想的人。当时这些人在英国因为在家乡斯库鲁比地区举行新教教徒的非法聚会，被政府及国教的特务检举，而面临入狱危险。按照原计划他们的目标是从波士顿港出发，逃往新教国家荷兰，希望在那里避难并能维持他们的信仰生活。但在荷兰的阿姆斯特丹及莱登城，出身农民的他们不仅不能适应那里的城市生活，同时还与当地的新教徒发生冲突，加之荷兰与西班牙签订的十三年和平条约即将期满，天主教大国西班牙的威胁日益迫近，于是，这些人又筹措资金，逃往遥远的美洲大陆。当时乘坐"五月花号"前往美洲大陆的共 102 人，经过 65 天与风暴、饥饿、疾病、绝望的搏斗之后，1620 年 12 月 21 日他们终于看到了新大陆的海岸线。在这次航海的过程中有一人死亡，但同时一个新的生命在惊涛骇浪中来到了尘世——一位怀有身孕的妇女，在船上生下了她的孩子。他们的航向目的地本是哈德逊河口地区，但由于海上风浪险恶，他们错过了靠岸目标，于是在现在的科德角外普罗温斯顿港抛锚。在"五月花号"上岸之前，船上的 41 名成年男子在甲板上签订了一份契约——著名的《五月花号公约》。这是后来被认为的美国的第一份政治文献，它否定了由来已久的君权神授思想，后来这一思想被视为民主内涵的最早萌芽。它也暗示出一系列民主政治的新理念，它所呈现的依法管理、民众自治理念后来被众多殖民地所效仿，成为后来民选政府及其新美国理念的基础。这份被载入美国史册的《五月花号公约》的签署人立誓要创立一个自治团体，这个团体是基于被管理者的同意而成立的，而且将依法而治。《五月花号公约》说："以上帝的名义，阿门。我们这些签署人是蒙上帝保佑的大不列颠、法兰西和爱尔兰国王的信仰和捍卫者，詹姆斯国王陛下的忠顺臣民。为了上帝的荣耀，为了增强基督教信仰，为了提高我们国王和国家的荣誉，我们漂洋过海，在弗吉尼亚北部开发第一个殖民地。我们在上帝面前共同立誓签约，自愿结为一个民众自治团体。为了使上述目的能得到更好的实施、维护和发展，将来不时依此而制定颁布的被认为是这个殖民地全体人民都最适合、最方便的法律、法规、条令、宪章和公职，我们都保证遵守和服从。据此于耶稣纪元 1620 年 11 月 11 日，于英格兰、法兰西、爱尔兰第十八世国王暨英格兰第五十四世王詹姆斯陛下在位之年，我们在科德角签名于右。（签名）"（《中国大百科全书·外国历史》第 2 卷，中国大百科全书出版社，1996 年）这里的"基督教信仰""契约思想"及"民主思想"，成为以后美国《独立宣言》和《宪法》的基本要素。继"五月花号"十年之后到达新大陆的清教徒建立了马塞诸殖民地，他们在领袖牧师文思劳普的主导下，也发表了表明移民新大陆的宣言，反映了清教徒强烈的天命意识，是美国人以后要以"基督教意识形态改变世界"的思想的源流。《独立宣言》引用《马太福音》说，"我们要成为建在山上的城，全世界的人都将瞩目我们"。所谓"山上的城"，是指照亮世界、成为世界之光的城。在《马太福音》中耶稣对他的弟子说："你们是世上的光，城建在山上是不能隐藏的。"在这里，光是带给人光明和福利的意思，是耶稣对信徒们提出的使命和要求。

## 2. 美国文化：英国、欧洲传统文化反叛与继承的提升

总括历史，发扬基督教主流文化思想，特别是新教文化思想，汇聚众多移民文化，逐步形成独具特色的美国现代文化。由殖民文化的特点所决定，美国文化以来自英国的盎格鲁－撒克逊传统文化为主要渊源，逐渐形成自己独特的美国文化。美国文化也是传统的欧洲文明与探索、开拓美洲荒原文明精神的历史性结合产物。随着殖民地斗争的展开，随着美洲荒原的探索、开拓，美国文化展现出独特的文化内涵，发展出自身的鲜明特色，并与欧洲文化相抗衡。2011 年 4 月 28 日英国威廉王子和凯特举行婚礼，许多美国人对英国威廉王子和

凯特的婚礼着迷的程度甚至超过英国人。4 月 29 日一大早就有晨间新闻报道，俄亥俄州一个小镇上举行了"王室婚礼派对"（Royal Wedding Party），参加者虽然只是在半夜里观看电视转播，但却是盛装打扮，犹如亲身参加这一"盛典"一样。美国人对英国王室事件有高度兴趣，毫无疑问是一种大众文化现象，这种兴趣现象虽有"媒体事件"的渲染效果，但也与美国与英国间的特殊历史渊源有关。英国王室宫廷文化对许多美国人的吸引力，是来自美国人对英国王室为代表的传统优雅文化的情怀，而不是它以前的君主统治模式。美国人越是自己没有这样的文化传统，就越是对它抱有一种神秘的好奇。普通人用"去政治化"的方式对待宫廷文化，这是大众文化的典型特征，显示了美国文化的英格兰痕迹的一个方面。在美国人心目中，英国是以君主立宪的方式使得马基雅维里式的君主统治难以维持。美国人深知英国不是没有过暴君，是人民的反抗有效地遏制了国王的暴政，而王室则从这种反抗中汲取了充分教训。今天的英国王室已经不再拥有统治权力，王室事件也不再有国家主义和政治内容，而仅仅成为单纯的表演文化象征。凯特出生于平民，她穿的婚纱不足 9 英尺长（已故王妃戴安娜的婚纱长达 25 英尺），表现了王室亲民和节俭的姿态。这种表演文化带有时尚和审美色彩，经由媒体渲染，成为大众娱乐的谈资。早期美国文化的源流深受英国影响的又一例证是：美国文化的许多方面是英国文化的延续和发展。例如，美国人喜爱阅读，重视办学校，都是英国的传统。早在美洲殖民地时期，美国人要读的书，英国人都已经替他们写好了。1660 年以前，英国有444 所学校，每 12 英里就有一所学校，新英格兰人在没有自己作家的情况下，照样可以有读不完的书籍，耶鲁大学的校长德怀特曾对当时的美洲情况这么说："几乎每一种类型、每一种题材的书都已经有人为我们写就。在这方面我们是得天独厚的，因为我们和大英帝国的人说着同一种语言，而且大多数时候能与他们和平相处。和他们之间的贸易关系长期为我们带来大量的书籍，艺术类、科学类以及文学类的书籍，这些书大大地满足了我们的需要。"（徐贲：《美国大众文化中的"英国王室"情结》，新浪博客，2011-05-03）

### 3. 自己组织起来为自己提供服务

历史轨迹显示，是美国宪法奠定了美国社会持续、稳定发展的制度基础，但历史也显示，自殖民时期（1607—1776 年）、革命和早期宪法辩论（1776—1788 年）、内战（1860—1865 年）、内战后西部开发、欧洲移民（1870—1924

年）、大萧条（1924—1941年）至今，美国人民对宪法的争论一直没有停止过。美国人民争论的核心问题是——联邦政府与州政府、地方政府与私人部门，社会与政府和私人部门关系的制约与平衡等。这种争论源于美国的历史和文化。美国社会组织和社会结构的特点是社会形成早于国家，历史特点造成目前美国社会结构和社会管理的基本格局：美国人喜欢自己组织起来为自己提供服务，社会资本是他们相互服务和共同参与的基础，即人们之间的相互信任、组织之间的相互信任，以及建立在这种信任基础上的社会网络。在某种程度上，人们之间的相互信任、组织之间的相互信任会大于对政府的信任。

美国社会历史不长，特点明显。早期的美国，移民众多，分布广泛，信仰各异，政府无力顾及由于快速、多元移民所造成的众多社会问题和公共事务，相互帮助和共同组织社区活动就成为美国社会结构和文化结构的基本特征，这个特征在过去200多年不断发展和完善，慈善和志愿精神成为其社会共同价值观。

### 4. 新教文化突出、道德准则与信仰相连

当初，到美洲大陆寻找新生活的人，许多是有着宗教目标的基督教新教教徒，其中主要成分是与英国国教圣公会产生冲突的英国加尔文宗的清教徒（Puritan）。在这些人中间，很多人在欧洲大陆拥有丰厚的财产或较高的社会地位，他们迁移美洲，或者是为了摆脱欧洲天主教势力的压迫或来自英国圣公教会的迫害，或者是受分离主义态度驱使，而要在新大陆建立一个新教统治的新天地。最先到达美洲的"五月花号"船上的移民，是一些有着被通缉背景的英国清教徒。这些人的主体是英国斯库卢比地区的清教徒农民，领袖是当地的大富豪布鲁斯特、牧师罗宾逊以及他们的学生布赖福特等人，后来布赖福特做了普利茅斯殖民地的总督。总体而言，美国文化的突出特征是：

其一，至今仍是宗教文化大国。美国拥有30多万个基督教教堂、犹太教教堂、清真寺以及其他宗教活动场所。在城市、乡村，随处可见大大小小的教堂。相关的调查数据显示，80%的美国人信仰宗教，在美国众多的宗教派别中，基督教毫无疑问占有绝对优势。有数据表明，在美国有宗教信仰的人中，约有85%的人声明自己信仰基督教。以基督教的教义《圣经》为例，它始终是美国最为畅销的书籍之一，年销量高达900万册左右。毫无疑问，基督教文化是美国的主流文化之一，其影响之大，只要深入到美国社会之中，就能深刻地感受到。美国思想界权威诺瓦克（Michael Novak）曾说过，在美国社会的政治、经

济、文化三个系统中，文化系统是以基督教文化精神为核心的，这在今天的美国仍是相当主流的观点。如若认真地考察一下美国的建国史和发展史，可以清楚地看到无论是《五月花号公约》，还是美国《独立宣言》，基督教传统从其殖民地时期，就已经根深蒂固地影响了美国的政治、社会、外交诸多方面，影响了众多的民众家庭。至今基督教文化依然是美国社会的主流文化内涵。

其二，新教文化突出。清教主义始于 16 世纪下半叶宗教改革时期的英国，清教徒信仰加尔文主义的新教学说，不满国教改革的不彻底性，要求摒弃天主教旧制和烦琐仪式，提倡简朴生活。由于在英国遭受迫害，大批清教徒为了自由和清教主义的理想，远渡重洋移居荒凉的北美大陆，在新英格兰等地陆续建立殖民地，他们成为美国文化重要的奠基者，清教主义也成为现今美国主流文化中不可缺少的历史性元素。随着欧洲移民的不断增加，政教分离的原则变得更为重要，因为移民也拥有不同的宗教背景。早期北美殖民地的欧洲移民大多是为了躲避宗教迫害，而在此之后来到北美殖民地的更多是为寻求财富和利益。他们带来了欧洲更为先进的启蒙思想，同时也将北美殖民地变成了宗教多元化的地区，各类宗教寻求平等的发展，从而希望通过政教分离的方法相互制约。以清教主义为基础的"大觉醒运动"的爆发，使得这种愿望成为一种现实的可能。美国的民族主义从基督教教义及思想中汲取了丰富的营养，无论是总统人选，还是宪法的制定，甚至是道德观与价值观的建设，无不渗透着基督教的意蕴。从最初的移居新大陆，到后来的建立统一联邦，基督教传统对于美国政治的重要贡献之一就是政教分离的重要理念。清教主义则是这一政教关系重要原则的主要思想来源，再加上其来自欧洲的民主主义，于是形成了美国政教关系的雏形，契约和法律成为这一体制最有力的保障。最终，构塑成型为美国实行的三权分立制度模式，其行政权、司法权和立法权相互独立、互相制衡。美国总统是权力的象征，但几乎每一位美国总统都是基督教新教教徒，大多数信仰基督教新教的美国民众还是会对总统有一种宗教信仰上的认同。

其三，道德准则与信仰相连。在美国社会，无论是建国之初，还是当今，很重要的一点是建立了基督教，特别是以基督教新教为主的相关道德准则，基督教传统为美国社会提供着源源不断的道德价值和伦理准则。大多数美国人都认为，只有信仰上帝才能够真正成为正直、善良、可靠的人，而这也是个人得到社会承认的基础。像自由、平等、互爱、尊重他人这样带有美国标签的道德准则都是源自基督教信仰。美国人认为这些品质只有依靠坚定的信仰才能够更好地传承下去。美国社会的道德标准是建立在宗教信仰之上的，而美国的宗教信仰又宣称是不受政治干扰的价值体系，这就为美国整个社会的道德提供了更大范围的认同。同时，基督教传统已经成为人们日常生活的一部分，而由此建立的道德标准约束着人们的行为。

美国社会的道德准则与人们信仰的宗教紧密相连，使人们对道德的遵循更具信仰风格。由宗教衍生出来的道德，从内心深处有效地制约着美国人的行为，影响着个人对家庭、社会和公共生活的态度。小到婚姻关系，大到民族情结，美国社会生活的各个层面都有基督教传统的影子。基督教传统在美国社会中随处可见，是社会生活的重要基础。

其四，迄今仍然是宗教活动异常活跃的国家。美国宗教性活动异常活跃可以从若干方面体现。一是国家宗教性的强烈印象。依据美国盖洛普调查的数据显示：在美国，有95%的人"信仰上帝"，其中，86%为基督徒，基督教徒中，60%的人为新教徒，28%的人为天主教徒，10%的人为东正教徒。其余信仰犹太教或伊斯兰教。成年人中，70%的人从属某个教堂。（于歌：《美国的本质——基督新教支配的国家和外交》，当代中国出版社，2012年，第3页）据美联社调查的数据显示：美国人花在宗教上的时间和金钱，远比花在体育娱乐上的时间和金钱要多得多。例如，1990年，美国人观看各种体育比赛的人数为3.88亿人次，而出席宗教活动的人数则为52亿人，比看比赛的总人次多出13倍；1992年捐给宗教事业的资金总额为567亿美元，而棒球、橄榄球、篮球三大联赛的总收入只为40亿美元，两者相差14倍。（于歌：《美国的本质——基督新教支配的国家和外交》，当代中国出版社，2012年，第3页）据美国学者罗伯特·伍斯诺（Robert Wuthnow）调查的数据显示：在参加社会组织方面，在20世纪末，有2/3的美国人从属于某个宗教组织，而只有1/5的人从属于工会或商会。（于歌：《美国的本质——基督新教支配的国家和外交》，当代中国出版社，2012年，第3页）2014年3月，笔者曾经在芝加哥偶然旁观了一次当地的基督教礼拜活动，所见景象还是令笔者感叹了一番：活动中心没有欧洲传统的天主教那样豪华的哥特式教堂，活动中心更像一个现代化的大型会议中心，有主会场区，有分会场区，有志愿者负责看管的儿童活动区、物品存放区、饮食区等。主会场区主席台上还有一批新入教者，他们着装整洁地站在一池清水中等待洗礼。而这一切所见，仅仅是该地区一个习以为常的星期天的礼拜活动。据朋友介绍，这个活动中心每每遇到星期天，由于居住在当地社区的人口较多，这样规模的活动全天要举行三场。笔者目睹了到教区参加活动的浩荡私家车队，可谓老老小小，举家出动。停车场上还有志愿者在指挥车辆停放，秩序井然，安静而无喧哗。在纽约，笔者也曾经有意地观看过一次礼拜聚会活动，再次实地观摩了礼拜聚会活动的认认真真、井然有序，只不过活动地点是在高楼耸立的曼哈顿，而礼拜的会场只能选择某个剧院进行罢了。据笔者在欧洲的观察，这种教区活动的景象即便是在宗教发达的欧洲也并不多见，在如今的欧洲，上教堂更多的是一种生活方式了。二是基督教新教文化仍然是主流文化。史料显示，英国国教圣公会虽然号称"信仰新教"，但因其来路暧昧，所以带有很深的天主教痕迹和影响，基本上可以说仍然是天主教体系。当初，宣布英国国教改为新教的是国王亨利八世，亨利八世宣布改宗，很大程度上并不是因为信仰新教的原因，而是为了摆脱禁止他离婚的天主教教规的束缚。该国王因为想废除生不下男孩的王后，离婚另娶，但被反对离婚的天主教教会所禁止。一气之下，亨利八世宣布国教改为新教，新教则同意了他的另娶计划。改宗的英国国教教会虽然号称"新教"，但仍保留了大量的天主教的信仰和习俗，这些天主教的信仰和习俗，一直是国教教会内部真正的新教徒不满和改革的对象，新教徒为此发起改革教会运动，他们将自己的改革运动称为"净化国教的运动"。之后由逃亡的清教徒们建立的美洲殖民地，在宗教上，一直与英国本土的宗教处于对立状态。美洲大陆的宗教主流为清教徒和路德宗，英国的国教则为天主教与新教的混合体圣公会安立甘宗。安立甘宗作为英国国教一直是清教徒改革的对象。美国独立战争的发生，也是因为早期移民北美的多数人都是新教教徒，而主要殖民地多是清教教徒的缘故。清教徒是信仰新教中加尔文主义的英国教徒，英文中的清教徒（Puritan）、清教主义（Purism）含有清纯、净化的意思。清教之名来源于这些人主张清除英国国教中的天主教因素和影响，净化英国国教，建立纯正的新教教会。在美国独立战争及 18 世纪 20 年代，英国本土和美洲殖民地曾经发生过一场轰轰烈烈的宗教"伟大复兴（Great Awaking）"运动，此复兴运动在英国是卫理循道宗教派产生的，虽然此教派也反对安立甘主义，力图改革英国国教，但与清教徒教义很多地方截然对立，没形成多大势力，英国仍然被国教控制。而在美国——此复兴运动则是一场彻头彻尾的新教教义在新大陆被强化的运动，这场运动最后导致了新教公理宗、长老会、浸信会的进一步振兴，这些全部承袭了清教主义的教派，从而与英国国教在思想上彻底脱离了关系，并形成了进一步对立。三是美国的《独立宣言》深受基督新教思想的影响。美国的建国之父们把他们建国的合法性依据全部诉诸上帝，诉诸基督新教中的"天赋人权""主权在民"和"政府为民"的思想。《独立宣言》开宗明义说，"人人都从上帝那里被赋予了一些不可转让的权利，其中包括生命自由和追求幸福的权利"，在以后的章节中《独立宣言》说，"因为英政府践踏这些权利，所以他们才要求独立，建立保护人民的政府，'向这个世界的最高的裁判者'上帝'申诉'独立'意图的公正'，并且'对上帝的庇护充满了信心'"。美国人至今仍然抱有"美国是上帝祝福的国度""美国人要将世界引领向善"等天命思想和使命感。美国人的这种意识和文化可以说是从殖民时期开始的先辈传下来的传统，它由来于基督教的选民意识和救世主义，由来于清教徒的改造社会和改造世界的天命意识。

其五，较高程度的宽容度。客观地说，美国社会有一种少有的坦荡和宽容度，究其原因应该说有三大因素促成：（1）美国社会的处事准则很大程度上受到文化信仰的制约和影响，最重要的是来自基督教的传统文化得到了绝大多数美国人的认可，这一文化准则包括：相信人人生而平等，人人享有平等的权利并且受法律保护，人格由其拥有的权利来体现，强调机会平等而不是结果平等，尊重个人隐私和自主权，重视程序法和自愿订立的契约；相信社会和国家确保个人的自主性，即"自由"，减少对个人活动的限制，并最大限度地提供充分竞争的机会等。（2）由于美国是个移民之国，美国的祖先来自全球各地。人们移居美国时，不仅仅在地理位置上挪动发生变化，而且还毫无疑问地会把他（她）原属地所在国的文化、风俗习惯带到新的居住地。因为移民来源广泛，原属地所在国的文化千差万别，情况各异，人们各自的文化习俗差异巨大，汇聚一起的人们无法强调和注重统一性。久而久之，美国人的文化习俗就形成了较高程度的宽容性，对异质文化和看法只能持有相互容忍、相互接受、共同和平相处的态度。在这一点上，美国社会里可行的习俗要比世界上其他国家宽泛许多。从社会性的角度看，这种宽容性还会表现在对自由的理解、对自由权利的追求和对自由权利的共同维护上。从生活范围上看，它显现在不同种族、不同族裔社区的平安相处。一言以蔽之，在美国，每个人基本上可以任意选择不同的观念、信仰、生活方式和传统习惯；人们也可以在相当程度上保持自己的习俗习惯。由此，犹太人可以庆祝他们自己的节日，而基督教徒则更是敞开欢庆他们的圣诞节和复活节等。美籍华人同样可以在唐人街区用华语生活和工作；同理，越南移民能够在他们的"小西贡"按越南的方式经营业务，从事各种活动等等。（3）美国人的容忍性，除了宗教、移民因素以外，还与美国人的频繁迁徙有直接关系。美国的经历显示，历史上曾经发生的重大历史实践，如西部大开发，开创了美国人民勇于迁徙，勇于探索发现、创新的文化风格。那一次史无前例的西部大开发，及美国拓荒者，或徒步跋涉，或骑马坐车，从东到西，从南到北，哪里有机遇，就往哪里移居的实际经历和文化感受牢牢记入人们的心里；频繁地迁移和不断地更换居处使人们始终处于"流动"状态，对所面临的种种不同现象更易于宽容和接受。此外，经常迁移帮助人们扩大眼界，知多识广，对不同的习俗持理解、接受宽容的态度理所当然，并逐渐形成多样性胜于单一性的开放性观念。这样，在一个家庭、一个朋友圈，不同党派、不同宗教信仰和平相处，屡见不鲜。

### （四）自由主义、个人主义突出的文化观

#### 1. 自由主义、个人主义是美国文化的核心

美利坚开国政治家托马斯·杰弗逊，笃信个人独立自主的权利："人生来平等，生命、自由、幸福是造物主赋予所有人的不可剥夺的权利。"1776 年，亚当·斯密自由主义理念被美国人深信不疑。自由主义、个人主义深刻地影响着美国社会生活的方方面面，包括美国的贫困文化内涵。在长期的历史发展中，美国确立了以自由、独立、平等为特色的人文历史文化观。源于欧洲的宗教改革、文艺复兴、启蒙运动的核心是"人"，是个人主义，个人主义就是尊重每一个人，尊重他人。由此导出民主、自由，个人的意愿必须得到尊重等美国人最核心的意识与价值观。总体而言，在美国这个国家的建立中，有两个重要的基石，即"基督教"和"自由主义"。可以说，在美国，"基督教精神"和"自由主义"并行不悖，而世俗的自由、民主、人权等价值观和制度与基督教的价值观信念，共同构成了美国式的价值观和社会理念。在美国历史发展中，从初期的神权统治，到建国后的政教分离，基督教文化和自由主义始终纠缠在一起，共同打造美国这个国家的灵魂和民族精神。可以说美国就是一个有着基督教气质的自由主义的国家。始于 17 世纪的自由主义和殖民地开发的美国历史共生，美国从英国带去的自由主义的思想基因，在新生的美

国自由发展。美国建国后，崇尚个人自由为特征的自由主义成为美国政治的主要传统，"自由"成为一个无法替代的"核心概念"并被视为一种标准，甚至被视为生活目的的意义所在。由此，美国整个民主政治都是建立在"自由主义"的原则和价值观之上的。美国自由主义的核心思想是"天赋人权""有限政府论"，这些被写进《独立宣言》和《合众国宪法》，成为美国的立国之本。

### 2. 美国的自由主义、个人主义文化观

美国文化的核心是自由主义。美洲最早的移民来自欧洲，主要是英国人，因此美国政治文化的源头来自欧洲的英国，确切地说就是自由主义和保守主义，主要是自由主义。而自由主义又来自新教教义和欧洲政治学说思想中，如洛克的自由思想，保护个人自由、利益、权利。保守主义来自英国，它们不重视理论教条，而重视实际效果。因为自由主义是美国政治文化的核心，所以美国民众可以不信任政府，其实他们内心也是不信任政府的，他们对政府处处设防。他们认为，政府除了保障个人权力和利益之外就没有其他作用。托马斯·杰弗逊在《独立宣言》中主张——人人在政治上都是平等的，政府职能从民众中获得合法权利，政府存在的唯一理由是保障每个人享有生存、自由和追求幸福的权利。正是出于这种以自由主义为核心的政治文化，美国人认为自己有责任和义务把作为美国核心价值观念的自由和民主观念向世界推广。了解美国人最重要的事情恐怕就是理解他们对个人主义的执着追求了。

在美国政治文化中，个人主义一直占有重要地位，其要义是，个人先于社会而存在，个人是本源，社会是派生，社会和国家是为了保障个人的某种权力和利益而组成的人为机构，除个人目的之外，社会和国家不应该有任何目的。个人主义在美国表现出的积极一面是，在他们的潜意识里十分重视个人奋斗这种精神。不言而喻，这种个人主义的实质就是自由主义精神，有个人自由，才有个人奋斗。美国人很小就开始接受独立个体的教育，即每个人都要自己应对生活中遇到的各种问题，掌握自己的命运。他们所接受的理念是不要把自己当作联系紧密、相互依存的群体中的一员，如家庭、宗教群体、部落、民族或其他组织中的成员。出于这种以自由主义为核心的政治文化，美国人认为自己有责任和义务把作为美国核心价值观念的自由和民主观念向世界推广。多数美国人将人类历史发展视为一条线，自认为美国站在最前面，始终是新的开端，美国方向始终代表世界的未来。

当然，这只是一国的"自我感受"，因为每个国家都有其自己的文化、理念和价值观。

### 3. 青睐自主、欣赏自我的独立奋斗

美国人突出的一大文化心理特征是：相信和依靠自我，并十分赞赏"提着自己的靴襻成为自助成功者"。法国学者 A.D. 托克维尔在其所著《美国民主》中曾经这样描写美国人的上述性格——"自利（助）的原则，让不少美国人养成了守规矩、自我节制、慎重以及克己的习惯。如果人们不能靠着自我意志直接到达至善境界的话，也会因为习惯使然，而逐步往那个方向迈进"。（〔美〕加里·贝克吉蒂·贝克：《生活中的经济学》，薛迪安译，华夏出版社，2000 年，第 98 页）

## （五）美国医疗保险推进显现的自由主义文化观

毫无疑问，至今的美国主流文化仍然是坚定的个人主义、自由主义。探究历史可知，个人主义、自由主义根深蒂固地深入美国社会生活的方方面面。美国的个人主义、自由主义的文化特征还可以从美国医疗保障形成和发展的与众不同得到验证。在长期历史发展中，美国医疗保障制度的设计深受文化因素的制约与影响。美国自建国之初便确立了以自由、独立与平等为特色的人文历史文化，这些文化传统自始至终对美国医疗保障的形成和发展产生着重要的影响。至今美国是发达国家中唯一没有建立统一的医疗保健体制的国家，形成了公共部门、私人部门、非营利机构提供者提供的混合式的医疗服务体系。其医疗保健构成由几大部分组成：有雇佣关系的（约占 60%）人由雇主购买医疗保险；由国家支付的医疗保健照顾的计划（Medicar——针对老年人的住院）和医疗救助计划（Medicaid——针对穷人的医疗救助）；常年有 3000 多万人没有任何的医疗保健计划覆盖。

### 1. 推进医疗保险的博弈与纠结，彰显了美国式的自由主义文化观

在美国，应该说效率至上和市场主导机制始终左右着医疗保障这个重大的社会制度的建立和发展。2012 年 6 月 28 日，奥巴马医改法案在最高法院裁决中获胜。在美国，多年来这一事件的过程本身十分清楚地展现了美国文化在医疗保险方面的博弈和冲突。奥巴马医改法案的目标是到 2014 年使美国实现人人有医保，内容包括要求各州扩大针对低收入者医保项目的覆盖面，政府给予低收

入者相应补贴，其中最具争议的是"强制性个人保险"条款，即自 2014 年起，所有美国居民都必须购买医疗保险，否则将被处以罚款。而现实之中，美国有 3000 多万人长久以来没有任何形式的医疗保障。这项法案的通过被视为奥巴马政府最大的立法成果之一。之后，医改法案签署两年中，纷争从未中止，因而不得不通过法院裁决解决问题。解决全民性医疗保险本是好事，为什么在美国办此事有如此难度？这不能说与美国文化中的所谓"自由"无直接的关系。在美国传统文化观念中，一直遵循个人自由主义至上的人文理念，而自由主义人文理念信奉社会达尔文主义，认为优胜劣汰的自然法则同样适用于社会生活，社会生活本来就是优胜劣汰的过程。认为贫穷和富裕是合乎生存法则的事，政府不应该也无须插手去干预，而自由的市场经济机制是维护公平和正义的基础。这一文化观念表现在医疗保障问题方面，就是强调注重个人责任，个人自由的价值高于集体利益，主张充分利用市场和社会力量发展医疗保障制度，反对政府干预。正是这一主导思想长时间地左右了美国医疗保险的推进。回顾历史，在美国建国以后相当长的时期内，政府对社会医疗保健问题一直是放任自流的。医疗救济则延续了美国人从英格兰民族那里继承的基督教文化传统——属于宗教的义务。在解决医疗保障问题方面，是政府还是市场？是强制性，还是遵从个人自由实施选择？历史上已经争论、博弈很长时间。不同观念、思路也已经有过多次重大的交锋，从其大脉络可见争论、博弈的情况堪称激烈。

## 2. 保健被认为是家庭和个人私事

20 世纪 30 年代的大危机爆发导致政府《社会保障法》的问世。大危机爆发，许多人没钱去医院看病，导致医院和医生收入下降。为保证医院运转更好，医院开始举办预付式保险计划。同时，针对医生服务，特别是外科手术的预付式保险计划出现——这就是由医疗社团举办的"蓝盾"、"蓝十字"计划。"双蓝计划"采取社区统一费率（community rating）政策。就是向一个社区所有居民征收同样保费。这实际上补贴了高疾病风险的老人，也补贴了穷人等高风险人群。这种做法实际上是与社会保险类似的。最终这个"双蓝计划"获得成功。30 年代大危机既是一场灾难，也是一次转机。即使在当时大危机的环境下，强调自立自救，反对政府干预的社会文化和社会心理仍然占据主导地位。在罗斯福新政时期，虽然保守主义暂时处于劣势，但保守主义的影子仍然隐含在罗斯福新政中，罗斯福政府认为，医疗保障资金应取之于民，用之于民。1935 年的

《社会保障法》，是罗斯福新政的重要内容之一。《社会保障法》对美国社会的意义在于，它使人们认识到国家中的私人市场体系也是存在缺陷的，使人们认识到引入政府机制和制度变革是非常必要的。但同时，《社会保障法》的缺陷也很明显——这就是其中没有规定医疗保险的内容。究其根源，这是改革者和反对者之间妥协的结果。一方面，美国政府急于解决大危机所带来的失业和养老问题；另一方面，在讨论、审议《社会保障法》的过程中，美国医学界最有影响力的利益集团——美国医学会的立场由支持转向反对，使在《社会保障法》中设立"医疗保险"内容失去了任何可以顺利通过的机会。后来的劳工部长弗朗西斯·帕金斯在为一本书所作的序言中描述了当时的情形："为了通过社会保障法案，我们推迟了医疗保险法案的提出，因为反对的呼声（主要来自美国医学会）是如此强大。如果在当时强行通过它的话，反对者就会置整个《社会保障法》于死地。"（张奇林：《美国医疗保障制度评估》，《美国研究》，2005 年第 1 期）

### 3. 二战后全民医疗保健与私人健康保险的畸形发展

1951 年美国国内税收总署规定：雇主用于支付保费的费用可以抵税，这一规定大大地刺激了私人健康保险的规模性发展。二战后，美国医疗保障制度在国内外政治经济形势的影响下获得了一些进步，但在很大程度上都是被迫的。政党的竞争和社会集团压力的影响，是美国医疗保障制度扩张和发展的主要动力。二战后，美国借助优越的国际地位确立其世界强国的地位，凭其经济实力完全可以建立像西方其他国家一样的"全民医疗保健"。战后的几届民主党政府也进行过几次尝试，但是却一直没能建立起来，究其原因很大程度上是由于建立像西方社会那样的医疗福利制度，受到了美国保守主义的政治意识形态和自由主义的人文传统的强烈反对。

### 4. 1965 年至 1972 年的重要进步

1965 年，美国国会以 1935 年社会保障法修正案的形式通过了《老年医疗照顾计划》和《穷人医疗援助计划》。医疗照顾和医疗援助的基本目标是向老年人、残疾人和穷人提供最基本的医疗保障。1972 年，医疗照顾将覆盖范围扩展到了严重肾病患者。这两个计划极大地增加了卫生保健的可及性，缓解了平等就医所带来的财政压力。

### 5. 20 世纪 70 年代后期起，美国医疗保障陷入新的僵局

20 世纪七八十年代以后，美国医疗保障制度的改革一再表明，自由主义的

人文传统仍然在美国人的思想观念中占据主导地位。美国共和党的主要社会基础是基督教保守派，民主党在很长历史时期一直到最近，都属于自由主义传统的政党，主张多元主义和道德包容。80年代的改革实践中还有一事值得一提的是《医疗照顾大病保险法》的实施和废除，该法于1988年由国会通过，旨在拓展医疗照顾的保险范围，减轻老年人的财政负担，但由于富裕老人的强烈反对，国会不得不于次年废除了该法。1973年，美国国会通过的HMO法案使管理型医疗保险受到极大的关注和运用，该法案不仅提供了启动资金以推动健康维护组织的发展，而且还要求大公司都必须为其员工提供HMO式的选择。自此之后，管理型医疗得到迅速发展，到1993年有70%的医疗保险投保者选择管理型医疗组织。管理型医疗模式的最大特色就是医疗保险者开始将其主要精力放在基本医疗保障服务包的设计之上，并且高度重视在保证医疗服务质量和降低医疗保障服务价格两者之间保持平衡。20世纪初以来，历届美国总统，尤其是民主党政府反复尝试，努力让政府介入医疗保障这一重大的社会性项目，能够成功提供全民医疗保障。这一社会性改革目标包括罗斯福、肯尼迪等多届政府都未能获得成功。1965年约翰逊总统成功导入了老年医疗照顾（Medicare）法案，联邦政府和州政府对低收入人群、失业人群、残疾人群的各种医疗项目资助项目，其中医疗资助方案（Medicaid）是最大、最具代表性的项目，通过老年医疗照顾（Medicare）法案和医疗资助方案（Medicaid）以政府手段解决了65岁以上老年人和穷人等特殊人群的基本医疗问题。此后，为了完成全民覆盖这一夙愿，卡特和老布什等也均做了很大的努力，但是都未有结果。

随着20世纪90年代管理保健和管理竞争取得进步，遏止医疗费用猛增势头和第三条道路理念的兴起，尽管社会上充斥着对医疗保障制度的普遍不满，但政府仍是少有作为。克林顿入主白宫后，组建的由第一夫人希拉里牵头的医疗改革小组，负责起草医疗改革计划。克林顿总统任命其夫人希拉里为首的500多人组成的精英集团，制定了名为《国家医疗保障法案》的改革方案于1993年9月递交国会，但由于医疗、医药利益集团利用该方案设计过于复杂而故意误导民众，并大肆开展院外反对活动，加上党派间的矛盾，克林顿总统《国家医疗保障法案》的改革方案终被否决。90年代后半期，克林顿政府进行了一些局部的改革，包括：1996年的《健康保险可携带性与责任法》和1997年的《州儿童健康保险计划》，前者对保险公司的权利作了一定限制，并保证健康保险的可携带性；后者作为社会保障法第 16 条的一部分，规定由联邦政府资助各州将健康保险的范围扩展到儿童。这是继医疗照顾和医疗援助实施以来，在医疗保障覆盖范围方面取得的最大进展。从 1993 年起，美国卫生支出占 GDP 的比例一直维持在 13%～14% 之间，也就是说，美国的卫生保健约占整个国民经济的 1/7，是美国最大的行业。小布什上台后主要忙于反恐等工作，顾及不上医疗保险。奥巴马继承了克林顿和民主党的传统要求，以扩大医疗保障覆盖面为核心的医改作为其主要的竞选承诺和执政责任目标之一，其目标的口号是——努力实现美国医疗保障的全覆盖。

### 6. 奥巴马推进医改遇阻，显示了美国自由主义价值观的再次张扬

奥巴马推进的医改方案举步维艰，其根源仍然是"自由"这个美国文化观念。奥巴马医改方案推行得十分艰难，核心症结则是：宁可放弃通过"强制性"实施的医疗保险而实现"公平"，也要坚守"自由选择"的医疗保障模式。这表面上看似是美国政党的争斗和所谓的"美国民主"的体现，实质上则是"美国自由主义价值观"在相当多的美国人心目中的体现。奥巴马面对的医疗保险难题是：在医改方案根本目的上，扩大美国医疗保障体系覆盖和降低医疗费用。来自美国 50 个州的 9000 多人参与讨论，讨论中各方争论的焦点是医改实施中"政府作用的边界"。国家卷入医疗保险的根本缘由是信息不对称，医疗保险存在着所谓"双向逆向选择"问题。医疗保险运作的现实情况是：一方面，在大多数情况下，投保者比保险者更清楚自己的健康状况，在完全自愿情况下，某些身体健康者会因侥幸心理而选择不予投保，由此，投保者可能会集中在身体不大健康的人群之中；另一方面，寻求利润最大化的保险者为规避风险，会想方设法选择投保者，更需要医疗保障的人群（例如老年人、残疾人等）会被排除在外。为了克服逆向选择，引入强制性是唯一的选择，而国家是唯一可以对公民施加强制性的机构，这也是实施社会医疗保险的意义所在。国家强制的方式基本上有三种：（1）直接从一般税收中出资；（2）直接经办医疗保险；（3）强制所有公民加入民间兴办的医疗保险，同时强制民间保险机构以一种大体一致的服务接纳所有申请者。该种方式引入了强制性和保证每个人有自由选择是否加入医疗保障的自由权利。而此次奥巴马强力推进医疗保险所遇到的阻力，很大程度上显示出美国核心价值观体系的"强制性"与"自由选择"权利之间的文化冲突。所以应该说，奥巴马推进医改的曲折，是"美国自由主义价值观"的再

次张扬，但只是暂时性的失败。2012 年 6 月 28 日，美国最高法院以 5 票支持，4 票反对做出裁决，支持奥巴马总统提出的医疗保健法案。奥巴马医改法案中是想让 95% 的美国人获得医疗保障，几乎实现全民医保。这应该是件"造福于民"的好事儿，却偏偏有很多人"不领情"。有分析认为"强制医保"条款违宪，但联邦政府认为，如果砍掉"强制医保"，医改中最受欢迎的两个条款，也就是"保险公司不能拒绝投保者购买保险"以及"保险公司不能以投保者既往病史为由收取高额保费"的内容也就必须同时砍掉，显然这有违奥巴马的初衷。当医疗保健法案通过时，总统奥巴马用了 20 支笔，每支笔写上一个字母，签署了耗时近 100 年的美国医改立法。奥巴马说——今天在经历了大约一个世纪的尝试后，今天在经历了一年多的争论后，今天在所有投票清点后，医疗保险改革议案成为美国的法律。这些推进医疗保障的历史轨迹反映出美国的基本文化内涵：尽可能地不能有强制性，因为它限制了个人的自由。

当然，推进美国医疗保健立法之所以不顺利，除了自由主义文化作梗之外，也与美国的立国权力制衡机制有关。建国之初，美国的三权分立的立法框架，目的是对政府权力进行制衡，防止滥用。但有利有弊，表现在医疗保健立法上就是形成巨大掣肘。总体而言，美国民主党倾向于建立覆盖全体国民的医疗保障立法；共和党则反对或折中，共和党更感兴趣的是遏制医疗费用急剧上涨的措施；美国医学协会则一贯不遗余力地反对这类立法。这样，医疗保健立法困难重重就不足为怪了。

## 二、美国独具特色的贫困文化

不能否认的事实是，美国贫困文化深深植根于美国文化之中，美国文化又有隐约可见的英格兰文化的影子。审视历史可知，蕴含于美国文化之中的美国贫困文化也具有十分突出的特色：其一，带有浓厚的英格兰文化痕迹，特别是英格兰厚重的贫困文化痕迹，它是美国一切文化与贫困文化的发端，一切美国文化和美国贫困文化都可以隐约见到英格兰文化的影子；其二，带有浓厚的新教意识，更是鲜明的清教徒思想文化观念的充分展示；其三，英格兰文化的继承，美国新大陆的建国理念，特别是美国西部大开发等一系列重大的历史事件与历史实践多方文化观念的融合，日渐创造了独具特色的美国文化与美国贫困文化。在社会福利构架方面，美国一直都是工业化主要发达国家中最保守的。在工业化主要发达国家中，美国的福利项目实施得最晚。在福利资格、福利范围和福利开支方面也限制得较其他工业化国家严格。这是因为在为低收入公民提供公共贫困保护的援助时，美国政府充当的角色方面，以及美国人信奉的理念上，都有别于大多数工业化国家。

### （一）贫困问题突出，解决穷人的问题并不顺利

#### 1. 贫富悬殊是美国社会的一大特点

引发对社会性贫困问题的关注源自 1956 年美国学者哈林顿所著《另一个美国》的发表。《另一个美国》通过学者哈林顿在纽约、芝加哥和加利福尼亚州的贫民区的有说服力的调查，使许多美国人认识到，世上有个人们熟悉的美国，自诩为"丰裕社会"，但人们突然发现还有另一个美国——他们（约有 5000 万人）过去是穷人，现在还是穷人。当年的美国总统肯尼迪读了这本《另一个美国》，该书切实地改变了肯尼迪总统对美国贫困问题的认识，使他意识到了美国贫困问题的严重性，从而发起了一场反贫困的战争。《另一个美国》发表后，美国社会性贫困的研究广泛地展开，其广度和深度远超其他西方国家。

至今为止的世界第一强国——美国依然有一定规模的穷人，社会性贫困现象依然突出，由此也产生了大量的贫困文化。在美国，与贫困相联系的四大专有名词为：廉租房、食品券、医疗救助（Medicaid）和低保（SSI）（只针对 65 岁以上的老年穷人）。

根据美国人口统计局公布的数据：2015 年美国家庭收入的中位数为 56516 美元，其中，约有 4310 万人生活在贫困线之下，贫困率为 13.5%。2013 年，美国约有 120 万个穷人家庭居住在公屋中，约有 800 多万穷人吃低保（SSI），约有 15% 的美国人领取食品券。（董登新：《"美国穷人"的四大制度标签》，财新网，2019-06-20）据多方渠道、多种媒体揭示的信息显示：美国常年存在约 3000 万的穷人，每天晚上无家可归露宿街头的流浪人员约 50 万人，每年约有 6500 万人因为医疗费用过高而放弃治疗。

#### 2. 新冠肺炎是对政府防范大规模社会性贫困风险的一次有效性的检验

在 2020 年初爆发的全球新冠肺炎疫情下，美国的医疗保障矛盾性更加突出，

数据显示，美国的发病确诊、死亡人数激增，居世界榜首，据美国约翰斯·霍普金斯大学发布的新冠肺炎数据实时统计，截至美国东部时间 2020 年 10 月 27 日晚17 点 24 分，全美共报告新冠肺炎确诊 8,766,984 例，死亡 226,524 例。过去 24 小时，美国新增确诊 76,841 例，新增死亡 936 例。应该说，此次新冠肺炎是对政府大规模地防范因病致贫风险的一次有效性检验。新冠肺炎疫情，暴露了美国这个世界第一经济体的体制缺陷和医疗保障短板。排除政治因素外，美国医疗保障体制问题百出。

### 3. 关于奥巴马医保法案显现的文化纠结

依据奥巴马医保法案确定：从 2014 年起，强制所有美国人必须购买医保，雇主必须为雇员提供保险，否则将被罚款。依据奥巴马医保法案，医保覆盖到全美 3200 多万没有医保的人，从而实现全民医保的目标。应该说，这个医保法案的思路是对的。但奥巴马医保法案以议会勉强多数通过确立后，反对声不断，除了政党政治因素外，不得不说还与"政府与市场关系"悖论这个老话题有关。"大政府？小政府"思路，孰好孰坏各执一词，还将争执下去；同时，医保法案推进不力的现状还需与美国的自由主义文化观相联系。总之，医保法案体现了对于弱势群体的关注，医改法案的主要受益人是目前仍游离于医保体系之外的 5000 万低收入群体，这也令中产阶层和高收入阶层担心，他们目前享有的医保水平会否因此下降，医改是否会增加财政负担，进而影响经济复苏……这就是美国文化和贫困文化的特点与纠结。

### （二）美国贫困文化的独特性

这种独特性可以从以下若干特点看出：其一，从结果上看，美国的社会福利一直是西方各主要发达国家中最保守的，福利项目实施得最晚。在福利资格、范围和开支方面限制最多；其二，上述结果的形成与美国的理念有直接的关系，美国公众推崇的理念是："自由"和"机遇平等"，而不是结果的平等；其三，美国社会，特别是美国公众尤其关注贫困文化中的激励与负激励的社会效应，关注道德风险效果，对社会福利中可能引发的道德风险现象不能容忍。美国公众推崇的理念是自由和机遇高于平等。美国人认为，每个人都应该有平等的机会获得成功，尽管机会不一定是绝对的均等，但一定很多；而经济上的失败通常反映个人的无能。公众调查表明，总的来说美国人对穷人抱有同情心，但人们并不赞同在经济上过多地资助那些待业在家的健康成人的政策，除非这种资助是过渡性的。人们认为，任何人都有经济拮据之时，但只要努力工作，加上外在的帮助，人们就会有充分的机会重整旗鼓。美国众多人担心的或者说不赞成的是，若福利给予得过于慷慨，或者福利方案设计不合理，反而会形成奖励、支持或者鼓励懒惰的负激励效果，甚至纵容不道德行为的发生，若这样则会侵蚀美国的核心价值观。因此，公众仅赞同为丧失生活自理能力的人提供长期救济，向身心健全的人提供临时救济以帮助他们就业。可以认为，美国式的理念是崇尚"坚定的个人主义"和"个人责任心"，对市场经济的能力充满信心。这种理念强调保持经济健康发展、充满活力和竞争力，从而创造就业机会，任何能通过就业养活自己的人都要这样做。这一思想奠定了美国福利制度的基础并促使其发展。如果在任何时期福利发展的方向偏离了上述理念，美国社会公众都会产生质疑，政府都会不遗余力地改革这一体制。

### （三）美国的福利保障体系发展大脉络

美国社会福利保障发展史经历了四个重要时期："罗斯福新政"时期、约翰逊总统的"伟大社会"时期、里根总统的社会福利保障改革时期和克林顿总统的"消灭我们所知道的福利"时期。这四个不同时期，每个历史阶段都显示了不同的文化风格与贫困文化内容。

#### 1. 制定"社会保障法"

1932 年富兰克林·罗斯福在当选第 32 任总统后，为缓解和度过严重的经济危机而采取新政，其基本政策倾向是加强国家对社会经济生活的干预和调节，限制和纠正垄断资本的一些弊端，对失业者和贫民给予救济。作为"新政"一个重要组成部分，1935 年美国国会通过一项最早的被称为美国福利史上里程碑的法案——社会保障法（Social Security Act）。该法案规定了失业保障计划和年老无靠孤苦伶仃者的救济金。后经多次修改，逐步成为一个包含了许多社会保障措施的综合性法律。

#### 2. 向贫困宣战的计划

以"伟大社会"向贫困宣战，"伟大社会"是美国第 36 任总统林肯·B·约翰逊（1963—1969 年）的一系列施政措施和立法活动的总称。这是一个向贫困宣战的计划，包括在教育、医疗、就业、环境保护、住房、反贫困和民权等领域采取的一系列立法活动。例如 1964 年国会通过的就业机会法对失业青年提供了职业培训的机会，其中的半工半读计划资助贫困家庭的大学生找到了兼职工作；社区行动计划资助建立了一种帮助本社区内贫苦居民获得就业机会的专门组织；还有如美国历史上第一个由联邦政府对中小学普遍进行资助的《1965 年中小学教育法》和第一次向贫困大学生提供奖学金和低息贷款的《1965 年高等教育法》；1965 年还通过了《医疗保险法》，给予老人以医疗保险，并对低收入以及无力承担医疗费用的家庭提供医疗补助；还有 1965 年的主流行动计划，1966年的新经济计划以及 1968 年的企业界工作机会计划等，把职业培训和再培训计划从青年扩大到成人，从失业者扩大到在职工人，并使几十万长期失业者得以就业。1965 年后社区行动计划得到扩大，贫困落后地区得到开发。约翰逊政府的这一系列措施旨在建立一个没有贫困的伟大社会的计划，对缓解社会矛盾，减少贫困人口确实起到了一定的作用。经过努力，美国历史上的贫困人口数和贫困人口比例也有所下降。但是约翰逊政府的福利保障开支加大，并逐年增长。同时福利本身的一些弊端也遭到批评。如有人用欺骗手段来获得政府补助，并将补助款用于享乐性挥霍；补助也助长了坐享其成、不愿找工作的风气，形成对社会保障的依赖；对有子女的单亲贫困家庭的援助的负激励现象、道德风险现象也很突出。这引发了 80 年代初，里根政府削减政府福利开支、改革社会福利保障制度的行动。

### 3. 紧缩社会保障思路

1980 年里根当选总统后即要求国会通过法案削减政府在几乎所有社会保障计划和项目上的开支，后来国会通过了其中大部分计划的经费削减方案，包括对老人、遗属、残疾人的社会保障计划，医疗保险和医疗补助计划，未成年子女的贫困家庭的救助计划，食品券计划，学校的免费和低价午餐计划等等，使得有资格享受社会保障待遇的人数和能够领到的各种形式的救济款额都大大减少。里根政府认为削减福利开支是鼓励穷人去寻找工作机会，靠自己的力量来摆脱贫困。更重要的是削减福利开支减少了财政赤字，降低了通货膨胀率，促进了经济的增长。

### 4. 将克服制度性的负激励问题作为核心目的

克林顿在任期间实施了有效的福利改革。美国前总统克林顿在任期间曾经发表的一次演说中说："我们将结束大家都了解的那种福利。我将一劳永逸地抹掉福利的恶劣名声。"克林顿这里所说的"那种福利"制度就是《抚养未成年儿童家庭补助》，即 AFDC。从 20 世纪 30 年代的经济危机中启动的罗斯福新政建立的《抚养未成年儿童家庭补助》项目，初衷是解决单身母亲儿童的贫困保护问题，但执行中引发了一系列的负面反应，诸如家庭离婚欺诈、依赖救助生活、将申请救助作为一种生活方式，而且在子女身上遗传等等，引发大量的社会不良反应。将《抚养未成年儿童家庭补助》的重大缺陷针对性的进行改革，克服制度性的负激励问题是必要的和有意义的。

### （四）美国公共贫困保护框架构成

#### 1. 社会保险、福利保障项目

按救助方式和受益人的不同，大体上可以分为：（1）社会保险的内容。老人、遗属、残疾人的健康保险（OASDHI）这一计划由受益人每月按工资的一定比例缴纳。社会保障信用基金，等到退休、致残、死亡、丧失劳动能力以后，当事人或当事人的受益人才能从这一基金中按月得到救助，因而被普遍认为是一项保险而不是福利。但因为大多数受益人领取的救助大大超过他们缴纳的基金，所以事实上它仍然是一项福利性质的公共贫困保护制度。（2）医疗照顾项目（Medicare）。这是专对 65 岁以上的老年人适用的医疗照顾方案。受益人每月只要付很少的医疗服务费，就能享受免费医疗。享受对象发生疾病和就诊费用后，医生直接把他们的账单寄到联邦政府兑取现金，完成一个周期的看病、费用结算过程。（3）失业救济（Unemployment Compensation）。失业救济属于社会保险。受益人在工作期间，要按月缴纳失业救济信用基金。一旦失业，可以领取长达半年的失业救济金。其数额除根据他本人过去的收入而确定外，还因所在州的不同而有一些差异，一般最高为原工资的 48.2%，最低的为 26%。

#### 2. 非保险的救助

社会保险救助都带有某种程度上的自助性质，而非保险救助的受益人无须承担经济上的义务。只要他们的收入或财产低于规定的标准，就享有获得此类救助的资格。这一类的救助包括五类。一类，未成年子女家庭的援助（AFDC）（注：此项制度的负激励现象严重，饱受诟病批评，已于 1996 年有所改进）。援助的对象主要是有未成年子女的贫困家庭。通常是指只有一个家长（双亲中有 1 人死亡或父母离婚），而家长又失掉了工作的家庭。有些州把双亲虽然都在，但工资收入者失掉了工作机会的家庭也包括在这一类家庭中，但最常见的是单身母亲与子女构成的家庭。此项援助的费用由纳税人负担，由州和地方政府管理和支付。二类，贫困线制度，建立于 1965 年，标准逐年调整。三类，食品券计划（Food Stamps Program）。此项计划 1961 年开始试验，1964 年正式推广，开支完全由联邦政府负担，但由联邦农业部和州及地方政府的社会福利机构共同管理，发放对象是那些收入低于一定水平的失业或正在工作的职工家庭。食品券通常用于在指定的商店或货架上免费或低价购买基本的食品，如面包、牛奶、鸡蛋等。这一计划曾遭到里根政府的猛烈抨击，他们加强了对领取食品券资格的限制，从而使得领取食品券的人数从 1981 年 2240 万的高峰降到 1910 万。四类，老人、盲人等丧失劳动能力的人的援助（SST）。联邦政府专门为丧失劳动能力的人提供的援助，1974 年之前由联邦政府提供基金，州政府具体管理。1974 年以后这部分政府支出归入联邦政府的《辅助保障收入计划》，由联邦政府统一筹款并根据全国统一标准进行发放，各州可以根据自己的情况予以适当追加。五类，一般公众援助（GPA）。这是对那些无家可归者和没有资格享受上述救助计划的穷人提供的援助，由州和地方政府的社会福利局管理和实施。

### 3. 按实物及服务形式的援助项目（In- kind As-sistance Programs）

包括对贫困家庭的住房捐助，医疗补助，免费就业训练，免费提供法律诉讼服务（只限于民事诉讼），为老人提供修建房屋、领养和照看孩子的法律手续的服务，为贫困家庭的子女提供免费午餐，给经济困难的大学生提供低息和无息贷款等等。

## （五）美国贫困文化理念的源与流

### 1. 英格兰贫困文化的痕迹

归根到底，美国的产生，美国的基本文化理念的源与流始于英格兰文化，同样，美国的贫困文化也可以从英格兰贫困文化中寻到厚重的源与流——有着英格兰贫困文化的痕迹和影子，同时又有着在新教文化基础上发展起来的独特的美国贫困文化特色。美国贫困文化的基因源于早期清教徒移民。从美国的文化与贫困文化观渊源看，美国文化的核心思想是清教主义，是清教主义所构塑的美国文化核心价值观。历史给我们展示的是，从当年第一批清教徒乘坐"五月花号"于公元 1620 年 12 月 21 日来到马萨诸塞州的普利茅斯至今，美国历史已经翻越了近四百年。当年的清教徒是带着建设新的耶路撒冷的理想来到新大陆，他们以履行上帝的天职为幸福，以赚钱创业为神圣，以奢侈浪费为可耻。

甚至于，美国早期饮酒文化的改变都与基督教新教的价值观有直接联系。以美国早期的"戒酒运动"文化为例：早在18世纪末、19世纪初，工厂制尚未建立之时，在手工作坊里，无论是帮工还是学徒都有边饮酒、边工作的不良习惯。雇主若不给工人每天半品脱酒水作为工资的一部分，工人就不会干活。当时，酒馆成为工人文化生活的重要内容之一。酒馆文化的发达与酒馆的功能也直接有关。例如，当时的酒馆不仅是公认的娱乐场所，而且为工人提供了城市的唯一可以使用的公共厕所，为马车夫提供洗浴水槽，为工人兑现支票，甚至于借钱给工人。同时，酒馆还为光顾的工人提供一份"免费午餐"或"工作午餐"。在基督教新教文化的推动下，美国自19世纪初开始的轰轰烈烈的戒酒运动，用以改变"边饮酒、边工作"的恶习惯。而这一改变与基督教新教文化直接相关。基督教新教伦理突出强调的价值观是：勤俭、节约、自律与自我克制、自我改进等。在新教徒看来，人活着就是为了工作，拼命工作、拼命挣钱是无可指责的天职。这些文化理念直接促成了19世纪美国戒酒运动的推进，促成了工人饮酒、懒惰、放纵恶习的改变。

时至今日，他们虔诚朴素、严于律己的生活理念，以及艰苦创业、积极进取的作风，成为早期美国社会的核心价值观。虽然当年的"清教"形态已消失在历史的长河中，但"清教精神"却升华和长久地积淀于美国民众的性格和美国文化之中。

### 2. 抵触中央政府承担救助贫困责任的思想

基于新教伦理，在美国，相当一个时期内是反对由中央政府承担救助贫困的责任的。美国联邦政府承担解决贫困责任真正起点是1935年《社会保障法》的颁布。考察美国历史可以得知，早期迁往美洲新大陆的移民中，大多数为卡尔文教徒，他们崇尚克勤克俭，厌恶懒怠。同时，新大陆给勤奋的移民带来致富的无尽机会，这样，在美国社会就积淀并形成了一种传统文化。一方面，提倡个人奋斗，把贫困归因于个人的懒怠和无能，而不是社会的责任。传统的新教伦理思维逻辑首先认为：贫困是一种耻辱——"贫困等于不良"，贫困是穷人自己造成的，人们应该对他们自己的生活负责。这是形成于英国早期都铎王朝时期（1485—1601年）的基本贫困文化观念。另一方面，同情心、帮助弱者、救助贫困、不要让穷人空手而归等，这些基督教基本的文化理念也深入人心，又成为众多有信仰的美国人的基本文化理念。众多的美国人在遇到贫困者时，总会毫不犹豫地伸出援助之手。这是美国救助贫困弱者的一大文化现象。这也能够解释为什么在美国，贫困人员很容易引起关注、获得帮助；为什么在美国会有那么多的社会机构、私人组织或个人会对贫困人员施以援手。

### 3. 主张"机会的平等"，反对"结果的平等"

"平等"是美国人最重要的价值观之一，但现实的美国社会又是以高度不平等为特征，并被社会人们所接受，视为应当。因为大多数美国人赞成的所谓的平等是"机会的平等"，而非"结果的平等"。不仅如此，"结果的平等"还常常与美国政府的反贫困计划有关。美国人十分偏爱那种以"机会平等"为目标的社会福利计划，譬如启蒙计划（Head Start），而反对那些带有"结果平等"色彩的社会福利计划。美国相当一部分人的贫困文化观念认为，不管是有意还是无意，"结果性的平等"都是不被赞成的。譬如"年收入保证计划""种族和性别配额""贫困线最低生活保障制度"等，认为这些项目的最终结果常常会引发更多的负面效应。

### 4. 宗教文化下的物质享受文化十分厚重

一般注重意识形态的国家或宗教性的国家都会鄙视物质享受，或者将追求物质当作是一种罪恶。早期欧洲清教徒行为的一个很大特点就是禁欲主义，天主教徒将禁欲、刻苦修行甚至对自身的摧残当作通向天国的必由之路。现在伊斯兰世界的宗教领袖们仍将追求物质享受当作是恶行。美国虽然是宗教建国，新教文化浓重，但物质享受的文化却也十分厚重。表面上看，美国人的物欲主义态度似乎与传统的宗教精神相悖，美国人狂热地追求财富，追求舒适豪华的物质生活，单从这一层面看，会让人们认为美国就是一个非常世俗化的国家。而现实的美国，主流人群追求生活的舒适与豪奢，中产阶级的富裕生活一直引导着世界工业化国家的消费潮流，并不断地将消费推向一个个新的水平。现今美国上流社会的生活方式可以与过去的皇室贵族的气派相比拟。为什么会有如此结果？因为在美国人的文化中非常崇尚经济成功，美国人对财富的追求、崇尚，对奢侈物质的享受毫无愧疚。美国式的英雄就是白手起家，聚集财富，美国文化对这种靠自身力量发展、取得成功而不是靠祖传财富生活的形象赞叹无比。比尔·盖茨的财富总和并不一定是美国最多的，但他是白手起家，完全靠自己的个人奋斗获得巨大财富，所以比尔·盖茨成了美国文化中的英雄代表。

### 5. 慈善、捐赠风气普遍，但又鄙视不劳而获

美国印第安纳大学慈善研究中心的调查统计数据显示：2005 年，有 67% 的美国家庭向慈善机构捐过款。希望工程发起人、南都公益基金会副理事长徐永光说，过去几年，美国年人均捐款达到 800 多美元。美国是实行遗产税的国家，对富人遗产高额征税，意在针对不劳而获的接代传富行为，在代际接替之际实现平等化。这些税款可以增加联邦收入，对社会弱势群体进行补助，增进社会整体效益。美国遗产税于 1797 年首次开征，此后多年，对遗产税的征收是时征时停，税率起起落落，这一税种一直争议很大。美国各派政治力量围绕遗产税的角力至今余波未平。1999 年和 2000 年，美国国会曾两次通过关于废止遗产税的法案。出人意料的是，反对取消遗产税的主力军竟然是一群亿万富翁。"微软"创始人比尔·盖茨的父亲威廉·盖茨、"股神"沃伦·巴菲特、"金融大鳄"索罗斯、迪斯尼女继承人迪斯尼、对冲基金亿万富翁罗伯逊和美国财政部的前部长鲁宾等 120 名亿万富翁联名向美国国会递交请愿书，反对取消遗产税，并在《纽约时报》上刊登广告："Please tax us（请对我们征税）。"亿万富翁们认为，取消遗产税将使富人的孩子不劳而获，使富人永远富有，穷人永远贫穷，这有悖于美国崇尚自我奋斗的社会理念。更现实的是，取消遗产税将使美国政府在未来 10 年中减少 8500 亿美元财政收入，从而减少对社会保障、教育等领域的资金投入，不利于帮助穷人项目的实施。遗产税只影响了美国不足 2% 的最富裕家庭，但假如取消遗产税，全体美国人都要付出代价。

### 6. 古典自由主义文化下，演绎白手起家，穷人、富人的故事

美国社会有大量的慈善、施舍，更有大量的以时间捐献所体现的志愿者活动。民间的这些善举甚至大于官方体制的总量。

从社会实践史实与文化内涵角度考察，美国更是演绎了应该说是全球上演最多的，最生动感人的穷人、富人戏剧性改变的事例。特别是穷人努力奋斗，转变成富人的感人故事举不胜举。如托克维尔在所著《论美国的民主》中所说的"在美国，大多数富人是从穷人白手起家的"。（转引自：〔法〕弗雷德里克·马特尔：《论美国的文化》，周莽译，商务印书馆，2013 年，第 243 页）

安德鲁·卡耐基便是其中有代表性的实例之一。生于苏格兰普通手艺人家庭的卡耐基一家，于 1848 年借钱移民美国，卡耐基也从一个贫穷的 13 岁小童

工开始，最终奋斗到钢铁业巨头；又在其事业的巅峰时，卖掉企业，将其全部私人财产散发出去，用于公共和慈善事业。

卡耐基有关贫困文化的论述很多，并且具有十分深刻的文化内涵和实行的价值。在 1889 年卡耐基撰写的《财富的福音》开篇，他说，"我们这个时代的问题是如何恰当地分配财富，以便博爱的纽带能够继续将富人与穷人维持在和谐的关系中"。（〔法〕弗雷德里克·马特尔：《论美国的文化》，周莽译，商务印书馆，2013 年，第 245 页）卡耐基认为，施舍与慈善有本质的区别，施舍关注的是有燃眉之急的穷人之需，而慈善关注的是贫困者的持久性的独立问题。施舍是给穷人以鱼吃，而慈善则是教育穷人如何捕获到鱼。施舍不会改变贫困者的依赖性，而慈善则是想办法让贫困者能够独立。（〔法〕弗雷德里克·马特尔：《论美国的文化》，周莽译，商务印书馆，2013 年，第 246-247 页）

### （六）基督教新教理念与其矛盾的贫困文化观

#### 1. 兼有拜物的"利己"和宗教的"利他"文化意识

一面拼命赚钱、追求财富，另一面勤去教堂，大把地向社会捐款，这种现象，在一般世俗化国家的人或研究者眼里，或许感到不可思议。有人也会认为美国人患了"人格分裂症"，兼有拜物的"利己"和宗教的"利他"两种意识，认为美国是"宗教信仰与拜金主义悖论式地结合"在一起的社会。其实，明白了清教主义的工作伦理和金钱观之后，就会明白，这两种看似矛盾的行为，其实有着同样的宗教信仰基础，是源于同一宗教的信仰行为。自 1776 年以来，世世代代的美国人都深信不疑这样一个"美国梦"：只要经过坚持不懈的奋斗，便能获得更好的生活，不必依靠特定的社会阶级和他人的援助，只要通过自己的勤奋、勇气、创意和决心就能迈向幸福美满的明天。两百年来，这个"美国梦"一直激励着世界各地的青年人来到这片土地，创造自己的价值，美国也因此成为全球成功人士的摇篮。许多美国人的确认为，这种获得成功的机会在美国更容易找到。美国人勇敢地开拓创新，从各个方面处处体现了这种民族冒险精神。美国人特别强调创新精神，他们认为机会到处都有，主要在于能否主动发现和进行利用。

#### 2. 极为重视劳动与事业的成功

从文化观的角度看，传统的天主教徒鄙视世俗工作，仅仅把圣职当作对神的侍奉。与之相反，基督教新教文化则把自己世俗的职业当作是一种"天职"，即路德所说"上帝给予的职业（Belief）"，把世俗工作的完成和完美当作对神的侍奉，对世俗的工作有着极大的热情和关注。天主教徒的禁欲思想与世界上其他宗教的禁欲思想一样，是脱世俗的禁欲，即不关心世俗事务的清心寡欲。而基督教新教的禁欲思想则与之不同，更带有明显的入世性，他们关注现世，致力于世俗职业的成功，但在消费上却保持节俭克己的精神。特别是基督教新教的清教徒，其入世性文化观，其敬业、勤勉、节约、乐于致富、乐于投资的生活伦理，与初期资本主义阶段的勤勉、节约、致富、投资社会的资本主义精神基本上是一脉相承的。路德派的信徒认为，财富是荣耀上帝的，是人努力工作的结果。创造财富，产生富裕和繁荣，服务人类、荣耀上帝，是信徒的义务。卡尔文派的人认为，繁荣和富裕是受神祝福和被拣选的表征，也是在荣耀上帝。关于社会福利的价值观，从历史上说，美国人已经相信自我依靠和自我独立在社会服务、家庭责任感以及个人中的作用，也不是依靠政府。

### 3. 崇尚勤勉致富的道德观

追溯美国新教文化的财富、贫困文化观，应该说是路德思想和卡尔文文化观念的传承和发展。美国是由清教徒创立、新教徒占社会主体的国家。早期清教徒的勤勉、节约、乐于致富、乐于投资的生活伦理，曾经是美国初期经济发展的最大原动力。此后，新教教徒的致富精神和财富观仍然支配着美国社会。新教徒认为，世俗职业的成功以及相应的报酬都是蒙上帝的祝福，是在荣耀上帝。因此，美国人的巨大财力和富庶的生活，在美国的基督新教教徒看来，是蒙受神的祝福的表现，是相信上帝的结果，是因为相信上帝蒙神救赎的表征，是在荣耀上帝。尤其是在今天，美国国家所拥有的巨大财富被有些新教徒比喻为当年所罗门手下的繁华和财富，是在向全世界宣示上帝的祝福，是上帝拣选了美国的表征。所有的公民在法律面前都是平等的，没有人可以凭借等级、遗产、财富和其他与公民关系无关的东西获得优先权。与平等主义紧密联系的是个人主义：任何美国人都能成功是个人努力和个人动机的推动力。从富兰克林·罗斯福总统到林登·约翰逊总统，美国联邦政府制定了一系列社会保障立法，有效地改善了贫困阶层的生存、发展状况。而比尔·克林顿任总统期间则断然地对美国的福利体系进行了必要的改革，对美国贫困文化的某些观念进行了必要的矫正。2012年克林顿发布他的作品《克林顿：重返工作》，其核心思想是勤奋、追逐梦想的自由和机遇。如克林顿所说："我之所以写这本书，就是因为我热爱我的国家，因为我担心我们的未来。我在 1992 年初次参加总统竞选时经常说，美国价值体系的核心就是一种理念，这种理念认为，无论你是谁，无论你来自哪里，只要你工作勤奋、遵纪守法，那么你就能享有追逐梦想的自由和机遇，就能给孩子们留下一个使其自由追逐梦想的国家。"对劳动年龄的人口而言，工作是维持生活、发展自我、家庭等一切的基础，更是积累财富、防止贫困最有效的出路。克林顿在重返工作一书的序言中说："工作是人们赖以谋生的重要手段，但工作的意义绝非仅限于此。工作对于人类具有基础性的意义。工作是人们获得尊严的基础，有了工作，人们才会认为自己是一个有用、独立而自由的人。"克林顿说："12 岁时，我替人修剪草坪挣到了第一笔钱；13 岁时，我在一个小杂货店里工作，在旁边摆了一个销售二手连环画的小摊；从乔治敦大学毕业之际，我通过从事另外 7 份工作挣了一小笔钱；从耶鲁大学法学院毕业时，我又做过其他 7 份工作。之后的 40 年间，不算创立基金会和其他慈善工作，我又做过 9 份工作。"（〔美〕比尔·克林顿：《克林顿：重返工作》，蒋宗强、程亚克译，中信出版社，2012 年）《重返工作》一书虽然没有为民主党人回归政治舞台中心描绘出具体路线图，但却谱写了一首大政府的颂歌。依克林顿看，美国"现在就是一个烂摊子"，而这本书意在为走出泥潭提供一个线路图。书中提出了 46 条解决美国经济问题的政策提议，其中一些甚至连《华尔街日报》都赞成，比如对高技能工人友好的移民制度、提高社会保障金退休年龄、为斥资增加美国就业岗位的公司提供税收抵免，以及将企业所得税率从 35% 降至 28% 等。

**4. 崇尚用道德的眼光评判社会贫困现象**

因为历史的原因，早期的美国贫困文化显然脱胎于英格兰文化和英格兰的贫困文化，带有明显的英格兰济贫的贫困文化痕迹。之后，随着美国的诞生，英格兰文化与英格兰贫困文化混合并突出新教文化，特别是经历了美国西部大开发的探险创业历史实践，形成和发展成为独具特色的由基督教、自由主义、个人主义等要素构成的独特的美国价值观、美国文化与美国贫困文化。总体而言，美国人常常用道德的眼光审视和看待世界，特别是贫困问题。对有些问题会讨论、争议不休：是对还是错？是好还是坏？是合伦理的或不合伦理的？是积极的正能量还是消极的负能量等。尤其是在贫困文化方面，在政府的社会保障、福利项目方面，关注的力度和争论的激烈性尤其明显，堪称是社会性的关注和讨论、争论。从贫困文化的角度看，一些项目会遭到某些严厉的批评，某些福利的接受者也常常会被人怀疑为行为道德败坏或是道德上有问题。譬如，AFDC 项目的受益者——福利母亲们没有结婚就生孩子的行为、中途辍学现象、失业者不积极主动寻找和参加工作等靠救助的行为等，按照美国人的道德观，这些都是坏的，甚至是邪恶的。这种道德取向和贫困文化常常导致人们不得不强调：必须要严格区分哪些福利对象是"值得"帮助的，哪些对象是"不值得"为他（她）们提供社会福利和津贴的。在美国运行了近 60 年的《抚育未成年儿童家庭援助（AFDC）项目》在当年受到社会肯定的同时，也饱受诟病，该项目运行之后并没有完全朝着人们预料的方向发展，其原因有如下几点：一是单亲家庭数目出人意料地猛增，很大程度上是因为非婚生育子女的比例空前提高，以及离婚率大幅度上升；二是福利项目初衷只是针对一小部分单身母亲家庭，并不针对岗位技能培训或提供支持性服务，以帮助单身母亲不再依赖福利而就业，那些不再享受福利的母亲及其子女便因此失去了医疗保障；三是福利成了救助许多遭受种族歧视的少数民族的一种途径，福利成为民权的一种延伸、一种补偿以及救助遭受不公待遇者的办法；四是当享受福利的人数出人意料地猛增时，政府官员才开始意识到，至少在短期内，让享受福利的穷人就业要付出高昂的代价。那些享受福利的人通常都需要教育、岗位技能培训、儿童托管、医疗保险以及许多其他昂贵的服务才能就业。直到 20 世纪 80 年代中期和 90 年代，医疗救助的费用都很昂贵。因此，似乎让大部分福利接受者失业在家，继续享受救济金成本更低。但随着享受医疗保险和其他福利项目的人数越来越多，开销也不断增加，历届总统和其他国会议员开始重新考虑国家的反贫困计划。这是在起步失误和一些试验之后，国会终于在 1996 年通过了重大的福利改革方案的根本原因。

### 5. 宗教文化、西部开发文化融合并创造了美国独特的贫困文化

首先，对美国西部大开发这一重大史诗般的历史实践所产生的文化进行梳理，可以更深刻地理解美国文化与贫困文化的特殊意义。基于美国历史而言，开发西部是美国文化进行再发掘和再创造的一次重要机遇。1865 年美国内战结束后不久，数以千计的美国人涌向西部寻找土地，开始这次美国历史上最大规模的西迁运动。西部大开发运动持续了近四十年，美国原本广袤而又荒无人烟的西部很快成为人们向往之地。美国的西进运动是在自由市场经济和领土扩张的背景下，以大规模人口迁移为基础，以交通运输业为先导，以农牧业为主要

产业指向，以增长中心带动区域开发的社会经济发展过程。美国西进运动的结果是，完成了美国东西部地区之间政治经济的一体化，促进了美国工业化发展，促成了美国近代农业革命、工业革命和知识革命。最重要的是培育了美国国民的拓荒精神，在美国西部大开发中体现并引发出了不畏艰苦，不怕牺牲，不断寻找新土地、新财富的意气风发的牛仔精神、边疆精神。后来，这一文化和理念成为美国人豪迈乐观、一往无前、勇于开拓、探索不止的整个民族文化。总之，美国通过西进运动，在近二百年中开发了数百万平方公里的土地，并在这些土地上建立起了现代化的农业、畜牧业、工业，这对使美国迅速成长为世界上头号经济强国产生了决定性的影响。应当说，没有西进运动，就没有今天的现代化美国，也没有今天的美国精神和美国文化。

其次，宗教史上四次基督教复兴运动，加速美国文化的脱颖而出，也沉淀出独具特色的美国贫困文化。美国宗教历史上的大觉醒运动影响深远，其中包括不断变革的精神，以及对当时的政治经济现状不断重新审视的态度，使得基督教传统不但没有被历史的发展所淘汰，反而成为现代美国社会变革的重要标志。审视美国的历史，虽然每一次大觉醒运动的具体内容、持续时间、影响程度不尽相同，但是每一次都被认为是对基督新教改革精神的重新审视、认可和延续。罗伯特·福格尔（Robert Fogel）对此做了很好的总结：第一次大觉醒时期的美国宗教认可了宗教复兴的热情，强调要转变信仰，对加尔文主义的宿命论进行了修改；在第二次大觉醒时期，美国宗教复兴表现的中心思想是"每个人都能通过与邪恶进行顽强的内部和外部斗争来获得上帝的恩典"。（〔美〕罗伯特·威廉·福格尔：《第四次大觉醒及平等主义的未来》，王中华译，首都经济贸易大学出版社，2003年，第26页）同时主张"美国人的使命是要在地球上建立起一个上帝之国"；（〔美〕罗伯特·威廉·福格尔：《第四次大觉醒及平等主义的未来》，王中华译，首都经济贸易大学出版社，2003年，第27页）第三次大觉醒则从强调个人罪恶转向强调社会罪恶；"正在经历"的第四次大觉醒，是对当时社会堕落的反感而产生的，反对一切恶习和放纵行为，提倡高尚的道德观，注重个人责任感，辛勤工作又简单生活等。可以说，四次大觉醒对美国的政治生活和社会经济生活都产生了巨大的、直接的影响。"第一次大觉醒的成熟造成了反对英国皇室统治的美国大革命的爆发。第二次大觉醒导致了反奴隶制运动的产生，并最终引发了美国内战，实现南北统一。第三次大觉醒导致了福利国家以及推进社会多元化政策的产生。第四次大觉醒进入了政治阶段，其中心任务是宗教改革。"（〔美〕罗伯特·威廉·福格尔：《第四次大觉醒及平等主义的未来》，王中华译，首都经济贸易大学出版社，2003 年，第 11 页）阿历克西·托克维尔（Alexis de Tocqueville，1805—1859）也曾说过："在美国，宗教虽然不直接参加社会的管理，但却是政治设施中最为重要的设施。"〔〔法〕托克维尔：《论美国的民主》（上卷），董果良译，商务印书馆，1988 年，第 339 页〕

### （七）美国在贫困问题上的矛盾心理与文化纠结原因

总体而言，美国社会在贫困问题上常常表现出矛盾、纠结的心理。从文化的角度看，究其原因是多方面的，但主要的原因可以概括为三点：

**1. 宗教文化因素的重要影响——帮助穷人是教徒的基本义务**

基于美国是宗教建国的国家，宗教信仰自然极为普遍。信奉宗教的人占到了总人数的 60% 以上，其中信奉基督教者居多数，罗马天主教为第二大宗教，犹太教是第三大宗教，此外还有东正教、佛教、伊斯兰教和印度教等。在美国，宗教在维系美国社会的道德秩序、缓解各种社会矛盾冲突、救济帮助贫困民众、稳定社会结构和推动社会进步方面发挥了重要的作用。依据教父的教导，帮助穷人（"兄弟"）是教徒应尽的义务。

**2. "社会达尔文思想"仍然具有一定的市场，弱者淘汰是现实**

1858 年英国科学家查尔斯·达尔文发表了《物种起源》，其进化理论认为：某些不能适应环境的植物、动物往往会被能够适应环境的同类所取代。

社会达尔文主义将达尔文进化论中自然选择的思想应用于人类社会，形成了社会达尔文主义理论。最早提出这一思想的是英国哲学家、作家赫伯特·斯宾塞。在现代美国社会中，社会达尔文主义的"适者生存，弱者淘汰"的观点仍然有一定的社会基础，在一些人的眼里，穷人就是市场竞争的"失败者"（loser）。同时，美国人根深蒂固的自由主义价值观也演绎了众多特色的文化内涵，多种贫困文化交融、纠结、碰撞。

社会达尔文主义的核心概念认为，生存竞争所造成的自然淘汰，在人类社会中也是一种普遍的现象，认为它在人类的进化、发展上起着重要的作用。这种思想常被利用来强调人种差别和阶级存在的合理性，以及战争不可避免性等。社会达尔文主义的一个简化观点是：人，特别是男性必须为了在未来能够生存而竞争，不能给予穷人任何援助，他们必须要养活自己。20世纪早期，多数的社会达尔文主义者支持改善劳动条件和提高工资，赋予穷人养活自己的机会，以便促使自足者能够胜过那些因懒惰、软弱而贫穷的劣等人。

对达尔文生物学观点的另外一种解读是所谓的"优生学"，该理论由达尔文的表弟弗朗西斯·高尔顿提出。高尔顿认为，人的生理特征明显地世代相传，人的脑力品质（天才和天赋）也是如此。为此，社会应该对遗传有一个清醒的决定，即：避免"不适"人群的过量繁殖以及"适应"人群的不足繁殖。据此，高尔顿认为诸如社会福利和疯人院之类的社会机构允许"劣等"人生存并且让他们的增长水平超过了社会中的"优等"人，如果这种情况不得到纠正的话，社会将被"劣等"人所充斥。正是如此，达尔文和其表弟弗朗西斯·高尔顿他们都在政治上反对任何形式的政府强制行为行动（帮助穷人）。

### 3. 在当代美国，社会达尔文思潮依然有市场

在面对一个贫富分化悬殊，一切向钱看的社会，美国社会上层依旧表现为社会达尔文主义的处事思路。这种思潮的表现是：当灾难降临时，一些领导人平静地认为，经济条件不好的穷人、经济能力差的老人，只有面临被抛弃、被淘汰的命运。

2020年初在全球爆发的新冠肺炎，在美国尤其严重，据美国约翰斯·霍普金斯大学统计数据，截至美国东部时间2021年7月30日，全美共报告新冠肺炎累计确诊3470余万例，死亡61万余例。美国时任总统在回答美国记者关于新冠肺炎感染者为什么死的多是穷人、老人并且以有色人种居多，以及普通民众多次申请核酸检测都不能成功的问题时，特朗普只用了五个字回答"这就是生活"，回答时的形态显示出他平静而无奈。这个回答即是其典型的社会达尔文主义的"优胜劣汰"思维观点。富人检测优先，穷人检测靠后，这就是人生（适者生存，弱者淘汰）。富人和名人能够优先得到检测，而其他人则被拒之门外，或遭遇长时间的延误。而这完全违背了托马斯·杰克逊等开国元勋起草的《独立宣言》中所含"人人生而平等"的宗旨。

## 三、"有劳动能力穷人"的救助与文化纠结

贫困是一种多元性、综合性的社会现象，它具有多种表现形式，收入贫困则是现代贫困最重要的概念和最主要的表现形式。美国一般以处于官方规定的贫困线以下的人口占总人口的比例来衡量社会性的贫困规模。贫困线由家庭规模和家庭总收入这两个因素来确定，并且每年都要重新测算、核定。基于这些基本概念，美国社会保障项目确定了两大类：一类是社会保险，另一类是公共援助与福利（Public Assistance and Welfare）。公共援助福利与贫困线标准相关，是帮助贫困阶层维持最低生活水准和享有某些权益的依据。在多年的积淀后，美国政府提供的现金和实物福利项目主要有八大项：1. 抚育未成年儿童家庭援助（AFDC）；2. 补充保障收入（Supplemental Security Income）；3. 公共医疗补助（Medicaid）；4. 食品券（Food Stamps）和儿童营养项目；5. 一般援助；6. 社会服务和儿童福利服务；7. 住房补助；8. 教育补助。这其中，在 1996 年之前抚育未成年儿童家庭援助（AFDC）是福利项目的核心（1996 年后有所改革）。这些福利举措产生了重要结果：一是老年人的贫困减少了 2/3，二是老年人的健康照料在全国普遍实施。只要有健康问题，一经健康照料中心审核通过便可去康复活动，有一顿免费午餐。这种机构是有政府补贴的。

### （一）20 世纪 30 年代前后反贫困的启示

20 世纪 30 年代前后美国反贫困最重要的启示应该说是"关注贫困保护"与"自尊、自立精神"的保护纠结。

#### 1. 美国社会性贫困的产生

美国建国之初 1776 年到 20 世纪 30 年代期间，随着穷人逐渐涌入市镇，经济不断发展，建国初期的美国开始产生突出的贫困问题。18 世纪之后，私人群体，如教堂、爱心互助团体以及捐赠团体等开始为穷人提供福利援助项目。刚刚来到的移民主要靠先到的同胞提供帮助借以谋生，而政府在反贫困方面所承担的责任和发挥的作用相对较少。1911 年，美国联邦政府正式出台了第一个救助项目，该项目旨在适度地帮助寡居母亲。1929 年美国出现经济大萧条引发的贫穷问题加重，这场危机对美国经济、政治各方面的破坏性影响极大，工矿企业破产，农业滑坡，出现上千万绝对贫困的穷人。作为大萧条时期对美国民众需求的

反应，当时的美国政府陆续采取了多项措施。最大的举措是 1933 年罗斯福总统提出的"新政"方案。1935 年该方案进一步修订并以国会通过的《社会安全法》（Social Security Act）又译《社会保障法》颁布。这个法案的主要内容之一就是大范围的针对穷人的公共援助项目（publicassistance programs），即通常所说的福利。这项法案将妇女、儿童、老年退休、鳏寡孤独者、残疾与失业补偿纳入社会福利体系中，形成不同类别的救助体系，其中的"抚育未成年儿童的家庭援助（Aid to Families with Dependent Children，即 AFDC）"法案的文化内涵十分突出，对美国社会影响也十分深远，使美国的贫困文化观念发生重大变化。应该说这是美国关注和救助贫困者的主要责任由地方政府、民间组织转向联邦政府的开始。此后，在美国的贫困文化观念中，贫困不再仅仅是个人的问题，而成为社会性和制度性的重大问题之一。当然，随着时间的推移，AFDC 运行中所暴露的贫困文化问题日益突出，成为 1996 年克林顿改革福利的根本原因。

### 2. 罗斯福新政的最初尝试与其显现的贫困文化

在华盛顿特区的杰弗逊纪念堂和林肯纪念堂之间有一个罗斯福纪念公园，用以纪念美国第 32 任总统富兰克林·罗斯福及他任期中的事件。公园用 3 万多块、共重 6000 余吨花岗岩堆起石墙，配置了有如真人大小、栩栩如生的青铜雕像。罗斯福是美国历史上公认的最伟大的总统之一，他是唯一历任四届、任期最长的总统。他鞠躬尽瘁，死于任内，他身患残疾，但从不言败。从 1933 年到 1945 年，他以无比的勇气、信念与聪明带领美国走过大萧条，走过二战。1935 年美国《社会保障法》是罗斯福最有影响的政治遗产。在罗斯福纪念公园的墙上刻着罗斯福总统的一段名言："衡量我们进步的标准，不是看我们给富人们带来了什么，而是要看是否给那些一无所有的穷人提供了基本的保障，当有一天我们的父母被推进医院，即使身无分文也能得到悉心医疗，我们的孩子能进学校，不管这些孩子来自哪，都能得到一样的对待。我会说，这才是我的祖国！"

1933 年富兰克林·罗斯福继任总统。最初他对动用公共资金救助受经济危机影响严重的人的做法保持沉默。应联邦紧急救援署的要求，罗斯福很不情愿地向各州发放了数十亿美元救济市民。州政府又将这笔资金中的大部分以现金救济和提供公共服务岗位的形式散发，而这其中许多都是"人为提供的工作"。当"救济"的雪球越滚越大时，罗斯福惊慌了，1935 年，救助的数据是大约 2000 万美国人。在 1935 年的国情咨文中，罗斯福警告国会说，"救济有损公民的品格和国家的力量……依赖救济会导致人们精神和道德的沦丧，给国家品质造成致命的毁坏。以这种方式发放救济金就好比注射麻醉剂，无形中摧毁了人的精神。我不希望用发放现金、去超市购物、每周几小时修剪草坪、清扫树叶或者在公园里捡拾纸屑这类方式来耗尽我国人民的精力。我们不仅应当保护失业者们免受贫困，更应当树立他们的自尊、自立、勇气和决心"。（〔美〕哈瑞尔·罗杰斯：《美国的贫困与反贫困》，中国社会科学出版社，刘杰译，2012 年，第 69 页）作为现金救助的替代方法，罗斯福说服国会通过"工程进度管理法案"（Works Progress Administration）。该项目旨在为 300 多万人提供诸如修建房屋、公路、公共建筑，清扫贫民窟，农村地区供电等工作岗位，雇用有劳动能力的人从事这类工作，而那些丧失劳动能力的人可以继续享受救济。"工程进度管理"项目为数百万贫困市民提供了就业机会，但大多数失业而又有劳动能力的人仍旧找不到工作。据估计，"工程进度管理"所提供的职位只能满足 1/4 的申请人，而大约有 800 万男性劳动力找不到任何工作。老、孤、残者以及几百万失业大军转而寻求州和当地政府的救助。然而，许多州承受不住如此重负，一些州便削减了人均救济金额以便帮助更多的贫困人口，其他州索性废除了所有救济。新泽西州还向穷人发放乞讨许可证（向穷人发放乞讨许可证是英国都铎王朝时期的首创）。

**3. 罗斯福 1935 年《社会保障法》新政的目标是"解决社会性的贫困问题"**

持续的经济萧条导致对罗斯福政府批评的呼声越涨越高，罗斯福在高压下不得不推出了历史学家称作的"第二次新政"——1935 年《社会保障法》。该《社会保障法》有三个主要目标：第一，政府运用凯恩斯经济学刺激经济，并希望产生适度的经济循环；第二，通过帮助工商企业促使经济复苏；第三，帮助许多由于经济大萧条而生活贫困的人。罗斯福提出的议案被国会通过并成为影响深远的 1935 年《社会保障法》。该法案主要有五大条款：（1）给各州拨款帮助老年人；（2）建立社会保障制度；（3）向各州拨款统一管理失业津贴；（4）建立"未成年儿童补助"（ADC）项目；（5）给各州拨款帮助盲人和残疾人。

回望历史应该说，1935 年《社会保障法》的一个突出特色是，历史以该法为开端，使美国联邦政府扮演了一个新的，在当时来说是非常激进的角色。过去，联邦政府都是资助州和地方政府的救助项目，但 1935 年的新政使联邦政府冲至一线，由联邦政府首次亲自管理《社会保障法》，或与各州共同管理重大援助项目。像《社会保障法》这样一个重大的项目，其启动初期的救济金额并不大。根据《社会保障法》，项目拨款只涉及某些行业和工业领域的劳动者，福利支付也延迟到 1942 年开始。家政工人和农场工人被排除在外，从而合理地拒绝帮助大部分已有工作的少数民族。直到 1950 年，一半的退休人员才从该项目中领到救济金。"未成年儿童补助"是针对寡妇及其未成年子女实行的项目。直到 1950 年，只有孤儿和贫困儿童才能得到该项目的救助。1950 年，这个项目更改为《抚养未成年子女家庭援助》。该项目赞同只向单亲家庭（通常是单身母亲）及其抚养的子女提供救济金。1935 年《社会保障法》的通过，使美国成为世界主要几个发达国家中最后一个建立全国性福利制度的国家，比照欧洲标准，美国福利救助数额不高，有其独特性。这项法案的三大特点反映了美国人在福利问题上的保守观念，尤其是对有劳动能力的穷人。

**4. 有限制性的美国公共贫困保护的特色**

其一，和欧洲的福利项目不同，采取了有选择地资助穷人。社会保障众多款项的各种救济只限于向贫困人员有针对性地发放，即使在 20 世纪六七十年代社会福利项目进一步扩大时，美国的福利也仅仅继续资助一部分穷人。其二，各州可以自行决定是否救助和救助金的数目。各种社会保障条款允许各州自行决定哪些人可以接受救助，以及救助金的数目，而这就意味着贫困人群受到的待遇有差别。这种差别取决于他们所在的州。当《抚养未成年子女家庭援助》扩大成为主要为全国非老龄穷人设立的现金救助项目时，这一特征依然保持不变。根据《抚养未成年子女家庭援助》《贫困家庭临时补助》的规定，各州对贫困人群的覆盖范围和救济金额各不相同，一些州提供的救助要比另一些州慷慨得多。第一条和第五条同样也允许各州在资助老人和盲人时有大量的自主权和差异。其三，《社会保障法》不包含医疗保险。截至 1935 年，大多数其他西方工业国家已经拥有了医疗保险项目。罗斯福曾考虑在《社会保障法》中包含医疗保险，但由于"美国医疗协会"和南部一些州国会议员的强烈反对最终未被通过。由于上述特征，整个 20 世纪 50 年代，根据《社会保障法》中的第一、二、四、五条款，由州政府掌握的救济金额极大地限制了这些福利项目的发展。到 1960 年即《社会保障法》通过 25 年之后，美国福利项目仍然没有大的突破。这一现状反映了美国社会贫困现象仍很严峻的同时，也反映出基督教新教的一些最基本的贫困文化观在左右着美国。

### （二）20 世纪 60 年代前后反贫困的实践

首先，20 世纪 60 年代美国经济快速成长，民权运动风起云涌。在美国的主流文化方面，20 世纪 60 年代美国的民权运动强烈地寻求政治解放、经济解放，除了试图解放穷人，还试图追求另外的解放，追求为自己寻求个人的解放。这种渴望最终找到两个划时代的表现形式：一是个性解放，做你真正想做的事情；二是个人解放运动，性自由运动。关于个性解放，60 年代起美国社会的一股思潮认为，传统的资产阶级文化是病态的、压抑的和反文化的。认为"个人管个人""做你想做的事"所有这些才是真正的、自由自在的、健康和有意义的自我，纯粹的自我是无罪的。关于个人解放，当时性解放潮流在很大程度上改变了人们的价值观念和行为方式，其直接的结果是改变了众多的家庭生活，明显的直接社会性后果是大幅度增加了非婚生子和单身母亲的数量。

**1. 20 世纪 60 年代和 70 年代初，美国社会迎来了福利计划再一次蓬勃发展时期**

但美国的福利项目依旧受 1935 年《社会保障法》中许多思想的影响。福利项目仍然只针对一部分穷人，有资格享受福利救助的人主要是单身母亲及其未成年子女、老人和残疾人。同时，在这种背景下，美国各项社会福利制度开始全面扩张。1964 年，约翰逊总统宣布向贫困开战（War on Poverty），在"伟大社会"（Great Society）纲领导引下，美国社会福利的推进开始设计和实施更多的计划：一是 1965 年，约翰逊政府制定了美国历史上第一个贫困线。第一个贫困线以 4 口之家的非农业家庭为基准，规定税后收入 3223 美元以下的皆为贫困家庭，有权获得政府资助。实际上这一标准，无论是与同时期其他国家的横向比较，还是与本国的纵向比较，都是相对较高的。二是解决相对贫困人口的就业、平等、教育、医疗保健和发展等相对贫困问题。在这个阶段，美国的社会保障体系进一步完善。社会政策所着力解决的已经不是绝对贫困人口的生存问题，正如经济大萧条成为美国建立第一个重大社会福利项目的催化剂一样，民权运动和 20 世纪 60 年代的贫民窟暴乱也刺激了 20 世纪 60 年代福利计划的再一次扩展膨胀。

依据多方面的社会调查所反映出的大量的贫困现象、与贫困有关的各种疾病以及儿童、家人严重营养不良的调查结果，广泛宣传给美国国会，促使改革和扩大福利计划。时任总统林登·约翰逊说服国会颁布新的人权法，同时扩大社会福利计划。国会于 1964 年、1965 年和 1968 年分别通过了主要的民权法案、扩大福利项目范围并制订了新的福利计划。这些变化包括：（1）1961 年《抚养未成年子女家庭援助》的修正案，允许各州向父母双方均失业的家庭提供救助（不到一半的州采纳了这个法案）。（2）1964 年，正式启动食品券项目（最初只有 22 个州选择参与）。（3）1965 年，制订了医疗保险照顾计划（Medicare）和医疗救助法（Medicaid）。（4）1971 年，国会制订全国统一标准的"食品券计划"，并于 1974 年推广到各州。（5）1972 年，《补充收入保障》（SSI）法案通过并于 1974 年生效。如何对待"有劳动能力的但又没有生活来源的穷人"的救助问题，是自早期英国都铎王朝时期就一直长久地在探索的重大问题；在 1832—1834 年的查德威克主笔修改济贫法的年代仍然是重点解决的问题之一。"劣等处置原则"的核心主导思想产生于 1832—1834 年的修订济贫法期间，其核心内容就是如何对待"有劳动能力的穷人"。

### 2. 1961—1981 年时期的反贫困实践

早在肯尼迪政府（1961—1963 年）时期，人们就认识到福利制度没有按照预定的方向发展，因此需要改革。肯尼迪总统建议国会制定立法，鼓励享受福利的人员就业，通过旨在鼓励就业的法案。在尼克松政府（1969—1974 年）执政期间强迫数量众多的享受福利的单身母亲就业。由于福利系统过于庞大和浪费，尼克松提出了一个以负收入税取代众多福利计划的方案。根据此方案，家庭或个人收入应与预定收入标准相比较，如果一个家庭的收入在标准线以下，那么，这个家庭便会是"负收入"，政府便会向其发放补贴。收入在标准线以下的家庭要比没有收入的家庭获得更多的救助。尼克松的该项计划两度在众议院通过，但却遭参议院否决。尽管尼克松总统提出的议案最终没有被通过，但在一段时间内它既减少了福利项目数量，也有效地帮助了穷人，得到了一致肯定。福特总统（1974—1977 年在任）在负收入税的基础之上提出了另一个改革方案，努力扭转尼克松总统改革的势头。但当经济变得越来越不景气时，福特总统放弃了这一努力。

卡特总统（1977—1981 年在任）希望福利改革能成为其任内的主要政绩。他提出建立一个"以有劳动能力者提供负收入税，为失业者提供有保障的收入"为基础的新体制，但卡特总统的方案也遭国会否决。卡特总统计划的失败使随后近 10 年的福利改革成为泡影。其后的三届政府都针对该计划的设想进行了讨论，但显然国会不赞同大量使用负收入税或以保障性收入为基础的改革。

### （三）20世纪80年代前后，反贫困难点仍是"有劳动能力的穷人"

里根时代又是一个大刀阔斧改革福利的时代，其福利改革中的贫困文化调整剧烈。

#### 1. 注意到克服福利制度性的负激励问题

把消极的救助变为积极的创造就业，靠自身力量解决生存问题，是美国新一轮缩减福利、克服制度性的负激励的起点。在福利改革问题上，里根总统（1981—1989年在任）提出一个新的改革方向，他认为福利制度太昂贵、太纵容、过于集中在联邦层面。他提倡：（1）建立强制性驱使健全穷人去工作的机制；（2）大力合并各种福利项目；（3）为主要的福利项目拨款而不是放开福利享受资格；（4）把更多的资金、权力、自主权转交给各州。事实证明，里根的思想对20世纪80年代的福利和福利改革产生了重要影响。里根还说服国会削减联邦税并极大地增加国防开支，这对福利产生了重大影响。里根认为，削减税费能刺激经济发展，其实质是增加而非减少税收。时间证明，里根是错误的。里根实行的税收和开支政策导致了美国历史上最严重的财政赤字。新的巨大的国债使得国会不可能进行加快联邦开支的福利改革，即使这种改革是暂时的，而改革被推迟的另一个原因是20世纪80年代初及中期没有发生像30年代、40年代、60年代和70年代早期那样严重的经济危机，从而使福利改革变得尤为紧迫。在里根执政期间，贫困急剧增加，但里根却辩解说，"这应该谴责福利计划而非他实行的经济政策"。在里根总统任期结束之前，国会采取了新举措以推进福利改革，各州开始实行他一贯支持的政策。支持包括单身母亲在内的健全穷人工作，有计划地开支而非无节制地提供救助，增加各州自治权，这些观点赢得越来越多的支持。作为中间环节的支持性工作，要求福利方案旨在把有劳动能力的成年人推向就业市场，解决儿童托管和医疗问题以使福利接受者安心工作。支持性工作包括福利接受者和各州之间签订的互尽义务的合同。作为受助的回报，福利接受者应该真心努力通过就业不再依赖福利。这个办法在本质上有别于仅仅要求福利接受者以工作来获取福利的那些计划。支持性工作认为，福利接受者在走向自立的过程中需要帮助。这一崭新的方式认同里根主张的福利接受者应当通过就业来摆脱福利的想法，但却认为政府有义务帮助这些福利接受者就业。1988年，国会欣然接受了这一观念，并通过了《家庭援助法》(Family Support Act)。

**2.《家庭援助法》(FSA)的文化内涵**

1988 年《家庭援助法》(FSA) 解决的仍然是如何对待"有劳动能力的穷人"问题。

一是如何对待"有劳动能力的穷人"所含有的贫困文化,这是英国济贫实践长期探索要解决的核心问题之一。美国的实践证明,由于没有给离开福利的人提供任何支持性的帮助,所以只有小部分福利接受者脱离福利而就业。大多数国会议员似乎认为福利制度必须帮助福利接受者或前福利接受者成功就业,即使国家出现了财政赤字,资金不足。1988 年,国会通过的《家庭援助法》,结束了持续数年的福利改革争论。

二是《家庭援助法》认定的核心思想是帮助穷人通过就业获得自立。

三是认定父母双方应该都对子女的福利负责。

这些思想奠定了福利改革的重要基础思路。原则上,《家庭援助法》的目的是通过向福利接受者提供就业所必需的服务,如教育、找工作技能、职业技能等来大幅缩短贫困家庭依赖《抚养未成年子女家庭援助》的年限。法案向申请福利的母亲们提供儿童托管和医疗费并把范围扩大到已经就业的家庭户主,他们在有限时期内也可享受这些服务。法案还重点强调帮助被父母遗弃的儿童。《家庭援助法》规定的创新性福利改革试验为福利改革提供经验。《家庭援助法》允许各州向卫生与公众服务部申请灵活处理权,使其创造性地制订福利计划或进行特定试验。允许各州政府区别对待州内的福利接受者,只要他们参加经过批准的试验,州必须支付和这些试验的实施与评估相关的额外费用。福利项目后来成为州政府改革福利制度的典范,极大地影响了 1996 年通过的福利改革方案。该法案的重要性体现在它所提出的国会能通过的福利改革的理念和由各州进行的各种试验得出的结论。(1)《家庭援助法》通过时,大多数保守派、温和派以及自由派人士至少在原则上一致认为,有劳动能力的福利接受者应该就业,并提供他们安心工作所需的各种支持性服务。(2)父母双亲都有责任抚养子女这一观点也得到广泛支持。(3)经费少、进展缓慢。由于岗位培训和支持性服务基金依旧匮乏,各州按照《家庭援助法》的要求制订的"工作机会和基本技能培训"方案进展缓慢,只有少数的《抚养未成年子女家庭援助》的受益者得到工作机会和基本技能培训。

### （四）1996 年的福利改革——减少依赖性

概括 1996 年的美国福利制度改革的主要内容包括两大方面：一是倡导通过就业自食其力的"工作福利"，减少社会福利依赖。1996 年福利改革最主要的内容是执行工作第一，严格社会福利享受条件。1935 年至 1996 年间运行的"抚养未成年子女家庭援助"（AFDC）项目最大的缺陷在于保护对象产生对福利救济的依赖，淡化了个人的责任，用"贫困家庭临时救助（Temporary Assistance to Needy Families，TANF）"计划代替了原来的"抚养未成年子女家庭援助"（AFDC），旨在通过提高受助人的工作愿望，降低他们对福利救济的依赖，增加他们的个人责任感。二是引导健康婚姻，改善家庭结构，强化健康的婚姻关系，减少非婚生子女情况。福利改革的一项进步是尝试将重点放在帮助福利受援者加强婚姻关系，并培养他们具备成功婚姻的技巧。政策制定者认为加强婚姻与增加就业同样是福利改革的目的。改革中，联邦政府对非婚生子女问题做出回应，赋予各州大量的自主权来利用联邦资源降低非婚生子女出生率，增加双亲家庭子女数量，加强父亲与子女的关系建设，检查强制性抚养子女的情况，要求有 10 多岁子女的母亲们继续学业并且生活在家庭中。

#### 1. 1996 年福利改革的闪光点

一是区别更多的不是对穷人施以援手的力度而是理念。在美国，独特的美国文化和美国贫困文化使美国的福利调整社会效果大大有别于欧洲国家，这种区别更多的不是对穷人施以援手的力度而是理念。吉米·卡特任总统，标志着美国国家福利扩张时代的结束。罗纳德·里根继任总统后，以美国最大规模的减税计划为开端，开始了一轮削减政府过重的社会福利负担的改革。二是以力所能及地尽义务，换取享受社会福利的权利。1996 年签署的《个人义务与工作机会协调法案》的基本思路：如果你工作，那么政府会帮你照顾孩子，提供就业培训和交通便利。反之，你将顶着接受制裁以及在时限过后失去福利的风险。据统计数据显示，几个大公司雇用了上万享受福利的穷人，单是美国联邦快递就雇用了 52000 名失业穷人。现在美国的单身妈妈有 70% 在从事工作，而非单身妈妈的比例却只有 66%，这与以前的情况正好相反。（张缘：《美国福利改革：让更多"吃福利"的人去工作》，《深圳特区报》，2006 年 7 月）当然，问题依然存在。大部分失去福利保障的妇女从事着低收入、简单的工作。那些背负着精神病、药品依赖和犯罪记录的人无法轻松地转变自己福利接受者的身份。三是设立和实施有效的改革项目，拯救社会保障。布什政府上台后，政府每年为各州提供数亿美元资金，用来设立和实施有关项目来降低非婚生子女出生率，提高已婚家庭子女出生率。这些措施已经把福利领受者的数量降到了 30 年来的最低点，单身母亲就业率达到历史最高水平。一位抚养两个子女的母亲，从事一份最低工资的全职工作，她每年能挣到 1 万美元，她还能得到 4000 美元的现金资助和大约 2000 美元的食品券。这样，她总的收入大约 1.6 万美元。另外，这位母亲还能够得到长达一年的公共医疗补助，而且只要她还从事低收入工作，她的孩子就能够得到公共医疗补助。这位母亲还能够从每年 170 亿美元的联邦儿童照料基金中获得帮助。在布什第二个总统任期内，改革美国社会保障体制是头等大事之一，布什曾说他会用"全部力气"推行这一注定会遭遇诸多挑战的改革。布什在对国会议员的演讲中大声说："在 20 世纪，社会保障是一个巨大的道德胜利，在新世纪，我们仍要尊重它的伟大目标。但按照目前的方式，这个体系正走向破产。我们必须团结起来，强化并拯救社会保障。"（张缘：《美国福利改革：让更多"吃福利"的人去工作》，《深圳特区报》，2006 年 7 月）

**2. 克林顿福利改革显现的贫困文化思想**

比尔·克林顿总统（1993—2001 年在任），在担任阿肯色州州长时，就拥有丰富的福利改革经验，在总统任职期间克林顿推进并成功地实施了美国历史上影响巨大的福利改革。

**其一，此次福利改革的大思路。**

从 1995 年前后共和党的福利法案看，1995 年，共和党议员占据国会参众两院议席的绝大多数。议会中共和党多数派的一个目标就是要彻底改革国家的福利制度。共和党内部在如何进行福利改革方面从未达成共识，不过他们却一致认为福利体制要做大修正。其状况是：（1）一些共和党议员对减少福利支出最感兴趣；（2）另一些议员则想把福利接受者推向就业，即使这样做的最初代价昂贵；（3）另一些人则想把福利推给各州管理；（4）少数议员则想从根本上废除福利项目，因为他们认为福利对其享受者有害无益。比较而言，众议院中的共和党议员比参议院中的共和党议员态度更保守。尽管有些民主党议员极力捍卫《抚养未成年子女家庭援助》，但绝大多数民主党议员却热衷于对福利制度进行根本的修正，并与他们的共和党同僚一道支持各种福利改革建议。克林顿认为《家庭援助法》的方向是对的，这些试验对改革的可行性方案提供了宝贵的借鉴。但他认为改革还需要更多的资金以及更全面的举措。上台伊始，克林顿总统便召集了一组专家以《家庭援助法》为蓝本制订了一个新的改革方案。他保证，要"结束我们所知道的"福利制度。克林顿总统提议的最后福利方案是继续进行福利援助，确保所有有资格享受福利的贫困人口都能得到救助。1995年上半年，克林顿总统在一次"全国州长协会"讲话中总结了他的提案："凡有工作能力的人就应该工作。福利改革应有时间限制。任何把一个小生命带到这个世界上来的人，都应当做好为其承担经济责任的准备。青少年怀孕和未婚生育都是严重的问题，必须通过全面的福利改革解决这些问题。"克林顿的讲话代表福利制度的重大调整，尤其强调时间限制。虽然克林顿把福利作为其总统竞选的重要内容，在他任期的头两年却致力于医疗改革，并视其为必要的第一步。国会中的共和党议员对减少联邦政府的规模和成本，尤其对福利感兴趣。把福利问题纳入议事日程，1995年福利改革问题成为中心政治议题。

**其二，福利改革方案的原则。**

（1）工作补偿。克林顿认为，福利制度的改革必须使家庭的工作收入远远高于福利津贴。为了达到这一目的，克林顿主张提高最低工资线、完善《收入所得税抵免》（ETTC）政策、扩大那些脱离福利或通过就业不再享受福利者的儿童托管规模和医疗救助覆盖的范围。（2）加大儿童支持力度。克林顿认为《家庭援助法》的方向是正确的，但辨认遗弃儿童家长的身份并要求他们资助其子女的过程还有待完善。克林顿提议，停止支付收到"儿童抚养令"家长的工资，制裁那些在辨认子女父亲身份方面不予配合的母亲，并对法案进行修改，这样更容易辨认和追踪遗弃子女的家长。（3）防止怀孕。拨款资助各州以提供咨询、道德说服和颁发奖励为基础，制订防止青少年怀孕计划。为了加强对未成年母亲的监管，克林顿提议，有资格享受现金救助的不满18岁的未婚母亲必须同一方家长或监护人生活在一起。（4）帮助享受福利的户主找工作。以《家庭援助法》为基础，克林顿提议加大投资力度，向享受《抚养未成年子女家庭援助》的户主提供岗位培训、教育和救助服务。另拨出经费100亿美元用于职业培训和儿童托管，使享受《抚养未成年子女家庭援助》的户主能找到工作且不再失业。（5）规定现金救助的时限。与民主党的政策大相径庭，克林顿总统提议，身体健康且有劳动能力的福利接受者必须接受教育、培训和就业安置一揽子计划，促使他们一般要在两年内脱离福利。这一规定被称之为"两年摆脱福利"，但这实际上是在必要情况下资助就业转型。（6）公共服务和工作补贴。克林顿建议，如果福利接受者在私有企业找不到工作，最终可把他们安置到公共部门工作，或者资助那些安置他们就业的私有企业。一旦就业，这些父母就会享受儿童托管服务和医疗救助以帮助他们保住工作。

**其三，克服道德风险是重点方向。**

在限制福利开支方面，克林顿建议继续将主要的福利项目视为一种权利。这意味着凡是有资格得到福利救助的人都可以享受福利。这种"没有限制"的福利开支成为绝大多数共和党议员的主要担忧，尤其是对那些想通过改革削减福利开支的议员来说更是如此。共和党议员建议每年规定大多数福利项目开支的上限，以此取消享受福利的权利。在各州福利权力方面，克林顿改革法案设想削减联邦福利管理权限，给各州更多自主权，但没有达到共和党要求的放权程度。共和党方案建议联邦把福利权力下放给各州，联邦援助给各州综合补助款，允许它们使用这些资金制订本州的福利方案。以"全国州长协会"为代表的大多数州长非常赞同这种方法。在削减享受福利救助方面，共和党的提案更加苛刻。共和党多数派议案要求各州削减享受福利救助满 5 年家庭的现金福利金额。这样各州就可减少 15% 的福利家庭。共和党方案对违反规定者的处罚比较严厉。对于不配合辨认父亲身份或不能协助州政府儿童抚养部门工作的福利接受者，将不予提供福利救助。如果福利受益人接受了 1 年的教育或培训，福利便自动终止。任何依靠福利救助生活长达两年（或由各州规定更短的时间）的健全成人必须工作。共和党各种版本的福利方案都主张对食品券和医疗救助两个项目规定开支上限，并把这项工作下放到各州，给予各州综合补助款。来自农业部门和营养部门的游说使国会保留了食品券项目，但是克林顿总统强迫共和党放弃它的立场，由各州管理医疗救助项目。因此，1996 年 8 月呈送给克林顿的改革计划让那些不再有资格享受现金救助的福利接受者在规定日期内，有权申请享受非现金形式的救助，如食品券和医疗救助。所有申请食品券救助的健全人要在 90 天内找到工作，或者登记接受岗位培训，或者参与政府主办的工作项目。

在取消或减少对一些家庭的现金救助方面，尽管参议院和众议院经常在一些细节问题上产生分歧，但共和党的建议却加大了拒绝为某些福利接受者提供救助的力度。允许各州不再给 18 岁以下的未成年母亲提供现金救助，强奸和乱伦情况除外。各州还有权把这一规定扩展到所有不满 25 岁的未婚母亲。享受福利家庭的新增人口也不再有资格得到福利救助，节省下来的资金用于孤儿院、领养机构和未婚母亲家庭。各州有权给未成年母亲和依赖福利同时又生育子女的妇女发放补助券，凭此券可以购买婴儿用品。

**其四，限制移民的一些福利。**

美国是一个移民国家，美国一向把吸纳各国移民作为美国保持竞争力的重要支撑。但 1996 年美国政府进行了移民"改革"，并没能延续里根时代放宽移民政策的势头，反而有一定的倒退，1996 年移民"改革"限制和缩减了许多移民的相关福利，除了为更严厉地防范和打击非法移民外，对合法移民也做出更加严格的限制，削减以往移居美国的合法移民的社会福利。到了 2017 年 1 月 20 日美国第 45 任总统唐纳德·特朗普到任后，进一步缩减移民福利，坚持"移民可以，福利不行"的政策，防止由于福利的诱惑而产生的不良的副作用。

**3. 改革福利思路的一次成功妥协**

废除《抚养未成年子女家庭援助》法案是民主党、共和党改革福利思路的一次成功妥协。由于共和党内部意见不一致以及许多民主党议员的反对，参众两院存在重大分歧，使辩论异常激烈，议员们情绪激动甚至充满敌意。整个 1995 年，众议院和参议院讨论了各种改革方案，努力在福利改革议案上达成共识。1995 年 11 月，国会递交给克林顿总统一个改革方案，希望做较大的预算调整。1995 年 12 月 6 日克林顿总统否决了该议案。同年 12 月末，国会对这个议案稍作修改后，又交给了白宫，总统克林顿于 1996 年 1 月 9 日再次否决了这个议案。国会再次修改此议案以满足总统的要求，克林顿总统终于在 1996 年 8 月 22 日签署了国会第三次修改后的福利改革议案，从而使该议案成为法律。克林顿总统明确表示，他并不完全赞同他所签署的法案的所有条款，但他希望福利改革得以通过并保证要进一步修改那些他并不赞同的条款。改革议案的最终通过的确是两党成功妥协的结果。在美国，所有重大公共决策都是两党成功妥协的结果。但这个新的法案却是两党非同寻常的妥协，因为国会中的共和党议员和民主党议员能够达成一致意见，再加上一个处事灵活、态度中庸的总统。而民主党内的自由派到处游说，反对通过此议案，对该议案的通过以及克林顿总统对此议案的最终支持感到非常失望。在两次否决国会通过的福利改革议案后，克林顿成功说服了共和党多数议员增加儿童托管、教育、职业培训和营养项目的救助金。同时，他也成功说服国会制定各州必要的开支标准。国会也同意继续资助食品券和医疗救助项目。同时，共和党多数议员也说服克林顿总统接受许多由他们提出的关键性提议。克林顿最后签署的法案对现金福利和其他几个福利项目作出了上限规定。福利管理下放到各州，各州有权酌情制定本州的福利政策，严格规定时间限制，严格限制合法移民的福利救助，允许各州严厉制裁违规者。新的改革法案是政府内各种观点达成妥协的结果。克林顿总统和共和党在制定新法案时都作了让步，但这实质上是保守派的胜利。尽管新的福利改革源头可以追溯到 1988 年的《家庭援助法》，但该法案的通过体现了美国福利政策与贫困文化的巨大转变。

### （五）"抚养未成年子女的家庭援助"（AFDC）项目的立与废中的贫困文化

1996 年美国贫困文化观念的改进，将使 AFDC 福利项目发生重大改变。

#### 1. 对"抚养未成年子女的家庭援助"（AFDC）项目的批评

20 世纪 80 年代—90 年代，美国传统的福利政策，特别是"抚养未成年子女家庭援助"（AFDC）项目，受到了来自各方面的猛烈批评。很多评论者认为，福利政策在帮助儿童、年轻人和其父母方面虽有收效，但也产生了严重的负面效应：首先，由于联邦政府向贫困者——大部分是无业的单亲母亲和她们的孩子——提供现金救济，而且没有设定接受救济的期限，这种福利允许穷人游手好闲，并削弱了他们掌握自己生活的能力，结果造成了"活得愈糟、工作愈少、婚外子女愈多、学业愈差、福利就愈好"等诸多现象发生，这种福利促成了一种"生活方式"，形成了一个永久性的"底层阶级"。其次，尽管福利项目数量和支出得到大幅度提高，但儿童贫困发生率居高不下，甚至是从 20 世纪 70 年代到 90 年代初，儿童贫困程度持续上升。最后，伴随着社会人口的老龄化和医疗手段的现代化，养老基金和医疗保险费用不断激增，带来巨大的社会保障财政赤字，社会福利运行产生的问题日益突出。也有一些人则坚持认为"抚养未成年子女家庭援助"（AFDC）项目为单身母亲提供的支持十分有限，以至于她们无法得到寻找工作并摆脱贫困所必需的教育和技能培训。总体而言，认为此项目助长了不良的贫困现象，形成高度贫困、非婚生子女、青年暴力犯罪、福利依赖并存等问题，并且愈演愈烈。当时美国的民主、共和两党都认为进行福利改革刻不容缓。

### 2.“抚养未成年子女家庭援助”（AFDC）项目立与废引发的同情心与道德风险担忧同时并存

美国人对"抚养未成年子女家庭援助"项目之类的公共救助政策纠结了很多年。显然，就对社会福利政策的态度而言，美国人的诸种价值观是不一致的，甚至是相互冲突的。譬如，人道主义和道德主义倾向于帮助穷困者，而个人主义和行动与工作价值观主张让他们自我努力、尊重现实。对于旨在扶持非洲裔美国人、同性恋者、妇女的社会政策而言，平等信念与民主和自由观念的态度也截然不同。从个人主义、重视工作和自食其力以及传统的核心家庭价值观念出发，美国人都倾向于反对；而从人道主义、共同体观念等出发，则倾向于支持。因为如此，美国许多社会政策安排都带有明显的"精神分裂"色彩。而且，由于价值观不一致，一些社会政策的设计往往会陷入某种困境。AFDC 的直接目标是要解决儿童贫困问题，其政策措施似乎非常简单明了，那就是要为贫困儿童提供现金或其他形式的津贴，以帮助他们摆脱贫困。但是，它又可能涉及另一个成年人群体——儿童父母的福利依赖性。要单单解决其中任何一个问题都较简单，难就难在这两者是相互纠缠在一起的。解决了其中一个问题的同时，就会又导致产生另一问题——儿童父母的福利依赖现象。美国的"抚养未成年子女家庭援助"是在 1935 年《社会保障法》框架下发展起来的一项福利制度。自 20 世纪 60 年代开始，"抚养未成年子女家庭援助"项目遭到社会愈来愈多的批评，如批评项目实质上纵容了年轻女子未婚先孕行为，磨灭了人们积极就业以获取收入的激情，助长了过度依赖福利救济生存的生活方式。尽管美国人崇尚个人主义，但却难以容忍那些不守规矩的行为。社会福利政策又往往直接涉及那些不遵守一般行为规则的对象。最为明显的是未婚先育者、早年辍学者、吸毒者、同性恋者等。针对这些犯规者的社会政策，尽管一般都以帮助他们为目的，但常常背后隐含着控制，甚至消除这些违规行为的企图和目的。美国的"抚养未成年子女家庭援助"（AFDC）项目是突出的代表，美国《洛杉矶时报》曾经报道，1965 年全美只有 7% 的孩子出生时他们的母亲没有结婚。但这个数字在过去几十年里快速上升。如今，41% 的母亲在孩子出生时是未婚或离异。30 岁以下的母亲中，这个比例甚至达到了 53%。（青帝：《单身母亲已成美国社会灾难》，《环球视野》，第 474 期，2012 年 6 月）据美国的相关社会统计，"抚养未成年子女家庭援助"（AFDC）项目中，母亲是这个项目的长期享受者，一部分子女也往往会是这个项目的长期享受者，这就形成了事实上"世代依赖"的"一种生活方式"。

### 3. 对道德风险的担心最终战胜同情心

1996 年克林顿任总统期间通过的《个人责任与工作机会协调法案》针对公共福利领域中最不受欢迎，且遭受非议最多的部分进行了实质性的改革。该项法案废除了饱受批评的"抚养未成年子女家庭援助"（AFDC）项目，彻底结束了这项长达 61 年之久的为全国最贫困家庭提供现金资助的联邦保障计划。1996 年，克林顿（Bill Clinton）政府颁布的《个人责任和工作机会协调法案》（Personal Responsibility and Work Opportunity Reconciliation Act），又被称为"福利改革法案"，这项改革的目的是"结束我们所已知的社会福利（end welfare as we know it）"。这次改革是美国福利政策的一个转折点。后来布什政府在2002 年提出了进一步深化福利改革的方案——《为自立而工作法案》（Working Toward Independence Act），对原法案进行了部分修改和补充。新的贫困家庭临时援助法案规定，每个家庭只能接受最长期限为 5 年的公共援助，它要求大多数成年人在领取资助后两年内重返工作岗位。

## 四、美国贫困文化显现的基本价值观内涵

现实社会中，对同一个贫困问题，美国社会可以有不同的文化反响与不同的理念。从根源上说这也与美国文化的独特性与情绪化特征直接相关。例如：

### （一）观念上的文化差异

#### 1. 看待"成功"与"失败"

从一个方面看，美国人十分重视个人的成就，尤其重视事业上的成功。来自美国西部大开发历史沉淀下的、全民族开疆拓土的史实给美国人一个实实在在的文化内涵：独立存在，冒险，对未知领域的无限追求和利益的无限攫取，这些练就了美国社会一个突出的"个人奋斗价值观"。据此，那些不能在竞争中取胜的人往往会被人瞧不起。而人们认为美国社会福利政策所处理的恰恰就是那些事业不成功人员的问题。在众多美国人的眼里，社会福利虽然解决了竞争

失败者的生存困境，但同时也会损害一些基本的价值观取向。正因为如此，"忙碌"对于美国人来说是好事。美国人非常强调那些有目的的、有行动取向的行为，而"工作"正是这种行动的最基本形式，即使有时的"工作"可能并不带来经济利益，但工作本身也是有意义的。而社会福利为人们提供了"无须工作"的照顾和享受，所以，在相当多的美国人眼中，社会福利常常会受到质疑和抵触。从另一个方面看，美国又是一个宗教建国的国家，在宗教信仰文化下，社会具体生活中的许多美国人都会对贫困的弱者给予更多的同情：在美国，有许多贫困者以某种形式获取收入、解决贫困问题，一种常见的情况就是乞讨。在高度发达的美国，乞讨者也是屡见不鲜的。在纽约的地铁里，笔者也曾见到一个小伙走进车厢后，便从背包里拿出一个纸板，上面写着："大家好，我的房子被烧了，现在我无家可归需要帮助！"在纽约的地铁里，笔者也亲眼见到一位一米八左右的壮汉，上了地铁后，他站在车厢中间便开始慷慨激昂地讲演："女士们，先生们，我失业了，我要吃饭，今天还是我的生日，我很想喝一杯啤酒，请大家帮助我！"面对这位壮汉，车厢里居然有两三位乘客平静地慷慨解囊给了钱，1元、2元的，壮汉收到钱后，会伸出拇指，连声道谢。若是男士，他还会拥抱一下捐钱者。笔者也曾见过一个小伙子带一个吉他上了地铁，进入车厢后他自我介绍了一番便开始演唱歌曲，之后便拿下帽子伸手讨钱。还真是有所收获，总会有人平静地施以援手，我想这大概就是基督教"帮助兄弟"教诲的现实行动吧。收完捐款后，小伙子大大方方地靠在一个柱子上旁若无人地当众清点了讨来的钱款，然后装进自己的钱包。笔者观察小伙子表情淡定而坦然，没有半点的尴尬或不好意思——大概是因为这是他的"劳动所得"，劳动不可耻。大概这就是美国社会的基督教贫困文化情怀吧。关心他人，尤其是那些被认为遭遇不幸和因非个人过失而受难的人，是美国社会重要的贫困文化与价值观。

### 2. 以"劳动"换取"救助"的文化内涵

统计显示美国约有三分之一的成年人以各种形式参加自愿服务。受一些价值观的驱使，有时会公然以某种形式对社会某个群体的困境给予声援和支持；也有时会站出来公开反对或主张停止某项社会福利政策。当然也有以取悦于人的形式获取生活费的，让人在感到快活的前提下自愿地掏腰包捐给其钱。例如在时代广场的蜘蛛侠小伙，身穿蜘蛛侠彩服，以高大的曼哈顿高楼大厦为背景。你付给他5美元，他便会高兴地陪你摆出各种姿势同你照相留念。在参观自由女神像的游船码头附近，同样可以看到乔装打扮的"自由女神"扮演者不断地变换姿势，神态自若地接受游人投给的钱。给他一两美元钱，他的回报就是高兴地用各种姿态同你合影拍照留念。可能是出于对9·11死难者的敬畏之心，若参观9·11的纪念遗址，参观者不是买票，而是以"捐赠"的方式获得进入遗址的资格，最低捐献额是5美元。9·11的纪念遗址是在原址上建筑了两个下陷式的方形深井式建筑物，四面设有不断下泻的清水瀑布布满池底。地平面上设计了半人高的黑色大理石相围，大理石墙的面是抛光的，并以镂空的方式将9·11逝去的人的名字刻在其上，尤其是消防人员的名字是以英雄人员的名字的资格给镀上了金色，格外显眼。整体上的纪念地让参观者感觉庄严而肃穆。

### 3. 两个美国贫困女性命运折射的贫困文化

密苏里州堪萨斯城的玛丽和戈登在1996年之后的生活轨迹大不相同。她们分别代表着福利制度改革的成功和失败。政府改变了帮助穷人的方式，从接受者角度来说，能不能按照政府所设想的那样适应新的变化，会有不同结果。

成功者的代表——玛丽·布拉德福

1996年，密苏里州堪萨斯城的玛丽·布拉德福45岁，她有三个孩子。失去福利金后她在某公司谋得一份工作。10年后她依然在为该公司效力，她已经升迁为产品监督，薪水也比1996年多一倍以上。她说自己很可能在这家公司一直干到退休。而公司联合创办人也说："玛丽可靠得就像是太阳肯定会从东方升起，我简直不敢想象有一天公司缺了她会怎么样。"

不成功者的代表——米歇尔·戈登

1996年，密苏里州堪萨斯城的米歇尔·戈登30岁，过着平静的生活：单身母亲，没有工作，四个孩子最小的5岁，最大的13岁，依靠政府的福利度日。1996年8月新福利法颁布之后的10年里，戈登的日子就如同翻滚的过山车一样颠三倒四。10年里，她已经尝试过近10份工作：她在电话中心打工，做过护士的助手，当过门房，最近是在一家杂货店里站柜台，并且在她40岁生日当天丢掉了这份工作。之后她花了两个月的时间才找到另外一份相当辛苦的工作，在一所戒毒中心打扫卫生间和走廊，每周工作25个小时，对于年过40的戈登来说，这样的工作强度已是相当大了。米歇尔·戈登10年的职场奔波，让她用完了自己的现金补助。失业后的她丢掉了联邦住房津贴，使她没有办法支付房屋的租金，迫使她带着孩子与母亲住在一起。现在她最大的孩子被关进了监狱。

戈登孩子的三个父亲（三个孩子的父亲并不相同）都不愿提供帮助，而她只能领取每个月面值 500 美元的食品券。现在，这个家庭只能通过修剪草坪来弥补赤字。戈登对记者表示："事情糟透了，我们只能尝试所有可以赚钱的事情。"这是一个非常重要的转变，许多福利专家说，新法也带来了不少问题，许多原本领取福利的妇女将变为"有工作的穷人"，但总体上看，逼迫"吃福利"者去工作，"世界末日"并没有来临。

### 4. 成功、物质享用与物质舒适度的文化内涵

美国人最珍惜的基本价值观是建立在基督教基础上的个人主义与依靠自己、机会均等、公平竞争、努力工作后的成功与物质享受。美国人也将物质财富的拥有等同于快乐和成功。这一文化价值观与社会福利政策的关联表现在：接受福利与救济通常是因为贫困原因导致的原有物质舒适程度较低，接受社会福利的对象甚至愿意为此牺牲一定的人格。但是引出的社会福利安排中的问题是：到底何种物质舒适程度是应该的？而且如何获得这种舒适度的改变？既然美国人重视物质享用，那么，普遍被接受的价值观就应该是激励人们去努力工作，以工作来获取他们所希望的物质舒适度，而不应该是以社会福利的方式给予。正因如此，也曾经有人建议——用征收"贫穷税"的办法消除贫穷，以此激励他们走向富裕。美国社会形成的较为普遍认可的社会福利文化观点是：福利津贴的最高水平不得高于工作者的最低收入水平。其实，了解英国济贫法历史的人应该知道，这渊源于英国早期，特别是 1832 年查德威克执笔修改的"新济贫法"所提出的主要观点——"劣等处置原则"的核心内容之一。从美国这一贫困文化的观点中仍然隐约可见英格兰贫困文化的影子。

### （二）"自由"的道德准则与文化纠结

一方面，在美国文化中，"自由"是一个极其重要的概念。"自由"具有十分特殊的意义，其源流要追溯到美国《独立宣言》的核心思想。美国的建国之父们把他们建国的合法性依据全部诉诸上帝，诉诸基督新教中的"天赋人权"和"主权在民""政府为民"的思想。美国《独立宣言》开宗明义说："人人都从上帝那里被赋予了一些不可转让的权利，其中包括生命自由和追求幸福的权利。"在以后的章节中《独立宣言》说："因为英政府践踏这些权利，所以他们才要求独立，建立保护人民的政府，'向这个世界的最高的裁判者'上帝'申

诉'独立'意图的公正',并且'对上帝的庇护充满了信心'。"近代的人权、自由、民主等思想实际上起源于基督教宗教改革和以后形成的新教教义,起源于新教教徒对《圣经》的新的理解和诠释。另一方面,还可以理解的是,在美国公众中"自由"有着独特的内涵,并且又是一个富有歧义性的概念。"自由"不等于不受任何外界控制,"自由"多指偏好受到弥漫性的、一般性的社会程序的控制。美国人厌恶那种有针对性的、特殊性的社会组织的控制,反对过分的和专制的外在约束。因此,美国的"自由"通常更多是表达为"一种权利",对既有(尤其是个人)权威的怀疑,对中央政府的不信任,拒绝接受有形社会组织施加的明显带有强制性的约束。在这种自由视角下,社会福利政策就常常被认为是为了增加一个群体的权利,而减少另外一个群体的自由,从而是对"自由"的一种侵犯,所以常常不被接受并产生矛盾和文化冲突。这种文化冲突在医疗保险的推进中尤其明显。

## (三)美国式的老年人保障、儿童保护问题

总体而言,应当说在美国,老年人保障、儿童保护的问题解决得已经很到位。从 1935 年开始的第二期"新政",在第一阶段的基础上,着重通过《社会保险法案》《全国劳工关系法案》《公用事业法案》等法规,以立法的形式巩固了新政的成果。罗斯福认为,一个政府"如果对老者和病人不能照顾,不能为壮者提供工作,不能把年轻人注入工业体系之中,听任无保障的阴影笼罩每个家庭,那就不是一个能够存在下去,或是应该存在下去的政府",社会保险应该负责从"摇篮到坟墓"整个一生。这是制定美国《社会保障法》的依据。当年,为解决社会保障制度的联邦经费来源问题,罗斯福破天荒地实行了一种按收入和资产的多寡而征收的累进税。对 5 万美元纯收入和 4 万美元遗产征收 31%,500 万美元以上的遗产可征收 75%;过去公司税一律是 13.75%,根据 1935 年税法,公司收入在 5 万美元以下的税率降为 12.5%,5 万美元以上者增加为 15%。在照顾老人方面,美国是秉承欧洲基督教文化并形成独具特色的美国文化。在美国,对老年人的照顾较为周全,解决其吃饭、居住、看病等问题。休闲有大量的日间活动中心、全天照料中心等,这些中心是由政府给予一定的补贴的。在美国,政府解决老年人的贫穷保障也有一个文化问题。在美国人的文化概念中,在个人主义文化下,大多数老人不愿意和子女同住,希望保持个人空间,也不愿意看孙子、做住家保姆——应当说美国老人对家庭

和孩子的概念远远没有东方人强烈。在财产上，若美国父母的钱不花掉，想留给孩子时是要交一大笔遗产税的，心里感觉上就太不划算。从另一个角度看，对于贫困问题产生的原因，美国学界也存在很多不同的观点。主要可分为两类，一类是个人主义的贫困观，这种观点认为，导致贫困的原因是个人、家庭和特定文化因素，个人应对其贫困负责。这类观点主要包括以下两个角度的看法。一是认为单亲家庭是造成贫困的主要原因。根据美国传统基金会国内政策研究部的一项研究显示，单亲家庭儿童陷入贫困的可能性是父母双全家庭儿童的 6 倍。这些儿童更容易辍学、从事低工资工作，并且自己成为单身父母，形成一个新的贫困的代际循环。二是认为个人的不负责任、消极的工作态度、不良的生活习惯和劣等的文化价值导致贫困。另一类是将贫困原因归结为社会。结构主义的贫困观反对贫困根源于个人家庭因素和文化态度的理论，他们认为长期的社会经济不平等、停滞的工资、公共救助计划的缺乏、政策不合理等结构性因素是导致贫困的更主要原因。

### （四）家庭、婚姻、单亲母亲与儿童照料福利中的文化问题

美国福利改革的一项最新尝试是将重点放在帮助福利受援者加强婚姻关系并培养他们具备成功婚姻的技巧。有的政策制定者认为，加强婚姻与增加就业同样是福利改革的关键。1996 年改革中，联邦政府首次对非婚生子女问题做出了回应，赋予各州大量的自主权来利用联邦资源降低非婚生子女出生率，增加双亲家庭子女数量，加强父亲与子女的关系建设，检查强制性抚养子女的情况，要求 10 多岁的母亲们继续学业并且生活在家庭中。布什政府上台后，认为美国必须采取更有力的措施促进健康的婚姻关系。政府每年为各州提供数亿美元资金，用来设立和实施有关项目来降低非婚生子女出生率，提高已婚家庭子女出生率，并鼓励各州寻找新的、更有效的方式鼓励健康的婚姻关系。总体而言，在美国到处可以见到的现象是为穷人进行帮助的行动：在任其耐心地说明为某个贫困人群进行帮助的努力，在宣传这一努力的同时，也会欢迎大众为其捐款。例如，在美国的地铁里，常可以看到为穷人进行募捐的志愿者。这种为穷人捐助的行动可以深入到人们意想不到的地方。例如，一辆汽车若报废了，对其的处理竟然也会意想不到地与帮助穷人的事儿联系在一起。报废不用的汽车若征得车主同意可处理给一些慈善组织，再由他们分配给相关拆解机构，拆解有用的零部件，再进行拍卖，卖出钱来捐献给穷人机构。笔者在纽约的地铁上也曾

经看到身强力壮的小伙子、壮汉，拉着小车在地铁里高谈阔论：他们是在为某一个为穷人筹款的项目募捐，捐钱可以从几分钱开始，也可以以购买他手拉车上的小食品、香蕉的方式实现捐钱目的。

### （五）贫困文化的差异性

美国是一个贫困文化异常丰富和厚重的国家，在《谁会真正地关心慈善——保守主义令人称奇的富裕同情心的真相》（〔美〕亚瑟·C. 布鲁克斯：《谁会真正地关心慈善——保守主义令人称奇的富裕同情心的真相》，王青山译，社会科学出版社，2008 年）一书中，布鲁克斯围绕着穷人、富人，自由主义、保守主义与同情心、捐赠行动，以及自由主义与保守主义所分属于的政党——民主党、共和党分别在政府收入再分配、社会福利、减税政策等方面的态度进行了研究和分析。依据他的分析，可以得到这样若干观点：

#### 1. 慈善与捐赠

整体上在美国人的文化中，慈善、捐赠是一件非常大的事情，慈善、捐赠的含义不仅限于金钱，同时还有时间；从文化的角度看，绝大多数的美国公民捐赠钱财，约 3/4 的家庭有捐赠，平均每年每个家庭捐赠 1800 美元，约占家庭收入的 3.5%；其中捐赠的钱物有 1/3 用于宗教活动，2/3 用于世俗事业，诸如教育、卫生和社会福利。有关数据显示，美国私人的慈善捐赠规模每年约有 2500 亿美元，其中的 3/4 来自私人个体，另外的 1/4 来自各种基金会、公司和遗产捐赠。（〔美〕亚瑟·C. 布鲁克斯：《谁会真正地关心慈善——保守主义令人称奇的富裕同情心的真相》，王青山译，社会科学出版社，2008 年，第 3 页）

#### 2. 社会广泛流传的传统说法

自由主义者即民主党人士比保守主义者即共和党人士更为仁慈。其实两党的分水岭就是是否支持政府的收入再分配，政府是否有责任降低社会的不平等。民主党主张政府有义务解决社会问题并利用税收政策及社会福利政策帮助那些低于贫困线的人们；而共和党则反对提高税收和福利政策，主张个人应掌握机会，通过个人的努力与奋斗摆脱贫困。事实证明，在美国信仰确实很大的程度上影响了捐赠和志愿者的时间奉献的程度。2000 年的一次全国性的调查显示，81% 的美国人表明自己捐过善款，57% 的人做过义工。而进一步细分，宗教信徒和世俗论者之间在捐赠善款和志愿者的时间奉献程度上还是有所差别的。在捐赠善款方面，宗教信徒要比世俗论者的比例高出25%；在做义工的比例方面，宗教信徒要比世俗论者的比例高出23%。（〔美〕亚瑟·C.布鲁克斯：《谁会真正地关心慈善——保守主义令人称奇的富裕同情心的真相》，王青山译，社会科学出版社，2008年，第20页）

### 3. 自由主义、保守主义与政府收入再分配

对于许多普通自由主义者而言，收入不均是一个社会性问题，私人捐赠可能会对此加以重视并认为它是合理的，而政府的收入再分配政策或许可以改变这个问题。但保守主义对此观点则并不认同，他们宁愿将其视为一种影响个体的现象，在最坏的情况下它可能是一些人厄运的不幸的反射或一些人对生活中的不幸的抉择；而好的一面可以将其看作是一个极其重要的促进因素，以刺激人们在美国动态市场条件下获得更多的积极性与利益。这就是当今美国的政治左派和右派的关键分歧。（〔美〕亚瑟·C.布鲁克斯：《谁会真正地关心慈善——保守主义令人称奇的富裕同情心的真相》，王青山译，社会科学出版社，2008年，第53页）美国私人慈善、志愿者时间捐献相对是比较高的。相比较而言，美国大量的私人慈善机构和捐赠业绩超过欧洲。在私人人均捐赠方面，除了西班牙与美国接近（平均捐赠只及美国的一半），美国的人均捐赠数量是法国的3.5倍，德国的7倍，意大利的14倍；在时间奉献上，如在志愿者方面，美国人做志愿者工作的比例比荷兰人多15个百分点，比瑞士人多21个百分点，比德国人多32个百分点。因此可以说——若着眼于美国人全部的慈善行为时会发现，按照国际标准衡量，美国是一个极为慷慨的国家。（〔美〕亚瑟·C.布鲁克斯：《谁会真正地关心慈善——保守主义令人称奇的富裕同情心的真相》，王青山译，社会科学出版社，2008年，第98-100页）为什么美国的蓝领阶层愈加倾向于保守派的政客？显而易见的理由是——他们认为这些政治家的实际行为是拒绝从美国富人的口袋中拿走更多的钱财，这样符合道德规范，是公平的，就像"收入再分配"极力要求的公平一样。进一步说，有些人努力工作并赚了许多的钱，由此由于他们的财富比其他人的多，就要拿走他们的钱财是不公平的做法。（〔美〕亚瑟·C.布鲁克斯：《谁会真正地关心慈善——保守主义令人称奇的富裕同情心的真相》，王青山译，社会科学出版社，2008年，第53页）正是如此，突出地显示了"机遇"和"自由"的重要性，正是它振奋了美国所有阶层，包括有工作的穷人的价值观。美国一个社会对待贫困的态度显示的纠结和矛盾，被人称为"两个"国家的感觉。一般而论，在美国人

如何奉献时间和金钱方面，美国社会可以说是纠结和矛盾的，有的研究者甚至说美国就是"两个"国家——一个是慈善慷慨的；另一个则是冷酷无情的。多数美国人是慷慨大方、富于同情心的，但也有对处于危难中的人群缺少怜悯同情之心的人。

## 五、若干贫困问题管理显现的贫困文化

### （一）贫困的衡量标准

#### 1. 贫困是一种多元性、综合性的社会现象，它具有多种表现形式

收入贫困是现代社会贫困最重要的概念和最主要的表现形式。美国一般以处于官方规定的贫困线以下的人口占总人口的比例衡量贫困规模。贫困线则由家庭规模和家庭总收入这两个因素来确定，并且每年都要重新测算、核定。如果一个美国家庭的年总收入低于"基本需求（basic needs）"，就被认为属于贫困家庭。1965 年美国第一个贫困线问世：当时，四口之家的贫困线为 3223 美元；四口之家的贫困线人均月收入为 67.15 美元。

**2020 年美国联邦政府确定的各州贫困线标准**

| 家庭人数 | 48 州和哥伦比亚特区贫困线标准（美元） | 阿拉斯加州贫困线标准（美元） | 夏威夷州贫困线标准（美元） |
|---|---|---|---|
| 2 | 17,240（125%，21,550） | 21,550（125%，26,938） | 19,830（125%，24,788） |
| 3 | 21,720（125%，27,150） | 27,150（125%，33,938） | 24,980（125%，31,225） |
| 4 | 26,200（125%，32,750） | 32,750（125%，40,938） | 30,130（125%，37,663） |
| 5 | 30,680（125%，38,350） | 38,350（125%，47,938） | 35,280（125%，44,100） |
| 6 | 35,160（125%，43,950） | 43,950（125%，54,938） | 40,430（125%，50,538） |
| 7 | 39,640（125%，49,550） | 49,550（125%，61,938） | 45,580（125%，56,975） |
| 8 | 44,120（125%，55,150） | 55,150（125%，68,938） | 50,730（125%，63,413） |
| 每增加一人增加额 | 4480（125%，5600） | 5600（125%，7000） | 5150（125%，6438） |

信息来源：美国卫生和服务部网站

### 2. 美国贫困线下，贫困者的现状和社会效果

美国是世界上屈指可数的富裕国家之一，但这里也不乏沿街乞讨者和无家可归者，还有一些住破旧房屋的穷人。美国通常把穷人称为"低收入者"，而各州对"低收入"的定义有所不同。按照 2019 年的贫困线标准：以纽约州为例，两个人的家庭，每一个月的实际货币收入少于 1,409.17 美元，就符合了贫困线的标准，可以享受相关的救助待遇。三个人的家庭，每一个月的实际货币收入少于 1,777.5 美元，就符合了贫困线的标准，可以享受相关的救助待遇。四个人的家庭，每一个月的实际货币收入少于 2,145.83 美元，就符合了贫困线的标准，可以享受相关的救助待遇。以此类推，每增加一人，每个月的标准增加了约 368 美元。这个标准在阿拉斯加州和夏威夷州是略有区别的。阿拉斯加州和夏威夷州的标准略高。

### 3. 贫困线下的美国穷人

总体而言，和一些落后的经济欠发达国家相比，美国贫困线下的穷人还只能说是相对的贫困。美国贫困线下的穷人状况有几个特点：

第一个特点，基本的生存不成问题。据美国人口普查报告的相关数据显示，按美国贫困线的标准，有超过 10% 的人生活在贫困线以下。符合低收入标准的美国公民或永久居民（持绿卡者），可以向政府申请食品券（Food Stamps）。人口不同的家庭每月可获得的食品券最高金额如下：1 人家庭 155 美元，2 人家庭 284 美元，3 人家庭 408 美元，4 人家庭 518 美元，5 人家庭 615 美元，6 人家庭 738 美元，7 人家庭 816 美元，8 人家庭 932 美元。8 人以上家庭每增加一个成员，可多领 117 美元。食品券制作成不可透支的银行卡，政府每月把钱打入卡内，持卡者可在商店购买面包、水果、蔬菜、肉类、鱼类、奶类等食品，但不可以用于烟酒等其他生活用品的消费。根据美国农业部的统计，申请食品券的美国人平均每餐有 1.05 美元的补助。1 美元在麦当劳只能买到一个最便宜的汉堡，如果没有其他收入来源，仅靠食品券是肯定吃不饱的。但穷人还会得到一些非政府组织的帮助。领取食物要填"家庭状况表"，上面列有姓名、地址、电话、社会安全号、种族、家庭人数、工作状态（全职、兼职、失业、退休）、月收入、是否有政府食品券等项目。低收入者只要来这里如实填写这份表格，就可以当场得到领取食品的卡片。申请人不需要出具收入证明。

第二个特点，贫困者的住和行有其解决办法。首先，有不少穷人并不是一贫如洗，他们也有自己的汽车和住房。当然，也有相当多的美国穷人没有自己的房产，甚至有人无家可归。美国政府通过政府投资的方式可以为这部分人提供廉租房。低收入者均可提出申请，廉租房不仅房租低于市价，而且只需缴纳不超过家庭收入 30% 的租金，差额部分可凭住房券向政府兑取现金。有些穷人如果想自己买房，可以享受政府提供的各种购房优惠，如申请抵押信贷；申请低收入家庭特别资助等。廉租房的申请需要一定的时间"排队"等候。

还会有由基督教组织筹办的"避难所"，无家可归者可以申请到"避难所"免费吃住。"避难所"有家庭间（独立卫生间），有男人间、女人间（共用卫生间），有食堂、电视图书室、健身房、教室、电脑室、洗衣房、儿童游乐场等。住"避难所"必须遵守作息时间以及不准吸毒、喝酒等相关规定。

第三个特点，穷人反而不必担心生病。在看病非常昂贵的美国，普遍担心看不起病的问题。住院一天的费用或许等于一个普通工人一个月的收入。但是，对于穷人来说，反而不用太担心，因为穷人可以向政府申请免费的医疗保险。即便没有医疗保险，有病也尽管上医院看，医院会先看病，再寄账单，经济有困难，有减价、缓交、免交的措施。穷人的医疗费由政府买单的情况也是可能的。

## （二）贫困原因的文化分析

贫困的衡量有一个文化因素。在说到穷人为什么穷时，很大程度上，比较多的美国人会认为贫困是个人的责任，早期殖民者所留下的文化遗产是：除了身体能力以外，贫困往往是道德缺陷的结果。

社会性贫困既有客观的社会根源，又有个人的主观原因。在反贫困方面，既需要社会的努力，又需要个人的努力。贫困不仅表现在经济贫困，而且表现在环境贫困、社会贫困上，它是环境、经济和社会相互作用、相互影响的结果，具有很强的复杂性和综合性。在发达的美国，吃饭已经基本不成问题，因此，美国的贫困还有更深层次的文化因素。

在美国，产生贫困现象的原因主要是个人主义和结构主义。对于美国社会性贫困现状，有两种截然相反的观点。一方面，一些社会工作者认为，贫困、不平等和无家可归问题在美国十分严重，这样的贫困线实际上大大低估了美国人的贫困状况，造成了对贫困的忽视。另一方面，一些专家则认为，贫困和无家可归问题在美国正在好转，官方规定的贫困线标准过高，夸大了美国的贫困范围。美国穷人家庭中，70% 拥有汽车，97% 有彩色电视机，64% 有微波炉，50% 有立体声音响。（孙志祥：《美国的贫困问题与反贫困政策述评》，中国农经信息网，2006-10-17）

### （三）负所得税理论构想

采用负所得税的思路从肯尼迪政府到尼克松、福特、卡特政府都曾经极力倡议但始终未能实现。其实，用负所得税的办法解决低收入人群和穷人贫困保障问题的思路早在肯尼迪政府时期就已产生，它来源于弗里德曼的理论。弗里德曼的著作《资本主义与自由》于 1962 年出版，提倡将政府的角色最小化，以让自由市场运作，以此维持政治和社会自由。他的政治哲学强调自由市场经济的优点，并反对政府的干预。他的理论成了自由意志主义的主要经济根据之一，并且对 1980 年开始的美国里根政府以及许多其他国家政府的经济政策产生影响。按照弗里德曼的说法，负所得税将确保低收入人群的生活水平不受到损害，而与此同时又避免了现行福利计划的大部分缺陷，其优点在于：（1）它使公共基金集中用于穷人而不是无目标地进行分配；（2）它将贫穷的人当作认真尽责的人来对待，而不是当作无能的、受国家保护的人来对待；（3）它使穷人具有自助的动力；（4）与当前福利国家普遍实施的社会保障计划相比，它的支出较少，却可以帮助更多的穷人；（5）它将消除高额的官僚主义体系的浪费。负收入税理论（negative income tax）最早是货币学派的主要代表人物弗里德曼在 1962 年出版的《资本主义与自由》一书中首先提出的，是用以代替现行的对低收入者补助制度的一种方案构想。负所得税是政府对于低收入者，按照其实际收入与维持一定社会生活水平需要的差额，运用税收形式，依率计算给予低收入者补助的一种方法。其计算公式是：负所得税＝收入保障数－（个人实际收入 × 负所得税率）个人可支配收入＝个人实际收入＋负所得税，这一思路实际上是试图将现行的所得税的累进税率结构进一步扩展到最低的收入阶层去。通过负所得税对那些纳税所得低于某一标准的人提供补助，补助的依据是被补助人的收入水平，补助的程度取决于被补助人的所得低到何种程度，补助的数额会随着其收入的增加而逐步减少。供给学派认为，实行负所得税可以通过收入或享受上的差别来提高低收入者的工作积极性。尽管负所得税方案引起了许多经济学家的重视，但从未付诸实施。

### （四）美国乞讨中的文化问题

在个体价值和人格方面，美国文化最突出的是赋予了个体价值和人格尊严最重要的位置。依据美国文化观念显示，群体只是个体的集合，其存在的合法性是为了促进个体目标和福利更好地实现。由此，他们也要求个体为其成功与失败承担独立的责任。在这种文化观念之下，福利政策则往往会被视为一种"劫富济贫"式的集体努力，是对个人权力和利益的侵犯。由此，相当多的美国人对于社会福利计划的扩张往往会普遍持反对态度。在这样的理念下，虽然美国的民主决策成为美国人的核心价值观念之一，但在社会福利政策中，民主的具体运用往往会遇到所谓"多数人的专制"的质疑。在一些美国人的观念中认为：众多遵循多数规则的民主决策，常常是由那些并未亲身体验贫困和孤寡滋味的人做出的，他们对非洲裔、西班牙裔等少数民族美国人，同性恋者、外来移民等少数派，乃至贫困的白人的问题和痛楚，肯定不如当事人敏感，甚至与少数派的利益相冲突。因此，即使按照民主规则制定的社会福利政策，也会具有较大偏废性。作为当今世界上位列第一的超级大国，美国具有高度发达的现代市场经济，其劳动生产率、国内生产总值和对外贸易额均居世界首位。但其国内的贫困和无家可归者问题，以及由此引发的社会不平等、反贫困、社会救助和福利政策等问题也是并不平静，并成为倍受普遍关注的主要社会问题。对于美国贫困问题的现状、产生原因、福利政策的效果、反贫困政策的取向等一系列文化与贫困文化问题，在美国社会一直存在较大的争议、争论，这不仅反映出这个问题的复杂性和重要性，也反映出其独特的贫困文化。

### 1. 司空见惯的美国乞丐问题

在美国大城市的市中心，经常会看到乞丐。美国人通常将乞丐叫作hobo，意思是"无业游民""流浪者"。"无业游民""流浪者"这些概念对于15、16世纪的英格兰而言并不陌生。翻阅历史可知，早在英格兰都铎王朝期间就开始了为治理无业游民、流浪者所制定和颁布大量济贫法律实践的历史。在现代美国，人们对乞讨既反感，又无奈。"美国全国贫困无家可归者法律援助中心"执行理事玛丽亚·福斯卡里尼斯说："没有人希望在市中心看到穷人，没有人喜欢走在大街上有人向他要钱。"依据"美国全国无家可归者联盟"的调查报告显示，有统计数据的 224 个样本城市的数据表明，约有一半左右的美国城市目前仍没有对流浪、乞讨行为（包括"侵犯性乞讨"）进行立法管制。（徐富海：《美国如何管理乞讨者》，《中国经济导报》，2013-03-16）在美国乞讨的贫困文化是非常普及的，对穷人、流浪者、乞丐问题，可以说最突出的是上至总统，下至普通民间组织以及个人志愿者都会给予多角度、多层面的关注。这种全面性的贫困文化风格，隐约使人感到了早年基督教新教文化的影子。华盛顿一家致力于帮助流浪者的非政府组织"全国流浪者联盟"曾经在 2007 年 8 月给出过一份美国流浪者全面调查报告。报告提供了美国流浪者的基本数据和情况：美国大约有 350 万流浪者，占美国总人口的 1% 和贫困人口的 10%，其中单身男性占41%，单身女性占 14%，有孩子的家庭占 40%。报告还从人口学的角度做了各种综合比较。比如，所有流浪者中年龄不到 18 岁的未成年人占了 39%，黑人占了49%，受过高中及以上教育的占 62%，完全没有健康保险的占 58%。

**2. 从另一个角度看，流浪者问题显示了美国贫困文化的纠结**

在美国，行乞通常也会被叫作 panhandling。英文 pan，是容器盘子（如早期英格兰的托钵僧手中的"钵"）；handling，是操作。用盘子来操作，非常形象。现实中美国许多乞丐并没有用盘子行乞。现实之中的美国行乞"特色"已经远远不是传统的主要是为填饱肚子而为。现实中的美国行乞带有更多的贫困文化内涵。因为在美国，吃，已经绝对不会成问题。只要愿意干活，一天的工钱足够吃一个星期。穷人还有食品券制度。但"食品库"没有烟酒，食品券不能买烟酒，这一规定尽管是合理的，但毕竟限制了乞讨者吸烟、饮酒等不良习惯。许多流浪者不愿意住政府提供的庇护所，往往和美国"自由"的概念有直接关系。有的流浪者甚至在寒冷的严冬里也坚持不去收容所，他们认为自己有权利选择自己的生活方式，政府无权干涉，禁止他们流浪或露宿街头是对人权的干涉或侵犯。一到冬天，美国佛罗里达州南部的劳德代尔堡市的流浪者问题就严重起来，因为这里冬天暖和，流浪者数量急剧增多，并因此带来犯罪率升高、公共环境卫生下降等很多问题，于是政府颁布各种法律和规定，希望依法救助这些人的同时不影响其他市民的生活，并鼓励这些人借助各种帮助最终回归社会。

### 3. 美国的乞讨文化

从美国乞讨者的概况看：流浪者们没有固定的收入，他们中的许多人选择了流落街头，乞讨为生在美国这个汽车主宰的国度里，他们大部分都生活在不需要汽车、有公共交通的城市中心，成为纽约、华盛顿、芝加哥、亚特兰大等这些现代化大都市的固定一景。从行乞方式来说，大体上分两种：一种是"才能表演"方式，博得人们的欣赏而得到钱。在著名的旅游地，如旧金山、夏威夷、纽约的游船码头等都可以看到有人扮作活雕像（living status），浑身上下涂满金色或银色，时而变换各种姿势，时而又会纹丝不动；也可以看到拉小提琴的，他们面前会放一个空罐，里面有游客放进去的零钱。在时代广场，也可以看到扮装的蜘蛛侠表演者，他们几乎成为旅游城市的点缀（其实在意大利的威尼斯、在法国巴黎的埃菲尔铁塔下或是巴黎圣心教堂艺术广场，这种场景都是基本景色）。另一种则是最常见的，乞丐坐在路边，"守株待兔"式，或者是站在车流经过的十字路口，手持行乞告示，内容基本大同小异：无家可归（Homeless）、需要帮助（Need help）、上帝保佑你（God bless you）等。车道路口的乞丐，从来不会主动跑到你的车子旁来乞讨，只是在那里静静地待着，等你招手，才过来拿你给的零钱。在闹市区的路边，乞丐会对经过的行人打招呼，但不会靠近你、跟着你。你给了钱，回报通常是"Thank you very much!""God bless you!"——"真是感激不尽！""上帝保佑你！"等惯常用语。若留意观察可以看到，乞丐会有不同的类型：一种是"随遇而安"型。在世界银行和国际货币基金组织前方的小花园里，每天都有许多西装革履的上班族匆匆而过，和他们共存的，是花园里长凳上的乞丐们，他们身边有一个超市的手推车，放着他们所有的家当：一条灰色破旧毯子和写着"帮助我"的小纸板。这些乞丐神情坦然，一边晒着太阳，一边悠闲地喂着鸽子。他们从不会主动向人乞讨，有人向他们的纸杯里扔点硬币，他们也只是不卑不亢地说声"谢谢"。还有一种常见的乞讨方式就是举着纸牌，站在红绿灯的路口，等待车里的人给一些零钱，甚至是食物、香烟。也有一些"主动出击"的乞丐，他们会在街头跟行人搭讪："有没有零钱？我想打个电话。"如果行人无动于衷，他们一般也就悻悻然地不再纠缠。在美国，很少见到死缠烂打，或者强行向人展示自己的残疾来博取同情的乞丐。还有另一种情况是：一小部分流浪者是主动选择了流浪的生活方式。他们不愿意受到主流社会的束缚，也不愿意寄生于收容所的屋檐下，宁愿在地铁口或地铁上旁若无人地自弹自唱，只要帽子里有今天买面包的钱就可以了。当然，在华盛顿的许多政客和游客也曾经见过特殊的"政治乞丐"。例如有一个女性乞丐，她长年驻扎在白宫大门正对面，自己搭了一个小帐篷，上面画满了反对总统的标语和漫画，前面摆了一个供人放钱的杯子。那些就在数米开外的白宫保镖们早就对这个乞丐熟视无睹。

### 4. 对行乞人员的管理

政府对行乞人员的管理会有若干种形式。一是通过社会救助中心的形式进行管理。在收管的人员方面分为男性、女性和家庭三种形式，救助范围很广，包括无家可归者、家庭暴力受害者、退伍或伤残军人等。被救助者可以根据自己的情况决定何时离开救助中心。同时，当他们进入救助中心时，工作人员就替他们填写了申请政府廉租房的表格。救助中心内生活设施一般比较全面，除基本设施外，还配有图书馆、计算机房、医务室、健身房和宗教祈祷场所等。在管理上，很多受政府资助的救助中心都承包给了信誉良好的民间慈善机构。承包合同规定了承包机构的责任，承包机构将接受政府委托的审计部门的严格监督，所有开支都必须有详细的记录。有些慈善机构和教会提供可以随时入住的临时庇护所。在救助活动中，民间慈善机构的作用很大，仅纽约就有 500 家救助中心，其中最大可容纳 1000 人，335 个家庭，最小只能容纳 10 多人。[陈香玉、李娜：《乞丐职业化现象特征、原因及解决思路》,《安庆师范学院学报》（社会科学版），2010 年 5 月第 29 卷第 5 期] 从美国政府在救助管理上的做法中，也可以看到当初英格兰工业化早期对遭受贫困困扰和流浪人员的处理办法的影子，可以隐约看到英格兰济贫法的痕迹，可以感受到典型的清教徒的风格、理念、机会平等，赞成勤劳、反对懒惰的文化风格。二是对乞讨的管理。美国民间有许多热心人帮助流浪者，黛安·尼兰是最近美国一名流浪者收容所的主任，她卖掉了自己的房子，驱车三万多公里，穿越整个美国，拍摄了七十五个流浪儿童的故事。她把这部命名为《我的四面墙》的纪录片带到国会上放给议员们看，目的是游说他们在"不让一个孩子掉队"的联邦法案中，将流浪儿童安置到主流公立学校，而不是封闭在为他们设置的特殊学校里。"我每天工作十二个小时，但是看到流浪儿童说起他们的未来的憧憬神情，我就感到充满了动力。"她深情地说。美国各地城市的乞讨可分为"职业性乞讨"和"侵犯性乞讨"。

美国各地城市对乞讨行为限制的主要手段是立法，有时也采用一些行政性措施，这些措施主要包括以下几点。一是设置"禁讨区"。通过反乞讨立法的大多数城市都采用了这种限制乞讨行为的措施。例如，2009年，佐治亚州亚特兰大市的市政法规规定，禁止在"旅游三角区"和"国王中心旅游区"的数十条街道乞讨。同时规定，在公共厕所出入口、银行自动取款机、停车场付费处、自动售货机15英尺范围内的乞讨行为属于违法。二是禁止"侵犯性乞讨"，主要是指通过胁迫或侵犯性姿态，迫使他人施舍的行为。三是禁止"欺骗性乞讨"，以虚假信息误导他人施舍的行为。四是颁发"乞讨许可证"，也就是要求所有的乞讨人员申请乞讨许可，获得官方批准后方可乞讨。五是禁止"露天供食"。一些城市为了达到限制乞讨行为的目的，甚至规定慈善机构或个人不得在公园和其他公共场所等户外场合给乞讨者提供食物。六是号召民众不向乞丐施舍钱物。

美国的一些城市，比如芝加哥、奥兰多、圣塔克鲁兹，还颁布了一些限制乞讨的规定：比如在商店和自动取款机附近多少米内不许乞讨，甚至要先获得当地政府的"乞讨证"才能上岗。对限制乞讨的问题，华盛顿的一家独立调查机构"公共议程"对美国民众做了一次民意调查，没想到和政府的想法相反，71%的美国人认为，只要流浪者不妨碍到商店或公园里的他人，警察就没必要来驱赶他们。

### 5. 乞讨人员的乞讨广告文化

若留意观察会发现美国乞丐的乞讨广告在内容上有明显的美国贫困文化内涵。一些乞丐所写的"行乞辞"尽显高调、坦荡与直率。在纽约，有一名观察者在一个公交车站旁边看见一个60岁左右的乞丐，他手里举着牌子，上面写着：我需要一瓶冰啤酒！观察者问他："如果现在给你3美元，是否意味着你将不再行乞了？"他笑笑回答："应该这样理解：那将意味着暂时不用为一瓶冰啤酒而行乞了。"观察者给了他3美元后，他果然把那块牌子收起来扔进路边垃圾桶里，然后去商店里买了一瓶冰啤酒。在纽约的42街，一个行乞的中年白人男子极像总统奥巴马。他面前放着一张写有行乞辞的硬纸板：我需要1美元改变形象，参加总统竞选！不知道他是不是真的想去参加下届总统竞选，但有一点是肯定的，他的乐观精神毫无疑问地感动了路人心甘情愿地给他1美元。在洛杉矶曾有一位衣着洁净的中年男子行乞，行乞辞是：我需要钱给将过生日的×××送个好礼物！笔者无法确认这位 ××× 好莱坞著名影星的生日与眼前这乞丐有什么联系，但他的幽默个性不由得引发路人发笑，让路人忍不住掏出 1 美元。一些乞丐干脆在行乞"广告"上坦诚相告："干吗要骗？我要啤酒。"（Why lie？ I want beer.）有的则"含蓄"地表示："需要现金，进行酒精研究。"（Need cash for alcohol research.）所以，乞丐上街不是为"行乞致富"。有些街口永远是那么几个"老面孔"，天天像上班似的。行乞是他们的工作，每天有点收入，但似乎不可能"致富"。

### 6. 随便地派发食物给乞丐可能会遭法律处罚

有一个案例，慈善活动家阿尔伯特夫妇曾因救助乞丐而被捕，它反映了美国文化与贫困文化的一种内涵。2014 年 10 月，美国劳德代尔堡市通过了一项新条例，对慈善组织能在哪里和怎样向流浪者派发食物给出新规定，其中包括在同一条街道或相距 500 英尺之内不能有两家同时派发食物的室内设施。室外派发食品要获得所在地产拥有者的许可，还必须安置活动卫生间，离私人住宅的距离要远于 500 英尺等。劳德代尔堡市政府表示，这个新规定并不是为了阻止人们对穷人的帮助，而是"为了保证合法、干净、安全地向无家可归者派发食物，同时不影响其他居民的正常生活"。据《全美无家可归者协会》统计，劳德代尔堡市是 2012 年以来美国第十三个做类似限制的城市。

有着长期挑战佛罗里达和劳德代尔堡市法律历史的慈善活动家阿尔伯特先生对这项新颁布的规定很反感，决定设计活动，挑战这项法律。于是他在没有许可，也没有设置活动卫生间情况下，在公共海滩上摆起摊点，计划向一万名流浪者派发食物。阿尔伯特公开表示，"我知道我会被捕，这样我便可以将案子推到法庭来挑战这项法律"。他果然如愿，警方指控他"在公众场合里布施食物"（giving out food in public），同时被捕的还有两名牧师，若定罪他会面临 500 美元罚款、60 天监狱。阿尔伯特先生曾于 1999 年因挑战当时类似的法律而上过法庭并最后获胜，这次他是通过非营利慈善组织"Love Thy Neighbor，Inc"派发食物的，这是他为纪念 23 年前去世的妻子而建立的慈善机构，他的妻子生前曾多次尽全力帮助过无家可归者。对这个实例，笔者认为，阿尔伯特夫妇的救助过程、当局的处置细节如何并不重要，重要的是这个案例所反映出的美国文化与贫困文化问题值得回味。

其一，选择街头而不进庇护所，这是一种美国贫困文化：一部分人为什么要流浪街头，而不进有吃有住的庇护所？一是吸毒、酗酒或心理问题所致。因为美国无家可归者中 80% 以上有吸毒、酗酒或心理问题，而庇护所多数不是只简单地提供吃住，而是要帮助这些人从根本上戒毒、戒酒，以便重新回归正常社会生活，有些流浪者不愿接受这种帮助。二是缺乏文化基础和就业劳动能力。美国无家可归者中所受教育程度有限，高中毕业只占 37%（美国高中是义务教育），平均文化程度只相当于小学五年级水平，有工作经验的只有 40%，且其中只有五分之一的人曾工作过一年以上，要让这样的群体离开街道回到屋檐下，不经过必要的教育和技能培训他们是不可能自食其力的。有些人不愿意吃苦，宁愿沿街流浪。三是难以理解的理由，不少流浪者是因为喜欢游荡街头的自由。一个典型的例子发生在 1999 年，当时的纽约市长朱利安尼发动了清理街头流浪者运动，本着改善纽约市生活质量的立场，纽约市要求流浪者离开公共场所，到收容所居住，但这个计划遭到了人权人士甚至不少流浪者的严厉批评。慈善活动家阿尔伯特先生认为，这些新规定给组织和个人帮助流浪者带来了巨大困难，他需要挑战这些法律，于是他不惜以身试法，创造为此走进法庭的机会。这个案例所反映的重要文化信息是：美国是一个自由开放的社会，自由开放的社会意味着在美国没有什么问题是能被压制、掩盖而不能公开讨论的；这个案例还同时反映了另一个重要的美国文化信息：美国同时是一个依法办事的社会，警察逮捕阿尔伯特依靠的是法律，而阿尔伯特挑战现行法律进入法庭依靠的也是法律。在这里没有什么事情可以因为初衷良好，或者人情世故就可以凌驾法律之上。就像本案的例子或将再次证明，在法律被挑战推翻之前，谁也不能成为法律的例外，九旬老汉不行，牧师也不行。

其二，对怎样救助无家可归者的不同文化。实际上美国有很多人赞同类似劳德代尔堡市的法律限制，认为阿尔伯特这种直接派发食物的方式会鼓励流浪者，因为这些人屡有卷入犯罪并造成卫生问题，他们需要的是比食品更多的帮助。更重要的是，在美国，无家可归者并不是无处可去，美国有很多提供吃住的庇护所能够且愿意收留他们。美国的庇护所各种各样，有的相对长期，如专为租不起房子单身工作男子设立的工作者宿舍和为带孩子的家长设置的流浪家庭庇护所等；有的只提供临时庇护，如寒冷冬天里的避寒过夜和遭受家庭虐待的临时保护等。庇护所也有大有小，小的每人只有一张床位和一个储物箱，大的可以是二、三居室。有的庇护所由政府资助，如美国住房和城市发展部在全美就资助了 7500 多家的庇护所,也有的庇护所是私人或教会开办的。但不管是谁办的,美国所有的庇护所都是非营利性质的,据美国住房和城市发展部 2013 年度的评估报告,目前美国共有 61 万的流浪者,其中 65% 住在庇护所里,剩下的 35% 的人露宿街头。

其三,观点完全相左的贫困文化。美国 21 个城市拟立法禁止民众接济流浪者,人权保障则认为一些州的立法是侵犯了人权。据全美流浪者和贫民法律中心(National Law Center on Homelessness & Poverty)统计,美国无家可归的人越来越多,越来越多州立法禁止路边乞讨、游荡或是睡在街头等流浪者求生不得不为的行为。据台湾"联合新闻网"2014 年 10 月 22 日报道,以加州和佛罗里达州为代表的美国 21 个城市陆续有禁止接济流浪者的相关立法出现。这种现象引起一些人权组织的强烈反对。美国关注"街友"权益的"全国流浪者联盟"(National Coalition for the Homeless)近日公布的一项报告,批评美国各州政府不应因"提供支援会让街友不愿离开街头、导致流浪人数越来越多"的错误认知而罔顾人权保障。投入倡议流浪者权益保障的博登(Paul Boden)批评说:"到底是什么样的国家会处罚雪中送炭的人?"关注流浪者权益的组织(Western Regional Advocacy Project)正在进行政治游说,希望各州政府可以撤销对社会福利机构设下重重阻碍的法案。据报道,因为近年美国经济萧条,许多州政府减少了相关社会福利团体的补助。有些州甚至还要求一些志愿流浪者的组织必须先和政府申请通过后,才能在街头发放食物;有的则是立下更严苛的食品安全规范,目的是不让相关组织协助街友饱餐一顿。而"美国全国流浪者联盟"的报告直指政府的错误思维,称"政府认为流浪者因为得到食物援助而继续留在街头,但事实是,没有地方住、缺少工作机会,甚至是疾病缠身,让他们无力自给自足"。全国流浪者联盟呼吁联邦政府或州政府将流浪者列为反歧视法规的保障对象。总之,仅仅街头施舍,就导演出这么一大堆丰富多彩的文化节目,不能不说是美国的又一特色。

### 7. 行乞者中一般没有老人、残疾人,也绝对没有儿童

观察美国的行乞者中,基本没有老人,也没有残疾人,包括伪装残疾和被人特意致残的残疾人。这与美国的具体国情和文化直接有关。美国对老人和残疾人有特别的法律、法规予以照顾。对有正当身份的老年人政府会给予养老金、居住公寓等福利,看病会有医疗保障等。在保护儿童方面更是具有独到之处。

美国绝对没有儿童乞丐。因为，儿童在美国备受重视。第一，任何贫困的家庭，只要有孩子，政府一定会帮助提供住房和食品。第二，美国对孩子是特别精心保护的。比如，凡是 12 周岁以下的孩子，必须有大人陪伴，不可被单独留在家里，也不可被单独留在车里或者其他地方。若父母触犯这条法规，可能会被关进监狱，失去监护权。孩子也会被政府领走。所以，只要是孩子，哪怕是非法移民，政府都会保护，保证有住、有吃，5 岁以上有书读。所以，在任何情况下，只要发现孩子没有大人陪伴，或者有反常现象，马上就会有爱管闲事的美国人报警，警察就会火速赶到将孩子带走。

当年美国饱受争议的 AFDC 法案的最初立法初衷，其实就是从保护儿童的方面提出的，只不过后来 AFDC 法案被畸形滥用了，变成了一部分人的福利依赖。而且上一辈福利依赖、下一代又福利依赖，出现了接班福利母亲的福利女儿，演变成为一部分人的一种生活方式。正是如此，克林顿任总统期间不得已对饱受争议的 AFDC 法案进行了改革。从这个角度看，对成人行乞，美国没有法律明文禁止，重大节日、运动会、博览会期间，也不禁止是有缘由的。有些城市试图限制行乞、改善城市形象，但涉嫌侵犯人的自由，始终未能实施。美国的乞丐也很"识相"，很自觉，行乞区域限于马路，不会跑到其他场所，比如进入饭店、商店。

## （五）美国政府解决穷人居住中的文化问题

美国政府解决穷人问题注重了两大思路，一是吃饭，二是居住。在经济发达的美国，吃饱饭已经不成问题，美国的食物非常便宜，对于有劳动能力而又肯付出劳动的人而言，只要愿意干活，一天的最低工钱是 60 多美元，够吃一个星期。对穷人而言，美国还有社会福利性质的食品券制度。美国各城市都有许多"食品库"（Food bank），让穷人去领取免费的面包、奶粉、蔬菜、火腿肉、花生酱、果酱、饮料、水果等。对于无家可归的流浪者而言，还有庇护所（shelter）福利项目，为流浪者提供住处和食品。在美国身有其屋，居住问题则最为关键。在美国的流浪者中，只有 10% 至 20% 属于长期流浪者，其他大部分人都是短期流浪者。因为他们听说大城市机会多，便涌向大城市，却没有想到那里的房价同样很高，即使他们不停工作，也无法负担住房开支。政府所要做的首要事情，是为短期流浪者提供可负担的固定住处，让他们可以在大城市里生存下去。在居住方面，美国政府认为，乞讨流浪的一个重要原因是没有住房，或者没有钱租房。美国政府曾经在 300 个城市实行旨在帮助流浪者的"十年计划"。该计划是当年布什总统提出的，在 2008 年的联邦预算中，专门预留了 44 亿美元用于帮助流浪者。与以往不同的是，这笔钱的重点将放在为流浪者提供可负担的长期住所上，而不是建立一些临时性的收容所。在这个计划的资助下，2007 年，美国已经为流浪者建造了四万多个住房，大部分是一个卧室的公寓房，里面有基本的电器，包括洗衣机、烤箱、洗碗机等等。除了美国政府，美国还有许多非政府组织和个人为帮助流浪者而奔走。他们当中，包括"全国流浪者联盟"这样的民间组织，有专门针对流浪儿童的慈善组织，还有一些为流浪者提供无偿服务的律师。相当多的美国穷人没有自己的房产，甚至有人无家可归。为此，美国政府花巨资为这部分人提供廉租房。低收入者均可提出申请，一旦获准，不仅房租大大低于市价，而且只需缴纳不超过家庭收入 30% 的租金，差额部分可凭住房券向政府兑取现金。在纽约的黄金地段有一座叫"孔子大楼"的公寓，就是当地政府为低收入的华人提供的廉租房。有些穷人觉得租住在公寓楼不舒服，如果想自己买房子，也可以享受政府提供的各种购房优惠，比如可申请抵押信贷证书，10 年内享受个人所得税的抵免。当年，前总统布什签署过补助无房户买房的法案，凡有能力支付月供款但无力支付首付款的美国家庭，均可申请低收入家庭特别资助，政府将为他们交首付款和办理房屋过户手续的有关费用。廉租房的申请往往需要一个过程，"排队"是免不了的，不可能"立等可住"。在美国，老年公寓无论收费高低，一般分为三种：第一种是自住型的公寓，专为生活能自理的老人设计。公寓不会提供与日常生活、医疗相关的服务，只提供优美舒适的居住环境。公寓有餐厅、洗衣房、公共交通等设施，还有丰富的娱乐设施，如游泳池、健身房、图书馆、俱乐部等。大部分公寓会经常组织集体活动。第二种是协助性公寓，这是目前比较流行的一种，主要为日常生活需要帮助但不需要专业医疗护理的老人设计，提供与日常生活有关的各种服务，如穿衣、洗澡、吃饭、喂药和洗衣等。第三种是持续护理型公寓，这类公寓不仅提供日常生活服务，还提供健康服务，包括护士服务、康复护理、健康监督服务等。

### 案例：芝加哥"橡树"老年公寓

　　属于美国福利性老年公寓，它的位置很好，位于芝加哥的中心地带——芝加哥南公园台地大街 820 号，"橡树"老年公寓向东走不到 1000 米就是密歇根湖，紧邻公交车站，出行很方便。公寓的收费很合理，租金为租房者月收入的30%，需要另外缴纳管理费。公寓的设施很齐全，有大小两种套间：一室一厅和两室一厅。公寓内有恒温空调、洗衣房、活动室、健身房，房门内设有电子监控摄像头，还有停车场和公园。芝加哥"橡树"老年公寓主要针对低收入老年人。在芝加哥，家庭月收入低于 1200 美元或银行存款低于 2000 美元、年龄在62 岁以上的老年人可以申请。如果申请人毫无收入来源和存款，也不用担心交不出房租的事儿。相反，房租由政府补贴，申请人还能收到每年 240 美元的电费补贴、免费公交卡、免费医疗保险和免费食品供应。当然，美国各州政策不太一样，但福利项目都大同小异。××，美国公民，也是低收入者，入住老年公寓前，每月从政府那儿领取 800 多美元的社会保障金。入住后，她不再领取补助金，但房租由政府补贴，每月还能拿到 160 多美元的零用钱。她算了一笔账，入住前，每月收入 800 美元，房租 3600 美元；入住后，不但无须支付一分钱，还能拿到零用钱。

**案例：运营成本由政府全包、房租不准提、地租要减免**

在芝加哥，类似"橡树"公寓这样的老年公寓共有 100 多家，平均一个套间的运行成本为 1200 美元，全部费用由政府补贴。老年公寓一般都由政府专门拨款、设计和建造，专供低收入老年人使用，有时也会交给承包商运营。为了保证退休老人能够住进自己经济能力所能承受的低价公寓，美国政府规定公寓不得对老人提高房租，在土地税等方面都给予减免。美国老人很喜欢申请老年公寓，因为那里能够给他们提供独立的生活空间，既保有了温馨的家庭氛围，又能更加便利地获得较好的社会服务。很多美国人在退休后会选择将自己的房子卖掉，住进老年公寓，用卖房的钱支付房租。申请人在申请时可以依次选择N 家老年公寓，结果下来后，申请人有权放弃 3 次，然后重新排队。有些老年公寓会对本社区居民优先，有些会对高龄居民优先。

**案例：纽约曼哈顿中央公园旁的老年公寓**

远离纽约的鲍德温橡木老年公寓。房子不大，一卧一厅一厕一厨，加起来60 平方米，房租市价 1000 美元，现在的老年公寓只要 82 美元。冬天天气冷，楼内很暖，不用出门就可以在楼道散步。春夏公园里花开、草绿，可以在户外散步、聊天、晒太阳。衣服脏了就去洗衣房洗，用一次洗衣机和烘干机 1.25 美元。公寓还有很宽敞的活动室，每年的圣诞晚会和节日聚餐都在这里举行。如果有老人得到了新的电视剧 DVD，还会在这里"公映"给大家看。每层大楼的转角处都有个休息区，里面有不少书，算是小型的公共空间。公寓里还有另外一个活动室，老人们时常会在里面唱唱卡拉 OK、打台球、喝咖啡、排练节目。对面还有个幼儿园，天气好的时候和小朋友们一起玩，是绝妙的"老少配"。

第六篇

中国社会保障覆盖的推进与贫困文化问题

中国正处于现代化建设的重要历史阶段。在全力推进
经济发展与社会进步的历史进程中，中国政府以加快社会
保障建设作为防范社会性贫困的主要手段，以此防范社会
性贫困的发生、缩减贫富差距，提高全国人民的福祉。在
社会保障建设方面，主要工作是研制设计社会保障制度的
立法、有效管理办法，推进社会保障的法制建设和制度覆
盖，尽最大努力使贫困人口脱离贫困。在我国，推进社会
保障覆盖，减少贫困人口的伟大实践过程中，也有一个
"贫困文化"的问题。下一步，认知贫困文化问题，有重要
意义。

在全面建成小康社会的过程中，中国政府的反贫困宏大计划正在推进实施之中，思考和关注其中的贫困文化问题同样具有非常特殊的意义。中华民族历史悠久，其文化思想不仅源远流长，而且传统文化博大精深；但不得不承认在几千年的中国文化中，精华、糟粕同时并存。总体而言，历朝历代的统治者普遍坚持的"重农抑商""闭关锁国"的国策，致使中国人民长期处于贫穷落后的地位，特别是近代的中国，遭受了帝国主义列强的欺压与掠夺，更加落后与贫困，直至1949年中华人民共和国的成立，才真正开始走上繁荣富裕、自立自强的道路。贫困问题首先是经济学家和社会政策制定者关注的焦点问题之一，对于发展中国家的大国中国而言，尤其如此。经历了改革开放和市场经济的发展，全面的适应全民的社会保障制度正在推进之中。依据"十三五"时期经济社会发展的目标和基本理念，我国人民的生活水平和质量将普遍提高。中国反贫困的宏大计划也在推进之中，认真关注反贫困过程中的贫困文化问题，发挥积极的正能量的机制作用，将使我们的反贫困大业获得事半功倍的发展。

## 一、中国政府防范、消除社会性贫困的决心巨大，举措果断

半个多世纪以来，在大力促进经济增长的同时，防范和缓解、消除社会性贫困一直是中国政府最关心的问题之一。在中国加速反贫困的历史进程中，同样需要关注贫困文化的博弈现象，以期获得更多的积极因素与正能量。在加速经济建设的过程中，中国政府正在通过大规模的社会保障制度建设举措，防范和力所能及地缓解社会性贫困现象，以此实现保障民生、促进经济社会发展、实现社会公平与正义的目的。2015年10月16日，世界减贫与发展高层论坛在北京人民大会堂举行。中国国家主席习近平出席论坛并发表题为"携手消除贫困 促进共同发展"的主旨演讲。习近平强调，消除贫困是人类的共同使命。改革开放30多年来，中国走出了一条中国特色减贫道路。习近平指出，中国一直是世界减贫事业的积极倡导者和有力推动者。改革开放30多年来，中国人民积极探索、顽强奋斗，走出了一条坚持改革开放、坚持政府主导、坚持开发式扶贫方针、坚持动员全社会参与、坚持普惠政策和特惠政策相结合的中国特色减贫道路。经过中国政府、社会各界、贫困地区广大干部群众的共同努力，以

第六篇　中国社会保障覆盖的推进与贫困文化问题

及国际社会的积极帮助，中国 6 亿多的人口摆脱贫困。习近平强调，当前，中国人民正在为实现全面建成小康社会目标、实现中华民族伟大复兴的中国梦而努力。全面小康是全体中国人民的小康，不能出现有人掉队的情况。未来 5 年，我们将使中国现有标准下 7000 多万贫困人口全部脱贫。这是中国落实 2015 年后发展议程的重要一步。习近平最后强调，消除贫困依然是当今世界面临的最大全球性挑战，未来 15 年对中国和其他发展中国家都是发展的关键时期。对此习近平提出倡议，着力加快全球减贫进程，促进减贫事业的发展，着力实现多元自主可持续发展，着力改善国际发展环境，为共建一个没有贫困、共同发展的人类命运共同体而不懈奋斗。（新华社，中央政府门户网站 www.gov.cn，2015-10-16）目前，中国反贫困的战略计划正在推进和实施之中。在目前中国推进反贫困战略之际，加强有关贫困文化问题的认识和讨论，同样具有积极的现实意义。在中国，贫困文化问题仅仅在有限的范围内进入人们的视线，人们对此的关注、认识和讨论尚属初步的和浅层次的。希望本文能使人们对中国反贫困过程中的贫困文化的碰撞、博弈现象有更多的关注。

## 二、中国政府全面推进社会保障制度建设

### （一）以社会保障的形式解决主要社会成员的贫困风险

有效地推进社会保障建设，在全社会以社会保障的方式缓解和消除社会性贫困，防范和消除劳动者和社会成员因为失业、老年、伤残、疾病、生育等情况下发生大规模的社会性贫困现象。1. 改革开放以来，中国社会保险制度已经从原有的国企劳动者、机关事业人员向更多的非公有制用人单位扩展，向全体社会成员扩展。20 世纪末，社会保险进一步向农村和城镇居民群体扩展。2. 对无劳动能力且达不到一定生活水平的城镇、农村社会成员，通过实施最低生活保障制度，即用贫困线保障的方法保障其基本生存需求。3. 社会保障制度的覆盖范围有了快速发展。

### （二）社会保障覆盖迅速扩大

1. 至 2021 年 3 月末，全国基本养老保险、失业保险、工伤保险参保的人数分别为 10.07 亿人、2.18 亿人、2.67 亿人。社保持卡人数为 13.40 亿人。2021 年 3 月底基金累计结余 6.40 万亿元。（数据来源：人力资源和社会保障部新闻发布会公报）

**2. 医疗保障、生育保障**

2020 年 1—8 月末，全国参加基本医疗保险的人数是 134,929.17 万人，基本医疗保险（含生育保险）基金支出为 12,591.83 亿元。全国参加职工基本医疗保险的人数是 33,528.58 万人，基本医疗保险（含生育保险）基金支出为 8,033.31 亿元；全国城乡居民参加基本医疗保险的人数是 101,400.59 万人，支出基金为 4,918.52 亿元。

2020 年 1—8 月末，全国参加生育保险的人数是 22,821.69 万人，支出基金 567.98 亿元。

（医疗保障、生育保障数据取自国家医疗保障局网站）

3. "十三五"期间，中国建成世界规模最大的基本医疗保障网，医保扶贫政策累计惠及贫困人口就医 4.842 亿人次。（数据来自 2020 年 11 月 29 日新闻联播）

### （三）推进济困扶贫

2020 年 8 月中国民政救助数据显示：

1. 城镇社会救济户数为 498.90 万户，社会救济人数为 823.7 万人。

2. 农村社会救济户数为 1,971.7 万户，社会救济人数为 3,603.7 万人。

3. 农村最低生活保障平均标准（元 / 人 / 年）：5,335.50 元。（2019 年 4 月数据）

4. 全国各省、自治区、直辖市的最低生活保障指标不平衡，高低差距较大。

以农村低保为例，每人每年一万元以上的省、自治区、直辖市有 3 个（北京、上海、天津），北京最高，年最低生活保障额为 13,200 元。5000 元以下的是多数，5000 元以下的省、区、市共计 17 个。最低的是宁夏回族自治区，4040 元 / 人 / 年。指标情况详见下表：

中国分省低保标准（2019 年 4 季度数据）

| 地区 | 城市低保标准（元／人·月） | 农村低保标准（元／人·年） |
|---|---|---|
| 北京市 | 1,100.0 | 13,200.0 |
| 天津市 | 980.0 | 11,760.0 |
| 河北省 | 663.4 | 4,907.1 |
| 山西省 | 550.5 | 4,758.9 |
| 内蒙古自治区 | 689.0 | 5,841.5 |
| 辽宁省 | 635.8 | 5,081.6 |
| 吉林省 | 525.3 | 4,065.0 |
| 黑龙江省 | 584.0 | 4,124.2 |
| 上海市 | 1,160.0 | 13,920.0 |
| 江苏省 | 718.3 | 8,457.5 |
| 浙江省 | 811.5 | 9,740.4 |
| 安徽省 | 597.1 | 6,860.4 |
| 福建省 | 615.2 | 7,320.7 |
| 江西省 | 635.5 | 4,638.5 |
| 山东省 | 576.6 | 5,092.4 |
| 河南省 | 539.1 | 4,089.4 |
| 湖北省 | 636.3 | 5,692.6 |
| 湖南省 | 516.9 | 4,505.2 |
| 广东省 | 806.6 | 7,625.2 |
| 广西壮族自治区 | 665.8 | 4,473.1 |
| 海南省 | 562.8 | 5,236.8 |
| 重庆市 | 580.0 | 5,336.9 |
| 四川省 | 552.0 | 4,476.5 |
| 贵州省 | 613.4 | 4,410.5 |
| 云南省 | 619.8 | 4,353.7 |
| 西藏自治区 | 834.1 | 4,333.2 |
| 陕西省 | 607.8 | 4,665.3 |
| 甘肃省 | 530.2 | 4,167.7 |
| 青海省 | 575.4 | 4,119.7 |
| 宁夏回族自治区 | 574.6 | 4,040.0 |
| 新疆维吾尔自治区 | 467.2 | 4,250.7 |

（资料来源：中华人民共和国民政部统计公告）

## 三、中国反贫困战略需要关注贫困文化的博弈问题

由于现实中贫困文化的存在，中国在反贫困战略中亦需要加强对贫困文化博弈问题的关注，以期实现反贫困战略更加良性的运行，以及获得更积极的社会效果。

### （一）中国社会保障运行中的贫困文化博弈现象

社会保障设计、运行、管理之中有大量的权利与义务、激励与负激励的文化博弈现象。中国社会保障的权利与义务、激励与负激励的文化博弈现象也同样地客观存在，只是由于多种主观与客观的原因，人们对此尚缺乏更多的认知和思考。这种博弈现象在社会保险领域、社会福利领域都是存在的。权利与义务、激励与负激励的文化博弈现象突出地表现在社会保险、社会福利的多个领域：在法律角度显现的问题，在道德范畴显现的问题，在人性弱点的宽容与不良后果方面显现的问题等。总体而言，现实生活证明，贫困文化的博弈与纠结中更多展现的是反贫困中人性、慈善怜悯之心的初衷与道德风险后果的担忧所产生的心态博弈。尤其是在福利、救助活动中的人性、慈善怜悯之心与道德风险后果担忧的心态冲突，这是贫困文化表现最突出的领域。如前文所展示的：其一，这一领域的心态博弈现象具有历史性，由来已久，长久的和不断发生。其二，难于界定，介乎于道德范畴、心理约束与社会准则、法律调控之间。事实证明其所表现的人性慈善怜悯之心的初衷，与道德风险后果担忧的心态博弈，是一种很特殊的社会风险，即对道德价值观的审视与判断；也会表现在对制度运行的社会后果方面的正向、负向作用的判断与担忧；直接的后果表现在积极的或消极的对社会后果的推动。笔者希望通过对深一层次贫困文化的认识和关注，推动社会大众对贫困文化的认识，使社会在推进社会保障，防范和消除贫困的实践中获得更多正向的、积极的正能量。

### （二）防范贫困的负能量、负激励问题

时至今日，国际社会防范和消除贫困的实践已经证明了——文化，特别是贫困文化与反贫困效率、反贫困效果有着直接的、重要的制约关系和相互影响作用。必须看到，制度性地消除贫困的过程中，其观念习俗、伦理道德，以至

于思维方式等文化因素的作用是巨大的。文化，特别是贫困文化，对社会保障的顺利发展和制度性作用的发挥，有着不可估量的巨大作用：是正能量还是负能量；是激励还是负激励，必须引起应有的重视。

从现代社会学、心理学等许多边缘科学角度考察反贫困的实践证实，人们的社会心理、价值观念或思想等文化因素的作用，在消除贫困的实践中可以有着积极或消极的作用。正因如此，中国的反贫困战略的推进，也同样面临着一个很现实的贫困文化博弈与纠结的问题。这一博弈与纠结可以从两个方向体现：一是作为个体的贫困对象所体现的贫困文化的现象，即如美国人刘易斯所展示的狭义的贫困文化的理论（详见后续分析）；二是广义的贫困文化理论所展示的现象与问题，意即作为一种反贫困的制度，其制度设计中的机制与内涵应该考虑到如何应对"有劳动能力的穷人"这一群体的文化反响，力所能及地减少和防范由于制度的缺陷、制度设计的不足而产生消极的负能量的作用。实际上，文化，特别是贫困文化和消除贫困与发展之间，有着切实的、内在的与本质的联系。从某种角度讲，贫困现象是物质的贫困，同样可以说是文化的贫困、思维的贫困。毫无疑问，在文化与发展之间存在着一种对应性关系。以这些观点看待中国的反贫困战略就可以更加清楚地看到一些本质性的问题。

**1. 从贫困个体的角度看**

中国民间的社会性贫困中，同样存在着美国学者刘易斯所分析展现的个体贫困文化现象。这种个体贫困文化现象对国家政府的反贫困行动而言，毫无疑问也会形成习惯性的负能量与阻力。大量、现实的贫困文化负能量案例应该说比比皆是，按照刘易斯的分析方法观测，贫困文化实际上是对贫困的一种适应。反过来该贫困文化又将以负能量的形态出现，并制约着反贫困战略的有效实施。刘易斯的理论显示，对于一个生活贫困之人而言，他首先不得不面对自己的实际状况，适应自己的现实环境以求得生存；对于长期生活于现实贫困状态的人而言，他必须面对贫困的事实，并以这样一个事实为基础，来建构他的生活方式、思维理念和价值体系。即所谓的一定的经济基础决定一定形态的文化。而这说明的道理是——如果穷人的愿望与目标超出他们现实生活的范围，只能得到失望和无奈。贫困地区的案例一再显示了这个道理。在极其贫困的家庭里长大的孩子不会具有更多的获得与占有的欲望。他们的愿望往往超不出常见之需的范围，更不可能表现出某种超越所见之需的愿望。达不到的希望就是奢望，若这种状态变为一种习惯，人就会习以为常，缺乏远见，甚至于消极无为、听天由命。刘易斯提出的贫困文化所展示的正是这样一种场景。阿比吉特·班纳吉和埃斯特·迪弗洛也说，"贫穷不仅仅意味着缺钱，它会使人丧失挖掘自身潜力的能力"。〔〔印〕阿比吉特·班纳吉（Abhijit V.Banerjee）、〔法〕埃斯特·迪弗洛（Esther Duflo）：《贫穷的本质：我们为什么摆脱不了贫穷》，景芳译，中信出版社，2018年，第7页〕

在中国，在这种贫困文化之下产生的一些所谓"种田为吃饱，养猪为过年，养牛为犁田，喂鸡喂鸭换油盐"的目光短视的生活方式，和"手捧玉米糊，脚蹬暖火炉，皇帝老子也不如"的安贫乐道心态，在一些贫困地区成为一种习俗；政府的救助对一些贫困地区的农民来说，不仅使他们没有了改变命运的动力，反而更使其安贫乐道。例如一些地区的民谣所曰："春等救济粮，夏日炎炎不出房，秋等冬令装，冬日揣手晒太阳"就不足为奇了。因为贫困地区的农民目标本来就不高，其理想生活也不过是历年流传于民间的所谓"三十亩地一头牛，老婆孩子热炕头"的描述。由此可见，充分地考虑到贫困文化的习惯势力与作用是很有必要的，是增加反贫困计划实践中的正能量的重要内容。

### 2. 从贫困群体的角度看

其一，部分"贫困地区""贫困县"曾经有不愿摘"贫困帽子"的现象说明了什么？中国的反贫困实践已经有很长时间了，但是一些贫困地区、贫困县就这样一直"贫困"着，为什么？其实许多人都心知肚明，贫困群众也不反对。因为"好处"的确是看得见的。戴着"国家贫困县"的帽子，一点也不感到难堪，甚至于假若哪个地方官员想"脱贫"摘帽子，还会担心引发民怨。现实情况显现，有的地方官员介绍他们"国家级贫困县"的头衔时，不但没沉重感，反而自得、理所当然。道理简单："国家级贫困县"也有自己的意外收获的，可免除税收，财政收入可自己支配，还能获得各种补贴……这不是一种显现负激励现象的贫困文化吗？难道不该尽快改变吗？

其二，从反贫困的制度机制和整体人群角度看。

在整个中国的反贫困战略中，如何解决"有劳动能力的穷人"问题也有一个贫困文化的博弈问题。这是一个复杂的制度、政策设计和当事人心理反应、心态博弈的过程，是潜移默化的。这样的贫困文化不仅与社会大众有关，也与社会上层建筑的管理者有关。

借鉴英格兰民族几个世纪反贫困的历史经验，从公元 1495 年英格兰都铎王朝开始的济贫立法为开端，都是以解决"有劳动能力的穷人"的实践为重点，每一次的重大改革、制度调整，都和"有劳动能力的穷人"怎么办有关，并反复地在尝试着其解决办法。其中最为深刻的社会探索莫过于对不积极努力的"有劳动能力的穷人"进行惩罚的举措，由此所形成的"惩贫"文化思想反反复复地出现。1834 年的新济贫法加强了"惩贫"文化思想，进一步凝结为"劣等处置原则"，而负责起草新济贫法的执笔人——查德威克明确地声称，就是要追求穷人望而生畏的效果。虽然，这些"惩贫"文化思想有其历史落后的一面，但其反复验证的历史经验又不得不告诫人们一个深刻的道理——解决"有劳动能力的穷人"救助问题的重要机制的核心——防范负激励也是一个不能忽视的问题。应该说，这个问题在今天仍然具有十分现实的意义，对中国改天换地的伟大反贫困斗争实践同样具有十分现实的指导意义。

### 3. 社会保障水平的确定也是关键问题之一

社会保障水平的确定不仅涉及对一个国家社会经济能力的考量，也会涉及激励与负激励的合理性，特别是其中所涉及的对人性心理的考量——慈善、怜悯之心与合理的防范负激励的决策的考量。在社会保险方面，用个人履行相关的义务、缴纳法定的费用、满足参与年限等条件的方式，对个人责任、用人单位责任、国家责任的范围进行了必要的、法律的界定。总体上说，各方，特别是个人方面的责任范围的界定是清晰的，其边界是明显的。但在养老金水平的确定与在职劳动者劳动报酬水平的增长关系方面，必须进行综合的考量；在养老金增长速度与在职劳动者劳动报酬的增长速度方面，也有一个合理关系的考量。在社会保险领域，为解决企业退休人员养老金低的问题，自 2005 年以来，中国已经连续 15 年给退休人员增加养老金。而从整体上调整养老金的同时，还要解决好在职人员的劳动报酬的增长水平问题，防止出现负激励现象。当然，在市场经济条件下，研究确定好全局的综合平衡也是一个重要的和必要的方面。

### 4. 福利救助机制设计初衷与被动性依赖心理的现实

应当说，在福利救助方面所表现的贫困文化"陷阱"较社会保险领域发生的情况还会有另外的特色。从一定意义上说，在福利救助的机制设计上，人们的初衷所表现出的慈善、怜悯之心是对处于一定困难处境下的人员给予无条件的生存、生活保障援助的举措，但长久的实践证明：这种做法实际上是对一定范围内的人群——主要是无法依靠自身能力维持自身体面生活的人员的保障。但这一做法的实质是——通过制度政策的机制，将个人的责任无保留地转变为社会责任，而这一做法在解决了大规模的社会失败人群出路的同时，不可避免地留下一些深层次的社会隐患与负面的效果。其最突出的表现就是消极性与负激励导向。如前所说，在社会救助领域为保留继续从国家大锅饭中要钱的"资格"，一些贫困地区很不情愿地摘下"贫困的帽子"，致使一些地区年复一年的"贫困"，就是最明显的消极性与负激励的现象的证明。凡此种种，对这些问题从文化的、贫困文化的角度加深认识，开展必要的、全局性的研究，有着很重大的意义。

### 5. 从权利义务关系的角度对中国医疗保险制度再思考

总体而言，中国的医疗保险制度在发展，其服务范围和医疗水平方面都在不断提高。谈到医疗保险制度的问题，大多是在谈论制度覆盖不足，报销比例低等问题，但还有一个重大的问题是医疗保险管理中的道德风险问题：供给不足与过度消费、搭便车现象并存；同时，被医疗保险覆盖的社会成员有享受国家医疗保障的权利，但是否享受国家医疗保障保护权利的人也有注意维护好自身健康、减少疾病的义务。目前，强调享受权利的文化倾向多，而强调注重维护好自身健康、减少疾病、减少去医院消费医疗服务的义务的文化倾向很少。

第七篇

贫困文化博弈问题——

需要更多的关注

————————— ❧❧❧ —————————

　　看待贫困现象，选择路径和手段，防范和化解社会性贫困，是世界各国无法回避和备受重视的议题。但很多情况下，由于当事人观察问题的角度、立场的不同，也由于观察者、决策者的认识差异，造成其审视问题的观点、倾向，解决问题的方案、方法差异很大。但"防范和化解社会性贫困"问题的意义仍然是重大的，以"防范和化解社会性贫困"为题的多位相关著作者走上了诺贝尔经济学奖项的领奖台就是一个证明。"防范和化解社会性贫困"的重大题目还有许多，诸如：贫困标准的把握度与防止道德风险与负激励问题；选择和确定"有经济风险人员"的筛选手段——选择性？还是普惠性？孰优孰劣？"社会保障方案"？一个并不完全被认可的"防范和化解社会性贫困"的方案；"无条件基本收入"（UBI）是人类文明在防范社会性贫困道路上不断探索的又一种尝试。实验能够将问题解决得更好吗？现代社会的今天，"劣等处置原则"的核心思想还有意义吗？诸如此类的贫困文化博弈问题，需要我们更多的关注。

————————— ❧❧❧ —————————

总观历史，在有文化记载的西方文化史中，贫困观的演变几经反复，最早可以追索到久远的古希腊、古罗马时代。先是古希腊时代的哲人苏格拉底所展示的，以需求和欲望为判定依据的道德化的贫困观。其所展示的是贫穷必然与罪恶相连的"穷即恶"的贫困文化观；在宗教教义占主导地位的中世纪里，贫穷则是光荣的，在"神恩济贫观"的理念下，"以穷为荣"的贫困文化观笼罩大地，贫困应该并可以得到无条件的帮助；而经历了文艺复兴、启蒙运动和宗教改革后，去道德化的贫困文化观又占据了主流社会和主导地位；自此，"以贫为耻"、贫困必然与懒惰、涣散等为伍的习惯思维成为主流的贫困文化观。由此，首先在英国开启并显现了几百年的漫长的"惩贫"文化时代。

"以贫为耻"的贫困文化观，也为新兴资产阶级的兴起与发展准备了必要的文化动力。在全人类与世俗政府不懈努力的过程中，不同的贫困文化观、不同的反贫困的思路与方法开启了贫困文化博弈、碰撞的历史。进入21世纪后，许多反贫困的重大课题仍然尚待解决，贫困文化亦会继续博弈与纠结。诸如，消除贫困与消除不平等的关系，平抑贫富差距的社会性目标的优化方案，公共贫困保护中政府与市场关系的处理，恰当的国家责任与恰当的公民责任的平衡点，实施公共贫困保护举措与防范进取心受到伤害的忧虑……待解的题目、需要讨论与统一的观点仍然还有很多。

## 一、贫困文化博弈的现实意义重大，需要更多的关注

现实社会生活中，关注贫困文化，将贫困文化博弈放在一个十分重要的位置予以讨论和研究是有必要的。这是因为，贫困问题涉及了全球众多的人的利益，反贫困仍然是全人类的重大任务之一。其现实意义在于，贫困文化与当代全球反贫困的事业紧密相连，反贫困实践的推进也无法回避贫困文化的相关制约。

### （一）贫困文化博弈有极其重大的现实意义

贫困问题是涉及全人类的大事儿，不断地进行反贫困的实践则是全球所有国家和地区坚持不懈的艰巨任务，而贫困文化博弈则是反贫困的实践中无法回

避的重要现实。有一个说法说得很透：贫穷的思维，即消极地面对贫困的思想，比贫穷本身状态更为可怕。错误的、不适宜的贫困文化是影响发展经济，改变贫困面貌的关键。

人类社会反贫困努力的重要意义，可以从 2019 年诺贝尔经济学奖项的获奖项目说起。多年来，研究经济发展，消除贫困的成果、著作陆续获得诺贝尔经济学奖项，其本身就说明了消除贫困现象、消灭贫困人口与人类社会的进步和发展紧密相连，备受重视。从 1968 年起，诺贝尔奖项由瑞典皇家科学院每年颁发一次，颁给那些对人类利益做出巨大贡献的人。1969 年（瑞典国家银行成立 300 周年庆典时）第一次颁奖，由挪威人弗里希和荷兰人扬·廷贝亨共同获得。之后获奖的还有美国经济学家保罗·萨缪尔森（于 1970 年获诺贝尔经济学奖，代表作：《经济学》）、米尔顿·弗里德曼（于 1976 年获诺贝尔经济学奖，代表作：《资本主义与自由》）等。

2019 年诺贝尔经济学奖揭晓的结果是，阿比吉特·巴纳吉（Abhijit Banerjee）、埃丝特·迪弗洛（Esther Duflo）和迈克尔·克雷默（Michael Kremer）为获奖者，奖项表彰了他们"在减轻全球贫困方面的实验性做法"和其代表作《贫穷的本质：我们为什么摆脱不了贫穷》的成果。

### （二）贫穷者的思维方式，比贫穷状态本身更可怕

阿比吉特·巴纳吉（Abhijit Banerjee）、埃丝特·迪弗洛（Esther Duflo）对穷人之所以贫穷的原因进行了细致的观察和分析研究，发现穷人在处理许多事物中，习惯思维和有缺陷的思维方式往往异常突出，这也是造成其难以脱离贫困的根本原因。例如，在解决老年照顾方面，穷人也会思考，而穷人的传统老年对策是多生几个孩子，认为生孩子越多，将来赡养自己的概率就越大，从基数上保证获得老年照顾的概率；在短期投入和长期投入方面，穷人往往注重短期见效的事，忽视长期投入的效果，如若要说服穷人把钱花在孩子的教育上特别难，因为教育是个长期投入的事情，短期难见成效，而穷人的孩子往往多，他们并不确定哪个会给自己养老，认为与其把钱压在遥遥无期的未来上，不如花钱买点粮食，改善伙食，这是短期可感知得到的"收获"；在未知事物方面，往往存有许多执拗的偏见。从预防疾病的方面看，穷人花销并不科学，常常会在治疗上花大量的钱，但花小钱的健康预防则总认为迫切性差，没必要。但一

旦健康出了大问题，就是向高利贷借钱也要治疗（笔者注：在中国，此种现象也是大有案例）。又如，许多穷人的习惯认识是，口服的药，比注射进血液中的药效用低，这也是穷人为什么非常喜欢打抗生素的原因，（笔者注：在中国，此种现象又何尝不是呢）……如此等等。应该说，这些贫困者的思维方式，相关的贫困文化不仅说明了穷人为什么贫穷，也说明了其难以脱离贫困的巨大障碍、难点所显现的贫困文化现象。

## 二、贫困文化的心理反应复杂、角度多样，评判不一，甚至大相径庭

纵观历史可见，贫困文化的博弈与纠结是一种发展规律，而且在今后不会终结。这些也恰恰印证了文化、贫困文化的丰富性、复杂性、不确定性和现实性。贫困文化的复杂性、不确定性，仍然可以从对反贫困手段的看法、评价的不同意见、分歧中可见。

### （一）对社会保障模式的极端评价案例

社会保障，一种现代社会几乎公认的被世界多数文化接受了的公共贫困保护模式，其优点是：公共贫困保护制度具备私人慈善完全不具备的优势，依托政府社会政策可以为全社会提供普惠性的贫困保障和其他大规模社会服务；调动各类社会资源，包括财政资源；协调各类组织，保证社会政策的稳定可持续性；有效体现社会公平。其缺陷是：不可避免地存在效率方面的问题，福利依赖、道德风险问题，财政负担加重致使税负过重问题等。

英国的济贫制度多年来有备受指责的"惩贫"思想，有让人望而生畏的"劣等处置原则"。其贫民习艺所等被贫民形容为"巴士底狱"。

然而，在现代的美国，对社会保障、公共贫困保护这一模式公然提出了极端的评价。对《美国社会保障》如何评价，可以阅读一下一个美国人，彼得·D·希夫所著《国家为什么会崩溃》一书所表达的观点。笔者所以用稍多一些笔墨对希夫的观点进行展示，是想通过分析希夫的观点，展现社会保障文化的本意与内涵。当然，社会保障模式不可能是完美无缺的，下面的展示也不乏

为我们从另一个侧面思考了社会保障模式存在的潜在危机。在《国家为什么会崩溃》一书之中，彼得·D·希夫阐述了几个观点：

**1. 认为美国社会保障开支已经成为美国政府的第一负担**

彼得·D·希夫在他的《国家为什么会崩溃》书中所说："美国人逐渐清醒地认识到自己正处于一个债务爆炸时代。外国援助并不是问题，财政拨款也不是美国跌下经济悬崖、坠入债务深海的原因。尽管开支泛滥是造成当前问题的主要原因之一，但国防开支显然还算不上罪魁祸首。社会保障与医疗保险才是造成长期债务危机的首要原因。如果仅考虑联邦政府在教育、社会事务、能源及其他与国防安全无关的领域的拨款总额，那么这个数字在 2010 年即已达到 4910 亿美元，但这还远不及政府在社会保障福利方面的支出——7010 亿美元。如果考虑到 2010 年美国国防安全及非国防安全的全部财政拨款，我们将得到一个令人瞠目结舌的数字——1.31 万亿美元，但这依旧不及政府在社会保障、医疗保险和医疗补助上 1.42 万亿美元的开支。这三者共占据了联邦预算的 41%，这还不是最糟糕的。在 2021 年联邦预算中，社会保障开支预计将增加 81%，医疗补助开支预计将增加 78%。但这些估计显然太乐观了，因为它们所依赖的经济假设本身就过于乐观。即便基于政府自己做出的近乎荒唐的乐观假设，在未来 20 年内，这三项权益每年就将耗资 3 万亿美元，占据联邦预算的半壁江山。"（〔美〕彼得·D·希夫：《国家为什么会崩溃》，刘寅龙译，中信出版社，2013 年，第 161-162 页）

**2. 认为社会保障费用最终还是将分摊在工人身上**

希夫说："对美国大多数工人来说，社会保障绝对不是一笔好买卖。首先，美国国会已多次增税。在 1950 年之前，美国执行的社保税税率始终为 1%，就在这一年，社保税税率上调至 1.5%。在随后的 13 年时间里，此项税率先后上调了 11 次，并在 1973 年达到 5.85%。又经过几次上调之后，社保税在 1990 年达到了 7.65%。这也是社保税当前的税率水平（尽管该税率曾在 2010 年'暂时'下调至 5.65%）。这个数字极具误导性，因为真实的社保税（即按《联邦保险捐助条例》对工资征收的税款）始终高于政府公布的水平。在美国国会通过《联邦保险捐助条例》时，人们认为社保税税率就是 1%。但这个 1% 仅仅是从员工工资中扣除的那部分金额，实际上，雇主还要额外缴纳 1%，大多数年轻的劳动者根本不会意识到，雇主也要和他们一样缴纳相同金额的社保税。也就是说，如果你支付的社保税是 100 美元，雇主就必须为你额外缴纳 100 美元。即便你已经知道它来自'雇主捐赠'，但依旧会认为这只是在花雇主的钱，而不是你的钱。但是，'雇主捐赠'的每一分钱归根到底还是要由员工承担的。我们不妨从经济学角度考虑一下，在某个雇主试图衡量你的劳动与工资相比是否匹配时，他绝对不会考虑你拿到手的薪酬，而只会考虑他雇用你需要负担哪些成本。因此，假如你的每周劳动价值为 1000 美元，那么他每周只会支付给你 929 美元，因为只有按这个数字支付薪酬，再加上他为你缴纳的 71 美元社保税，才能保证你的劳动成本表现为周薪 1000 美元。或许你会认为'这无所谓，我不关心公司要向政府缴纳什么费用，我只知道我一定要拿到多少酬薪'，但是除非你愿意到美国以外或是到黑市工作，否则你永远也无法摆脱这笔负担。每个雇主都要缴纳这项税款，任何行业都要承担成本，它是驱动价格的基本因素。换句话说，'雇主捐赠'几乎全部出自你自己的腰包。"（〔美〕彼得·D·希夫：《国家为什么会崩溃》，刘寅龙译，中信出版社，2013 年，第 166 页）

### 3. 对社会保障不同看法源自社会成员的不同心态、不同竞选观点

不同执政理念对社会保障的评价、看法有所不同是源自许多人，甚至执政领袖、竞选之人的不同观点。如希夫在其《国家为什么会崩溃》中所说："有时候，我们很难与社会保障的支持者争辩，因为他们总能杜撰出新的理由：它可以自给自足，它可以是储蓄，也可以是养老金，还可以是保险……他们总有说不完的理由。社会保障的多面性让其支持者可以随心所欲地搬出它的某个特征赢取这场辩论。但对于社会保障，最精确的描述莫过于把它看作一个'庞氏骗局'。在 2011 年的总统大选中，得克萨斯州州长里克·佩里就曾明确表达过这一观点。但即便是这一点儿最基本的诚实精神，居然让佩里被美国政界贬为没有头脑的白痴，更被那些老谋深算的政治家视为不共戴天的仇敌：讨伐者不仅来自号称自由开明的媒体，还有共和党人米特·罗姆尼。尽管罗姆尼等人对一切诽谤和仇视社会保障的人都嗤之以鼻，但如果你仔细探究一下'庞氏骗局'的本质，你会发现自己很难不赞同佩里的观点。"（〔美〕彼得·D·希夫：《国家为什么会崩溃》，刘寅龙译，中信出版社，2013 年，第 171-174 页）最初，"庞氏骗局"出自一个意大利人的赚钱小伎俩。查尔斯·庞兹是一名意大利移民，尽管游手好闲，但他却想出了一个聪明绝顶的赚钱方法——买卖一种邮资返还票券，邮寄信件时可以将这种邮资返还票券给远在法国学习的弟弟，在信封内

附这种票券，然后，弟弟就可以凭这张票券兑换回信所需的邮费。这些票券的售价通常低于邮费，于是，庞兹就可以通过中介机构大量收购市场价格低于邮费的邮资返还票券（比如法国的邮资票券），然后把这些票券拿到法国出售，从而赚取差价。后来这个技巧演变成为利用时间差进行金融活动的一种模式。

**4. 希夫的判断是"骗局正在土崩瓦解"。**

希夫的判断依据——"是什么让'庞氏骗局'最终东窗事发呢？投资者终会发现他们将一无所有。麦道夫一手搭建的空中楼阁又是何时倒塌的呢？就是在投资者要求兑现之时。庞兹、麦道夫之流策划的骗局迟早会大白于天下，并最终土崩瓦解，而这也是社会保障如今所处的窘境。把社会保障当作一种自给自足、退休生活保障源泉的思想本身就是一个天大的笑话，社保税早已无力负担社保福利金。2011 年，社保福利金预计将达到 7330 亿美元，而同期的社保税总额估计仅为 6370 亿美元。那么美国国会如何看待这个缺口呢？那就是减少社保税，进而扩大缺口。作为 2010 年年底减税计划的一部分，美国国会通过了一项暂时性削减社保税的法案。共和党人当然欢欣鼓舞，因为这毕竟是一次减税。民主党人也摇旗呐喊，因为减税可以造福中低收入阶层（他们中的很多人根本就无须纳税）。这一点发挥了关键作用，它让社会保障与赤字成为永恒的伴侣。从此之后，社会保障便落入入不敷出的陷阱——即便暂时性减税早已寿终正寝，而且这项计划还将继续恶化。随着失业问题持续发酵，缴纳社保税的劳动者越来越少。由于工作越来越难找，工资增长停滞，人们会选择提前退休。"（〔美〕彼得·D·希夫：《国家为什么会崩溃》，刘寅龙译，中信出版社，2013 年，第174-175 页）继而希夫分析：人口因素也促使社会保障濒临破产。"二战"之后，美国迎来了"婴儿潮"，但"婴儿潮"一代却没有这么多的孩子。其结果正像 SSA 所说的那样：2014 年以后，随着社保受益人数量的增长速度持续超过缴费劳动者数量的增速，现金缺口将迅速扩大……1950 年，美国合计有 3500 万劳动者缴纳社保税，而领取社保福利金的退休人员只有 22.2 万人，缴款人与领取人的数量比例约为 159.4：1。到 1975 年，该比例变为 3.2 个在职劳动者供养1 个退休者。目前，随着"婴儿潮"一代退休和就业人数增长率接近于 0，这个比例开始大幅下降。2010 年，受益人的数量（约等于新退休者数量扣除死亡人数）增加了 150 万，而在职劳动者的数量只增加了 70 万。2000—2010 年，社保福利金领取人的数量增加了 18.2%，而社保税缴纳者的数量仅增加了不到 1%。

这种趋势目前还在加速之中。SSA预测，到2031年，1个退休者将只有2.1个在职劳动者供养。这种趋势显然是不可持续的。（〔美〕彼得·D·希夫：《国家为什么会崩溃》，刘寅龙译，中信出版社，2013年，第175页）经过上述详尽的展示我们可以看到，彼得·D·希夫对美国社会保障的运行分析不能说全无道理。但是应当说希夫的结论是过于极端的：希夫认为对于社会保障是否需要拯救的问题，回答是NO，希夫告诫人们：不要指望社会保障，解决方案是让社会保障自生自灭。（〔美〕彼得·D·希夫：《国家为什么会崩溃》，刘寅龙译，中信出版社，2013年，第182页）

**5. 应该说，希夫的结论极端和过于悲观**

希夫认为："换句话说，社会保障就是一个骗局。但是，社会保障与'庞氏骗局'之间的现实差异过于微妙，以至于连布拉豪什大法官都没有发现。在查尔斯·庞兹及伯尼·麦道夫设计的骗局中，受害者的本意是参与他们的投资。而在社会保障中，受害者没有选择。只要你是一个有收入的美国公民，就必须参与社会保障计划。两者之间的真正差异在于：即便你意识到社会保障是一个'庞氏骗局'，你依旧要为之买单。从这个意义上说，庞兹和麦道夫显然诚实厚道得多！但社会保障的支持者，却以此维护他们的观点：任何人都无法摆脱社会保障，因此，它的强大与人们的信心并无关联。按照这样的逻辑，庞兹和麦道夫遇到的唯一问题是他们迟早会找不到新的投资者。但'庞氏骗局'的问题显然不在于投资者失去信心，而在于它本身就是一种既没有可增值资产也没有收入创造型资产的'投资'。'庞氏骗局'的目标就是在不创造财富的前提下创造'回报'。这也是社会保障追求的目标。政府不可能通过强制参与将'庞氏骗局'变成一个美丽而可信的投资故事，原因很简单：一个原本就非法的骗局，永远不可能变为现实。"（〔美〕彼得·D·希夫：《国家为什么会崩溃》，刘寅龙译，中信出版社，2013年，第171-174页）

**6. 贫困文化的心理反应复杂、角度多样，结论不一**

结论：社会保障无法替代，只能加强研究，完善不足。

其一，从希夫的看法，我们可以换位思考，了解一位不同角度观察者所看到的社会保障的感觉，但它也从另一个角度给我们以启示与警示，反映出社会看待社会保障的不同文化的一个方面，看到社会保障无法回避的面临着发展的问题与困境，从而有利于引发防范社会保障风险的更多思考。其二，还应该看到，社会保障是一个复杂的公共社会政策，是一个任何世俗政府都无法回避的，用以防范大规模社会性贫困爆发的社会手段。这一社会手段的决策和有效运用是压倒一切的，甚至需要政府动用重要精力、财力的必需、必要的社会工程。也就是说，社会保障并不是一项简单的经济项目，它更是一项国家防范大规模社会性贫困治理的社会工程、社会管理项目，简单地从经济方面考虑是偏激的。其三，社会保障是完美的吗？回答应该是否定的，因为至今各国的社会保障方案仍然还有待解的难题（资金筹措远景的压力、可持续性、道德风险、负激励性等）；认为社会保障是那个美国人——希夫所感觉的"庞氏骗局"吗？回答应该也是否定的，希夫所产生的感觉只能说明他从基本理论上对社会保障性质缺乏理解。

应该强调的结论是，社会保障是强制性的、政府负责组织实施的、政府将负责到底的一项防范发生大规模社会性贫困的重大社会性工程。作为一种防范社会性贫困的政府方案，至少时至今日还没有更好的替代方案。对它的不足，只能完善和改进。

中国正在完善世界第一人口大国的社会保障制度，正在为减少贫困人口而做出巨大的努力，在这一历史进程中，从"贫困文化"的角度多一番思考和研判无疑是有积极意义的。希夫的看法说明了"贫困文化"的丰富性，也说明了解决社会性贫困思考空间的广泛性。

### （二）从贫困文化角度看几则小故事

#### 1. 让受助者显得更有尊严

曾经有一篇王惠云发表在《读者》上的博客文章《墙上的咖啡》，该文讲述了作者在美国西部亲自观察和体会的一个真实故事。据作者在《墙上的咖啡》一文中介绍：一天，作者和他的朋友在洛杉矶附近威尼斯海滩一家有名的咖啡厅品咖啡闲坐，看见进来一位顾客，坐下后叫服务生说："两杯咖啡，一杯贴墙上。"作者注意到只有一杯咖啡被端了上来供饮用，但这个顾客却付了两杯的钱。顾客走后，服务生就把一张纸贴在墙上，上面写了"一杯咖啡"。接下来作者看到又进来的两位顾客点了三杯咖啡，同样是两杯放在桌子上喝，一杯也贴在了墙上。他们喝完两杯咖啡，付了三杯的钱然后离开。服务生又在墙上贴了张纸，上面同样写了"一杯咖啡"。这种方式似乎是这里的常规，却令作者感到新奇和不解。几天后，作者和他的朋友又有机会去这家咖啡店品饮咖啡，新奇和不解终于有了答案：当作者和朋友在享受咖啡时，看见一个衣着与这家咖啡店的档次和气氛都极不协调的穷人走进咖啡店。穷人坐下来，看看墙上，然后说："墙上的一杯咖啡。"服务生以惯有的姿态恭敬地给他端上一杯咖啡。那个穷人喝完咖啡没结账就走了，而服务生则从墙上摘下一张纸，扔进了纸篓。此时，故事真相大白，也让作者和他的朋友目睹了这一当地居民自动的资助穷人的一个习惯做法。这个尊重和帮助穷人的现实故事也确实令笔者备受感动了一番。应该说这个真实的故事确实使人们感受到了无以言表的美好东西——其一，受助的穷人得到了免费的享受却无须丧失尊严，因为时至今日，我们身边仍然会有一些身处困境的贫困之人，当你享受美味咖啡时，还能想到无支付能力而想喝咖啡的穷人，而且，在你伸出援手的时候，使用一种不需要与穷人见面的方式，而那个穷人进到咖啡店来也无须不顾尊严，讨要一杯咖啡，他只需看看墙上的咖啡"机会"——是否有"墙上的咖啡"的纸条。其二，从服务生的服务看，服务生在为那个穷人服务时一直都面带笑容。善良的好心人和经济处于困境的穷人通过那面墙传递了温暖，也维护了受助穷人的尊严。也许，正是这些美好的感受令《墙上的咖啡》中的做法倍受喜爱。据说，人们提前买了咖啡，请付不起费的穷人享受温暖的做法开始于意大利的那不勒斯，现已传遍全世界。

（王惠云：《墙上的咖啡》，《读者》，2013 年第 8 期）

### 2. 帮助穷人的法律、道德底线碰撞

说到小偷，人人都深恶痛绝。发生在中国某市的一位偷东西母亲让人心痛之余又生惋惜甚至敬佩之情。2016 年六一儿童节前后，一则母亲"偷鸡腿给生病女儿过节"的消息在网络上热传，表述了又一个穷人的故事，也显示出一种中国式的人性善良与道德底线间纠结博弈的贫困文化故事。

故事梗概：2016 年 5 月 31 日在某地超市发生一起盗窃事件，全部被盗物品是：一点杂粮、一个鸡腿，还有两本儿童读物，所有物品价值 90.4 元。嫌疑人是一位 80 后的妈妈。事发后她告诉民警，自己做这一切是为了生病的孩子。南京某警务服务站民警接到辖区一超市报警，民警潘某赶到现场后，发现偷盗者是一名女性。在对该女子进行搜查后，民警在她身上只搜出了被盗的一点杂粮、一个鸡腿。而检查到腰部时，则发现了两本儿童读物。面对民警，女子交代了自己的名字，并且承认了在老家生了双胞胎女儿，但肾脏都有问题。她这次带

着其中一个病情比较严重的来到××市治病，另外一个留在了某地老家。因为住不起院，她只能让孩子白天在医院输液，晚上租住在两平方米的房子里。因为肾脏问题，孩子需要吃杂粮，所以她就到某超市偷点杂粮，一个鸡腿。面对民警"为什么只偷一个鸡腿？"的询问，妈妈称，女儿生病，六一儿童节的愿望就是吃一个鸡腿，而她兜里只有5元钱。妈妈称："鸡腿是给孩子吃的，不是自己吃。"这句话让询问的警官特别感动。据偷盗者说，因为两个孩子都有病，导致家庭经济困难。她老公受不了，离家出走，再也没回来。她在老家种地，一年收入就几千元，没有其他经济来源。这次来南京给孩子看病已经花了所有的积蓄。

**初步结果：**警官替偷盗妈妈结了90.4元的账，把鸡腿和儿童故事书给了病女妈妈，让她回家陪女儿。鉴于盗窃金额较少，情节轻微，超市经理也表态不追究，警方作了不予拘留，批评教育后让其回家的处理。据当事警官介绍，偷盗妈妈表示，偷东西是因为实在没有办法了，看不了女儿渴望的眼神，而女儿的肾病治疗第一个疗程已经结束了，在南京花费太高，6月2日她们就打算回山东老家。

**意外的波澜：**至此，这个真实的故事已有结果，本当结束了，但偷盗妈妈的困难处境和偷盗妈妈的话语却深深地刺痛了当事民警。据当事民警说："这是我有史以来遇到的最让我感动的小偷。"当事民警表示，他抓过很多小偷，唯独这个偷盗者让他心痛落泪，他替偷盗妈妈付了钱，这也是他平生第一次为"小偷"付钱。心情不能平静的当事民警在事发的当晚就将这件事发到了自己的微信朋友圈上，倡议大家给孩子捐款捐物。因当事民警曾是一名军人，在自己的战友群里讲了这件事，立即引起了一系列的强烈反响。微信红包不断，主动要转账、捐款的志愿者接踵而来，引发了他手机里各个微信群的转发狂潮。天亮之后，捐款来得比夜里更加凶猛，警官自己的手机几乎就没停过。这当中还有跨国来电，也问如何捐款。介入此事的还有民间公益机构，表示愿意为此提供一些帮助。对病女妈妈的捐款在短短的时间内总额就超过了30万元，组织方粗略估算了孩子的治疗费用后，关闭了捐款通道，婉拒后续的爱心人士捐款。组织方表示将公开善款的使用情况，接受各界监督。

**病女妈妈的生活现实：**经某些方面的深入了解，应当说病女妈妈的现实生活还是很严酷的。其一，后续介入此事件的新闻记者在跟随偷盗母女来到她们租住的地方后看到，其住处其实就是一楼住户在自己天井里搭的一个小小的临时房，只有两平方米，除了一张非常窄的床和一个小柜子，什么都放不下，母女俩这段日子就挤在这张小床上睡觉。病女妈妈告诉记者，女儿看病每个月要花三千块钱左右，这对自己来说是沉重的负担。以前每个月带着女儿到南京来复查一次，拿一次药，然后就回去了。这次来南京之前，女儿感冒了。感冒对普通人来说不算啥，吃点药休息休息就好了，而对于有肾病的女儿来说，就是比较严重的状况，必须得输液。自己又住不起医院，只好租了这个小小房子，房租每天30块钱。其二，这个故事也是对社会保障作用的一次检验。据了解，病女妈妈从2014年初与丈夫离婚后，母女三人即开始享受当地的"低保"社会保障。开始是每人每月领取低保金120元。考虑到其家庭的情况，当地乡政府2014年9月份又给病女妈妈的两个孩子申请到当地的困境儿童补助，每个孩子每月发放300元生活费。但是，根据政策，已享受低保的，就高不就低，不能重复享受其他补助，全家的补助每月只有720元。后经多方努力，这个家庭一个月能享受到的补贴达到900元。虽然如此，和所花费的医疗费相比还是难以应付看病、生活之需。记者也看到，从2014年开始，病女妈妈一共报销了6次，总共报销了2.2万余元。但相比其现实的医疗费开支的情况而言，病女妈妈的经济能力显然仍然是杯水车薪。

**心灵的纠结：**让人不齿的偷窃和令人动容的母爱，这两个看似风马牛不相及的行为，却出现在同一个人和同一件事上，而且在短短两天时间内就筹到巨额捐款，这又一次地引起了人们在人情与法理、人性慈善之心与道德原则底线等方面的纠结与争议。一位网友说：一则令人心酸的消息，生活的艰辛不是偷窃的理由，毕竟老话说，穷死了不做贼。某电视台评论员也说：我忍不住想问一句，一个虽值得同情，但却是以违法手段获得关注和援助的人，突然被社会如此关爱，大笔款项聚集而来，那些遵纪守法、老实本分、从无劣迹并且面临同样困境的家庭，他们会怎么看此事？会怎么想此事？包括这个困难妈妈自己，现在还会后悔自己在超市行窃的行为吗？又一位网友说：一个人在付出了劳动之后，还不能养活自己和小孩，这个社会是无耻的，偷盗就是正义的。

笔者认为，这几则反差很大的感悟和话语确实令人神伤，令人又一次地感受到贫困文化所显现的心灵挣扎、心理上的博弈与纠结。社会在人情与法理间、人性慈善之心与道德原则底线之间难于评判和取得平衡。

### 3. 请为冷漠付费

去过美国纽约的人都会知道，纽约市的几个机场中，有一个位于法拉盛区的中型机场叫拉瓜地亚机场。其实，这个机场的名字与纽约历史上的一位市长和一个动人的故事有关：时间退回到 20 世纪 30 年代，1935 年的冬天是美国经济最萧条的一段日子。这天，纽约市一个穷人居住区内的法庭正在开庭审理着一个案子。站在被告席上的是一个年近六旬的老太太。她衣衫破旧，满面愁容。她因偷盗面包房里的面包被面包房的老板告上了法庭。法官审问道："被告，你确实偷了面包房的面包吗？"老太太低着头，嗫嚅地回答："是的，法官大人，我确实偷了。"法官又问："你偷面包的动机是什么，是因为饥饿吗？""是的。"老太太抬起头，两眼看着法官，说道，"我是饥饿，但我更需要面包来喂养我那三个失去父母的孙子，他们已经几天没吃东西了。我不能眼睁睁看着他们饿死。他们还是一些小孩子呀。"听了老太太的话，旁听席上响起叽叽喳喳的议论声。法官敲了一下木槌，严肃地说道："肃静。下面宣布判决。"法官把脸转向老太太："被告，我必须秉公办事，执行法律。你有两种选择，一种是处以 10 美元的罚金，另一种是 10 天的拘役。"老太太一脸痛苦和悔过的表情，她面对法官，为难地说："法官大人，我犯了法，愿意接受处罚。如果我有 10 美元，我就不会去偷面包。我愿意拘役 10 天，可我那三个小孙子谁来照顾呢？"此时旁听席站起一位四十多岁的男人，他向老太太鞠了一躬，说道："对不起，是我的失职，没治理好这个城市，让人们变得如此冷漠，让你们祖孙三人活得如此艰难和凄凉，请你接受 10 美元的判决。"说着，他转身面向旁听席上的其他人，掏出 10 美元，摘下帽子放进去并说："各位，我是现任纽约市长拉瓜地亚，现在，请诸位每人交 50 美分的罚金，这是为我们的冷漠付费，以处罚我们生活在一个要老祖母去偷面包来喂养孙子的城市。"法庭上，所有的人都惊讶地瞪大了眼睛望着市长拉瓜地亚，法庭上顿时鸦雀无声。片刻，所有旁听者都默默起立，每个人都认真地拿出了 50 美分放到市长的帽子里，连法官也不例外。这个故事尽管被世人传播了多年，但相信时至今日仍然会不断地感动新的读者，毕竟一个社会总会有赤贫如洗的弱势群体，很大程度上这些违法现象应该引起对社会责任的反省。或许，该检讨和反思的绝非只有当事人和治安警察，更应该思考的是为什么会有人为了区区两块面包却铤而走险。

#### 4. 一个面包案

2012 年 4 月一则关于小偷的新闻显示，社会公众对一女子因偷面包被绑在电线杆上示众引发纠结与心理冲突，网民们似乎一边倒地同情起小偷甚至为其感到心酸和悲哀。因为所谓的小偷，一位中年妇女，仅仅只是偷了两块面包，却被店家捆绑示众并被围观，还在其胸前挂上写有"我是小偷"的纸板。店主表示："现在的小偷太猖獗，过不了几天会继续偷窃。这已是近日店里第 4 次遭贼偷了，防不胜防。"可以想象店主在超市连续多次被偷后的愤怒情绪，于是乎采取了这种与法律相悖的极端手段来警告其他小偷；但愤怒归愤怒，法律还是法律，不论如何，中年妇女在超市偷了两块面包就被店主绑在电线杆上挂牌示众，不仅涉嫌违法滥用私刑，更侵犯了基本人权和尊严，就算这名妇女确实是小偷，也不至于采取这种野蛮的方式进行惩罚，被判有罪的刑事犯罪分子况且还依法享有相对的人权和作为人的尊严，何况偷了区区两块面包的人？不顾体面地去偷两块面包，某种意义上值得社会同情，甚至让人质疑当今的最低生活保障机制是否覆盖到了所有的弱势群体。相信任何一个思维健全的人，不到万不得已是不会冒险偷两块面包的。报道显示店主绑小偷在电线杆上挂牌示众是"为警示、防止她再次作案"，但店主的相关法律知识是欠缺的，而且店主还自以为是一种"正义"。所以偷两块面包被绑在电线杆上挂牌示众，还是有值得深思的地方。

#### 5. 意大利的一个案例

据有关资料记载，在意大利曾经有这样一个案例：一个寒冷的冬天的傍晚，一个饥寒交迫的流浪汉在一个便利店门口，透过玻璃门看见了里面有可食的烤饼，便打烂玻璃门进入店中，吃饱后，又顺手将一件皮衣穿在了身上。后来流浪汉被告上了法庭，但法庭的判决结果令人意外——法庭认为他的行为是为了拯救自己的生命，并不是偷盗。法庭判决这样结果的理由是——流浪汉的行为，不仅吃烤饼，包括穿皮衣都仅仅是为了保住自己的生命而已，没有对其他任何的人构成威胁，所以无罪。

### （三）贫困文化差异和认定穷人的标准

回顾历史，审视不同国家，确实面临着一个很现实客观的事实和现象，即采用不同的标准，被认定的"穷人"和他（她）们的实际经济状态差异很大；或者说，不同标准下产生的"穷人"，其实际生活状况差异也很大。

### 1. 180 多年前法国学者托克维尔的疑问

法国人阿历克西·德·托克维尔（1805—1859 年），具有多重身份——历史学家、政治家、政治社会学奠基人等。著有《论美国的民主》《旧制度与大革命》等。托克维尔十分关注国家政治和社会改革，1830 年，当时欧洲最富裕的国家英国推进实施议会改革和济贫法改革之时，托克维尔担心英国是否会因议会改革和济贫法改革而引发像法国一样的大革命。带着这个疑问，托克维尔曾于 1833 年、1835 年两度考察英国，了解其贫困情况和处理贫困问题的社会效果。托克维尔坐着马车穿街走巷，到英国实地调查，从大都市伦敦到西南部的乡村，经过一个多月的亲眼所见，他为英格兰的富庶所震惊，说自己是"置身于现代化文明的伊甸园中"，依他所见的是"维护得很好的宽广道路，整洁的新房，膘肥体壮的牲畜悠然在丰草上，健壮的农场主"。但他步入基层的教区，翻阅地方政府台账时却发现"这个繁荣的王国有 1/6 的人口是靠公共慈善的开支为生的"，相比之下，欧洲的葡萄牙，乡间满眼尽是陋屋草棚，人们愚昧而尚未开化，衣衫褴褛，贫困人口不过 1/25；法国最富裕的地区诺德的贫困人口不过 1/6；法国最落后的克吕斯地区贫困人口竟是 1/58。（蒋狄青：《贫困，国家与托克维尔悖论：〈济贫法报告〉中的社会政策思想》，《学海》，2015 年第 1 期）托克维尔疑惑，和当时相对落后的葡萄牙、法国等落后地区的差异竟是如此之大，由于衡量标准的差异，发达的英国竟有比葡萄牙、法国还多的贫困人口。托克维尔得出的结论是，由于标准的差异，经济越发达，其贫困人口的比例也越高。托克维尔看到的结果是，所谓的"贫困"是三个层次的问题：根本上是工业发展的客观结果，本质上又与个人的主观认识有关，同时还是社会建构出来的一个制度的事实。也就是说，一定程度上也是制度制造了"穷人"。

### 2. 美国贫困线下的穷人

在回顾托克维尔 180 多年前的疑问的同时，我们可以再联想一下现代的美国，同样是标准制造了更多的"穷人"。美国人迈克尔·哈灵顿于 1962 年出版了一册名曰《另一个美国》的书，《另一个美国》指出，在"丰裕社会的美国"背后，还有另一个"贫穷的美国"。当时的在任总统肯尼迪阅读了此书，从而由他和他的继任者约翰逊发起了一场反贫困的战争。美国的穷人筛选方法——"贫困线"也从此产生。哈灵顿当时计算如何确定穷人时曾经使用了一个 3000 美元标准的方法；其后美国联邦政府社会保障署的茉莉·奥山斯基依据两个数据对贫困标准（贫困线）作了规范：其一是农业部的经济食品计划，该计划是既便宜又有营养的食品构成预算；其二是利用 1955 年的一项研究，即家庭的总支出数额值应该是食品开支总额的三倍左右。就是说，用食品开支总额的数额乘 3，即得出一个家庭的生活费必须额。若家庭的最低收入低于食品开支总额的三倍，就应被视为"贫困线"保护的"穷人"。由于食品费用会根据价格进行调整，后来便有了联邦贫困线逐年进行调整的惯例；并且，全国 48 个州的"贫困线"标准和夏威夷州、阿拉斯加州的"贫困线"标准略有差别。

应该说，美国的贫困也是相对的，美国也是容忍了相当舒服的穷人。一些数据表明在美国的贫困线筛选下，一些穷人仍然会有房产、各种家用电器，可以开着自己的私家车到福利站领取食品。在现代的美国，"衣衫褴褛的穷人"已经成为历史的回忆。现代化的生产使所有人都可以有漂亮的衣装，靠救助生活的穷人也不例外。

历史上的美国国父本杰明·富兰克林说过，从来没有哪个国家像英国那样，大方地让穷人过得那么舒服。应该说同当年的英国一样，如今的美国，同样是大大方方地让其穷人过得比较舒服了。美国的穷人标准除了以美国家庭中位数收入和贫困线衡量外，年收入低于贫困线 130% 的，还可申请领取食品补贴金。四口之家，食品补贴金每月最多可拿到 649 美元。以前发的是食品券（Food stamp），用以在超市购买食品，但不能买烟买酒，有些穷人就拿食品券打折去换现金。食品券在实施了一定的时间后，发现食品券的方法会暴露当事者"享受救济"的身份，有损当事人的体面。为了堵塞漏洞以及保护个人的隐私，现在美国政府是改为发给穷人现金卡的办法，购买食品和别人一样刷卡。如果孩子上中小学，学校的早餐和午餐对穷人孩子是全免费的。还有一条渠道，就是"食品库"（Food bank）。有的将它翻译成"食品银行"。食品库提供面包、牛奶、肉制品、鸡蛋、水果、蔬菜、甜点等，让穷人可以免费领取。

## 三、"防止社会性贫困"仍然是一个充满挑战性的话题

虽然，长时间以来人类社会的众多精英、学者、世俗政府的领袖、社会政策的设计者、经济学家、社会学家、专业理论家等都为成功地推进反贫困进行

着不懈的努力，但至今仍然有许多待解的课题需要答案：诸如，贫困保护中政府作用、市场作用的关系问题，公共贫困保护的普惠性和选择性的策略选择问题，社会福利的法律权利与自由裁量的关系（T.H. 马歇尔语），公共贫困保护的激励与负激励的关系处理问题等。

有关贫困文化的冲突、博弈与纠结显示了一个重要的规律，就是：归根到底，贫困文化的冲突、博弈与纠结一定程度上显示了人们文化的差异性，显示了人性的矛盾性，善良之心与法律、道德底线间的若即若离的冲突及对社会后果的担忧。自古至今，在能见到的记载中，在对待社会贫困这个问题上始终能够反复地见到人性的善良本质与法律、道德底线间的冲突与纠结。不断有新的认识差异、新的思维碰撞、层出不穷的新问题，引发人们的新思考、新探索……贫困文化的冲突、博弈与纠结是一个长久的话题。

### （一）从"公共贫困保护目标的确定"，看其展现的贫困文化问题

例如，使用"选择性"还是使用"普惠性"思路来确定公共贫困保护的目标？这个问题可以说纠结了几百年。

#### 1."选择性"与"普惠性"的纠结

从"选择性""普惠性"的含义看，所谓"选择性"，就是对公共贫困保护目标的确定，要有一定的条件限制，要按照一定的条件进行筛选，不是任何人都具有获得公共贫困保护权利的资格。这个限制条件可以是最基本的，如年龄状况、身体劳动能力状况条件、当事人具体的经济状况条件等，也可能是附加的其他限制条件。所谓"普惠性"，就是公共贫困保护面向一定范围的社会成员或人群开放，没有更多的具体的附加条件的限制，在一定范围内，每个人都自然获得保障的权利。这些看似再简单不过的权利、条件、保障获得等问题，实际操作起来却并不简单，根本原因是具体执行过程中其心理因素的复杂性所致。

实施"选择性"公共贫困保护方案的优势是节约资源、目标更为准确，激励效果更好，但落实"选择性"的操作、管理的难度很大，或有这样那样的不足或缺陷。而"普惠性"的相对操作简单、管理成本相对较低，似乎能更多地体现出一定的公平性。

#### 2.历史实践的再审视

从历史的实践看，可以说"选择性"是最原始、最传统的、使用最多的

公共贫困保护目标确定的方法，也是引发歧义最多的方法。英国几百年的济贫院、感化院、贫民习艺所等实践，都是为了审查、筛选、区分"值得救济的穷人"或"不值得救济的穷人"的具体举措。"选择性"的限制条件会有许多，并一次次地进行调整、改变。例如，史料记载的 1388 年英国就颁布了法令：无劳动能力的贫民必须在其出生地，或最接近其出生地的地方才可以得到救济，否则将被遣返；1517 年英国伦敦当局开始发放"行乞证"的实践，具有"行乞证"的老年贫民才可以行乞；1531—1536 年间，英政府发布的《严惩身体健全者乞讨法》的法令；1544—1565 年间，英国开始兴建慈善院、劳动感化院、救济院等；1610 年英政府发布法令，要求每个郡都要建立感化院；1630 年英政府再次发布法令，要求每个郡都要建立感化院。这个感化院后来就是英政府实施院内济贫的重要的基础设施，以进入济贫院为筛选获得救助的最重要的条件。特别是 1834 年的新济贫法中所确定的两条原则："劣等处置原则"和"济贫院检验原则"。其中"济贫院检验"是获得救助的最重要的环节。历史实践说明，济贫院制度是英国中世纪晚期以来所发明的最重要的一种济贫机构与管理手段。这个济贫院救济的标准也反映了它过分地注重道德因素，而忽视了导致贫困的经济、社会因素。"整个维多利亚时期，《济贫法》是个教育机器，希望借此塑造公众道德。"（转引自郭家宏、唐艳：《19 世纪英国济贫院制度评析》，《史学月刊》，2007 年第 2 期）又如，1795 年英国实施的《斯品汉姆兰法》的例子也是一种标准，《斯品汉姆兰法》规定："当一加仑（重八磅十一盎司）用二等面粉做成的面包值一先令的时候，凡能劳动的贫民每星期应有三先令来供其自己的需要，不管他是以自己的劳动或其家属的劳动得来这笔钱，还是他从教区方面领到津贴。另外，为了养活妻子和家庭的成员，每人还应有一先令六便士。当一加仑面包值一先令六便士的时候，他自己每星期应有四先令，他的家属每人应有一先令十便士。以后就按此比例继续下去，每当面包价格涨一便士时，对他自己就增加三便士，对他各个家庭成员就增加一便士。"这是另一种标准，类似于后来的贫困线。

### 3. 选择性方案的文化心理问题

选择性方案还有一个最突出的文化问题，就是"当事者自尊心的保护问题"。英国几百年的济贫法、济贫院、贫民习艺所……大量的、长期的实践、探索，在教区济贫和国家公共保护济贫之间艰难地探索了几百年。这是面对大规模的社会性贫困，寻求解决办法的实验，充满了贫困文化的碰撞，也为后期工业化国家的公共贫困保护制度提供了许多制度上的借鉴。英国贝弗里奇感悟这些体验，他所起草的《贝弗里奇报告》借鉴了英国漫长的历史实践经验，以一个普惠制的、突出关注平等的文化内容，尽最大努力克服济贫法所留下的"严厉审核"的心理阴影；其后，《贝弗里奇报告》思路进而发展成为《福利国家》的方案，其优点受到社会的欢迎，原因是多方面的，其中最突出的文化与历史性因素应该说，是对几百年来英国穷人和国民心理的世世代代积累的济贫法阴影、济贫院检验文化阴影、劣等处置原则等贫困文化心理阴影的矫正。

美国实施的给大学生发放因需助学金，穷人家孩子的免、减费午餐制度等，也十分注意选择性方案当事者的"自尊心保护"问题。学校对学生助学金需求的依据是采取家庭收入调查的方法进行的，家庭收入情况则依据填写国家报税表显示。其税表是一个家庭收入最可靠的依据，为了穷人人格与自尊心的保密，这个表要避开众人填写，防止穷学生受到心理伤害。学生的尊严和隐私是两条不能僭越的底线。在助学金、免费午餐的落实中，都有一个保护自尊心问题。

### 4. 私人慈善与公共贫困保护的文化差异

当年，结合英国济贫法改革调查，托克维尔在其《济贫法报告》中总结了一种深深的感悟：托克维尔认为，福利体系无论如何改革，都只有两类：除了私人慈善外就是公办慈善。民间慈善机构实施的福利是个人本位的，强调要消除影响个人发展的各种不良因素。私人慈善"很少出于本能，更多地出于推理；很少出于情绪，通常更多地出于能力，导致社会去关心它不幸的成员，并且系统化的预备来缓解他们的痛苦。这个模式产生于新教，并且仅仅在现代"。相比之下，公共慈善则不同。它立足于共同体本位，基本假设是，如果社会成员遭遇种种不幸，国家当仁不让要帮助他们。英国的公办福利看上去很美，但实际后果却无助于解决贫困问题："没有什么比区分因为恶习导致的不幸还是本不应当遭受的不幸这两种差别更为困难的了。有多少的穷困是这两者同时所导致的啊，前提是要深刻了解每一个人的特点以及他所处的环境，要具有相当的认识，相当敏锐的观察力，还要有相当冷静而决断的推理！"（蒋狄青：《贫困，国家与托克维尔悖论：〈济贫法报告〉中的社会政策思想》，《学海》，2015 年 6 月第1 期）其实，托克维尔说了一大堆的话，就是一个意思，是否符合贫困标准的管理，其鉴别难度很大，充满各种博弈，文化的、管理技术的、准确信息的掌握，等等。不管如何，在英国中央政府支持与地方政府具体负责的体制下，当年，对英国贫困人员的保护还是有效的。地方自治政府的充足财源使济贫法的实施还是高效有序的。这种情况曾经让当时的其他国家赞叹不已。

**5. 贫困的个人责任、社会责任的纠结是个古老的话题**

公共贫困保护目标的确定，还会涉及发生贫困的个人责任、社会责任的疑问。一个人陷入贫困，是个人的责任，还是社会的责任？这其实是一个非常古老的、纠结长久的话题。一种传统的、似乎被绝大多数人认可的观点是：贫困是自己的过失，贫困者是失败者，贫困与懒惰必然联系在一起等等。自马尔萨斯的人口理论发表后，以及社会达尔文主义思维流行以后，这似乎曾经是一种不言自明的共识。对此，基督教人文主义也曾提出过疑问并认为，一个人应该为自己的处境负责。而诺贝尔经济学奖获得者——印籍学者阿玛蒂亚·森曾经有其论点，他说："一个人难道不应该完全为自己的处境负责吗？"阿玛蒂亚·森在其著作《以自由看待发展》中说："用社会责任来取代个人责任的任何正面行动，不可避免地会在不同程度上产生负面作用（计划经济）。个人责任没有替代品。"（〔印〕阿马蒂亚·森：《以自由看待发展》，任赜、于真译，中国人民大学出版社，2012年，第284页）

综上所述，凡此种种，反贫困中的文化碰撞、贫困文化的博弈是大量的，有许多待解的课题需要关注。

## （二）对穷人实施外界援助的作用始终存在意见分歧和争议

### 1. 是否应该对贫困穷人实施帮助、援助的认识还是有重大分歧的

一些学者主张对贫困者必须实施援助，否则他（她）们就无法实现经济上的翻身。这是被多数人认可的传统贫困文化观点，然而反对对贫困者实施援助的人员也是大有人在的。贫穷问题专家、联合国顾问——美国人杰弗里·萨克斯认为，对贫困国家，以至贫困个人，必须给予必要的、外界原始投资的帮助，否则这些国家很难实现自己的生产力，然而，这些国家却因为贫穷，无法支付投资回报——这就是经济学家们的所谓的"贫困陷阱"。除非问题能落到实处，否则都不能解决问题。〔〔印〕阿比吉特·班纳吉（Abhijit V.Banerjee）、〔法〕埃斯特·迪弗洛（Esther Duflo）：《贫穷的本质：我们为什么摆脱不了贫穷》，景芳译，中信出版社，2018年，第4页〕

美国曼哈顿的威廉·伊斯特利挑战了纽约大学的萨克斯，他已经成为反对援助的人士中颇具影响力的公众人物之一。丹比萨·莫约也对伊斯特利的观点表示赞同，他们都认为援助的弊大于利：援助使人们停止寻找自己解决问题的办法，腐蚀地方机构并削弱其作用……伊斯特利并不认为有"贫困陷阱"存在。"我们到底应该相信谁？是相信那些认为援助能解决问题的人，还是相信那些认为援助只能使问题恶化的人？……假如没有支持或反对援助的依据，我们又该怎样呢？——放弃穷人？"〔〔印〕阿比吉特·班纳吉（Abhijit V.Banerjee）、〔法〕埃斯特·迪弗洛（Esther Duflo）：《贫穷的本质：我们为什么摆脱不了贫穷》，景芳译，中信出版社，2018年，第4-5页〕

**2. 对外部援助的意见分歧**

评判对贫困地区实施外界援助的利与弊，还可以具体地从赞比亚裔经济学家丹比萨·莫约所著《援助的死亡》予以思考。概括地说，丹比萨·莫约是不赞成对穷人实施外界援助的。在《援助的死亡》一书中，丹比萨·莫约认为，社会和国际机构提供援助来生存和发展的模式已经走到了尽头。西方借援助之工具而为非洲国家开具的各种发展政策，为非洲设计的各种发展战略，向非洲国家提出的种种进行政治变革与结构调整的要求，都已经将非洲逼入了发展的死胡同，这些外部援助，不可能解决非洲自己的问题，因而必须中止，让非洲做出对援助的"断奶式"切割。之所以有这样的观点，是因为"这种援助不仅本身走进了绝地，还给受援助者造成严重的危害……造成非洲对援助的严重依赖和依附，没有援助非洲就几乎只有面对死亡……"。（〔赞比亚〕丹比萨·莫约：《援助的死亡》，王涛、杨惠等译，世界知识出版社，2010年，译序第4页）这就是：扶贫先扶志，自立先自强的道理，对个人是如此的，对一个国家、一个地区也是如此。

### （三）"无条件基本收入"（UBI）实验的文化分析

"无条件基本收入"的基本思想是人类文明在防范社会性贫困道路上不断探索的又一种尝试；是希望以"普惠性"的防范贫困，保障生活的一种"基本保障思路"，这种方案的重点在于"无条件"。显然，"普惠性"对应的是"选择性"的大思路。无论对于失业人员，还是暂时丧失工作能力的人员，用传统的失业保险及社会救助的"选择性"方法，都无法回避地需要进行"资格"的识别，这样，制度运行的社会成本必然会很高，管理难度也很大，"选择性"方法的不足是社会历史实践反反复复地验证了的。进入 21 世纪后，随着社会的发展，有一些新情况日益明朗，比如生产的自动化方式，新的就业形式的变化（家务劳动也是一种就业形式）等，需要新的思考和必要的探索，由此，"无条件基本收入"的思路进入人们的眼帘。

**1. 从美籍华人杨安泽竞选 2020 年美国总统所提"竞选口号"说起**

美籍华人杨安泽在竞选 2020 年美国总统这一职位时曾提出的"竞选口号"是：若当选，将实施由联邦政府每月为 18 至 64 岁的美国公民发放一千美元的"自由红利"，用以维持每一个公民的稳定生活。

这个口号涉及了一个"无条件基本收入"的概念与思路。据悉，"无条件基本收入"的概念和思路自 20 世纪 80 年代后开始活跃、讨论、流行。据多种渠道反馈的信息，这一制度实验已经在芬兰、荷兰、德国、美国等部分国家或地区进行了实地的交流，或一定范围的实验，如芬兰进行了为期两年的实验；荷兰的乌特勒支地区的实验计划是到 2019 年 10 月结束；西肯尼亚一个村庄实验给每个人每个月 22 美元基本收入，直到 2028 年；有关信息反馈，印度也在国内进行了相关实验及可行性的讨论；意大利、瑞士也在研究"公民收入"政策；美国加州小镇史托克顿成为美国第一个实验"无条件基本收入"的地区；加拿大安大略省选定三座城镇，随机挑选四千位居民进行为期三年的实验等。

如何看待这些信息？该思路涉及了国民收入、社会分配的一些基本理论与基本实践。例如，国家的整体经济发展动力、社会成员的就业积极性、减少贫困、激励与负激励的机制问题等，其中也涉及了深刻的贫困文化问题。

**2. 关于"无条件基本收入"（Unconditional Basic Income，简称 UBI）**

该概念兴起于 20 世纪 80 年代的欧洲，但其思想源头可追溯到托马斯·莫尔（Thomas More）于 1516 年出版的《乌托邦》一书的思想，至今已经 500 多年。这个古老想法，近年来又有所活跃和流行是基于传统的社会保障成本高、管理吃力。乐观的学者甚至认为"无条件基本收入"不但能顾及基本生活，还能促进就业动机。为探究此观点，芬兰从 2017 年 1 月至 2018 年 12 月，随机在本国抽签选出 2000 人，进行"无条件基本收入"的社会实验。实验结果众说纷纭、观点不一。所谓的"无条件基本收入"（UBI）其思想就是：相比于与收入水平挂钩的、"有条件"的收入保障，它提倡国家为社会公民提供"无条件的"

基本收入，保障社会成员的经济安全。就是说，社会公民不论贫富，不论年龄、性别、健康与否，全体公民均一致享有同等数额的基本收入保障。

### 3. 对"无条件基本收入"（UBI）有巨大的认识分歧

对"无条件基本收入"（UBI）持反对意见的人有以下考虑。其一是基于实际操作层面的，如何保证为其支付的资金来源？如何应对每个人的现金要求？这个数据会不会像个天文数据一样庞大、可怕？是否需要更多的税款来支撑？钱从哪来？这些忧虑确实没有看到令人信服的答案。其二是寄希望于 UBI（基本收入）成为消灭贫穷的新方法，但引起人们的担忧和诸多疑虑。若可以无条件领钱，是否大家就不会积极工作了？由于是不劳而获，会否让人们任意挥霍这笔钱？其三是对道德领域和文化层面更多的考虑，引发一些信念方面的担忧。其实，国家无条件地给公民发钱的观点由来已久，一般会被认为是一种社会主义式的乌托邦构想。持批评态度的人认为，它违反常识。在理念层面一般的观点认为，若不管工作与否都能享受同样的收入，这不仅有违公平，也将给"懒人们"提供更多不劳而获的激励。除了传统的引发人们担忧懒惰泛滥的顾虑以外，也有对其普遍性社会后果的茫然。例如人人有份，那么比尔·盖茨，或理查德·布兰森也与普通贫困者一样能领一份无条件现金收入，这意味着什么？在社会成员心理上会是什么效果？

对"无条件基本收入"（UBI）支持者则坚称：现代社会中已经存在大量没有工资但极其重要的工作，如家庭主妇的工作；大量的人工智能普及后，大量的退出一线工作的人们的"收入获得方式"如何体现等。收入本就不是衡量贡献的唯一标准，更何况即将到来的自动化时代，很有可能会取代更多的现有工作，其收入和社会保障层面该如何应对，UBI 可能是目前可见的唯一可使用的替代方式。另外，对提高效率、预防腐败，UBI 也是一种方法。一般认为，UBI 计划中，隐性的腐败成本比其他大多数贫困救助方案要少，因为计划面向所有个人，每个人都有权获得相同数量的资金。这将使不怀好意者更难从传统的制度管理中攫取非法利益。

### 4. "无条件基本收入"（UBI）思路或许是对传统社会保障缺陷与不足有所纠结的一种产物

在传统社会保障思路与体制下，我们很难知道一个人究竟是因为心理健康原因而无法工作，还是因为懒惰而不愿工作，即便医生也无法给出确切的答案。

在这个层面上，有的人觉得"无条件基本收入"制度可行，因为建立运行限制规定严格的社会保障制度成本高，管理难度也很大。为此，若跳出桎梏，从全新的角度思考，接受新型的、第三种社会保障体系的存在，也是一种不错的选择。"无条件基本收入"不是社会救助和社会保险的改良版，而是一种与其完全不同的新思路、新框架、新制度模式。但它并不会完全取代社会救助和社会保险。它可以是一个兜底制度，是对现行制度的一种补充。（荷兰记者 Rutger Bregman，《基本收入制度的方式》，世界经济论坛，2018 年 6 月 4 日；《芬兰无条件基本收入实验：乌托邦照进现实，还是福利国家的挽歌？》，《界面新闻》，2018 年 3 月 31 日等）

就分配和防范社会性贫困的方式而言，人们的思想可以永远处于活跃的思考过程中，但当前和现阶段，尽管社会保障的方式还存在巨大的挑战和不足，但也应该说，至今还没有更加理想的可以替代的方案。

### （四）当今之际，当年的"劣等处置原则"实质精神还有意义吗

180 多年前，实施了 200 多年的《伊丽莎白济贫法》（1601—1832 年）遭到社会公众和一些道德哲学家、经济学家，如边沁、马尔萨斯、李嘉图的尖锐批评。1832 年，英国的埃德温·查德威克在修改英国济贫法时提出了两条重要原则——"劣等处置原则""济贫院检验原则"。其"劣等处置原则"的意思就是"在一切情况下，首要的、最根本的、应得到普遍认可的原则是……游手好闲者的整个状况不应明显地好于独立劳动者收入最低层的状况。各种证据表明，任何贫困阶层的状况如果超过了独立劳动者，独立劳动者阶层的状况肯定是令人沮丧的；他们的勤奋精神受到损害，他们的就业变得不稳定，他们的工资遭到削减。他们由此将受到极强烈的引诱，离开状况不佳的劳动阶层而进入状况反而较佳的贫困阶层。而当贫困阶层被安置于一个合适的、低于独立劳动者的水平上，则会出现相反的情况"。（刘燕生：《社会保障的起源、发展和道路选择》，法律出版社，2001 年）其中的"游手好闲者"（即情愿和不情愿的失业者，赋闲在家的人员），笔者认为，回顾这段历史仍然是有意义的。

#### 1."劣等处置原则"的缺陷和优点都十分重大和突出

其一，"劣等处置原则"的重大缺陷是十分突出的，它忽视和损伤了穷人的人格尊严，这也是许多后世人们批评的重点。而在现代社会，忽视和损伤穷人

的人格和尊严显然是难以容忍的。特别是当年,为了保证"劣等处置原则"的落实所配套的"济贫院检验原则",强调了实行救助只在院内进行,院内实行集体生活,男女分开(夫妻亦如此),强制劳动,禁止外出、会客,禁止吸烟,等等。要达到的目的是明确的:心理威慑,造成事实上的羞辱、恐惧感,而这些正是当年查德威克要达到的社会效果——迫使穷人自我拯救,主动回到劳动力市场。查德威克认为,每一个便士的授予,如果导致穷人阶层的状况比独立劳动者状况变得更好,那就是对懒惰与恶习的奖赏。应该说,查德威克的这一核心思想还是有积极一面的。借鉴历史,引发思考,防范社会性贫困的国家举措类似于公共物品,处理好权利、义务关系,防范道德风险和负激励问题至关重要,特别是"保障水平的确定"与经济发展、社会进步的激励作用关系应是关注的重点。

其二,"救助红线"。应当承认的是,现今社会重温"劣等处置原则"所蕴含的文化意义也是明显的。在防范社会性贫困的举措上,方法、水平与道德风险和负激励现象密切相关。"劣等处置原则"的核心思想是主张给经济拮据人员以压力,迫使当事者从企盼获得"不用劳动的救助",转变到努力争取回到就业岗位,依靠自己的劳动换取生活来源。半个多世纪后,庇古尖锐表达:"保证最低收入水平的确定十分关键,若是享受生活保障的人'不劳动'比'正在劳动着'的人收入还高,又有保证,那后果是严重的,必然会引发许多负面作用。"(〔英〕庇古:《福利经济学》,金镝译,华夏出版社,2013年,第593-594页)应该承认,至今为止在诸国经济政策、社会保障领域,激励与负激励问题依然是一个重大和现实的问题,在世界各国政府不断关注、调整的过程中,不断发生着贫困文化的冲突与博弈,以两个实例来验证。

**2. 欧洲,特别是德国以高福利闻名,负激励现象明显**

在德国,长期失业的社会救济对象除了每月从社会保障局领到现金生活费外,房租和医疗健康保险均由政府支付,这些加在一起,几乎接近德国职工月平均工资的水平。除此之外,换季时领取救济金人员还能再得到服装补贴。如果生活上仍有困难,可以申请额外资助。一位记者在德国某社会保障局的黑板上曾经看到过这样的申请实物项目记录:结婚戒指51欧元,洗衣机306欧元,厨房用品161欧元,煤气灶397欧元等。大多数家庭在拿到现金救济后还会再申请实物救济,对于公共物品一样的福利保障,德国民间有种说法,译成中文很押韵：社会福利大家拿，不拿白不拿，拿了就白拿，白拿谁不拿？当然，对福利发放进行管控是必要的一环。据有关资料显示，仅柏林地区每年就有40%的人的额外申请被拒绝。难怪德国的前总理施罗德曾经在一次讲演时痛心地说："我们的国家怎么了？经济活力受损、社会僵化、难以置信的精神抑郁。这是危机的关键词。"

### 3. 美国救济金比工资还高，宁愿失业也不愿上班

2020年初，新冠肺炎爆发以来，美国就业形势日益严峻，据美国劳工部的数据，截至2020年5月16日，美国总失业人数已接近4000万，失业率升至17.2%。（AFM arkets：〔每日咨询〕www.cngold.com.cn）而据美国哥伦比亚广播公司（CBS）报道称，一份最新研究发现，对于众多的低薪阶层的失业者而言，联邦失业救济金已经超过了他们原来的工资。芝加哥大学的研究显示，在符合救济领取条件的失业者中，有68%的人最终得到的福利都可能会超过他们之前的工资收入。根据联邦《冠状病毒援助，救济和经济安全法案》，除各州救济金外，所有失业者都会额外得到联邦政府给予的每周600美元。芝加哥大学经济学家们表示，这种大幅提升的失业救济，最大的受益者正是那些"收入最低的劳动者，如果没有这政策的帮助，他们将成为衰退最大的受害者"。但正是由于失业者所领取的救助金比他们原来的工资还高，大部分美国民众不愿意复工，因为复工之后不但没有救助金领取，而且存在巨大的感染风险，最终导致了大部分美国民众宁可失去工作也不愿意上班。（搜狐网，2020-5-22日）此情况再次说明，违背了180多年前查德威克的"劣等处置原则"的核心精神，人们就会"懒惰"大于"勤奋"。

### （五）中国在防范社会性贫困的过程中需要关注贫困文化博弈问题

在中国，近些年来社会保障的覆盖范围已经从城镇扩大到乡村，从国有企业扩大到各类企业，从就业群体扩大到非就业群体，实现了覆盖范围、所有制身份等的广泛性。不同就业形式、不同劳动者界限，社会保险、社会福利制度的可及性和公平性得到空前的提高。防范社会性贫困的安全网正在扩大、织牢。这样，关注、讨论"贫困文化博弈"的意义更大。其一，毕竟我国的社会保障起步较晚，讨论"贫困文化博弈"这样层次的题目有一定的前瞻性。其二，中国的社会保障正处在建立和完善的发展阶段，毫无疑问，认识和讨论贫困文化

博弈问题将有利于促进我国社会保障制度的运行质量更上一层楼，增加对贫困文化博弈问题的认识和了解，对社会进步必定会有十分积极的意义。同样，关注贫困文化博弈问题可以有效防范制度性的负激励问题、道德风险问题，对中国的社会保障制度设计者、制度的运行管理者具有现实的实践意义。其三，现代研究成果证明，文化、贫困文化也是有巨大效应场的，中国国家主席习近平在2015年减贫与发展高层论坛发表的主旨演讲，从扶助贫困这个角度，提示了贫困文化的重要性，他强调："我们坚持开发式扶贫方针，把发展作为解决贫困的根本途径，既扶贫又扶志，调动扶贫对象的积极性，提高其发展能力，发挥其主体作用。"（《坚持开发式扶贫既扶贫又扶志》，央视网，2016-01-15）所以，既要扶贫，又要扶志，"扶志"这个问题就涉及了贫困文化博弈问题，十分关键。习近平指出，"打好脱贫攻坚战，关键在人，在人的观念、能力、干劲。贫困地区最缺的是人才。"（人力资源和社会保障部网站，2019-11-04）在加快完善中国社会保障，缩减贫困人口的实践中，笔者希望通过"贫困文化博弈"题目的讨论，引导社会公众在建立社会保障、社会福利安全网、防范社会性贫困的伟大实践中，对贫困文化博弈问题有更多的正能量的认识，使中国的社会保障运行获得更积极的社会效果，希望本文能对此起到添砖加瓦的作用。

1. 刘涛：《都铎王朝时期英国济贫法的演变》，《武汉大学学报》（人文科学版），2009 年第 2 期

2. 顾俊礼：《福利国家论析——以欧洲为背景的比较研究》，经济管理出版社，2002 年

3.〔英〕彼得·詹金斯：《撒切尔夫人的革命》，李云飞、陈封雄等译，新华出版社，1990 年

4.〔英〕哈耶克：《通往奴役之路》，王明毅等译，中国社会科学出版社，1997 年

5.〔英〕J.H. 克拉潘：《现代英国经济史》，上卷第 1–2 分册，姚曾廙译，商务印书馆，1986 年

6. 王振华、刘绯：《转变中的英国》，文献出版社，1996 年

7. 刘波：《当代英国社会保障制度的系统分析与理论思考》，学林出版社，2006 年

8. 刘林海：《从互惠到利他——宗教改革时期基督教济贫观念的变化》，《北京师范大学学报》（社科版），2008 年第 6 期

9.〔美〕哈瑞尔·罗杰斯：《美国的贫困与反贫困》，刘杰译，中国社会科学出版社，2012 年

10.〔德〕恩格斯：《英国工人阶级状况》，《马克思恩格斯全集》第 2 卷，人民出版社，1957 年

11. 丁建定：《中世纪晚期英国的济贫法制度》，《南都学坛》，2010 年第 5 期

12.〔美〕彼得・D・希夫：《国家为什么会崩溃》，刘寅龙译，中信出版社，2013 年

13. 杨立雄：《贫困理论范式的转向与美国福利制度改革》，《美国研究》，2006 年第 2 期

14. 陈文甜：《吉登斯"第三条道路"福利思想述评》，《科教文汇》，2010 年第 12 期

15. 钱宁：《现代社会福利思想》，高等教育出版社，2006 年

16. 辜樊高：《1689—1815 年的英国》，商务印书馆，1997 年

17. 黄安年：《当代美国的社会保障政策》，中国社会科学出版社，1998 年

18. Demetrios Caraley, Yvette R.Schlussel, Congress and Reagan's New Federalism, *The Journal of Federalism*, 16（1），1986

19. Pierson Paul Douglas, Cutting Against the Grain：Reagan Thatcher and the Politics of Welfare State Retrenchment（里根和撒切尔关于削减福利国家的政策），Yale University Ph.D, 1989

20. Emting，D・C., The Reagan Scheme as Welfare Refore, *Public Welfare*, 41（2），1983

21. 李艳艳、朱继东：《从强力推行新自由主义看撒切尔夫人、里根的反共本质》，《马克思主义研究》，2013 年第 8 期

22. 程恩富：《程恩富选集》，中国社会科学出版社，2010 年

23.《25 年前英国最有权势的女人撒切尔如今被遗忘》，人民网，2004 年 5 月 19 日

24.Ramsey B, Almsgiving in the Latin Church：The Late Fourth and Early Fifth Century，*Theological Studies*，43（2），1982

25.《美国媒体刊文描述穷人生活 称贫困标准不统一》，新华网，2012 年 10 月 14 日

26.〔加〕许志伟：《基督教神学思想导论》，中国社会科学出版社，2001 年

27.〔美〕胡斯都・L 冈察雷斯：《基督教思想史》，陈泽民译，金陵协和神学院，2002 年

28.〔美〕奥尔森：《基督教神学思想史》，吴瑞诚、徐成德译，北京大学出版社，2003 年

29.〔美〕保罗·蒂利希:《基督教思想史》,伊大贻译,东方出版社,2008 年

30.〔英〕青尼斯·摩根:《牛津英国通史》,王觉非等译,商务印书馆,1993 年

31. Herbert Theodore Mayer, Charity in the Western Roman Empire, Washington University Ph.D, 1973

32. Gerhard Uhlhorn, *Christian charity in the ancient church*, New York: C.Scribner's Sons, 1883

33. 尹虹:《十六、十七世纪前期英国流民问题研究》,中国社会科学出版社,2003 年

34. 陈香玉、李娜:《乞丐职业化现象特征、原因及解决思路》,《安庆师范学院学报》(社会科学版),2010 年 5 月第 29 卷第 5 期

35. 刘燕生:《社会保障的道德风险和负激励问题》,中国劳动社会保障出版社,2009 年

36. 张荣:《论阿伯拉尔的至善与德性观》,《哲学研究》,2010 年第 2 期

37. Brian Davies, *The Thought of Thomas Aquinas*, Oxford: Oxford University Press, 1993

38.〔意〕托马斯·阿奎那:《阿奎那政治著作选》,马清槐译,商务印书馆,1963 年

39.〔英〕彼得·詹金斯:《撒切尔夫人的革命》,李云飞、陈封雄等译,新华出版社,1990 年

40.〔英〕R.G. 甘米奇:《宪章运动史》,苏公隽译,商务印书馆,1979 年

41.〔英〕安东尼·吉登斯:《超越左与右——激进政治的未来》,李慧斌、杨雪东译,社会科学文献出版社,2000 年

42.〔英〕吉登斯:《第三条道路:社会民主主义的复兴》,郑戈译,北京大学出版社,2002 年

43.〔英〕安东尼·吉登斯:《左派瘫痪之后》,杨雪东译,《新政治家》,1998 年 5 月 1 日

44. Drake, Barbara and Cole, *Margaret*, Edited by Margaret, *Our Partnership*, London and New York: Longmans, Greenand Co.Ltd., 1948

45. 杨雪冬、薛晓源：《"第三条道路"和新的理论》，中国社会科学出版社，2000年

46. 刘丽娜：《美国贫富差距日益扩大》，《中国证券报》，中证网，2011-12-17

47. 〔英〕玛格丽特·柯尔：《费边社史》，杜安夏等译，商务印书馆，1984年

48. Edward R.Pease，*The History of The Fabian Society*，London：Fabian Society and George Allen & UnwinLtd.，1925

49. 〔英〕莫尔顿：《人民英国史》，谢琏造、翟菊农等译，生活·读书·新知三联书店，1976年

50. A.M.McBriar，*Fabian Socialism and English Politics*，*1884—1918*，London：Cambridge University Press，1962

51. 刘燕生：《社会保障的起源、发展和道路选择》，中国法律出版社，2001年

52. Sidney and Beatrice Webb，*The Break Up of the Poor Law*：*Being the Minority Report of the Poor Law Commission*，Part I，London：Longmans，Green and Co，1909

53. 〔英〕安东尼·吉登斯：《第三条道路及其批评》，孙相东译，中共中央党校出版社，2002年

54. 〔德〕马丁·路德：《路德选集》，徐庆誉、汤清译，宗教文化出版社，2010年

55. 敏洁：《公法学视野下的美国福利民营化：学理与实践》[EB/OL]，http://3gpda.cn/news/chinalawinfo/showarticle.php ArticleID=31324

56. 曹婉莉：《韦伯夫妇研究》，上海社会科学院出版社，2012年

57. 〔美〕玛戈·托德：《基督教人文主义与清教徒社会秩序》，刘榜离、崔红兵、郭新保译，中国社会科学出版社，2011年

58. 赵郭华：《基督教哲学1500年》，人民出版社，1994年

59. 王亚平：《基督教的神秘主义》，东方出版社，2001年

60. 向荣：《论16、17世纪英国理性的济贫观》，《武汉大学学报》，1999年第3期

61. Margo Todd, *Christian Humanism and the Puritan Social Order*, Cambridge: Cambridge University Press, 1987

62. 〔德〕马丁·路德:《九十五条论纲》,路德文集中文版编委会编,上海三联书店,2005 年

63. 〔德〕马丁·路德:《马丁·路德文选》,马丁·路德著作翻译小组译,中国社会科学出版社,2003 年

64. 〔美〕罗伯特·威廉·福格尔:《第四次大觉醒及平等主义的未来》,王中华、刘红译,首都经济贸易大学出版社,2003 年

65. 〔美〕比尔·克林顿:《克林顿:重返工作》,蒋宗强、程亚克译,中信出版社,2012 年

66. 张奇林:《美国医疗保障制度评估》,《美国研究》,2005 年第 1 期

67. 徐贲:《美国大众文化中的"英国王室"情结》,新浪博客,2011-05-03

68. 于歌:《美国的本质——基督新教支配的国家和外交》,当代中国出版社,2012 年

69. 刘城:《中世纪欧洲的教皇权与英国王权》,《历史研究》,1998 年第 1 期

70. 〔英〕G.R. 波特:《新编剑桥世界近代史》第一卷,中国社会科学院、世界历史研究所组译,中国社会科学出版社,1988 年

71. 尹虹:《16、17 世纪英国流民产生的原因》,《首都师范大学学报》,2001 年第 4 期

72. 马克垚:《英国封建社会研究》,北京大学出版社,2001 年

73. 张佳生:《中世纪晚期英国的乞讨问题及对其限制》,《贵州大学学报》,2008 年第 2 卷第 1 期

74. 丁建定:《中世纪晚期英国的济贫法制度》,《南都学坛》,2010 年第 30 卷第 5 期

75. 〔英〕勃里格斯:《英国社会史》,陈叔平、刘成译,中国人民大学出版社,1991 年

76. 〔德〕马丁·路德:《致德意志基督教贵族公开书》,http://wenku.baidu.com/ view/eceOb56fb 84ae45c3b358cf2.html2010.8.21

77. Paul Slack, *Povarty and Policy in Tudor and Stuart*, London: Addison Wesley, 1988

参考文献

78. Edward R., *Modern Britain*, *A Social History*, *1750–1985*, Amold, 1987

79. 〔英〕马尔萨斯：《人口原理》，朱泱、胡企林、朱和中译，商务印书馆，1996 年

80. 〔法〕托克维尔：《论美国的民主》（上卷），董果良译，商务印书馆，1988 年

81. 刘澎：《宗教与美国社会》，人人网，2012–06–07

82. 张佳生：《由神恩到世俗 都铎时期英国济贫中区别对待的分析》，《武汉大学学报》（人文科学版），2004 年第 57 卷

83. Paul Slack, *From Reformation to Improvement*: *Public Welfare in Early Modern England*, Oxford: Clarendon Press of Oxford University, 1999

84. Paul Slack, *The English Poor Law 1531–1782*, New York: Cambridge University Press, 1995

85. 程汉大：《英国法制史》，齐鲁书社，2001 年

86. E.M.Leonard, *The Early History of English Poor Relief*, Cambridge: Cambridge University Press, 1965

87. 王旭东、孟庆龙：《世界瘟疫史》，中国社会科学出版社，2005 年

88. Robert.S.Gottfried, *The Black Death Natural and Human Disaster in Medieval Europe*, New York: Freepublishers, 1983

89. 谷延方：《黑死病与英国农村劳动力的转移》，《北方论丛》，2005 年第 3 期

90. Carter Lindberg, There Should Be No Beggars Among Christians: Karlstadt, Luther, and Origins of Protestant Poor Relief, *Church History*, Vol.46, No.3（Sep, 1977）

91. 《美国福利改革：让更多"吃福利"的人去工作》，人力资源和社会保障部 – 中国就业网研究文库

92. 李威：《中世纪英格兰医院制度论略》，《北方论丛》，2008 年第 2 期

93. 〔印〕阿马蒂亚·森：《以自由看待发展》，任赜、于真译，中国人民大学出版社，2012 年

94. 〔美〕查尔斯·A·比尔德、玛丽·R·比尔德：《美国文明的兴起》，许亚芬、于干译，商务印书馆，2016 年

95.〔法〕弗雷德里克·马特尔:《论美国的文化》,周莽译,商务印书馆,2013 年

96.〔美〕埃里克·方纳:《给我自由!一部美国历史》上、下卷,王希译,商务印书馆,2016 年

97. 郭家宏、唐艳:《19 世纪英国济贫院制度评析》,《史学月刊》,2007 年第 2 期

98.〔印〕阿比吉特·班纳吉(Abhijit V.Banerjee)、〔法〕埃斯特·迪弗洛(Esther Duflo):《贫穷的本质:我们为什么摆脱不了贫穷》,景芳译,中信出版社,2018 年

99.〔赞比亚〕丹比萨·莫约:《援助的死亡》,王涛、杨惠等译,世界知识出版社,2010 年

100. 吴理财:《反贫困:对人类自身的一场战争》,《社会》,2001 年第 3 期

101.〔美〕彼得·埃德尔曼:《贫富之惑——美国如何才能消除贫困》,苏丽文译,生活·读书·新知三联书店,2019 年